Elementos de Direito do Trabalho

Elementos de Direito do Trabalho

Cuidadosamente Pensado para Cursos de Direito e Preparatórios para Concursos

18ª Edição

Francisco Meton Marques de Lima

Mestre em Direito e Desenvolvimento pela UFC. Doutor em Direito Constitucional pela UFMG. Professor Catedrático da UFPI. Ex-Professor Assistente da UFC. Desembargador do Tribunal Regional do Trabalho. Idealizador e instalador do TRT da 22ª Região. Membro da Academia Cearense de Direito do Trabalho. Membro da Academia Piauiense de Letras Jurídicas.

Francisco Péricles Rodrigues Marques de Lima

Mestre em Direito pela Universidade Estadual do Amazonas. Especialista em Direito do Trabalho. Auditor Fiscal do Trabalho. Chefe do Setor de Segurança e Saúde no Trabalho na Superintendência Regional do Trabalho no Ceará.

LACIER

LACIER
Lacier Livraria e Editora
www.livrarialacier.com.br

Rua Doutor Quirino, 808 – Centro
CEP 13015-081 – Campinas, SP – Brasil

Janeiro, 2024

Diretor: *Lacier José de Rezende*
Coordenação editorial: *Peter Fritz Strotbek*
Projeto de capa: *Fabio Giglio*
Projeto gráfico e editoração eletrônica: *The Best Page*

Ficha Catalográfica

Dados Internacionais de Catalogação na Publicação (CIP)
(Câmara Brasileira do Livro, SP, Brasil)

L732e Lima, Francisco Meton Marques de.
Elementos de direito do trabalho : cuidadosamente pensado para cursos de direito e preparatórios para concursos / Francisco Meton Marques de Lima, Francisco Péricles Rodrigues Marques de Lima. — 18. ed. — Campinas, SP : Lacier Editora, 2024.
368 p. ; 17 x 24 cm.

ISBN 978-65-88805-72-5

1. Direito do trabalho — Brasil. 2. Direito — Estudo e ensino. 3. Trabalho — Direito. I. Lima, Francisco Péricles Rodrigues Marques de. II. Título.

CDU 34:331(81)

Índices para catálogo sistemático:

1. Direito do trabalho

Angela Schmidt da Rosa – Bibliotecária – CRB-14/1171

Aos meus pais
Francisco Rodrigues Lima e
Maria Auta C. Marques de Lima

À minha esposa.

Aos meus filhos.

Aos estudiosos do meu Brasil.

Aos meus alunos e colegas construtores do Direito.

Aos professores dos cursos preparatórios, minha gratidão.

Aos concurseiros, minha torcida.

Índice Sistemático

Índice Sistemático 7

Apresentação à Décima Oitava Edição 21

PRIMEIRA PARTE — DIREITO INDIVIDUAL DO TRABALHO

Capítulo I — Fundamentos do Direito do Trabalho 25
1. Conceito 25
2. Denominações e características 27
3. Principais divisões do Direito do Trabalho 27
4. Autonomia do Direito do Trabalho 28
5. Natureza do Direito do Trabalho 29
6. Funções do Direito do Trabalho 29
7. Abrangência do sistema do trabalho 30
8. Valores éticos do trabalho 30

Capítulo II — História e Evolução do Direito do Trabalho 31
1. Escorço histórico 31
2. História do Direito do Trabalho no Brasil 32
3. Tendências atuais do Direito do Trabalho 34
4. Flexibilização do Direito do Trabalho 35
5. Desregulamentação 36
6. Inclusão social 36

Capítulo III — Direito Constitucional do Trabalho 37
1. Considerações gerais 37
2. Dispositivos autoaplicáveis 37
4. Dos direitos sociais na Constituição de 1988 e emendas constitucionais 38
   4.1. Direito individual do trabalho 38
   4.2. Direito coletivo do trabalho (arts. 8º a 11). Detalhes nos Capítulos próprios. 47
5. Direitos fundamentais do trabalho 48
6. Trabalho escravo 53
   6.1. Marco legal 54
   6.2. Das ações de fiscalização de trabalho análogo ao de escravo 58

Capítulo IV — Fontes Formais do Direito do Trabalho ... 60
1. Conceito ... 60
2. Classificação ... 60
3. Fontes formais do Direito do Trabalho ... 60
4. Hierarquia das fontes ... 64
5. Conflitos de normas e soluções ... 65

Capítulo V — Hermenêutica Trabalhista ... 67
1. Interpretação ... 67
2. Métodos aplicáveis ao Direito do Trabalho ... 67
3. Integração e aplicação do Direito do Trabalho ... 68
4. Efcácia das normas trabalhistas no tempo e no espaço. Revogação ... 69
5. Irretroatividade ... 70
6. Direito adquirido ... 71

Capítulo VI — Princípios do Direito do Trabalho ... 72
1. Considerações gerais ... 72
2. Princípios peculiares do Direito do Trabalho ... 73
3. Os princípios gerais do Direito do Trabalho ... 74
   3.1. Princípio da progressão social — Justiça social ... 74
   3.2. Princípio da equidade ... 76
   3.3. Princípio da proteção ... 77
   3.4. Princípio da autodeterminação coletiva ... 77
4. Os princípios de concreção do Direito do Trabalho ... 78
   4.1. *In dubio pro operario* ... 78
   4.2. Regra da norma mais favorável ... 79
   4.3. Regra da condição mais benéfica ... 79
   4.4. Princípio da irrenunciabilidade ... 80
   4.5. Princípio da continuidade da relação de emprego ... 80
   4.6. Princípio da primazia da realidade ... 80
   4.7. Princípio da razoabilidade ... 81
   4.8. Princípio da irredutibilidade salarial ... 81
   4.9. Princípio da irretroatividade das nulidades trabalhistas ... 81
   4.10. Princípio da substituição automática das cláusulas contratuais ... 82
   4.11. Princípio da boa-fé ... 82
   4.12. Princípios de Direito Coletivo do Trabalho ... 83
5. Princípios constitucionais do trabalho ... 83
   5.1. Princípios fundamentais do trabalho ... 83
   5.2. Princípios constitucionais específicos do direito do trabalho ... 83
6. Distinção entre regras e princípios ... 85

Capítulo VII — Renúncia e Transação. Comissões de Conciliação Prévia ... 87
1. Renúncia ... 87
   1.1. Princípio da imodificabilidade in pejus do contrato de trabalho ... 88
   1.2. Diferença entre renúncia e transação ... 88

1.3. Momento da renúncia 89
2. Comissões de conciliação prévia 89
2.1. Requisitos para a instituição e composição 89
2.2. Procedimentos da reclamação na CCP 90
2.3. Título executivo extrajudicial e a eficácia liberatória 91

Capítulo VIII — Relação de Trabalho e Relação de Emprego 92
1. Estrutura da relação empregatícia 92
1.1. Relação de trabalho X relação de consumo 92
2. Natureza jurídica das relações de trabalho e de emprego. Teorias 93
3. Caracterização da relação de emprego 94
3.1. Características da parassubordinação 95

Capítulo IX — Relações de Trabalho *Lato Sensu* 96
1. Trabalhador autônomo 96
2. Trabalho eventual 97
3. Trabalho temporário 97
4. Trabalho avulso 98
5. Trabalho portuário 99
6. Estágio 100
7. Cooperativa de trabalho 104
8. Trabalho intelectual, inclusive o de natureza científica, artística ou cultural 106
9. TAC — Transportador Autônomo de Cargas 109

Capítulo X — Sujeitos da Relação de Emprego — O Empregado 111
1. Conceito 111
2. Caracterização 111
3. Profissionistas. Trabalhadores intelectuais e altos empregados 112
4. Teletrabalho e *telemarketing* 112
5. Os diretores e os sócios 116
6. Exercentes de cargos de confiança 117
7. Mãe Social 117
8. Indígenas 119
9. Aprendiz 120
10. Programa Nacional de Inclusão de Jovens — Projovem — Estatuto da Juventude 122
11. Trabalho do idoso 123
12. Empregados domésticos 123
13. Proteção contra violência doméstica e familiar 130

Capítulo XI — Sujeitos da Relação de Emprego — O Empregador 132
1. Conceito de empregador 132
2. Conceito de empresa e estabelecimento 132
3. Grupo econômico — Solidariedade de empresas 133
4. Sucessão de empregadores 135
5. Consórcio ou condomínio de empregadores 137

6. Situação de responsabilização empresarial 138
7. Microempresa e empresa de pequeno porte 138
8. Cartório não oficializado 140
9. Morte do empregador 140

Capítulo XII — Trabalho Rural 141
1. Conceito de empregado rural 141
2. Conceito de empregador rural 142
3. Conceito de empresa rural 142
4. Normas especiais de proteção do trabalhador rural 142
5. Contratos de curta duração instituídos pela Lei n. 11.718/08 143
6. Parceria rural 144

Capítulo XIII — Terceirização ou *Outsourcing* no Direito do Trabalho 145
1. Conceito 145
   1.1. Espécies 146
2. Terceirização lícita e ilícita 148
3. Terceirização no serviço público 148

Capítulo XIV — Contrato de Emprego 152
1. Denominação 152
2. Definição 152
3. Classificação 152
4. Morfologia — Forma, prova e conteúdo 153
5. Elementos essenciais do contrato de emprego 154
   5.1. Capacidade 154
   5.2. Idoneidade do objeto 155
   5.3. Consenso 156
   5.4. Vícios de consentimento (arts. 138/184 do CC) 156
6. Elementos naturais do contrato de emprego 157
7. Elementos acidentais — Condição e termo 157

Capítulo XV — Modalidades do Contrato de Emprego 158
1. Contrato por tempo indeterminado e por tempo determinado 158
   1.1. Por tempo indeterminado 158
   1.2. Por tempo determinado 158
2. Renovação do contrato por tempo certo. Consequências 158
3. Tipos de contrato a termo 159
   3.1. Contrato temporário de trabalho 159
   3.2. Contrato de emprego de safra e por temporada 160
   3.3. Contrato por obra certa 160
   3.4. Contrato de técnico estrangeiro 160
   3.5. Contrato de aprendizagem 161
   3.6. Contrato de atleta profissional 161
4. Período de experiência e contrato de experiência 161

5. Contrato de emprego individual, coletivo e por equipe ... 162
6. Contrato de trabalho intermitente ... 163
7. Contrato de trabalho a tempo parcial ... 164

Capítulo XVI — Distinção entre os Contratos de Emprego e os Contratos Afins ... 166
1. Interesse na distinção ... 166
2. Diferença entre contrato de emprego e locação de serviço ... 166
3. Diferença entre contrato de emprego e empreitada ... 166
4. Distinção entre o emprego e a representação comercial ... 167
5. Distinção entre o contrato de emprego e o mandato ... 168
6. Distinção entre o contrato de emprego e a sociedade ... 168
7. Distinção entre contrato de emprego e parceria ... 169
8. Distinção entre o Emprego e o Contrato do Transportador Autônomo de Cargas — TAC ... 169
9. Pré-contratação, pós-contratação, perda de uma chance e reparação de danos morais e materiais ... 169

Capítulo XVII — Formas de Invalidade do Contrato de Emprego ... 171
1. Nulidade dos atos e dos negócios jurídicos ... 171
2. Efeitos da nulidade absoluta no contrato de emprego ... 172
3. Nulidade da contratação no serviço público ... 173
4. Nulidade total e parcial ... 174
5. Trabalho ilícito ... 174

Capítulo XVIII — Efeitos do Contrato de Emprego ... 176
1. Direitos e deveres do empregado e do empregador ... 176
2. Obrigações do empregado e do empregador ... 176
2.1. Dos registros na CTPS e sanções ... 177
3. Efeitos conexos do contrato de trabalho ... 177
3.1. Invenções do empregado ... 177
3.2. Direitos intelectuais ... 178
4. Dano moral e material ... 179
4.1. O assédio moral no ambiente de trabalho ... 179
4.2. Responsabilidade subjetiva e objetiva da empresa ... 182
4.3. Cálculo do valor da indenização ... 184
5. Poderes do empregador no contrato de emprego ... 186

Capítulo XIX — Duração do Trabalho ... 188
1. Fundamentos e objetivos ... 188
2. Jornada de trabalho — Duração e horários ... 188
3. Trabalho extraordinário ... 190
4. Acordo de prorrogação e acordo de compensação ... 191
5. Banco de horas ... 192
6. Hora *in itinere* ... 193
7. Empregados excluídos do direito a horas extras ... 193

8. Jornadas especiais de trabalho ... 193
9. Bancário em função de confiança ... 194
10. Trabalho em turno ininterrupto de revezamento ... 195
11. Regime de revezamento ... 196

Capítulo XX — Repousos e Férias ... 197
1. Intrajornadas e interjornadas ... 197
2. Repouso semanal e em feriado ... 198
3. Descanso anual: férias ... 200
   3.1. Conceito ... 200
   3.2. Natureza jurídica ... 200
   3.3. Períodos aquisitivo e concessivo ... 200
   3.4. Duração ... 201
   3.5. Remuneração simples e dobrada ... 201
   3.6. Abono de férias ... 201
   3.7. Casos que extinguem o direito de férias ... 202
   3.8. Início da contagem do novo período aquisitivo ... 202
   3.9. Férias coletivas ... 202
   3.10. Férias proporcionais ... 202
   3.11. Prescrição do direito a férias ... 203
4. Descanso antes e depois do parto e para amamentação ... 203

Capítulo XXI — Remuneração e Salário ... 204
1. Conceito — Distinção entre remuneração e salário ... 204
   1.1. Prêmio — Definição ... 207
2. Caracteres do salário ... 208
3. Composição do salário ... 208
4. Modalidades de salário ... 209
5. Parcelas e utilidades não salariais ... 210
6. Salário e indenização ... 211
7. Salário *in natura* ... 211
8. Descontos no salário ... 212

Capítulo XXII — Formas de Pagamento do Salário. Proteção do Salário. Igualdade Salarial ... 213
1. Formas de pagamento ... 213
2. Proteção do salário ... 213
   2.1. Proteção contra os abusos do empregador ... 213
   2.2. Proteção contra os credores do empregador ... 214
   2.3. Proteção contra os credores do empregado ... 215
   2.4. Princípio da irredutibilidade salarial ... 215
   2.5. Proteção contra a inflação ... 216
3. O princípio da igualdade salarial ... 216
   3.1. Equiparação salarial ... 217
   3.2. Desvio de função ... 218

Capítulo XXIII — Alteração do Contrato de Trabalho 219
1. Alteração unilateral e bilateral 219
2. Transferência de função. O *jus variandi* 219
3. Promoção, rebaixamento e reversão 220
4. Remoção ou transferência 221
5. Autonomia negocial do trabalhador hipersuficiente 222

Capítulo XXIV — Interrupção e Suspensão do Contrato de Trabalho 224
1. Conceito 224
2. Caracterização da suspensão e da interrupção 224
3. Situações tipificadas 224
4. Situações controvertidas 226
   4.1. Suspensão para inquérito 226
   4.2. Suspensão disciplinar 227
   4.3. Suspensão para qualificação profissional 227

Capítulo XXV — Cessação do Contrato de Emprego 228
1. Causas e classificação 228
2. Rescisão unilateral — Despedida do empregado 228
3. Natureza jurídica da despedida do empregado 228
4. Indenização — Conceito e fundamento jurídico 229
5. Aposentadoria 230
6. Força maior e *factum principis* 230
7. Morte do empregado 232
8. A justa causa e o motivo 233
   8.1. Tratamento legal da matéria 233
   8.2. Diferença entre justa causa, falta grave, justo motivo e motivação 233
   8.3. Motivação nos entes estatais e paraestatais 233
9. Justa causa do empregado 235
   9.1. Princípios da justa causa 236
10. Falta grave 237
11. Despedida indireta — Justa causa do empregador 237
12. Culpa recíproca 238
13. Dispensa coletiva 239
14. Plano de desligamento voluntário 239

Capítulo XXVI — Obrigações Decorrentes da Cessação do Contrato de Emprego 240
1. Indenização por tempo de serviço — Conceito e fundamento jurídico 240
2. Rescisão do contrato por tempo determinado 240
3. Rescisão do contrato por tempo indeterminado 241
4. Rescisão do contrato de trabalho intermitente 242
5. Homologação do pedido de demissão e dos recibos de quitação 242
6. Rescisão contratual por acordo 243
7. Aviso-prévio 244
   7.1. Conceito e natureza jurídica 244
   7.2. Prazos e efeitos 244

Capítulo XXVII — Estabilidade e Garantias Provisórias de Emprego 247
1. Conceito, requisitos e exceções 247
2. Estabilidade sindical 248
   2.1. Estabilidade de sindicalista de entidade pendente de registro no Ministério do Trabalho 251
3. Despedida de empregado estável 251
   3.1. Abrangência da estabilidade sindical 252
4. Estabilidade contratual 253
5. Estabilidade de empregados públicos 253
6. Estabilidade do membro de Comissão de Conciliação Prévia 254
7. Representantes dos trabalhadores nos colegiados públicos 254
8. Representante dos empregados na empresa 254
9. Estabilidade pré-eleitoral 255
10. Diretor de cooperativa 255
11. Garantias provisórias de emprego 255
   11.1. Estabilidade da gestante 256
   11.2. Dirigente da CIPA (Comissão Interna de Prevenção de Acidentes) 257
   11.3. Estabilidade do acidentado 260
   11.4. Proteção do emprego da Lei Maria da Penha 260
   11.5. Proibição de despedida durante o gozo do auxílio-doença e de portador de LER.. 260
   11.6. Proibição de despedida do empregado portador de doença estigmatizante 261
   11.7. Comissão dos representantes dos empregados na empresa 261
12. Readmissão e reintegração 261
13. Renúncia à estabilidade. Homologação 262

Capítulo XXVIII — Fundo de Garantia do Tempo de Serviço 263
1. Noções gerais e tratamento legal da matéria 263
2. Campo de aplicação 264
3. Natureza jurídica das contribuições e dos saques 264
4. Depósitos — Efeitos na terminação do contrato de emprego 265
5. Constituição, gestão e aplicação do FGTS 267
6. Prescrição do FGTS 268

Capítulo XXIX — Prescrição e Decadência no Direito do Trabalho 269
1. Definição de decadência e de prescrição 269
2. Diferença entre prescrição e decadência 269
3. Particularidades na prescrição trabalhista 270

Capítulo XXX — Meio Ambiente do Trabalho — Segurança, Higiene e Saúde do Trabalho 275
1. Noções gerais 275
2. Direito a um meio ambiente equilibrado 276
   2.1. Meio ambiente 277
   2.2. Meio ambiente do trabalho 277
3. Tutela legal e judicial do meio ambiente do trabalho 278
4. Acidente de trabalho, doença profissional e doença do trabalho 279

5. Custo e responsabilidade pela indenização dos danos ... 282
6. Tutela legal do direito à saúde, higiene e segurança do trabalho ... 284
6.1. Trabalho sob condições insalubres ... 286
6.2. Trabalho perigoso e sua regulamentação legal ... 288
7. CIPA — Comissão Interna de Prevenção de Acidentes e Assédio ... 291
8. Competência da Justiça do Trabalho para as ações alusivas a saúde e segurança do trabalho 293
9. Trabalho noturno ... 293
10. Proibições ao trabalho noturno e insalubre e/ou perigoso ... 294

Capítulo XXXI — Súmulas, Precedentes Normativos e Orientações Jurisprudenciais do TST ... 295
1. A Súmula da jurisprudência do TST ... 295
2. Orientações Jurisprudenciais (OJ) e Precedentes Normativos (PN) ... 296

Capítulo XXXIII — Direito Coletivo do Trabalho ... 298
1. Definição, denominação, conteúdo e função ... 298
2. O problema das fontes normativas e dos princípios jurídicos ... 299
3. Organização sindical ... 299
3.1. Conceito e natureza jurídica ... 299
4. Sistemas sindicais: modalidades e critérios de estruturação sindical ... 300
5. Organização sindical brasileira ... 301
5.1. Registro sindical ... 301
5.2. Categorias ... 301
5.3. Atividade preponderante ... 301
5.4. Divisão da categoria ... 302
5.5. Sindicatos rurais ... 302
5.6. Membros da categoria e associados do sindicato ... 302
5.7. Concentração e dissociação de categorias ... 303
5.8. Categoria profissional diferenciada ... 303
5.9. Associações sindicais de nível superior ... 304
6. Atribuições e prerrogativas das entidades sindicais ... 305
6.1. Custeio do sistema sindical (arts. 578 a 593 da CLT) ... 307
6.2. Garantias do exercício do mandato de representação sindical: ... 309
7. Representação dos trabalhadores na empresa ... 309
8. Sindicalização no setor público ... 310

Capítulo XXXIV — Liberdade Sindical ... 312
1. Convenção n. 87 da OIT ... 312
2. Autonomia sindical brasileira ... 313
3. Liberdade de filiação ... 314
4. Atividades sindicais e condutas antissindicais ... 315
4.1. Espécies de condutas antissindicais e consequências ... 315
4.2. Mecanismos de proteção da liberdade sindical e contra as práticas antissindicais ... 316

Capítulo XXXV — Os Conflitos Coletivos de Trabalho e Mecanismos para sua Solução — A Greve e o Locaute 318
1. A greve no Direito brasileiro. Conceito, natureza jurídica e fundamento 319
2. Procedimento da greve 320
3. Garantias dos grevistas, dos não grevistas e dos cidadãos 320
4. Serviços essenciais 320
5. Legalidade e ilegalidade da greve 321
6. Efeitos da greve 322
7. Locaute 323

Capítulo XXXVI — Negociação Coletiva do Trabalho 324
1. Definição e função da negociação coletiva de trabalho 324
2. Níveis da negociação 325
3. Instrumentos de negociação 325
3.1. Contrato coletivo de trabalho 326
3.2. Convenção coletiva de trabalho 326
3.3. Acordo coletivo de trabalho 326
3.4. Prevalência do negociado sobre o legislado 326
4. Natureza jurídica do pacto coletivo 328
5. Conteúdo e efeitos das cláusulas negociais e das normativas 329
6. Extensão e hierarquia 330
7. Forma e duração 330
8. Incorporação das cláusulas nos contratos de emprego 331
9. Negociação coletiva com o poder público 332

Capítulo XXXVII — Mediação e Arbitragem no Direito do Trabalho 335
1. Mediação e arbitragem 335

Capítulo XXXVIII — Dissídios Coletivos 340
1. Poder normativo da Justiça do Trabalho 340

Capítulo XXXIX — Procedimentos nos Dissídios Coletivos do Trabalho 342
1. Dissídio Coletivo 342
2. Instauração de instância 343
3. Conciliação e julgamento 343
4. Efeitos da sentença normativa 344
5. Extensão e revisão das decisões — Arts. 868/871 da CLT 344
6. Ação de cumprimento 344

Capítulo XL — Direito Internacional do Trabalho 346
1. A OIT — Composição e atribuições 346
2. Convenção Internacional do Trabalho (CIT) — Vigência e aplicação 346
3. Recomendação e Declaração Internacional do Trabalho 346

4. Aplicação de lei trabalhista estrangeira: os princípios da *lex loci* executionis e de *locus regit actum* 347
5. Direito comunitário 348

Principais Fontes de Consulta e Indicações de Leitura 351

Índice Alfabético e Remissivo (a numeração indica a página) 357

Obras dos Autores 363

Nada é em vão quando da ação se tira a lição.

Apresentação à Décima Oitava Edição

Nas 17 edições anteriores, a primeira de 1989 e a última de 2019, o livro tinha o nome de *Elementos de Direito do Trabalho e Processo Trabalhista*. Mas vimos observando que, de algum tempo para cá, quem procura o livro de direito do trabalho não se interessa pela parte processual e quem está precisando do processo procura-o em outras obras específicas. Daí a decisão de excluirmos a parte processual nesta edição.

Na verdade, trata-se de uma versão mais enxuta e atualizada da Primeira Parte do livro Elementos de Direito do Trabalho e Processo Trabalhista, 17ª edição de 2019, cuja origem foi a preparação de uma turma para o concurso de Juiz do Trabalho da 7ª Região em 1987. Um sucesso de aprovação! Seu objeto, portanto, é dissecar o programa de concurso do Tribunal Superior do Trabalho.

Por seu turno, as Faculdades de Direito tornam-se mais exigentes, os profissionais se qualificam, a solicitarem mais das obras jurídicas, razão por que se reelaboraram várias unidades, de modo a adequar o livro aos programas das disciplinas de Direito do Trabalho das faculdades.

Esta 18ª edição incorpora a Reforma Trabalhista, levada a efeito pela Lei n. 13.467/2017, a liberação da terceirização, pela Lei n. 13.429/2017, a Lei n. 13.874/2019, da Liberdade Econômica, e demais alterações normativas havidas até o meado do ano de 2023.

A primeira alterou mais de cem artigos da CLT e se expressou por mais de duzentos preceitos, do direito material, da fiscalização, do direito coletivo, do processual, do FGTS e da Previdência Social. Alterou as regras de grupo econômico, de sucessão de empresas, das fontes, criou a prescrição intercorrente trabalhista, regulamentou o teletrabalho, instituiu o trabalho intermitente, reduziu as parcelas salariais, sobrepôs o negociado ao legislado em muitas matérias, extinguiu a contribuição sindical obrigatória, criou a Comissão de Representantes dos trabalhadores nas empresas, disciplinou a reparação por danos extrapatrimoniais, criou a rescisão negociada, extinguiu a assistência sindical. No processo, reduziu a gratuidade processual, instituiu a sucumbência trabalhista, minimizou as hipóteses de revelia, exigiu o pedido certo e determinado na petição inicial, criou a jurisdição voluntária para homologar acordo extrajudicial, transplantou para a CLT as regras do CPC sobre o ônus da prova e incidente de desconsideração da pessoa jurídica e mudou as regras do depósito recursal. Essa lei entrou em vigor em 11.11.2017. Já a Lei n. 13.429/2017 alterou a Lei n. 6.019/1974, do Trabalho Temporário, para liberar a terceirização para todas as atividades das empresas. A Lei n. 13.874/2019, da Liberdade Econômica, alterou o sistema de registro de ponto, liberou da obrigatoriedade de exibir quadro de funcionários de empresa com até 20 empregados, estabeleceu presunção de cumprimento do intervalo intrajornada, alterou vários artigos do Código Civil e revogou dezenas de artigos da CLT.

Por último, cumpre noticiar que a Lei n. 14.684/2023 incluiu no rol de perigosas as atividades dos agentes das autoridades de trânsito; e a Lei n. 14.766, de 22.12.2023, exclui da incidência do adicional de periculosidade os tanques de combustíveis de fábrica dos veículos, de qualquer capacidade. E muitas alterações recentes nos atos do Ministério do Trabalho.

Essas leis abalaram as estruturas do Trabalhismo corporificado na CLT, no entanto, não implodiram os seus fundamentos, visto que o legislador reformista optou por calhar o conjunto da reforma no arcabouço da vetusta Consolidação, em vez substituí-la por outro código. Assim, continuam ativos os princípios de direito do trabalho, particularmente os da primazia da realidade, da norma mais favorável, da condição mais benéfica, da irrenunciabilidade, da inalterabilidade contratual *in pejus* e dos poderes do juiz.

Esses fatos exigiram uma releitura dos temas antigos e dos novos em bibliografia nova, sem olvidar a clássica. Pautada nos debates recentes, a obra traduz as posições mais assentes no TST, sem prejuízo de juízos críticos dos autores.

Ei-la.

Fortaleza-CE e Teresina-PI, janeiro de 2024.

Primeira Parte

Direito Individual do Trabalho

Capítulo I

Fundamentos do Direito do Trabalho

1. Conceito

O Direito do Trabalho tem por objeto disciplinar o trabalho mediante normas de diversas naturezas e fontes várias. Essa regulamentação se faz necessária no Estado de Direito porque o trabalho constitui fundamento da República, o valor principal das Ordens Econômica e Social, o instrumento agregador e disciplinador da sociedade e a fonte direta ou indireta de todos os tributos que mantêm a máquina pública.

O trabalhador sofre o estigma da história, que sempre o relegou a condição inferior nos diversos sistemas sociais, a partir da origem da palavra trabalho — *tripalium*, espécie de cruz de três hastes, utilizada como instrumento de suplício dos condenados. Tudo fruto da desinformação ou da falsa formação que a grade dos cursos jurídicos burgueses proporciona.

Na verdade, o Trabalho integra a Ordem Econômica da Constituição e compõe a centralidade da organização social e econômica da nação, e como tal deve ser tratado, sendo o Direito do Trabalho a especialidade que rege as relações entre as classes produtoras — o trabalhador e a empresa. É o trabalhador que carrega o País nas costas. Ele é o dono absoluto do capital que movimenta a economia, sendo as empresas apenas usuárias, senão vejamos:

a) o FGTS, com mais de 600 bilhões de reais em ativos totais no ano de 2023, é 100% dos trabalhadores, e financia a construção civil, a infraestrutura urbana e o saneamento básico, alimentando a maior rede industrial e de serviços do País, empregando desde o mais simples e rústico cidadão até o mais fino *designer*;

b) os Fundos de Pensão, também dos trabalhadores, pagos para complementação de aposentadorias, com a cifra superior a um trilhão de reais, são acionistas dos grandes empreendimentos e os maiores investidores na bolsa de valores;

c) o Banco Nacional de Desenvolvimento Econômico e Social — BNDES, que fomenta o desenvolvimento, administra rendimentos do PIS/PASEP, patrimônio totalmente dos trabalhadores. O metrô, uma estação de tratamento de água, uma nova unidade industrial ou um parque de energia eólica, o saneamento básico e tantos outros passam pelo BNDES;

d) o FAT — Fundo de Amparo ao Trabalhador, que paga o seguro-desemprego, recebe subvenções do PIS/PASEP, da contribuição sindical e das multas trabalhistas;

e) o Imposto de Renda é o maior tributo federal, cuja maior base é o salário;

f) o ISS é o principal tributo municipal, incidente sobre o trabalho autônomo;

g) o grosso da arrecadação previdenciária também provém da folha de pagamento;

h) o Sistema S, que é a maior rede de qualificação de mão de obra do País, é mantido pelo sistema sindical patronal.

O trabalho é o elemento agregador da humanidade, que dita a disciplina social e desenvolve as tecnologias mediante o emprego destas. E muito mais... Por isso, o trabalho vale o preço que paga, merece toda a reverência, e o trabalhador, a mesma continência.

Atualmente, o trabalho é de todos, o sonho de todas as classes sociais, a primeira preocupação dos Governos, e a falta de trabalho constitui o maior medo dos seres humanos ativos. Trabalho é ação, significando todo esforço físico ou intelectual, na intenção de realizar ou fazer qualquer coisa de proveito econômico. De Plácido e Silva(1) emite o seguinte excerto:

> No sentido econômico e jurídico, porém, trabalho (...): é toda ação, ou todo esforço, ou todo desenvolvimento ordenado de energias do homem, sejam psíquicas, ou sejam corporais, dirigidas com um fim econômico, isto é, para produzir uma riqueza, ou uma utilidade, suscetível de uma avaliação, ou apreciação monetária.
>
> *Assim, qualquer que seja a sua natureza, e qualquer que seja o esforço que o produz, o trabalho se reputa sempre um bem de ordem econômica, juridicamente protegido.*

Três correntes propõem definições ao Direito do Trabalho: a subjetivista, a objetivista e a mista. A primeira leva em consideração mais os sujeitos ou pessoas da relação jurídica trabalhista, como fazem Gomes e Gottschalk, para os quais Direito do Trabalho "é o conjunto de princípios e regras jurídicas aplicáveis às relações individuais e coletivas que nascem entre empregadores privados — ou equiparados — e os que trabalham sob sua direção e de ambos com o Estado, por ocasião do trabalho ou eventualmente fora dele" (*Curso de direito do trabalho*, p. 14).

A objetivista realça mais o objeto das relações de emprego, como Messias Pereira Donato propõe: Direito do Trabalho é o "corpo de princípios e de normas jurídicas que ordenam a prestação do trabalho subordinado ou a este equivalente, bem como suas relações e os riscos que dela se originam" (*Curso de direito do trabalho*, p. 6).

A corrente mista ou eclética é seguida por José Martins Catharino e Amauri Mascaro Nascimento. Segundo este, "Direito do Trabalho é o ramo da ciência do Direito que tem por objeto as normas jurídicas que disciplinam as relações de trabalho subordinado, determinam os seus sujeitos e as organizações destinadas à proteção desse trabalho, em sua estrutura e atividade"(2).

---

(1) SILVA, De Plácido e. *Vocabulário jurídico*. Rio de Janeiro: Forense, 1984.

(2) *Compêndio universitário de direito do trabalho*, p. 49, e *Curso de direito do trabalho*, p. 98, respectivamente.

Entretanto, vem se acentuando uma tendência de o Direito do Trabalho extrapolar da simples relação de emprego para alcançar as relações de trabalho em geral, as quais foram incluídas sob o manto da Justiça do Trabalho, pela EC n. 45/04. Dessa forma, doravante, impõe-se a delimitação de duas categorias de Direito do Trabalho: a) o tradicional, ancorado na relação de emprego, de trabalho avulso, e consectários; e b) o baseado nas outras relações de trabalho.

Analiticamente, Direito do Trabalho é o ramo do Direito constituído do conjunto de princípios e regras que *regulam o contrato de trabalho, subordinado ou não, seus sujeitos e objeto, os entes coletivos representantes das categorias profissionais e econômicas, e as respectivas relações coletivas do trabalho.*

2. Denominações e características

Várias denominações foram propostas para o Direito do Trabalho centrado na relação de emprego, como Direito Social, Legislação do Trabalho, Direito Corporativo, Direito Operário, Direito Sindical e outras. Entretanto, DIREITO DO TRABALHO foi a que "pegou". Após a EC n. 45/04, essa denominação adaptou-se bem ao seu objeto, que é o trabalho pessoal sob as várias modalidades contratuais.

Características

Socialidade — as cláusulas contratuais terão em vista o interesse social, e não só o individual;

Imperatividade — as normas que compõem o conteúdo institucional do Direito do Trabalho, como saúde, higiene, segurança, registros obrigatórios, recolhimentos sociais, salário mínimo, 13º salário, férias, repouso semanal, liberdade sindical, dentre outros, são intransigíveis e irrenunciáveis;

Justiça social — no sentido protecionista que tem o DT, como sistema de compensação de desigualdades sociais;

Distribuição da riqueza — o Direito do Trabalho constitui o principal e mais eficientes instrumentos de distribuição de renda;

Coletivista — todas as decisões trabalhistas se espraiam pela coletividade da categoria, numa espécie de efeito dominó. Por outro lado, todos os trabalhadores e empregadores são representados por entidades sindicais, as quais pactuam normas trabalhistas de cumprimento obrigatório para as categorias convenentes.

3. Principais divisões do Direito do Trabalho

Direito Individual do Trabalho — trata do contrato individual de trabalho, de sua execução e rescisão. Na execução do contrato compreendem a função, a jornada, a remuneração, as férias, o descanso semanal, as licenças, as horas extras, o FGTS, o vale-transporte, a disciplina e tudo o mais que ocorrer. Na rescisão, incluem-se o aviso--prévio, a despedida sem ou com justa causa e a estabilidade no emprego.

Direito Coletivo do Trabalho — é o conjunto de regras e princípios que disciplina as organizações sindicais, a liberdade sindical, os conflitos coletivos de trabalho, os meios de solução dos conflitos, a greve e, principalmente, a negociação coletiva, destacando-se o contrato coletivo de trabalho, a convenção coletiva de trabalho e o acordo coletivo de trabalho; e, ainda, no âmbito processual, da mediação, da arbitragem e do dissídio coletivo.

Direito Administrativo do Trabalho — compreende a organização dos órgãos do Poder Executivo encarregados da fiscalização do cumprimento das normas de proteção do trabalho, bem como do sistema de multas administrativas e do respectivo processo de aplicação e dos recursos cabíveis para a autoridade superior. O principal órgão fiscalizador é o Ministério do Trabalho, através das Superintendências Regionais do Trabalho e dos Auditores Fiscais do Trabalho, cfr. arts. 626/642, CLT.

Direito Interncional do Trabalho — discorre sobre as Convenções e Recomendações Internacionais do Trabalho, ambas oriundas da OIT, e de outros ajustes internacionais envolvendo o Trabalho, principalmente nas Comunidades Econômicas, a exemplo do Mercosul.

Direito Ambiental do Trabalho — trata do meio ambiente do trabalho como uma parte do meio ambiente total, pois o todo não estará sadio se a parte estiver enferma. O meio ambiente de trabalho diz respeito às condições físicas e psicológicas, de saúde, higiene e segurança do trabalho e, consequentemente, à integridade física do trabalhador e da sociedade. Aqui entram as questões alusivas a moléstias do trabalho e profissional e a acidente de trabalho.

Direito Processual do Trabalho — é o conjunto de regras e princípios que orienta na solução dos conflitos individuais e coletivos do trabalho, mediante processo judicial, ou perante os órgãos de mediação, arbitragem e conciliação prévia.

4. Autonomia do Direito do Trabalho

A autonomia do Direito do Trabalho revela-se por meio dos seguintes dados:

a) sistematização dos seus institutos;

b) formação de princípios jurídicos próprios;

c) existência de legislação peculiar — a CLT e leis esparsas;

d) inserção da matéria no currículo dos cursos jurídicos;

e) instituição da Justiça do Trabalho e do Ministério Público do Trabalho;

f) sistema de fiscalização, pelo Ministério do Trabalho, do cumprimento das normas trabalhistas.

Advém, daí, a autonomia sob os aspectos doutrinário, curricular, normativo e judiciário. No tocante à legislação, vale citar os arts. 6º a 11 e 111 a 116 da Constituição Federal e a Consolidação das Leis do Trabalho — Decreto-lei n. 5.452/43.

5. Natureza do Direito do Trabalho

Discute-se se o Direito do Trabalho se enquadra no ramo do direito público, privado ou social.

Os que pretendem seja Direito público colacionam os argumentos de que as normas administrativas de fiscalização e a imperatividade de muitas normas, como as de medicina e segurança do trabalho, são de Direito Público. Para a maioria dos autores, como A. Mascaro Nascimento, Orlando Gomes e Elson Gottschalk e outros ilustres juslaboralistas, o Direito do Trabalho pertence ao Direito privado, tanto pela sua origem contratual na locação de serviço, como pela natureza das entidades sindicais, e muitos outros argumentos. Ainda há os que defendem que se trata de um direito misto — público e privado.

Todavia, essa discussão esvaziou-se no momento em que a CF/88 o enquadrou no Capítulo **DOS DIREITOS SOCIAIS** — arts. 6º a 11, atribuindo-lhe a natureza de Direito Social, juntamente com os direitos da saúde e da seguridade social. Assim, conquanto a matriz das relações de trabalho seja o contrato, o conteúdo deste é majoritariamente imposto por lei.

6. Funções do Direito do Trabalho

Que valores o Direito do Trabalho alberga e pretende realizar?

Como visto acima, o Direito do Trabalho representa um dos instrumentos de intervenção do Estado para o bem de toda a sociedade, pois esta não tem interesse que sua gente envelheça sem aposentadoria e sem saúde. Daí concluir-se que sua **função primordial ainda é tutelar**. A legislação do trabalho emprega em toda a sua extensão os vocábulos "tutela" e "proteção". Ademais, o conteúdo básico dos contratos de trabalho é institucional, independe da vontade dos contratantes.

Portanto, o Direito do Trabalho cumpre as seguintes funções: **tutelar,** porque seu foco principal é a proteção do hipossuficiente; **econômica**, porque visa à realização dos valores econômicos emergentes da Constituição Econômica; **social**, como direito prestacional de 2ª geração; **conservadora**, representando a força estatal contedora dos movimentos trabalhistas, para manutenção do *status quo*; **coordenadora** dos interesses contrapostos de patrões e trabalhadores.

O relatório Supiot registra que uma das funções do Direito do Trabalho é garantir a ***coesão social***. Aconselhando que o Direito do Trabalho deve estender-se a outras formas de trabalho assalariado(3). Na verdade, o emprego está em declínio, mas o trabalho será sempre imprescindível ao homem e à sociedade, como instrumento agregador e disciplinador do ser humano e base da economia de uma nação. Prenunciando essa evolução, a EC n. 45/2004, mudou o eixo competencial da Justiça do Trabalho da *relação de emprego* para a *relação de trabalho*.

(3) Relatório elaborado por uma equipe sob a coordenação de Supiot para a União Europeia.

7. Abrangência do sistema do trabalho

O trabalho e seu respectivo direito compreendem um exuberante sistema complexo e sincrético, de viés social e econômico. E sistema "significa um conjunto de objetos, elementos ou partes de uma realidade, apreensíveis na sua articulação recíproca, cuja significação apenas é decifrável no contexto do todo. O conceito de sistema sugere, antes de mais nada, a noção de totalidade", diz Acílio da Silva Estanqueiro Rocha. In: *Enciclopédia Luso-Brasileira de Filosofia*. Lisboa/São Paulo: VERBO, 1992.

Compõe-no um complexo de leis trabalhistas, econômicas, financeiras, previdenciárias, fiscais, contábeis, administrativas, de saúde e ambientais, que dialogam e interagem; uma estrutura administrativa pública ungida por um braço do Ministério do Trabalho e vários braços do trabalho nos Ministérios da Saúde, da Previdência Social e da Ação Social; um ramo especial da Justiça e do Ministério Público da União. O aparelho trabalhista alimenta diretamente, com centenas de bilhões de reais, os megafundos que regulam a política econômica do País e forma a rede de transferência de renda. Trata-se, pois, de um sistema estratégico na Ordem Social e na Ordem Econômica.

Imaginem o complexo de normas fiscais e contábeis que disciplina o Fundo de Garantia, o PIS/PASEP e o FAT; o emaranhado de normas que disciplina o Programa de Saúde e Segurança do Trabalhador (Constituição, Convenções Internacionais, Leis, Portarias Ministeriais com *status* de lei etc.), a rede de proteção da mulher e do menor trabalhadores! São microssistemas dentro de um grande sistema.

Isto porque o trabalho ocupa a centralidade do modelo capitalista, mesmo o trabalho informal proporciona ao trabalhador o reconhecimento como agente social moralmente aceito e o mantém a serviço dos objetivos capitalistas. Organista comenta esse tema e transcreve o seguinte trecho da entrevista ao camelô Fernando, 34 anos, casado, cinco filhos, 2º grau completo. Disse que "o trabalho, para ele, é distração, alegria, relacionamento com os amigos, fregueses etc. O trabalho, para ele, é tudo, não só dinheiro, é uma vida, faz parte da vida, do ciclo da vida, tem que ter o trabalho para ser um ser vivo, quem não trabalha é um ser morto (...) quem não trabalha não pensa no amanhã, o futuro não existe, só vive o presente" (ORGANISTA, José Henrique Carvalho. *O debate sobre a centralidade do trabalho*. São Paulo: Expressão Popular, 2006).

Assim, como ponto nodal e central do modelo capitalista, o sistema trabalhista alberga todas as especialidades acadêmicas e técnicas, e todos os primitivismos também.

8. Valores éticos do trabalho

É no trabalho que se afirmam os principais valores de cada grupo social. Daí catalogarmos alguns fundamentais, positivados no sistema legal: assiduidade, bons costumes, colaboração, coletivismo, cooperação, dignidade, disciplina, disposição, lealdade, obediência, pontualidade, probidade, respeito, solidariedade, tolerância, zelo.

Capítulo II

História e Evolução do Direito do Trabalho

1. Escorço histórico

A escravização do homem na Antiguidade representou um progresso, ao substituir a execução dos vencidos nos combates, e constituiu o principal fator de sustentação da economia de base rural, daí seu ressurgimento na Modernidade, durante o período colonial da América. Aqui o operário não tinha autonomia nenhuma, sendo tratado como coisa, da qual seu proprietário tinha total disponibilidade.

Na Idade Média a propriedade rural, sob o modelo feudal, constituía o principal símbolo de poder político, daí o trabalhador aderir à terra, sob a denominação de servo. As corporações de ofício monopolizavam a manufatura e compunham-se de: mestre > jornaleiro ou companheiro > aprendiz. O mestre era o dono da oficina e orientador, o jornaleiro era equiparado a um empregado, e o aprendiz, a um estagiário. Esse sistema era bastante fechado, controlado pelas corporações de ofício, as quais punham obstáculos à instalação de novas oficinas, de modo que o companheiro enfrentava muitas dificuldades para montar seu próprio estabelecimento. Contudo, apesar das limitações que o trabalhador sofria, o servo e o companheiro gozavam de relativa autonomia, não sendo mais considerados um bem disponível por seu dono.

Surgiu o intermediário, fornecendo a matéria-prima e comprando a produção. Com a crescente demanda em face da colonização da América, apareceu o capitalista, construindo cidade operária fora da jurisdição das corporações e dos empecilhos que estas ofereciam. Aqui o operário trabalha em casa, juntamente com a família, utilizando ferramentas e materiais fornecidos pelo patrão, o qual lhe compra toda a produção. O passo seguinte foi a instalação das oficinas sob galpões, com os operários trabalhando sob supervisão. Nasce o sistema fabril e proletário, o qual se aqueceu com o lançamento da máquina a vapor de Watt, em 1776, a qual destruiu economicamente as corporações, forçando os autônomos a buscarem trabalho na fábrica em troca de baixos salários.

O Mercantilismo, sistema econômico em que o Estado detinha o controle da atividade econômica, sendo o principal sócio dos grandes empreendimentos, caracterizou a Idade Moderna. O iluminismo o sucedeu, trocando o controle estatal da economia pela lei da oferta e da procura. Omitiu, porém, o trato social do operário, que se viu escravo da liberdade contratual.

Saint-Simon (1760-1825) denunciou primeiro a insuficiência do Estado Liberal, seguido de Fourier, Cabet, Louis Blanc, Proudhon e, na Inglaterra, Robert Owen. Em 1848, na França, uma lei reduz a jornada de trabalho para 11 horas diárias em Paris e 12 nas províncias. Na Inglaterra, a jornada de 10 horas diárias e a legislação de proteção ao menor foram lançadas no meado do século XIX. Também em 1848, é publicado o Manifesto Comunista, de Marx e Engels, concitando os trabalhadores do mundo a unirem-se para reescrever a história, em torno de uma ditadura do proletariado. Bismark, chanceler alemão, pregava a contenção do avanço socialista mediante a concessão de seguros sociais. E assim o fez: criou-os no bojo de uma lei antissocialista.

A Igreja Católica publica a Encíclica *Rerum Novarum* em 1891, pregando a dignificação do trabalho, o salário justo e a caridade. Nascia a democracia social. Mas o primeiro marco favorável ao Direito do Trabalho foi a Constituição Mexicana de 1917, cujo art. 123 programava os direitos básicos do trabalhador.

Após a I Guerra Mundial, quase todas as Constituições, a partir de Weimar (1919), contemplaram os direitos sociais e do trabalho e a intervenção estatal na esfera privada. O Tratado de Versalhes, sob a pressão dos sindicatos, incluiu o que veio a ser a Organização Internacional do Trabalho — OIT, em 1919. Na Rússia, os socialistas ascenderam ao poder em 1917 e puseram fim à propriedade privada dos meios de produção. Mas o ressentimento e a miséria deixados pela I Guerra patrocinaram a ascensão de Mussolini na Itália e Hitler na Alemanha, detonando a II Guerra. O socialismo cresceu, entretanto, logo retrocedeu: caiu o Muro de Berlim em 1989 e floresceu a ideia de flexibilização dos direitos trabalhistas, sob o manto da globalização neoliberal.

2. História do Direito do Trabalho no Brasil

No Brasil, o Direito do Trabalho seguiu as seguintes fases: 1ª – Pré-Histórica, de 1500 a 1888, caracterizada pelo trabalho escravo e economia essencialmente agrícola; 2ª – Capitalista, de 1888 a 1930, em que se registram a abolição da escravatura, promulgação da 1ª Carta Republicana, aprovação do Código Civil, criação do Departamento Nacional do Trabalho, assinatura do Tratado de Versalhes, filiação à OIT e edição de lei sobre acidente do trabalho. Na verdade, esses 40 anos que sucederam ao fim da escravidão caracterizaram-se como servidão; 3ª fase – Socialista, de 1930 a 1934, caracterizada por uma febre legiferante em torno da questão social; 4ª fase – Social-Democrata, documentada na Constituição de 1934, inspirada na de Weimar, trazendo um título denominado "Da Ordem Econômica e Social" e instituiu a Justiça do Trabalho, o salário mínimo, a limitação de lucros, a limitação da propriedade ao interesse social ou coletivo, condições de estabilidade no emprego; 5ª – Corporativa, com a Constituição de 1937, instituindo um regime ditatorial no País. Criaram-se o sindicato único e o imposto sindical, e editou-se a CLT – Decreto-lei n. 5.452/43, ainda em vigor.

A Constituição de 1946 restaura o modelo social-democrata da Carta de 1934 e inova nos seguintes pontos: incluiu a Justiça do Trabalho no Poder Judiciário e o Ministério Público do Trabalho no Ministério Público da União; instituiu a assistência aos desempregados e o direito de greve.

A Constituição de 1967, com a Emenda n. 1/69, no seu art. 165, relaciona quase os mesmos direitos dos trabalhadores constantes do art. 7º da Constituição de 1988, porém axiologicamente como um direito de segunda categoria.

A Constituição de 1988 dedica o Capítulo II do Título II, compreendendo os arts. 6º a 11, aos DIREITOS SOCIAIS:

> Art. 6º São direitos sociais a educação, a saúde, a alimentação, o trabalho, a moradia, o transporte, o lazer, a segurança, a previdência social, a proteção à maternidade e à infância, a assistência aos desamparados, na forma desta Constituição.

São direitos dos trabalhadores urbanos e rurais, *além de outros que visem à melhoria de sua condição social*:

> I – relação de emprego protegida contra despedida arbitrária ou sem justa causa, nos termos de lei complementar, que preverá indenização compensatória, dentre outros direitos;
>
> II – seguro-desemprego, em caso de desemprego involuntário;
>
> III – fundo de garantia do tempo de serviço.

E outros 31 incisos, mais o parágrafo único, em que estende vários direitos aos empregados domésticos.

Ao Direito Coletivo do Trabalho dedica os arts. 8º a 11, em que estatui a liberdade de organização e administração sindical, a liberdade de filiação, não filiação e desfiliação. Contudo, mantém o sindicato único por base territorial e a contribuição sindical.

O art. 9º assegura o direito de greve, competindo aos trabalhadores decidir sobre a oportunidade de exercê-lo e sobre os interesses que devam por meio dele defender.

> § 1º A lei definirá os serviços ou atividades essenciais e disporá sobre o atendimento das necessidades inadiáveis da comunidade.
>
> § 2º Os abusos cometidos sujeitam os responsáveis às penas da lei.

O art. 10 assegura a participação dos trabalhadores e empregadores nos colegiados dos órgãos públicos em que seus interesses profissionais ou previdenciários sejam objeto de discussão e deliberação. E o art. 11 institui o representante dos trabalhadores nas empresas com mais de 200 empregados.

Os arts. 37 a 41 tratam do serviço público. Todo o texto é novo, decorrente das Reformas Administrativa e Previdenciária, implementadas pelas EC ns. 19 e 20/98, 41/03, 47/05 e 103/2019, que extinguiram a obrigatoriedade do Regime Jurídico Único do Servidor Público (neste ponto, declarada inconstitucional pelo STF, na ADI n. 2.135); dilataram a aquisição da estabilidade de dois para três anos; criaram a periódica avaliação de desempenho do servidor público; a possibilidade de demissão do servidor, mesmo estável, para atender ao exigido pela

Lei de Responsabilidade Fiscal; acabaram com a contagem de tempo fictício de serviço; modificaram as regras de aposentadorias, aumentaram o tempo e a idade para aposentadoria etc.

> § 3º Aplica-se a esses servidores o disposto no art. 7º, IV, VII, VIII, IX, XII, XIII, XV, XVI, XVII, XVIII, XIX, XX, XXII e XXX. Foram excluídos pela EC n. 19/98 a incidência dos incisos VI (irredutibilidade salarial) e XXIII (adicionais de insalubridade, penosidade e periculosidade).

O direito de greve do servidor público está condicionado, no inciso VII do art. 37, a regulamentação por lei específica. Esta matéria foi objeto do Mandado de Injunção n. 712-8 Pará, no qual o STF declarou a mora legislativa e reconheceu o gozo do direito de greve nos termos da lei geral de greve, até onde não for incompatível com o serviço público, enquanto a tal lei específica não for elaborada.

O art. 100 trata da execução contra a Fazenda Pública, tendo avançado para dispensar o precatório na execução de dívida de pequeno valor e dado tratamento prioritário ao idoso e ao portador de doença grave, cf. veremos adiante.

A EC n. 45/04 alterou a estrutura do TST e, mediante alteração do art. 114, ampliou a competência da Justiça do Trabalho, da relação de emprego para a relação de trabalho, dentre outras matérias elencadas em nove incisos e três parágrafos.

Preceitua o art. 10 dos ADCT que, até que seja promulgada a lei complementar a que se refere o art. 7º, I, da Constituição: a multa rescisória do FGTS fica ampliada de 10% para 40%; e fica vedada a dispensa arbitrária ou sem justa causa da mulher gestante, desde a confirmação da gravidez até cinco meses após o parto, bem como do membro eleito da CIPA, da eleição até um ano após o término do mandato.

3. Tendências atuais do Direito do Trabalho

Com o Neoliberalismo em todos os quadrantes, embalado na 4ª Globalização, a competitividade avulta-se, intensifica-se a guerra comercial e a disputa pelos investimentos estrangeiros. Nesse caldo de cultura, as relações de trabalho diversificam-se ao sabor da nova ordem econômica, até porque a legislação trabalhista atual do Brasil foi concebida sob o modelo capitalista fordista-taylorista. No entanto, o capitalismo já evoluiu para o financeiro e deste para o tecnológico, girando o eixo da economia para o setor de serviços, a exigir uma redefinição da teoria do Direito do Trabalho, para alojar essas novas versões das relações de trabalho e incluir novas categorias de direitos, tendo em vista o valor da pessoa humana.

Daí identificarem-se pelo menos três grandes tendências: a) da flexibilização das normas trabalhistas para adaptação às novas necessidades da economia; b) crescente valorização dos direitos fundamentais do trabalho; c) prestigiamento da autocomposição dos agentes do trabalho, mediante a negociação coletiva do trabalho, para prevalecer o negociado sobre o legislado, salvo em matéria de interesse público.

Cumprindo esse propósito, a Lei n. 13.429/2017 regulamentou a terceirização, liberando-a para todas as atividades da empresa contratante, revogando o direito anterior, corporificado na Súmula n. 331 do TST, que só a admitia na atividade-meio; e a Lei n. 13.467/2017 promoveu a Reforma Trabalhista, instituindo o teletrabalho, o trabalho a domicílio, o trabalho intermitente, a redução das parcelas salariais, o negociado sobre o legislado.

4. Flexibilização do Direito do Trabalho

A Globalização atual vem embalada no ideal neoliberal, significando retorno ao liberalismo clássico, do Estado mínimo, da qual a Flexibilização das relações de trabalho é uma das consequências mais acentuadas, cuja dinâmica é cada vez mais diversificada, em virtude do avanço da tecnologia em todos os quadrantes, que vem triturando os postos de trabalho e exigindo mais qualificação profissional dos trabalhadores.

A *flexibilização* manifesta-se sob duas formas: **adaptação**, que é a versão moderada, e **desregulamentação**, a forma mais radical. E abriga um sentido muito amplo, e que, em sentido estrito, consiste no afastamento de certos empecilhos para permitir modalidades contratuais adequadas ao mercado, bem como a inserção de cláusulas dinâmicas nos contratos. No Brasil está em curso a **adaptação avançada**. Fala-se ainda da utópica, forma oposta a essas duas, que é a **de proteção**, cf. abaixo.

Sob a ótica dos economistas, a flexibilização se manifesta sob três formas: a) **funcional** — capacidade da empresa de adaptar seu pessoal para que assuma novas tarefas ou aplique novos métodos de produção; b) **salarial** — vincula os salários à produtividade e à demanda de seus produtos; c) **numérica** — faculdade de adaptar o fator trabalho à demanda dos produtos da empresa.

A flexibilização, a pretexto de abrir o mercado para novas oportunidades de trabalho e preservar a sobrevivência das empresas, vem, na verdade, produzindo a precarização do trabalho, ou seja, multiplica-se o número de trabalhadores que não gozam das garantias sociais.

A flexibilização apoia-se sobre três estratégias:

a) no âmbito do Direito do Trabalho — tornar possível a ampliação e intensificação da jornada de trabalho, bem como a mobilidade interna dos empregados;

b) no âmbito da formalização do emprego — viabilizar a liberdade de demissão sem custos, de contratação a prazo fixo e de subcontratação;

c) no âmbito salarial — franquear a redução dos salários aos níveis naturais, ou seja, livremente determinados pelo mercado[(4)].

Ricardo Fraga registra que a flexibilização mina as bases do Direito do Trabalho, fenômeno esse manifesto na França sob a forma de redução do grau de sindicalização; na Itália, na forma de crescimento do trabalho por conta própria; nos EUA, na forma de trabalho doméstico. Na Espanha e na Argentina, a precarização do trabalho chegou ao extremo, mas já começa a recuar.

---

(4) ROSAS, Laís Freire. A flexibilização do direito do trabalho e os óbices à sua implementação. In: SOARES, Ronald (Coord.). *Estudos de direito do trabalho e direito processual do trabalho:* em homenagem a Aderbal Freire. São Paulo: LTr, 1999.

Daí Orlando Teixeira da Costa haver prenunciado as seguintes consequências maléficas: a) aumentos e diminuições acelerados na procura de mão de obra; b) redução do número de empregados com garantia de emprego; c) desníveis acentuados de remuneração e de qualificação; d) decadência dos sindicatos tradicionais e encolhimento do poder político da classe trabalhadora; e) erosão progressiva dos salários da classe trabalhadora[5].

> **A flexibilização na lei** — a CF/88 já abriu vários flancos, ao acabar com o regime de indenização previsto no art. 478 da CLT e permitir, por negociação coletiva, a redução de jornada e de salários, a compensação de horas extras, a modificação do regime ininterrupto de revezamento, conforme art. 7º, incisos, III, VI, XIII, XIV e XXVI.
>
> **Terceirização** — é uma consequência da flexibilização, cf. veremos no Capítulo XIII.

5. Desregulamentação

Denomina-se assim a forma mais radical de flexibilização. Consiste na abolição da legislação protetora do trabalho, para que toda a regulamentação seja estabelecida por meio de negociação coletiva de trabalho — contrato coletivo, convenção e acordo coletivos de trabalho e pelo contrato individual de trabalho. Com isso, restaria resgatada a autonomia da vontade das partes. Segundo essa corrente, a humanidade já evoluiu o bastante para dispensar a intervenção estatal nas relações laborais. Será? Veja-se que o Brasil se encontra na 80ª posição quanto ao Índice de Desenvolvimento Humano, mesmo situando-se entre as doze maiores economias do planeta!

6. Inclusão social

No outro polo, cogita-se de uma terceira forma de flexibilização das normas trabalhistas, a **de proteção,** consistente na criação de um sistema diferenciado e simplificado para ser aplicado aos microempresários e seus colaboradores e uberizados, que movimentam a economia informal, sobrevivendo e proporcionando coesão social e subsistência de um contingente incalculável de trabalhadores; todavia, todos os que compõem esse sistema encontram-se ao relento do manto protetor da norma trabalhista e da Previdência Social. Esta espécie de flexibilização, ao contrário das outras formas (que são excludentes), é de inclusão social. Neste sentido, a Lei Complementar n. 123/06, profundamente alterada pela LCs ns. 127/2007 e 128/2008, institui o Super-Simples para as pequenas e microempresas, dedicando os arts. 50 a 84 à simplificação das obrigações trabalhistas, cf. veremos no Capítulo XI, 7.

De outra parte, defende-se também a instituição de uma rede de normas trabalhistas protetoras dos trabalhadores que prestam serviço sem vínculo de emprego, que têm dependência econômica de seu trabalho para sobreviver. A LC n. 128/08, que dá o direito de os pequenos informais (cabeleireiro, costureiro, verdureiro, barraqueiro etc.) se formalizarem em microempresários individuais — MEI, para efeito de Previdência Social, já é um passo. Mas precisa evoluir para amparar os trabalhadores uberizados.

(5) *Rigidez e flexibilidade do direito do trabalho*. São Paulo: LTr, 1990.

Capítulo III

Direito Constitucional do Trabalho

1. Considerações gerais

A Constituição de 1988 supervalorizou o ser humano. Esse propósito faz-se notar a partir da esquematização do texto, pondo os Direitos e Garantias Fundamentais antes da Organização do Estado. Com isso, a Constituinte manifesta o seu desejo de mudar o eixo } de prioridade: do Estado para o homem.

O Título II (DOS DIREITOS E GARANTIAS FUNDAMENTAIS) compõe-se de cinco capítulos: I – Dos direitos e deveres individuais e coletivos; II – Dos direitos sociais; III – Da nacionalidade; IV – Dos direitos políticos; e V – Dos partidos políticos.

O Capítulo II, apesar de denominar-se DOS DIREITOS SOCIAIS, na verdade só relaciona a matéria trabalhista. Os demais direitos sociais anunciados no art. 6º compõem o Título VIII – DA ORDEM SOCIAL (arts. 193/232).

A Constituição de 1988 é a mais pródiga em matéria trabalhista, com mais de 60 preceitos a respeito. E as Emendas Constitucionais já concluídas são apenas tópicas, não afetando o cerne do Direito do Trabalho.

2. Dispositivos autoaplicáveis

O § 1º do art. 5º prescreve: "As normas definidoras dos direitos e garantias fundamentais têm aplicação imediata". O Título DOS DIREITOS E GARANTIAS FUNDAMENTAIS engloba os direitos dos trabalhadores urbanos e rurais.

Em face do dispositivo *supra*, a interpretação deve firmar-se no sentido de que tudo o que não estiver condicionado pela própria Constituição é autoaplicável. A Constituição fixa normas de várias naturezas, valendo lembrar:

a) as de aplicabilidade social imediata e plena;

b) as de aplicabilidade social imediata apenas parcialmente;

c) as adormecidas (a bela adormecida), ou de aplicabilidade social contida, aguardando regulamentação por lei; e

d) as programáticas, que delineiam as políticas públicas dos governos.

Assim, salvo rara exceção, quando a norma da Constituição não se reporta ou remete à lei, ela é autoaplicável. E quando remete à lei e esta já foi editada ou já existia, agora com novo fundamento de validade, aparadas as arestas de conflito com a Constituição, passa a ser a lei regulamentadora, dando eficácia social imediata ao Texto Maior.

4. Dos direitos sociais na Constituição de 1988 e emendas constitucionais

O art. 7º preceitua: "São direitos dos trabalhadores urbanos e rurais, além de outros que visem à melhoria de sua condição social". Em cujo gancho se dependuram todos os direitos individuais e coletivos dos trabalhadores contratados mediante vínculo de emprego ou de avulso, dado que o rol dos direitos declinados é quase todo típico do emprego. Sem desprezar, contudo, que esse mesmo gancho comporta o elastecimento dos direitos para outras relações de trabalho, cf. sugerido no item 6 do Cap. anterior, pois o Texto Constitucional quase sempre emprega a palavra "trabalhador", e não "empregado". Em 33 incisos, o art. 7º pode ser assim dissecado:

4.1. Direito individual do trabalho

I – Proteção do emprego — o art. 7º, I, alude à proteção da relação de emprego contra despedida arbitrária ou sem justa causa, nos termos de lei complementar, que preverá indenização compensatória, dentre outros direitos. Enquanto não vem essa lei, vigem muitas formas de proteção do emprego, que têm neste preceito seu fundamento de validade, valendo destacar no âmbito da própria Constituição:

a) o art. 10 do ADCT: 1) aumenta a indenização pela dispensa sem justa causa para 40% sobre os depósitos do FGTS; 2) veda a dispensa arbitrária ou sem justa causa da mulher gestante até o 5º mês após o parto, e do membro eleito da CIPA, a partir da candidatura até um ano após o fim do mandato. Voltamos com detalhes no Capítulo XXVII. A Lei n. 11.323/06 estendeu esse direito à trabalhadora doméstica e a EC n. 72/2013 o sacramentou. E, pondere-se, a estabilidade estende-se à mulher (ou equivalente homoafetivo) adotante; e, se a empresa for aderente ao Programa Empresa Cidadã, instituído pela Lei n. 11.770/09, a proteção se estende para além dos seis meses após o parto ou adoção; o art. 41 assegura estabilidade ao servidor público após três anos no exercício de cargo efetivo;

b) o art. 8º, VIII, protege o dirigente sindical contra despedida, a partir da candidatura e, se eleito, até um ano após o término do mandato, salvo se cometer falta grave apurada em juízo, na forma do art. 853 da CLT;

c) os arts. 10 e 11 da Constituição instituem os representantes dos trabalhadores nas empresas com mais de 200 empregados e nos colegiados públicos, aos quais é assegurada a proteção do emprego a exemplo do mandatário sindical; a Lei n. 13.467/17 institui no art. 510-A da CLT a Comissão de Representantes dos Empregados na Empresa, assegurando a tais membros, no art. 510-C, § 3º, vedação de dispensa arbitrária desde a candidatura até um ano após o fim do mandato.

d) no âmbito infraconstitucional, o art. 118 da Lei n. 8.213/91 proíbe a dispensa do acidentado no trabalho até 12 meses após a alta; o art. 625-B, § 1º, da CLT veda a dispensa do membro de Comissão de Conciliação Prévia representante dos trabalhadores até um ano após o fim do mandato; o art. 55 da Lei n. 5.764/71 atribui estabilidade aos diretores eleitos de cooperativas de trabalho; a Lei Maria da Penha, 11.340/06, institui no seu art. 9º, II, o direito de a mulher ofendida afastar-se do emprego, quando necessário, sem prejuízo do emprego por até seis meses; a proteção das estabilidades contratuais, tanto as fixadas em negociação coletiva como em contrato individual e as previstas nos regulamentos da empresa; e outras decorrentes de lei, cf. se exporá no capítulo XXVII;

e) aviso-prévio — proporcional ao tempo de serviço, sendo no mínimo de 30 dias, mais três dias por ano, até um máximo de 90, cf. Lei n. 12.506/11. A CLT dedica ao tema os arts. 487/491.

II – Seguro-desemprego — instituído pelo Decreto-lei que criou o Plano Cruzado. Regem a matéria as Leis ns. 7.998/90, 8.019/90, 10.208/01 e 13.134/15, tendo esta última imposto sensíveis restrições ao instituto.

Conforme preceitua a Lei n. 7.998/90, tem direito o trabalhador demitido sem justa causa ou por despedida indireta que comprove: 1) haver recebido salários de pessoas jurídicas ou de pessoa física a ela equiparada, relativos a: a) pelo menos 12 meses nos últimos 18 meses imediatamente anteriores à data de dispensa, quando da primeira solicitação; b) pelo menos 9 meses nos últimos 12 meses imediatamente anteriores à data de dispensa, quando da segunda solicitação; e c) cada um dos 6 meses imediatamente anteriores à data de dispensa, quando das demais solicitações; 2) não estar em gozo de benefício previdenciário de prestação continuada; 3) não estar em gozo de auxílio-desemprego; 4) não possuir renda própria suficiente a sua manutenção e de sua família; 5) matrícula e frequência aos cursos do Programa Nacional de Acesso ao Ensino Técnico e Emprego (Pronatec), conforme regulamento próprio; 6) não haver aderido a PDV.

O seguro-desemprego não dura necessariamente todo o período de desemprego nem paga necessariamente o valor do salário que a pessoa recebia, garantido, contudo, o salário mínimo. A quantidade de parcelas a serem percebidas é calculada em função de ser a primeira, a segunda ou a terceira ou seguintes vezes em que o benefício é solicitado, bem como em função da quantidade de meses de vínculo empregatício dentro de um período de 36 meses. São de três a cinco parcelas. Simplificando o § 2º do art. 4º da Lei n. 7.998/90:

	3 parcelas	4 parcelas	5 parcelas
1ª solicitação	Não existe	12 a 23 meses	24 ou mais meses
2ª solicitação	9 a 11 meses	12 a 23 meses	24 ou mais meses
A partir da 3ª solicitação	6 a 11 meses	12 a 23 meses	24 ou mais meses

A Lei Complementar n. 150/2015 garantiu tal direito ao empregado doméstico, já constante do Regulamento n. 754/2015 do CODEFAT. O art. 26 da LC n. 150/2015 limita a três parcelas para o doméstico, no valor de um salário mínimo cada.

O trabalhador resgatado de condições análogas à de escravo ou de trabalho forçado é também contemplado pelo direito a três parcelas do seguro-desemprego no valor de um salário mínimo cada (art. 2º-C, Lei n. 7.998/90).

O art. 239, § 4º, da CF preceitua que o financiamento do seguro-desemprego receberá uma contribuição adicional da empresa cujo índice de rotatividade da força de trabalho superar o índice médio da rotatividade do setor, na forma estabelecida por lei. O art. 201, III, da Constituição, assegura proteção ao trabalhador em situação de desemprego involuntário.

III – Fundo de Garantia do Tempo de Serviço (FGTS) – Alçado à Constituição; regulamenta-o a Lei n. 8.036/90 e Decreto n. 99.684/90, conforme detalharemos no capítulo específico.

IV – Proteção do salário – a CF protege o salário, como a fonte de sobrevivência do trabalhador, nas seguintes formas:

a) salário mínimo (inciso IV) — nacional e unificado, capaz de atender às necessidades básicas e vitais do trabalhador e de sua família = moradia + alimentação + educação + saúde + lazer + vestuário + higiene + transporte + previdência social, com reajuste periódico que lhe mantenha o poder aquisitivo. Vê-se que isto ainda constitui um programa constitucional, longe de ser realizado. Mantém, contudo, como princípio, sua força atrativa, pressionante. De 2011 a 2019, vigeu a política de reajuste do salário mínimo pelo índice de inflação do ano anterior, divulgado pelo IBGE e ganho real correspondente ao crescimento do PIB do penúltimo ano anterior, cf. § 4º da Lei n. 12.382/2011 e Lei n. 13.152/2015.

b) garantia de salário mínimo para quem percebe ganho variável (inciso VII);

c) piso salarial (inciso V) – proporcional à extensão e à complexidade do trabalho. Esse piso, que é o salário mínimo de cada profissão, é fixado por lei ou por negociação coletiva do trabalho. A fixação por sentença normativa é duvidosa. A Lei Complementar n. 103/00 autoriza os Estados a estabelecerem por lei o piso salarial das categorias que não o tenham obtido por negociação coletiva;

d) irredutibilidade salarial (inciso VI) – o salário é irredutível, salvo o disposto em convenção ou acordo coletivo, admitindo, portanto, os "acordos japoneses", em que se negocia a redução do salário em troca de redução de jornada e manutenção dos postos de trabalho, garantido sempre o salário mínimo. Em relação ao servidor público, é permitida redução salarial para adequação ao teto máximo, que é o subsídio de Ministro do STF — art. 37, XI e XV, CF. Ver Cap. XXII, 2.4;

e) a retenção dolosa do salário é crime (inciso X) — nos termos da lei. Logo, trata-se de regra não autoaplicável quanto à tipificação penal, porquanto dependente de lei, e esta não sobreveio até agora. Contudo, na CLT, constam os arts. 117 (proibição de acordo para pagar menos que o salário mínimo), 120 (multa pela infringência ao salário mínimo), 467 (acréscimo de 50% do valor da rescisão se não pago na 1ª audiência).

A CLT proíbe o pagamento com bebidas alcoólicas, determina o prazo do pagamento, o privilégio do salário em relação aos outros créditos. E o art. 833 do CPC considera-o impenhorável;

f) 13º salário (inciso VIII) — com base na remuneração integral e não somente com base no salário fixo. É regido pela Lei n. 4.090;

g) caráter preferencial — o art. 100, § 1º, da CF, atribui caráter alimentar ao salário, com preferência na ordem de pagamento dos precatórios contra a Fazenda Pública; e o art. 87 do ADCT, incluído pela EC n. 37/02, dispensa do precatório a dívida de pequeno valor: até 60 salários mínimos para a União, até 40 para os Estados e até 30 para os Municípios, enquanto as unidades federadas não fixarem por lei própria outro valor, sendo no mínimo o valor do maior benefício pago pelo regime geral da Previdência Social. O art. 186 do CTN confere-lhe hierarquia superior aos créditos fiscais da União.

V – Proteção da jornada de trabalho — a Constituição preocupa-se com a jornada semanal máxima de trabalho, assim detalhada:

a) jornada diária máxima de 8 horas e semanal de 44 (inciso XII) — faculta-se, mediante acordo de compensação, ampliar a jornada de trabalho em alguns dias para diminuir o número de dias de trabalho na semana, sem gerar direito a horas extras; a Lei n. 13.467/17 deu grande ênfase a esses acordos.

b) redução da jornada (inciso VI) — permitida, mediante acordo ou convenção coletiva de trabalho, com redução temporária dos salários, em troca da preservação dos empregos, mas sempre respeitado o salário mínimo;

c) jornada diária de seis horas (inciso XIV) — para o turno ininterrupto de revezamento, salvo negociação coletiva, que poderá elevá-la mediante a devida compensação financeira;

d) remuneração da hora extra acrescida de 50%, no mínimo (inciso XVI).

VI — Proteção do trabalhador reflexa na família:

a) proteção especial da maternidade — o princípio tutelar conduz textualmente toda a matéria trabalhista na Constituição e na CLT. Neste sentido, vale destacar a licença-maternidade, a estabilidade-gestante, o intervalo de amamentação, meia hora em cada turno (art. 396); direito de creche (art. 399); direito de transferência de função da gestante; liberação para consultas médicas (art. 392, § 4º, CLT); proibição de discriminação (art. 373-A, CLT);

b) licença e salário-maternidade (inciso XVIII) — sem prejuízo do emprego e do salário integral, de 120 dias (art. 392, CLT) — 28 dias antes do parto e 91 dias depois do parto, podendo os períodos inicial e posterior ser aumentados em até duas semanas cada, a juízo médico; se a mulher não gozar o período anterior ao parto, terá direito ao período integral após o parto. No parto prematuro ela tem direito aos 120 dias; tem

> o mesmo direito a mulher que adotar ou obtiver guarda de criança (até 12 anos); no aborto não criminoso, tem direito a duas semanas. Se a criança nascer de tempo, ou quase de tempo, porém morta? Certamente a mulher deveria ter direito à licença de 120 dias, para recuperar-se do trauma, se é que seja possível, mas isto não é pacífico na jurisprudência, pois equivaleria a aborto.

A diversidade sexual e o princípio da igualdade induzem a que o homem em união homoafetiva que adotar criança terá os mesmos direitos da mãe adotante.

O Decreto n. 3.048/99, alterado por Decretos mais recentes, detalha nos arts. 93/103 o direito ao benefício, valendo destacar os seguintes pontos:

> O salário-maternidade é devido à segurada da previdência social, durante 120, desde a sua liberação pelo médico, podendo ser prorrogados, em casos excepcionais, os períodos de repouso anterior e posterior ao parto de mais duas semanas, mediante atestado médico específico. O benefício é devido em relação a cada emprego concomitante ou atividade da segurada. A segurada aposentada que retornar à atividade fará jus ao pagamento do salário-maternidade.

Tem o mesmo direito a segurada que adotar ou obtiver guarda judicial para fins de adoção de criança, cfr. o art. 392-A da CLT. Na adoção ou guarda concomitante de mais de uma criança, só é devido o benefício relativo à mais nova. Tal direito independe de a mãe biológica haver recebido o mesmo benefício quando do nascimento da criança.

Para a concessão do benefício, é indispensável que conste da nova certidão de nascimento da criança, ou do termo de guarda, o nome da segurada adotante ou guardiã, bem como, deste último, tratar-se de guarda para fins de adoção.

A renda mensal do salário-maternidade é calculada de acordo com a forma de contribuição da segurada à Previdência Social. O salário-maternidade da segurada não empregada é pago diretamente pela previdência social.

O salário-maternidade para a segurada empregada consiste numa renda mensal igual à sua remuneração integral e será custeado pela Previdência Social, mas pago diretamente pela empresa enquanto durar o emprego, efetivando-se a compensação com as contribuições que a empresa deve fazer à Previdência Social.

Durante o período de graça[(6)] (art. 13 do Decreto n. 3.048), a segurada desempregada fará jus ao recebimento do salário-maternidade nos casos de demissão antes da gravidez, ou,

(6) Art. 13. Mantém a qualidade de segurado, independentemente de contribuições: I – sem limite de prazo, o segurado que estiver em gozo de benefício, exceto na hipótese de auxílio-acidente; II – até doze meses após a cessação de benefício por incapacidade ou das contribuições, observado o disposto nos § 7º e § 8º e no art. 19-E; III – até doze meses após cessar a segregação, o segurado acometido de doença de segregação compulsória; IV – até doze meses após o livramento, o segurado detido ou recluso; V – até três meses após o licenciamento, o segurado incorporado às Forças Armadas para prestar serviço militar; e VI – até seis meses após a cessação das contribuições, o segurado facultativo.

durante a gestação, nas hipóteses de dispensa por justa causa ou a pedido, situações em que o benefício será pago diretamente pela Previdência Social.

Nos meses de início e término do salário-maternidade da segurada empregada, o benefício será proporcional aos dias de afastamento do trabalho.

O salário-maternidade da segurada trabalhadora avulsa, pago diretamente pela Previdência Social, consiste numa renda mensal igual à sua remuneração integral equivalente a um mês de trabalho.

O salário-maternidade consistirá: I – em valor correspondente ao do seu último salário de contribuição, para a segurada empregada doméstica; II – em um salário mínimo, para a segurada especial; III – em um doze avos da soma dos doze últimos salários de contribuição, apurados em período não superior a quinze meses, para as seguradas "contribuinte individual", facultativa e para as que mantenham a qualidade de segurada na forma do art. 13 do Decreto n. 3.048.

O salário-maternidade não pode ser acumulado com benefício por incapacidade. Quando ocorrer incapacidade em concomitância com o período de pagamento do salário-maternidade, o benefício por incapacidade, conforme o caso, deverá ser suspenso enquanto perdurar o referido pagamento, ou terá sua data de início adiada para o primeiro dia seguinte ao término do período de 120 dias.

A Lei n. 11.770/2008 cria o Programa Empresa Cidadã, mediante o qual as empresas poderão prorrogar por mais 60 dias a licença, desde que a empregada requeira até o final do primeiro mês após o parto, mediante incentivos fiscais. O salário dessa prorrogação corre às expensas da empresa, a qual, quando tributada com base no lucro real, poderá deduzir do imposto devido, vedada a dedução como despesa operacional. Só pessoa jurídica poderá aderir ao programa, e só as empregadas destas terão esse benefício. Também tem direito à prorrogação da licença empregada adotante ou que tenha guarda judicial de crianças. Durante o período da prorrogação, a mulher não poderá exercer outra atividade remunerada nem a criança ser posta em creche, sob pena de perda do direito. A Administração Pública direta, indireta e fundacional fica autorizada a instituir o programa.

c) estabilidade da gestante – no emprego, da confirmação da gravidez até cinco meses após o parto — art. 10, II, *b*, dos ADCT, qualquer que seja o regime de trabalho, público ou privado, administrativo ou contratual, precário, comissionado, por tempo determinado ou de experiência, cf. já decidiu o STF, louvado na Convenção n. 103/52 da OIT. O TST já adaptou a Súm. n. 244 a esse comando. A LC n. 46/2014 estende a estabilidade, no caso de falecimento da mãe, a quem sucedê-la nos cuidados com a criança; a Lei n. 12.812/13 confere esse direito quando a gravidez se confirma durante o aviso-prévio. Entende-se que, nas empresas que aderirem ao sistema da Lei n. 11.770/08, esta garantia se elastece para além dos 180 dias;

d) licença-paternidade (inciso XIX e art. 10, § 1º, ADCT) — de cinco dias; ou de 20 dias, pois o art. 37 da Lei n. 13.257/2016 concede mais 15 aos empregados de empresas que aderirem ao programa empresa-cidadã. Essa lei ainda acrescenta ao rol do art. 473 da CLT o direito de faltar até dois dias para acompanhar a esposa nos exames dela durante a gravidez; mais um dia por ano para levar a criança ao médico durante a primeira infância, que vai até os seis anos de idade.

e) salário-família (inciso XII) — só para o trabalhador de baixa renda. Benefício pago aos empregados, para auxiliar no sustento dos filhos de até 14 anos de idade ou inválidos de qualquer idade. Equiparam-se aos filhos os enteados e os tutelados, estes desde que não possuam bens suficientes para o próprio sustento, devendo a dependência econômica de ambos ser comprovada. Para gozo desse benefício, não é exigido tempo mínimo de contribuição. Se pai e mãe forem segurados, o benefício abrange os dois.

Têm direito ao benefício: o empregado e o trabalhador avulso que estejam em atividade; o empregado e o trabalhador avulso aposentado por invalidez, por idade ou em gozo de auxílio-doença; o trabalhador rural (empregado rural ou avulso) que tenha se aposentado por idade. Os desempregados (que contradição!) não têm direito ao benefício.

Cessa benefício quando o(a) filho(a) completar 14 anos; em caso de falecimento do filho; por ocasião de desemprego do segurado; e, no caso do filho inválido, quando da cessação da incapacidade.

f) assistência gratuita aos filhos e dependentes — desde o nascimento até cinco anos de idade em creches e pré-escolas (arts. 7º, XXV e 208, IV);

g) proteção do mercado de trabalho da mulher (inciso XX) — mediante incentivos específicos, nos termos da lei, que ainda não veio;

h) proteção do trabalho do menor (inciso XXXIII) — a tutela começa com a proibição de qualquer trabalho ao menor de 16 anos, salvo na condição de aprendiz a partir dos 14 anos; proibição ao menor de 18 anos de trabalho insalubre, perigoso, noturno e em ambientes nocivos à sua formação moral; direito de férias coincidentes com as férias escolares (arts. 424 a 433, CLT).

O art. 227, § 3º, preceitua que o direito à proteção especial do menor abrangerá os seguintes aspectos: I – idade mínima de catorze anos para admissão ao trabalho, observado o disposto no art. 7º, XXXIII (com a redação dada pela EC n. 20/98); II – garantia de direitos previdenciários e trabalhistas; III – garantia de acesso do trabalhador adolescente à escola;

i) proibição ao menor de 18 anos (inciso XXXIII) — de trabalho insalubre, perigoso e noturno. O art. 405, II, da CLT inclui na proibição o trabalho "em locais ou serviços prejudiciais à sua moralidade", assim entendido o prestado: a) de qualquer modo, em teatros de revista, cinemas, boates, cassinos, cabarés, *dancings* e estabelecimentos análogicos; b) em empresas circenses, em funções de acrobata, saltimbanco, ginasta e outras semelhantes; c) de produção, composição, entrega ou venda de escritos impressos, cartazes, desenhos, gravuras, pinturas, emblemas, imagens e quaisquer outros objetos que possam, a juízo da autoridade prejudicar sua formação moral; d) consistente na venda, a varejo, de bebidas alcoólicas. O Decreto n. 6.481/2008, dando cumprimento à Convenção Internacional n. 182, elabora a Lista TIP, das piores formas de trabalho infantil, com mais de 90 atividades consideradas prejudiciais à saúde ou à formação moral.

Diferentemente do Direito Civil, a maioridade trabalhista, quanto às proibições legais, somente se adquire pela idade, e nunca por outras formas.

VII — Proteção contra os riscos à vida e à saúde:

a) redução dos riscos inerentes ao trabalho — por meio de norma de saúde, higiene e segurança (art. 7º, XXII). Detalhes no Cap. XXX, sobre Meio Ambiente de Trabalho;

b) adicional de remuneração — para as atividades penosas, insalubres ou perigosas, na forma da lei (arts. 7º, XXIII, CF, 189/197 da CLT, e leis esparsas). Detalhes no capítulo próprio;

c) seguro contra acidentes de trabalho — coberto pela Previdência Social, a cargo do empregador, sem excluir a indenização a que este está obrigado quando incorrer em dolo ou culpa (art. 7º, XXVIII). Portanto, são duas ações: uma acidentária, contra o órgão segurador, movida na Justiça Comum; e outra contra o empregador, no caso de culpa ou dolo deste, ou em virtude do exercício de atividade de risco, de competência da Justiça do Trabalho. Detalhes no Capítulo Meio Ambiente do Trabalho.

d) adicional noturno (inciso IX) — remuneração do trabalho noturno superior à do diurno, cf. se exporá adiante.

VIII — Proteção contra discriminação:

a) da pessoa com deficiência — contra qualquer discriminação quanto aos salários e critérios de admissão — arts. 7º, XXXI e 37, VIII, CF, 93 da Lei n. 8.213/91 e Lei n. 7.853/89. Detalhes no item 5, adiante;

b) de sexo, idade ou estado civil — quanto aos salários, exercício de função e critério de admissão — art. 7º, XXX. Ver detalhes no item 5 a seguir;

c) entre trabalho manual, técnico ou intelectual — ou entre os respectivos profissionais — inciso XXXII;

d) trabalhador avulso — igualdade de tratamento com o trabalhador que tem vínculo empregatício permanente — inciso XXXIV.

IX — Direito ao repouso:

a) férias (inciso XVII) — anuais de 30 dias, com remuneração acrescida de 1/3. A CLT dedica os arts. 129 a 153;

b) repouso semanal (XV) — remunerado, preferencialmente aos domingos. Regem o descanso os arts. 66 a 72 da CLT e Lei n. 605/49;

c) aposentadoria (inciso XXIV) — prevista nos arts. 7º, XXIV e 201, § 7º, CF e Lei n. 8.213/91. A aposentadoria poderá ocorrer por quatro modos: a) por invalidez, quando o trabalhador segurado ficar incapacitado para o trabalho e sem condição de reabilitação; b) por idade, para o segurado que completar 65 anos, homem, ou 62, mulher, reduzido em cinco anos para professores do ensino fundamental e 2º grau, trabalhadores rurais, pescadores artesanais e garimpeiros; c) por tempo de contribuição, quando o segurado completar 35 anos de contribuição, se homem, e 30 anos, se mulher; reduz-se em cinco anos para professores de educação infantil e ensino fundamental; d) a aposentadoria especial será devida ao segurado empregado, trabalhador avulso e contribuinte individual, este somente quando cooperado filiado a cooperativa de trabalho ou de produção, que tenha trabalhado durante 15, 20 ou 25 anos, conforme o caso, em tempo de trabalho permanente, não ocasional nem intermitente, sujeito a condições especiais que prejudiquem a saúde ou a integridade física, ou seja, trabalho insalubre ou perigoso. A EC n. 103/2019 alterou profundamente o sistema.

X – **Negociação coletiva** (inciso XXVI) — reconhecimento das convenções e acordos coletivos de trabalho. Nos incisos VI, XIII e XIV permitem-se, respectivamente, redução salarial, acordo de compensação e negociação da jornada do turno ininterrupto de revezamento. Na CLT, arts. 611 a 625, com acréscimos efetivados pela Lei n. 13.467/2017, cf. veremos no Cap. XXXIV.

XI – Proteção contra a automação (inciso XXVII) — na forma da lei. Por enquanto, só uma lei atua efetivamente, a n. 9.956/00, que proibiu a substituição dos frentistas por bombas eletrônicas.

XII – Participação nos lucros e resultados e excepcionalmente na gestão da empresa (inciso XI) — não integrando essa parcela o salário. Lucro é uma coisa, resultado é outra. Assim, pode a empresa ainda encontrar-se no período inicial, sem lucro, entretanto, estar atingindo metas traçadas. Isto é resultado. Regulamenta-a a Lei n. 10.101/00. A participação na gestão da empresa será em caráter excepcional e dependente de lei.

XIII – Doméstico (parágrafo único) — o parágrafo único do art. 7º da CF, alterado pela EC n. 72/2013, estende aos domésticos quase todos os direitos trabalhistas relacionados no art. 7º, excluindo apenas oito incisos: V (piso salarial), XI (participação nos lucros), XIV (turno ininterrupto de revezamento), XX (proteção do mercado de trabalho da mulher), XXIII (adicional de penosidade, insalubridade e periculosidade), XXVII (proteção contra automação), XXXII (proibição de distinção entre trabalho manual, técnico e intelectual e os respectivos profissionais), XXXIV (igualdade entre empregados e trabalhadores avulsos).

Sete deles foram condicionados a regulamentação por lei: I (indenizações da rescisão contratual), II (seguro-desemprego), III (FGTS), IX (remuneração do trabalho noturno), XII (salário-família), XXV (auxílio-creche) e XXVIII (seguro contra acidente de trabalho), o que já se fez através da LC n. 150/2015. Detalhes no capítulo próprio.

XIV – Prescrição (inciso XXIX) — o prazo prescricional de cinco anos durante a relação de emprego e de dois anos após a extinção do contrato de trabalho – arts. 11 e 149 da CLT.

4.2. Direito coletivo do trabalho (arts. 8º a 11). Detalhes nos Capítulos próprios.

I – Sindicatos — é livre a associação profissional, observado o seguinte:

a) liberdade sindical (inciso I) — a lei não poderá exigir autorização do Estado para a fundação de sindicato, ressalvado o registro no órgão competente, vedadas ao Poder Público a interferência e a intervenção na organização sindical;

b) unicidade sindical (inciso II) — proibida a criação de mais de um sindicato da mesma categoria profissional ou econômica na mesma base territorial, que será definida pelos interessados, não podendo ser inferior à área de um Município;

c) substituição processual (inciso III) — cabe ao sindicato a defesa dos direitos e interesses individuais e coletivos da categoria, administrativa e judicialmente — arts. 8º, VIII, CF, 513, *a*, CLT e 8.073/90;

d) contribuição sindical obrigatória para todos os trabalhadores e empregadores, nos termos da lei. E contribuição confederativa (inciso IV) — fixada por assembleia geral da categoria. Em se tratando de categoria profissional, será descontada em folha para custeio do sistema confederativo da representação sindical respectiva, independente da contribuição prevista em lei, no caso, a CLT, cf. veremos nos capítulos sobre direito coletivo;

e) liberdade sindical negativa (inciso V) — ninguém será obrigado a filiar-se, desfiliar-se ou manter-se filiado a sindicato;

f) participação do sindicato na negociação coletiva (inciso VI) — é obrigatória a participação do sindicato da categoria profissional;

g) aposentado (inciso VII) — tem direito a votar e ser votado nas organizações sindicais;

h) estabilidade sindical (inciso VIII) — é vedada a dispensa do trabalhador eleito para cargo de direção e representação sindical desde a candidatura até um ano após o final do mandato. Na CLT, art. 543.

II – Direito de greve (art. 9º) — é assegurado, competindo aos trabalhadores deliberarem sobre a oportunidade e os interesses que devam por meio dele defender, observado: a) a lei disporá sobre as atividades essenciais e sobre o atendimento das necessidades inadiáveis da comunidade; b) os abusos cometidos sujeitam os responsáveis às penas da lei. Regulamenta a matéria a Lei n. 7.783/89. Ver Capítulo XXXIV deste Livro.

III — Representante dos trabalhadores nos colegiados públicos (art. 10) — assegurada no art. 10 a participação dos trabalhadores e empregadores nos colegiados dos órgãos públicos em que seus interesses profissionais ou previdenciários sejam objeto de discussão e deliberação.

IV — Representante dos empregados na empresa (art. 11) — nas empresas de mais de 200 empregados, é assegurada a eleição de um representante destes com a finalidade exclusiva de promover-lhes o entendimento direto com os empregadores. A Lei n. 13.467/17 criou a Comissão de Representantes dos Trabalhadores na Empresa, mediante redação do art. 510-A da CLT.

5. Direitos fundamentais do trabalho

Esta categoria de direitos, consequência do que se expôs, é protegida pelos instrumentos jurídicos próprios, como reparação moral e material, cessação das práticas ofensivas, ação penal, e restituição do *status quo ante*. Hector-Hugo Barbagelata denomina-os *princípios de direito do trabalho de 2ª geração*, cf. conferência publicada no *Cadernos da AMATRA IV*, n. 7, abr./jun. 2008.

O valor do trabalho constitui um dos fundamentos da República (art. 1º, IV), um dos pilares da Ordem Econômica (art. 170) e o mancal da Ordem Social (art. 193). A lei nasce da necessidade de regular fatos. E, efetivamente, verifica-se uma tendência do mercado de trabalho ao esvaziamento da personalidade do trabalhador. Daí essa nova categoria de proteção.

Hoje, não se compra mais só o trabalho, mas todas as qualidades da pessoa. A ela são impostas condutas, estado civil, moda, limitações da locomoção, como no mundo artístico, do esporte, da moda e muitas outras atividades.

Como condições peculiares ao contrato, são cláusulas permitidas, desde que: a) não agridam a dignidade da pessoa humana; e b) haja consentimento expresso. Interpretam-se restritivamente, e, na dúvida, em favor da pessoa humana.

A OIT, a partir das Convenções Internacionais do Trabalho ns. 87, 98, 100, 105, 111 e 138, sintetizou como princípios internacionais de Direito do Trabalho a *liberdade sindical*, a *livre negociação*, a *eliminação do trabalho forçado*, a *eliminação do trabalho infantil*, o *fim da discriminação* e a *segurança do trabalho*.

Da Constituição de 1988, dentre muitos, podemos identificar os seguintes direitos fundamentais:

Respeito à vida e à integridade física — mediante normas de saúde, higiene e segurança do trabalho — art. 7º, XXII e XXIII, que se abordará no Capítulo Meio Ambiente do Trabalho.

Proibição de discriminação — de qualquer natureza e de qualquer origem, cf. se deduz do Preâmbulo da Constituição, dos seus arts. 3º, 5º e 7º, bem assim da Convenção Internacional do Trabalho n. 111, promulgada pelo Brasil, a qual define discriminação:

a) qualquer distinção, exclusão ou preferência apoiada em motivos de raça, cor, religião, opinião política, ascendência nacional ou origem social, que tenha por efeito anular ou alterar a igualdade de oportunidade ou de trato no emprego e na ocupação;

b) qualquer distinção, exclusão ou preferência que tenha por efeito anular ou alterar a igualdade de oportunidades ou de trato no emprego ou ocupação, que poderá ser especificada pelo membro interessado depois de prévia consulta às organizações representativas de empregadores e de trabalhadores, quando ditas organizações existam, e a outros organismos apropriados.

a) do deficiente ou portador de necessidades especiais — vedada qualquer discriminação quanto aos salários e critérios de admissão — arts. 7º, XXXI, 24, XIV (competência concorrente da União, Estados, DF e Municípios para legislar sobre o tema), 37, VIII (cota nos concursos públicos), e 227, § 2º (logradouros e edifícios de uso público e transporte coletivo adequados a deficientes), da CF; a Lei n. 7.853/89, o Decreto n. 3.298/99 e a Lei n. 13.146/2015 consolidam a legislação tutelar do deficiente.

O art. 93 da Lei n. 8.213/91 institui cotas no mercado de trabalho para os deficientes habilitados e os trabalhadores reabilitados: de 2% para empresas que tenham entre 100 e 200 empregados; 3% entre 201 e 500 empregados; 4% entre 501 a 1.000; e 5% de 1.001 em diante. A multa pelo descumprimento, cfr. art. 133 da Lei n. 8.213, varia de R$ 1.195,13 a R$ 119.512,33.

Para o setor público, o art. 37, VIII, determina que a lei reservará vagas no serviço público para deficientes. O Estatuto do Servidor Público, Lei n. 8.112/90, regulamenta essa matéria.

Cumpre definir o que é deficiente. O Prof. Gérson Marques de Lima (1997, 2000) pesquisou o assunto, expressando que:

> A Organização Mundial de Saúde estabeleceu a trilogia de elementos conceituadores de *deficiências*, os quais são: a) no plano físico, o *impedimento* (assim entendido como a perda ou anomalia de estrutura e função psicológica, fisiológica ou anatômica); b) no plano funcional, a *inabilidade* (compreendida por restrições ou falta de habilidade — resultante de *impedimento* — para desempenhar uma atividade dentro da escala considerada normal); e c) no plano social, a incapacidade (apontada como uma desvantagem para um certo indivíduo resultante de um impedimento ou deficiência que limite ou lhe impeça o desempenho de um papel considerado normal para o mesmo, dependendo da idade, sexo e fatores socioeconômicos).

Desse conceito, sobressaem três elementos configuradores: a) de natureza *moral* — valorização da pessoa humana; b) de natureza *social* — integração ou reintegração no meio social; c) de natureza *econômica* — reabilitação para um desempenho produtivo.

A Convenção n. 159 da OIT (promulgada pelo Decreto Legislativo n. 51/89) trata da matéria. O art. 3º do Decreto n. 3.298/99, considera:

> I – deficiência: toda perda ou anormalidade de uma estrutura ou função psicológica, fisiológica ou anatômica que gere incapacidade para o desempenho de atividade, dentro do padrão considerado normal para o ser humano;
>
> II – deficiência permanente: aquela que ocorreu ou se estabilizou durante um período suficiente para não permitir recuperação ou ter probabilidade de que se altere, apesar de novos tratamentos.

O art. 4º do referido Decreto classifica a deficiência em cinco categorias: física, auditiva, visual, mental e múltipla. O inciso I considera pessoa portadora de deficiência física a que se enquadra nas seguintes categorias:

> I – deficiência física — alteração completa ou parcial de um ou mais segmentos do corpo humano, acarretando o comprometimento da função física, apresentando-se sob a forma de paraplegia, paraparesia, monoplegia, monoparesia, tetraplegia, amputação ou ausência de membro, paralisia cerebral, nanismo, membros com deformidade congênita ou adquirida, exceto as deformidades estéticas e as que não produzam dificuldades para o desempenho de funções.

Por último, o art. 2º da Lei n. 13.146/2015 (Estatuto da Pessoa com Deficiência), assim define:

> Considera-se pessoa com deficiência aquela que tem impedimento de longo prazo de natureza física, mental, intelectual ou sensorial, o qual, em interação com uma ou mais barreiras, pode obstruir sua participação plena e efetiva na sociedade em igualdade de condições com as demais pessoas.
>
> A avaliação de deficiência, quando necessária, será biopsicossocial, realizada por equipe multiprofissional e interdisciplinar e considerará: I – os impedimentos nas funções e nas estruturas do corpo; II – os fatores socioambientais, psicológicos e pessoais; III – a limitação no desempenho de atividades; e IV – a restrição de participação.

Os arts. 34 a 38 dessa lei tratam do trabalho, constando do art. 34 que "*a pessoa com deficiência tem direito ao trabalho de sua livre escolha e aceitação, em ambiente acessível e inclusivo, em igualdade de oportunidade com as demais pessoas*".

Cumpre registrar que a deficiência, com a incapacitação para o trabalho ou a redução dessa capacidade, muitas vezes decorre de acidente de trabalho ou doença ocupacional. Nesses casos, a consequência imediata é a reparabilidade dos danos morais e materiais, bem como o direito à readaptação no trabalho.

A Lei n. 7.853/89, que dispõe sobre o apoio às pessoas portadoras de deficiência, sua integração social, sob a Coordenadoria Nacional para Integração da Pessoa Portadora de Deficiência (CORDE), institui a tutela jurisdicional de interesses coletivos ou difusos dessas pessoas, disciplina a atuação do Ministério Público, define crimes e dá outras providências. A Lei n. 12.587/12 instituiu as diretrizes da Política Nacional de Mobilidade Urbana, garantindo ampla acessibilidade — "*facilidade disponibilizada às pessoas que possibilite a todos autonomia nos seus deslocamentos desejados*".

b) proibição de discriminação em virtude de sexo, idade ou estado civil — quanto aos salários, exercício de função e critério de admissão — art. 7º, XXX e Lei n. 9.029/95, que proíbe a exigência de atestado de gravidez e de esterilidade; as Leis ns. 7.437/85, 7.716/89, 9.263/96, 9.459/97; o art. 230 da CF e a Lei n. 10.741/03 (Estatuto do Idoso) proíbem o preconceito. Importante frisar que aqui entra em discussão o problema da diversidade sexual e da vedação de discriminação por este motivo. O Estatuto da Igualdade Racial, Lei n. 12.288/10, altera as Leis ns. 7.716, 7.347, 9.029 e 10.778 e destina-se a "garantir à população negra a efetivação da igualdade de oportunidades, a defesa dos direitos étnicos individuais, coletivos e difusos e o combate à discriminação e às demais formas de intolerância étnica". Os arts. 38 a 42 tratam das políticas públicas do trabalho em favor do negro. Nos arts. 60 a 63, altera as Leis ns. 7.716, para agravar os casos de discriminação por motivo racial; 9.029, para agravar as sanções de quem a descumprir; 7.347, para reverter o valor das condenações por discriminação coletiva ao fundo específico de apoio ao combate da discriminação racial; 10.778, para ampliar as hipóteses de violência contra a mulher, por motivo étnico-racial.

Gérson Marques de Lima (1997, p. 19), a propósito, demonstra a imbricação de toda a tipificação repressora da discriminação: a Lei n. 7.437/85 tipifica como contravenção os atos que impliquem preconceito de cor, de sexo ou de estado civil; a 7.716/89 considera crime as práticas resultantes do preconceito de raça e de cor; a de 7.853/89 contempla os portadores de deficiência física; a 9.454/97 acrescenta ao rol da Lei n. 7.716/89 o preconceito de etnia, religião ou procedência nacional; a 9.029/95 proíbe atestado de gravidez, de esterilidade e outras formas de discriminação.

Liberdade ideológica — implicando que o empregado não pode ser constrangido a negar sua ideologia ou adotar a ideologia do seu empregador. É o que se deduz do art. 5º, VI e VIII. Aqui se inclui a liberdade política e outras.

Direito à intimidade e à privacidade — são proibidas as revistas corporais; e o empregador, a princípio, não tem o direito de violar a intimidade nem de invadir a esfera da vida privada do trabalhador (art. 5º, X).

Sigilo — telefônico, de correspondência etc. Contudo, esse direito não deve ser exercido no sentido de causar dano a outrem. O empregado, p. ex., que faz mau uso de *e-mail* corporativo, assim entendido o que é utilizado no trabalho com equipamentos do empregador, está passível de punição disciplinar, podendo, inclusive, o empregador rastrear esse *e-mail*, ante indícios de uso que comprometa a imagem da empresa.

Liberdade de expressão, de *informação*, de *reunião*, de *associação* — art. 5º, IX, XIV, XVI, XVII, respectivamente, e todo o art. 8º.

Liberdade de arena — ou o direito de, sendo profissional de público, como artista, atleta, estar em cena e participar da renda do espetáculo. Isto coíbe as contratações só para o profissional não trabalhar.

Liberdade sexual — é crime o assédio sexual, cf. Lei n. 10.224/01, que acrescenta ao Código Penal o art. 216-A. Assim também, ninguém poderá censurar a opção sexual de ninguém, nem o trabalhador poderá ser discriminado por isso.

Respeito profissional — coíbe o assédio moral ou constrangimento psicológico, fato que deteriora o ambiente de trabalho e induz o trabalhador à depressão, ao desânimo e à demissão, cf. exporemos no capítulo XVII, 4.1.

Liberdade de planejamento familiar — repressão à prática de discriminar mulher em condições de procriar, mediante exigência de laqueadura etc. Lei n. 9.029/95.

Liberdade profissional e de trabalho — significando que todos são livres para escolher sua profissão, bem como ninguém pode trabalhar sob regime forçado (art. 5º, XIII e XLVII, *c*).

Fundamentam essa matéria os seguintes dispositivos: arts. 5º, IV, VI, VIII, 7º, I, XX e XXX, 8º e 226, da CF; art. 391 da CLT e em toda a legislação repressora da discriminação.

Enquadram-se nessa categoria os direitos da personalidade, de que tratam os arts. 11 a 21 do Código Civil, limitando os poderes disciplinar e de exigências do empregador, assim relacionados por Alice Monteiro de Barros:

a) proibição de cerceamento da liberdade religiosa e ideológica, salvo se o empregador é uma Organização de tendência;

b) proibição de interrogar o empregado (ou candidato ao emprego) sobre estado civil, cumprimento de deveres familiares (cuidado dos filhos, pagamento de pensões);

c) vedação de exigir ou proibir matrimônio entre pessoas que trabalham na mesma empresa ou em empresas concorrentes;

d) proibido exigir matrimônio do trabalhador com a pessoa com quem ele vive;

e) proibido indagar sobre a realização de aborto;

f) é vedado indagar sobre gravidez(7).

Contudo, segundo a autora, são pertinentes, quando tiverem implicação direta na relação de emprego, as indagações sobre aspectos pessoais como hábitos de consumir álcool, drogas e praticar jogos de azar; cumprimento de obrigações ordinárias, como não saldar as dívidas (uma das Turmas do TST considerou válida a Consulta ao SPC e ao SERASA como condição de contratação), conduta sexual, antecedentes penais; conquanto o trabalhador não esteja obrigado a responder, por dizerem respeito à sua vida privada.

---

(7) BARROS, Alice Monteiro de. *Proteção à intimidade do empregado.* São Paulo: LTr, 1997. p. 107-117 e 117-131.

6. Trabalho escravo

Trata-se de uma das mais sérias agressões aos direitos humanos, por ferir os princípios da liberdade, da dignidade, da igualdade, dos direitos sociais etc., de ordem nacional e internacional. Constitui uma das preocupações mais antigas e atuais da OIT. A prática da escravidão fere o princípio basilar emanado da Declaração Universal dos Direitos do Homem, proclamados pela ONU em 1948, das Convenções da OIT, o da *liberdade profissional* e de trabalho (todos são livres para escolher sua profissão e para não trabalhar sob regime forçado).

A matéria gera discussões conceituais, como, p. exemplo, a diferença entre "trabalho forçado", "trabalho reduzido a condição análoga à de escravo" e "trabalho degradante".

Como hoje não existe mais a escravidão institucionalizada, a lei denomina "trabalho sob condição análoga à de escravo" e "trabalho forçado". A Convenção n. 29 da OIT, define trabalho forçado como sendo *todo trabalho ou serviço exigido de uma pessoa sob ameaça de sanção e para o qual não se tenha oferecido espontaneamente.*

Por fim, é proibido o trabalho degradante, assim entendido aquele que priva o trabalhador de sua dignidade, que o desconsidera como sujeito de direitos, que o rebaixa e prejudica, ou em face de condições adversas corrói sua saúde.

Nem sempre o trabalhador sob essa condição tem consciência de que está escravizado. É que ele vem de tão longe, de uma vida tão sofrida, é de muito boa-fé, que acha normal a exigência que lhe fazem de pagar uma dívida forjada. Por outro lado, nem toda irregularidade pode resvalar na tipificação do trabalho escravo. Não por acaso, a legislação e os regulamentos têm evoluído no sentido de tornar cada vez mais objetivo o enquadramento do que venha a ser trabalho análogo ao de escravo.

Quem é o escravo? Responde o Fórum Social Mundial de 2003: "São nordestinos inexistentes, aí entendidas aquelas pessoas que não possuem registro civil, hansenianos, prostitutas, mulheres, índios, crianças pobres de qualquer etnia, portadores de deficiências e imigrantes clandestinos", diz Marinalva Cardoso Dantas; "são aquelas pessoas que estão marcadas desde o nascimento, estão condenadas desde o nascimento a perpetuar o abismo que existe na nossa estratificação social, separando, de um lado, o proprietário de terras e, do outro, o trabalhador", diz Loris Rocha Pereira Júnior. Quem escraviza? É o capital insensível e desumano. A globalização é que produz este resultado, averba Roberto de Figueiredo Caldas (*Anais da Oficina Trabalho Escravo, Uma chaga aberta, do Fórum Social Mundial*).

As causas são a miséria e a falta de políticas públicas de inclusão social, pois a falta de emprego e a fome ainda não têm perspectiva de recuo. Tanto que o maior problema do combate ao trabalho escravo é a recorrência, pessoas resgatadas que, ao retornarem para a terra natal, encontram o vazio de perspectivas, e novamente se aventuram às condições subumanas de trabalho.

Conquanto seja reprimido, há quem se aproveite da fome, da miséria e da falta de emprego para escravizar pessoas, principalmente no meio rural. É a escravidão branca, pior do que a negra, porque nesta o escravo era comprado a elevado preço e bem alimentado para produzir e manter o seu valor de mercado. Esses trabalhadores são aliciados por gatos (aliciadores) nas regiões pobres do Nordeste e levados para o cativeiro nas grandes fazendas e madeireiras ilegais, sob ilusórias promessas[8].

O transporte deles é precário, por caminhos difíceis, sob fome e frio, para o local de trabalho interno a distâncias de mais de cem quilômetros da cidade. Chegando lá, os obreiros constatam que já devem a despesa da viagem, sua liberdade foi conspurcada, os alojamentos são precários, sem instalações sanitárias e água potável, o alimento é ruim, caro e por sua conta, o salário é irrisório... e a dívida vai crescendo. E não podem mais sair porque estão devendo. Fugir, nem pensar! Não conhecem o local, a cidade é distante e um cinturão de jagunços faz a segurança da fazenda. Como no entorno do mal só o mal se reproduz, a prostituição, o trabalho escravo infantil e a degradação dos valores campeiam. O Procurador J. B. Luzardo Soares Filho observa que é no trabalho sob essas condições que se agride a natureza, fazendo desmatamentos, extraindo madeira, fazendo carvão etc. (Meio ambiente e trabalho escravo. In: SÉGUIN, Élida e FIGUEIREDO, Guilherme José Purvim (Coords.). *Meio ambiente de trabalho*. Rio de Janeiro: GZ Editora, 2010).

Esse é o trabalho degradante mais notado e combatido. Porém, já é tempo de se acordar para o trabalho escravo urbano, dos imigrantes não legalizados no País, ou de prostituição, ou o trabalho sob as formas de subterceirização etc.

6.1. Marco legal

A Convenção n. 29 da OIT proíbe o trabalho forçado, a n. 95, promulgada pelo Brasil, veda a prática do endividamento do trabalhador.

O art. 5º da CF veda essa prática nos incisos II ("ninguém será obrigado a fazer ou deixar de fazer alguma coisa senão em virtude de lei"), III ("ninguém será submetido a tortura nem a tratamento desumano ou degradante"), XIII (liberdade de exercício profissional, aí compreendido o direito de não trabalhar) e XLVII, *c* (proibição de pena de trabalho forçado).

O art. 186 da CF preceitua que a função social da propriedade é verificada, dentre outros itens, pela "observância das disposições que regulam as relações de trabalho", no caso, a CLT e a Lei do Trabalho Rural. Logo, a propriedade em que se verifica trabalho escravo deixa de cumprir sua função social. A Lei n. 8.629/93 já prevê a *desapropriação* da propriedade que não cumprir sua função social, mas desapropriação requer pagamento. A EC n. 81/2014 alterou o art. 243 da Constituição, que passou a vigorar com a seguinte redação:

> Art. 243. As propriedades rurais e urbanas de qualquer região do País onde forem localizadas culturas ilegais de plantas psicotrópicas ou a exploração de trabalho escravo na forma da lei serão expropriadas e destinadas à reforma agrária e a programas de habitação popular, sem qualquer indenização ao proprietário e sem prejuízo de outras sanções previstas em lei, observado, no que couber, o disposto no art. 5º.

---

(8) PARO, Walter Roberto. Trabalho forçado e a justiça do trabalho. *Revista do Tribunal Regional do Trabalho da 8ª Região*, v. 36, n. 70, p. 101/112, jan./jun. 2003.

> Parágrafo único. Todo e qualquer bem de valor econômico apreendido em decorrência do tráfico ilícito de entorpecentes e drogas afins e da exploração de trabalho escravo será confiscado e reverterá a fundo especial com destinação específica, na forma da lei.

Toda a CLT é repressora das condutas infringentes da relação de emprego. Estabelece multa por conduta ilegal e por trabalhador em situação irregular. Multa pela falta de registros na CTPS, pelo não pagamento de salário mínimo, pela jornada excessiva, pela falta dos repousos e férias etc.

O Código Penal tutela o bem jurídico por meio de vários tipos legais. O art. 149 tipifica o trabalho sob condição análoga à de escravo; o art. 197 considera crime constranger alguém, mediante violência ou grave ameaça, a exercer ou não exercer arte, ofício, profissão ou indústria, ou a trabalhar ou não trabalhar; o 198 incrimina "constranger alguém, mediante violência ou grave ameaça, a celebrar contrato de trabalho"; o 203 tipifica "frustrar, mediante fraude ou violência, direito assegurado por legislação do trabalho"; o § 1º desse artigo sanciona igualmente quem retém documentos do trabalhador ou o obriga a adquirir mercadorias, com o fim de impedir o desligamento do trabalho; o 207 apanha o gato, aquele que alicia trabalhadores com o fim de levá-los de uma parte para outra localidade do território nacional.

A Lei n. 10.803/03 deu a seguinte redação ao art. 149 do Código Penal: "Reduzir alguém a condição análoga à de escravo, quer submetendo-o a trabalhos forçados ou a jornada exaustiva, quer sujeitando-o a condições degradantes de trabalho, quer restringindo, por qualquer meio, sua locomoção em razão de dívida contraída com empregador ou preposto: Pena: Reclusão, de 2 a 8 anos, e multa, além de pena correspondente à violência".

> § 1º Nas mesmas penas incorre quem:
>
> I – cerceia o uso de qualquer meio de transporte por parte do trabalhador, com o fim de retê-lo no local de trabalho;
>
> II – mantém vigilância ostensiva no local de trabalho ou se apodera de documentos ou objetos pessoais do trabalhador, com o fim de retê-lo no local de trabalho.
>
> § 2º A pena é aumentada de metade, se o crime é cometido:
>
> I – contra criança ou adolescente;
>
> II – por motivo de preconceito de raça, cor, etnia, religião ou origem.

A Portaria n. 671, de 08.11.2021, do então Ministério do Trabalho e Previdência, detalha a ação governamental de combate ao trabalho escravo:

> Art. 207. Considera-se em condição análoga à de escravo o trabalhador submetido, de forma isolada ou conjuntamente, a:
>
> I – trabalho forçado;
>
> II – jornada exaustiva;
>
> III – condição degradante de trabalho;

IV – restrição, por qualquer meio, de locomoção em razão de dívida contraída com empregador ou preposto, no momento da contratação ou no curso do contrato de trabalho; ou

V – retenção no local de trabalho em razão de:

a) cerceamento do uso de qualquer meio de transporte;

b) manutenção de vigilância ostensiva; ou

c) apoderamento de documentos ou objetos pessoais.

Parágrafo único. O trabalho realizado em condição análoga à de escravo, sob todas as formas, constitui atentado aos direitos humanos fundamentais e à dignidade do trabalhador e é dever do Auditor-Fiscal do Trabalho combater a sua prática.

Art. 208. Para os fins previstos neste Capítulo:

I – trabalho forçado — é o exigido sob ameaça de sanção física ou psicológica e para o qual o trabalhador não tenha se oferecido ou no qual não deseje permanecer espontaneamente;

II – jornada exaustiva — toda forma de trabalho, de natureza física ou mental, que, por sua extensão ou intensidade, acarrete violação de direito fundamental do trabalhador, notadamente os relacionados à segurança, à saúde, ao descanso e ao convívio familiar e social;

III – condição degradante de trabalho — qualquer forma de negação da dignidade humana pela violação de direito fundamental do trabalhador, notadamente os dispostos nas normas de proteção do trabalho e de segurança, higiene e saúde no trabalho;

IV – restrição, por qualquer meio, da locomoção do trabalhador em razão de dívida — limitação ao direito fundamental de ir e vir ou de encerrar a prestação do trabalho, em razão de débito imputado pelo empregador ou preposto ou da indução ao endividamento com terceiros;

V – cerceamento do uso de qualquer meio de transporte — toda forma de limitação ao uso de meio de transporte existente, particular ou público, possível de ser utilizado pelo trabalhador para deixar local de trabalho ou de alojamento;

VI – vigilância ostensiva no local de trabalho é qualquer forma de controle ou fiscalização, direta ou indireta, por parte do empregador ou preposto, sobre a pessoa do trabalhador que o impeça de deixar local de trabalho ou alojamento; e

VII – apoderamento de documentos ou objetos pessoais é qualquer forma de posse ilícita do empregador ou preposto sobre documentos ou objetos pessoais do trabalhador.

§ 1º Os conceitos estabelecidos neste artigo serão observados para fins de concessão de seguro-desemprego, conforme o disposto na Lei n. 10.608, de 20 de dezembro de 2002 e nas Resoluções do Conselho Deliberativo do Fundo de Amparo ao Trabalhador — CODEFAT, bem como para inclusão de pessoas físicas ou jurídicas no cadastro de empregadores que tenham submetido trabalhadores à condição análoga à de escravo.

§ 2º Os conceitos estabelecidos neste artigo deverão ser observados pelo Auditor-Fiscal do Trabalho em qualquer ação fiscal direcionada para erradicação do trabalho em condição análoga à de escravo ou em ações fiscais em que for identificada condição análoga à de escravo, independentemente da atividade laboral, seja o trabalhador nacional ou estrangeiro, inclusive quando envolver a exploração de trabalho doméstico ou de trabalho sexual.

Art. 209. Aplica-se o disposto neste Capítulo aos casos em que o Auditor-Fiscal do Trabalho identifique tráfico de pessoas para fins de exploração de trabalho em condição análoga à de escravo, desde que presente qualquer das hipóteses previstas no art. 208.

Art. 210. Considera-se tráfico de pessoas para fins de exploração de trabalho em condição análoga à de escravo o recrutamento, o transporte, a transferência, o alojamento ou o acolhimento de pessoas, mediante ameaça ou uso da força ou outras formas de coação, rapto, fraude, engano, abuso de autoridade ou situação de vulnerabilidade ou entrega ou aceitação de pagamentos ou benefícios para obter o consentimento de uma pessoa que tenha autoridade sobre outra.

(...)

Art. 213. Com vistas a proporcionar o acolhimento de trabalhador submetido a condição análoga à de escravo, seu acompanhamento psicossocial e o acesso a políticas públicas, o Auditor-Fiscal do Trabalho deverá, no curso da ação fiscal:

I – orientar os trabalhadores a realizar sua inscrição no Cadastro Único da Assistência Social e encaminhá-los para o órgão local responsável pelo cadastramento, sempre que possível;

II – comunicar a situação de trabalhadores submetidos a condição análoga à de escravo ao órgão gestor responsável pela política de assistência social local, a fim de que os trabalhadores e suas famílias sejam encaminhadas ao Centro de Referência Especializado de Assistência Social para realizar o atendimento socioassistencial; e

III – comunicar os demais órgãos ou entidades da sociedade civil eventualmente existentes na região voltados para o atendimento de vítimas de trabalho análogo ao de escravo.

§ 1º Os procedimentos previstos nos incisos I a III do caput não serão adotados quando implicarem risco ao trabalhador.

§ 2º Caso se verifique que os procedimentos previstos nos incisos I a III do caput implicam risco de prejuízo ao sigilo da fiscalização, o Auditor-Fiscal do Trabalho poderá adotá-los ao final da ação.

Art. 214. A identificação de trabalho em condição análoga à de escravo em qualquer ação fiscal ensejará a adoção dos procedimentos previstos nos § 1º e § 2º do art. 2º-C da Lei n. 7.998, de 1990, e o Auditor-Fiscal do Trabalho deverá resgatar o trabalhador que estiver submetido a essa condição e emitir o Requerimento do Seguro-Desemprego do Trabalhador Resgatado.

Art. 215. Nos termos da legislação vigente, o trabalhador resgatado terá direito à percepção de três parcelas de seguro-desemprego, mediante comprovação da condição análoga à de escravo por ação fiscal dos Auditores-Fiscais do Trabalho.

Art. 216. O Auditor-Fiscal do Trabalho habilitado no sistema de concessão de seguro-desemprego cadastrará os dados do trabalhador resgatado para fins de concessão do benefício, conforme instruções do Ministério do Trabalho e Previdência.

Art. 217. Os dados de trabalhadores imigrantes vítimas de tráfico de pessoas ou de trabalho análogo ao de escravo deverão ser encaminhados para concessão de autorização de residência, prevista no art. 30 da Lei n. 13.445, de 24 de maio de 2017, observados os procedimentos estipulados pelo Ministério da Justiça e Segurança Pública.

§ 1º O Auditor-Fiscal do Trabalho responsável pelo resgate deverá solicitar à Chefia de Fiscalização o encaminhamento desses casos à Divisão de Fiscalização para Erradicação do Trabalho em Condições Análogas à de Escravo da Subsecretaria de Inspeção do Trabalho, para que o Ministério da Justiça e Segurança Pública seja oficiado para providenciar a concessão da residência permanente de que trata o caput.

§ 2º A solicitação de que trata o § 1º será devidamente instruída com pedido de autorização imediata de residência permanente formulado pelo Auditor-Fiscal do Trabalho responsável pelo resgate.

Art. 218. Quando o Auditor-Fiscal do Trabalho identificar a ocorrência de uma ou mais hipóteses previstas no art. 208, deverá lavrar auto de infração conclusivo a respeito da constatação de trabalho em condição análoga à de escravo, descrevendo de forma circunstanciada e pormenorizada os fatos que fundamentaram a caracterização.

(...)

Art. 219. Da lavratura do auto de infração pelo Auditor-Fiscal do Trabalho com base na Portaria Interministerial MTPS/MMIRDH n. 4, de 11 de maio de 2016, será assegurado ao administrado o exercício do contraditório e da ampla defesa, na forma do que determinam os incisos LIV e LV do art. 5º da Constituição e a Lei n. 9.784, de 1999.

(...)

Art. 225. O cadastro de empregadores previsto na Portaria Interministerial MTPS/MMIRDH n. 4, de 2016, será divulgado no endereço eletrônico do Ministério do Trabalho e Previdência e conterá a relação de pessoas físicas e jurídicas autuadas em ação fiscal que tenha sido identificado trabalhadores submetidos a condições análogas à de escravo.

§ 1º A inclusão do empregador somente ocorrerá após a prolação de decisão administrativa irrecorrível de procedência do auto de infração lavrado na ação fiscal em razão da constatação de submissão de trabalhadores a condições análogas à de escravo.

(...)

6.2. Das ações de fiscalização de trabalho análogo ao de escravo

Compete aos auditores-fiscais do trabalho lotados nas Superintendências Regionais do Trabalho ou do Grupo Especial de Fiscalização Móvel, atualmente regulado pela Portaria MTP n. 671/2021. As forças-tarefa atuam com apoio policial e de órgãos parceiros interessados na promoção dos direitos humanos e combate ao trabalho escravo, destacadamente o Ministério Público do Trabalho, o Ministério Público Federal e a Defensoria Pública da União, todos sob coordenação da Auditoria-Fiscal do Trabalho.

Além da Portaria MTP n. 671, de 8.11.2021, o enquadramento do trabalho como análogo ao de escravo é dirigido pelos indicadores contidos no Anexo II da Instrução Normativa MTP n. 2, de 8.11.2021 — "indicadores de submissão de trabalhador à condição análoga a de escravo". Tais indicadores visam a uma objetivação cada vez maior do normativo a respeito da matéria, sendo essa uma forma de rebater os argumentos de que as equipes de auditores-fiscais do trabalho e parceiros institucionais da operação adotariam critérios subjetivos ao efetuar os enquadramentos. Assim, apontam situações concretas que caracterizem as hipóteses de trabalhos forçados, condição degradante, submissão do trabalhador a jornada exaustiva e restrição de locomoção em razão de dívida.

Conforme dispõe o art. 33 da Instrução Normativa MTP n. 2, de 8/11/2021, o resgate do trabalhador implica a emissão de notificação em face do empregador determinando: i) o imediato afastamento do trabalho realizado em condições precárias; ii) a imediata regularização e rescisão dos contratos de trabalho, com apuração dos mesmos direitos devidos em rescisão indireta; iii) pagamento de verbas rescisórias; iv) recolhimento do FGTS; v) retorno dos trabalhadores que tenham sido recrutados fora do local de trabalho aos seus respectivos locais de origem; vi) cumprimento de obrigações acessórias do contrato de trabalho.

Para inclusão social do resgatado e evitar ou adiar as reincidências de escravização, o resgatado será encaminhado para qualificação profissional e recolocação no mercado de trabalho por intermédio do SINE, com três meses de seguro-desemprego, no valor de um salário mínimo cada (art. 2º-C da Lei n. 7.998/90).

Frise-se, ainda, que, para além das medidas acima descritas, não é raro que as ações fiscais dessa natureza demandem apoio por parte de outros órgãos no atendimento psicológico e assistencial dos trabalhadores resgatados. Tratam-se de providências do pós-resgate, em regra conduzidas por órgãos e entidades que compõem as Comissões Estaduais de Erradicação do Trabalho Escravo (COETRAEs).

Capítulo IV

Fontes Formais do Direito do Trabalho

1. Conceito

Fonte, segundo seu próprio sentido etimológico, significa origem, procedência. É empregada para indicar tudo de onde procede alguma coisa, onde ela se funda e tira a razão de ser, ou todo fato que dá nascimento a outro, afirma De Plácido e Silva.

Fontes do Direito — assim se diz do texto em que se funda o Direito ou dos elementos subsidiários que possam formular e esclarecer. Autor *supra*.

2. Classificação

Fontes materiais e fontes formais. As materiais são os fatos sociais, a sedimentação histórica, a força viva da sociedade. As formais são a lei no sentido amplo e o contrato — individual e coletivo, incluído o regulamento de empresa e o plano de cargos e salários.

A classificação das fontes formais em primárias e secundárias é hoje condenada pela doutrina. E com muita razão, dada a dificuldade de estabelecer-se o limite do que é primário e do que é secundário. Diz-se, por exemplo, que a fonte formal primária é a lei e o contrato, reservando-se ao costume, à analogia, à equidade, à jurisprudência, à doutrina e aos princípios a condição de secundárias. Na verdade, esse critério é falho. Basta dizer que o costume, a rigor sociológico, é uma fonte primária, e os princípios passaram no Pós-Positivismo à condição de norma jurídica primordial.

3. Fontes formais do Direito do Trabalho

Diz-se formal por estar formalizada ou expressa na própria lei. No Direito Comum, vige a regra do art. 4º da Lei de Introdução às Normas do Direito Brasileiro: "Quando a lei for omissa, o juiz decidirá o caso de acordo com a analogia, os costumes e os princípios gerais de direito". Já no Direito do Trabalho o leque de opções do juiz é maior e sem hierarquia entre os instrumentos de suplementação da norma, cf. se lê no art. 8º da CLT, com alteração do § 1º e acréscimo dos §§ 2º e 3º pela Lei n. 13.467/17:

> As autoridades administrativas e a Justiça do Trabalho, na falta de disposições legais ou contratuais, decidirão conforme o caso, pela jurisprudência, por analogia, por equidade e outros princípios e normas gerais de direito, principalmente do direito do trabalho, e, ainda, de acordo com os usos e costumes, o direito comparado, mas sempre de maneira que nenhum interesse de classe ou particular prevaleça sobre o interesse público.
>
> § 1º O direito comum será fonte subsidiária do direito do trabalho.

§ 2º Súmulas e outros enunciados de jurisprudência editados pelo Tribunal Superior do Trabalho e pelos Tribunais Regionais do Trabalho não poderão restringir direitos legalmente previstos nem criar obrigações que não estejam previstas em lei. *(Incluído pela Lei n. 13.467, de 2017)*

§ 3º No exame de convenção coletiva ou acordo coletivo de trabalho, a Justiça do Trabalho analisará exclusivamente a conformidade dos elementos essenciais do negócio jurídico, respeitado o disposto no art. 104 da Lei no 10.406, de 10 de janeiro de 2002 (Código Civil), e balizará sua atuação pelo princípio da intervenção mínima na autonomia da vontade coletiva. *(Incluído pela Lei n. 13.467, de 2017)*

Desses preceitos, sobressaem três espécies de fontes formais do Direito do trabalho: primárias, secundárias e subsidiárias.

Fontes formais primárias — da leitura do *caput* do art. 8º acima transcrito deduzem-se as fontes formais primárias: 1) lei — em sentido amplo; 2) contrato, em pé de igualdade com a lei. Por contrato entenda-se: a) contrato individual; b) registros na Carteira; c) convenção coletiva do trabalho; d) acordo coletivo do trabalho; e) contrato coletivo do trabalho; f) regulamento da empresa; g) sentença normativa (essa fonte mista — estatal/profissional — apenas declara direitos relacionados nos instrumentos de negociação coletiva frustrados).

Fontes formais subsidiárias — na omissão da lei trabalhista, o direito comum será aplicado subsidiariamente. Diz-se o "direito comum", e não a "lei do direito comum". Constitui fonte subsidiária porque só se recorre a ela quando o Direito Obreiro for omisso. No entanto, quando invocada e aplicada subsidiariamente, sofre adaptações, porque quando um novo elemento cai no caldo de cultura trabalhista transforma-o e, ao mesmo tempo, sofre transformações. Por exemplo: a capacidade é matéria do milenar Direito Civil. Os conceitos de culpa, dolo, furto, imputabilidade encontram-se no Direito Penal; porém, transpostos para o direito trabalhista, sofrem adaptações. Assim, p. ex., a capacidade trabalhista plena só se adquire aos 18 anos de idade, e **não** pelo casamento, emancipação, estabelecimento com economia própria, admissão em emprego público, nos moldes do direito civil.

O art. 8º da CLT traz, ao mesmo tempo, as fontes, a hierarquia e os meios de integração e aplicação do Direito do Trabalho. É mais rico do que o art. 4º da LINDB e mais aberto, ao não estabelecer precedência no emprego das fontes secundárias. Essa regra, somada à do art. 765, confere ao juiz do trabalho o potencial para realizar os objetivos do Direito do Trabalho prenunciados na Exposição de Motivos da CLT, mediante a prática de um *Processo de modelo Socialista*, cujos focos principais são de provas reais e do juiz proativo.

Veja-se que a LINDB, de 1942, e o art. 8º da CLT, de 1943, são contemporâneos, editados pelo mesmo Gabinete do Presidente Getúlio Vargas. Significa que a diferença foi proposital.

Por **lei**, entenda-se toda espécie de normas de produção estatal, emanadas do poder competente, desde a Constituição até as Portarias ministeriais. As fontes legais principais são os arts. 1º, 6º a 11, 111 a 116, 170 e 193 da Constituição Federal, a CLT e a legislação trabalhista esparsa. Entre as fontes estatais, figuram as de origem internacional, com grande destaque para as Convenções Internacionais do Trabalho, oriundas da Organização Internacional do Trabalho, ratificadas pelo Brasil.

E a expressão **contrato** possui pelo menos quatro significados: a) as disposições do contrato individual; b) o Regulamento de Empresa; c) os planos de cargos e salários; e d) as cláusulas dos instrumentos de negociação coletiva do trabalho. Este item ganha relevo com o acréscimo do art. 611-A da CLT, feito pela Lei n. 13.467/17, que enuncia a prevalência do negociado sobre o legislado.

Russomano averba que as fontes secundárias trabalhistas têm dois efeitos: a) integrativo, ante os casos não previstos na lei; b) interpretativo, quando ajudam o hermeneuta a definir o sentido e o alcance da lei.

Jurisprudência — a doutrina reluta em aceitar a jurisprudência como fonte formal do Direito, dado não vincular o juiz, que pode julgar contra jurisprudência até da Suprema Corte, salvo a súmula vinculante. Porém, na prática, a jurisprudência influencia as decisões seguintes e particularmente no Direito do Trabalho: muitos direitos hoje pacificamente aceitos tiveram criação jurisprudencial, além da inclusão das Súmulas do TST como condição de recebimento de recurso de revista, e das Orientações Jurisprudenciais, que orientam os julgamentos de todas as instâncias e vinculam o próprio TST, o que lhes imprime caráter de fonte de direito. A súmula vinculante do STF (art. 103-A da CF, regulamentado pela Lei n. 11.417/06), e os arts. 976/987, do CPC, que tratam do incidente de demandas repetitivas, reforçam esta tese. Por último, a Lei n. 13.015/2013, que alterou o art. 896 da CLT, imprimiu enorme importância aos precedentes. A Lei n. 13.467/17, da reforma trabalhista, acrescentou ao art. 8º o § 2º:

> § 2º Súmulas e outros enunciados de jurisprudência editados pelo Tribunal Superior do Trabalho e pelos Tribunais Regionais do Trabalho não poderão restringir direitos legalmente previstos nem criar obrigações que não estejam previstas em lei.

Dando seguimento à ideologia do positivismo restrito na lei, o § 2º recorre à Lei do Eterno Retorno: à Escola da Exegese, que vicejou na França do século XIX, a partir do Código Civil de Napoleão, segundo a qual o juiz é apenas a boca da lei (Montesquieu), a ele sendo vedada a criação judicial.

Destarte, os Juízes e Tribunais não editam leis, mas proclamam normas. Acontece que no Estado de Direito atual, pluralista e democrático, nem se pode falar em **lei**, mas em **sistema legal**, do qual decorre o **Direito** do **Estado de Direito**. O Estado de Direito forjado no Iluminismo era o Estado segundo a lei, no sentido textual; enquanto o Estado de Direito atual ancora-se no sistema normativo, com todos os seus componentes axiológicos e fáticos.

Com efeito, a lei encontra-se encravada num cipoal normativo de múltiplas origens e hierarquias, desde a Constituição, os tratados internacionais, as múltiplas leis que interagem, princípios que informam os institutos jurídicos (que são normas) e, sobretudo, a conformação dos fatos, que são voláteis, mutáveis e valoráveis segundo o tempo e o espaço. Tudo isso, para fazer o sistema sistematizar, como diz Canaris.

Ora, não há norma senão depois de interpretada e não há interpretação sem criação. O *Corpus Juris Civilis*, editado por Justiniano no ano 530, proibiu o juiz de interpretá-lo. Não vingou. O de Napoleão também o tempo o derrotou. Não é essa regra ora sob comento que vai impedir a criatividade dos julgadores.

Por fim, é bom relembrar que o Judiciário é uma haste dos Três Poderes, que na verdade é Uno (segundo Lowenstein) e não mero servidor das outras duas hastes (Executivo e Legislativo), e como tal tem o dever-poder de, na solução dos casos concretos, mediante provocação dos legitimados, colmatar as lacunas da lei.

Analogia — não constitui fonte formal, mas sim meio de integração do Direito. Consiste em uma operação lógica pela qual, na omissão da lei, aplica-se à relação jurídica sob apreciação norma jurídica semelhante (Aluysio Sampaio). Divide-se em duas espécies: analogia *legis* e analogia *juris*. A primeira consiste na simples transposição do dispositivo de um caso previsto para outro não previsto; a segunda consiste em uma operação complexa de busca da solução nos princípios jurídicos que do sistema positivo se extraem. Este é o instrumento de colmatação das lacunas legais adotado pelo Positivismo jurídico.

Equidade — tem dupla função, ora como meio de integração da norma, ora como recurso interpretativo. No Direito do Trabalho assume importância ímpar, porque, como dizia Castro Nunes, o Direito do Trabalho é por natureza equitativo. Aristóteles distinguia a justiça geral da justiça particular: a primeira é a justiça do Estado, representada na lei; a segunda é a justiça do juiz, obtida pela equidade. A primeira compara-se a uma régua indobrável, feita para superfícies planas; a segunda, uma régua dobrável, para medir superfícies acidentadas.

A equidade classifica-se basicamente em: *secundum legis* (= de acordo com a lei), *praeter legis* (= vai além da lei) e *contra legem* (= contra a lei). O Direito Comum só admite a primeira; o Direito do Trabalho admite a primeira e a segunda. Existem ainda a equidade confessional (= ideológica) e a cerebrina (= extraída de mentes criativas), que não encontram abrigo no Direito.

Ao contrário do direito comum, que só admite que o juiz julgue por equidade nos casos expressos em lei, cf. art. 140, § 1º, do CPC, o Direito do Trabalho, além de autorizar expressamente no art. 8º o seu emprego, o art. 852-I, § 1º, o confirma:

> O juízo adotará em cada caso a decisão que reputar mais justa e equânime, atendendo aos fins sociais da lei e às exigências do bem comum.

Princípios gerais do Direito — veremos adiante que os princípios, na superação do dualismo direito natural x direito positivo, assumiram a qualidade de norma, constituindo a fonte formal por excelência, situados no topo da hierarquia das normas.

4. Hierarquia das fontes

Orlando Gomes e Elson Gottschalk lecionam que há duas espécies de fontes: as imperativas e a voluntária. A voluntária é a vontade dos contratantes na fixação das cláusulas e tem seu limite nas fontes imperativas. Estas penetram nas disposições contratuais independentemente da vontade das partes.

Assim, sem rigor formal, podem ser desdobradas as fontes em:

— fontes de produção estatal — lei em sentido amplo;

— fontes de produção profissional — contrato coletivo do trabalho, convenção coletiva de trabalho, acordo coletivo do trabalho, regulamento de empresa, plano de cargos e salário e contrato individual;

— fontes de produção mista — sentença normativa, laudo arbitral coletivo;

— fontes de produção internacional — Convenções Internacionais do Trabalho, Recomendações Internacionais do Trabalho, Declarações Internacionais do Trabalho, oriundos da Organização Internacional do Trabalho; outros instrumentos oriundos de tratados internacionais.

Daí a seguinte hierarquia formal das fontes:

a) havendo conflito entre as fontes imperativas e as voluntárias, prevalecem aquelas;

b) havendo conflito entre as fontes imperativas de produção estatal e as de produção internacional, prevalecem as que melhor se adaptem ao caso; em regra, as Convenções Internacionais do Trabalho têm natureza de supralegalidade, estando acima da lei e abaixo da Constituição, mas quando ratificadas por maioria de 3/5 do Congresso Nacional equivalem a Emenda Constitucional;

c) havendo conflito entre as fontes de produção estatal imperativas e as fontes de produção mista, prevalecem as primeiras;

d) havendo conflito entre as fontes de produção mista e as de produção profissional pura, prevalecem as segundas, cf. § 2º do art. 114 da CF, *in fine*;

e) o conflito entre as fontes profissionais assim se resolve: entre o contrato individual e o regulamento da empresa, prevalece o mais benéfico ao empregado; o contrato individual mais benéfico prevalece sobre o acordo coletivo, que, por sua vez, se sobrepõe à convenção coletiva, cf. art. 620 da CLT, com a redação dada pela Lei n. 13.469/17;

Dessa exposição, fixa-se assim a hierarquia formal da norma trabalhista, de cima para baixo: Constituição e tratado, inclusive as Convenções Internacionais do Trabalho, ratificado por 3/5 do Congresso Nacional em dois turnos > Convenções Internacionais do Trabalho ratificadas sem o quórum anterior > Normas infraconstitucionais imperativas > Acordo coletivo >, Convenção coletiva > Contrato coletivo de Trabalho > Sentença Normativa > Regulamento de Empresa e Contrato Individual. No entanto, quando o regulamento da empresa e o contrato individual forem mais vantajosos ao empregado, prevalecem sobre os instrumentos coletivos.

No conceito de **normas** compreendem os **princípios de direito**, os quais, aliás, estão acima das regras, como se verá adiante. O art. 619 da CLT comina de nulidade absoluta disposição contratual que contrarie normas de Acordo ou Convenção Coletiva de Trabalho.

Esse é o esquema de hierarquia formal e de solução dos conflitos entre as normas. Porém, considerando o caráter protecionista do Direito Obreiro, no mais das vezes não deve ser observado na prática, porque um dos princípios basilares do Direito do Trabalho é o da norma mais favorável ao trabalhador no caso de mais de uma norma aplicável. Isso por imperativo do art. 7º da CF, que, ao relacionar os direitos dos trabalhadores, diz: "*... além de outros que, nos termos da lei, visem à melhoria de sua condição social*".

Amauri Mascaro Nascimento entende que se estabelece a hierarquia das normas trabalhistas segundo o critério teleológico. Admite o emprego do princípio da norma mais favorável ao trabalhador, com exceção das normas proibitivas do Estado, as quais não podem ser melindradas, como é o caso das que proíbem indexação dos salários à inflação.

5. Conflitos de normas e soluções

As antinomias ou conflitos de normas ocorrem no plano formal e no material: no enunciado, na seção da lei, na lei, entre a lei especial e a geral, entre a lei e um sistema, entre a lei e a Constituição, entre a lei e o sistema de valores.

Chamam-se de antinomias *solúveis* ou *aparentes* aquelas que são ou podem ser dirimidas mediante a aplicação dos critérios básicos de solucionamento da incompatibilidade normativa (o hierárquico, o da especialidade e o cronológico). O hierárquico designa que a norma superior prevalece sobre a inferior; a lei especial afasta a geral; e a nova revoga a antiga. O conflito de leis, quanto à especialidade e à cronologia, é solucionado de acordo com o art. 2º da LINDB, §§ 1º e 2º:

> § 1º A lei posterior revoga a anterior quando expressamente o declare, quando seja com ela incompatível ou quando regule inteiramente a matéria de que tratava a lei anterior.
>
> § 2º A lei nova, que estabelece disposições gerais ou especiais a par das já existentes, não revoga nem modifica a lei anterior.

Na verdade, nos casos *supra*, as antinomias são apenas ***aparentes***, pois em tais situações o sistema jurídico oferece critérios claros, positivos e normativos de dissipação. Por sua vez, dizem-se ***reais*** as antinomias para as quais não há, no ordenamento, regras normativas de solução(9). As antinomias aparentes também denominam-se de primeiro grau. A questão resolve-se no plano da validade: uma regra revoga a outra.

---

(9) FERRAZ JR., Tércio Sampaio. *Introdução ao estudo do direito:* técnica, decisão, dominação. 2. ed. São Paulo: Atlas, 1995. p. 211.

Mas o conflito de princípios ou antinomia de segundo grau, típico entre normas da Constituição, é diferente, posto que eles têm validade paralela e, *a priori*, igual hierarquia (em face do princípio da unidade da Constituição). Um de mesma categoria não revoga o outro. Então, resolve-se o conflito de princípios de direito mediante o critério valorativo. Resolve-se no plano axiológico. A escolha do princípio dá-se pelo critério da relevância, da ponderação de valores, de modo que se atribua validade a ambos os princípios conflitantes, encontre-se a justa medida para que o emprego de um não suplante o outro(10)). Assim, em um caso, prevalece um princípio e em outro caso ele cede para outro princípio.

Há ainda o conflito ontológico e o axiológico de normas. O primeiro diz respeito ao conflito entre um texto de lei especial velho e um novo texto de lei de caráter geral, que estabelece uma espécie de crise existencial do primeiro. Assim se falou de regras processuais da CLT com regras do novo CPC. E o conflito axiológico ocorre quando se estabelece uma distância entre os valores albergados no texto da norma e a realidade atual, a exemplo do conceito de "mulher honesta" constante do Código Penal.

Diz A. M. Nascimento que não há conflito de normas trabalhistas, mas sim vigência paralela, uma completando a outra, e a mais favorável afastando a menos favorável — acrescentamos.

---

(10) BONAVIDES, Paulo. *Curso de direito constitucional*. 10. ed. São Paulo: Malheiros, 2002. p. 253/254.

Capítulo V

Hermenêutica Trabalhista

1. Interpretação

No princípio é o caos. Interpretar é pôr em ordem. O legislador joga o instrumento legal no espaço normativo, sem preocupação sistêmica. Cabe ao intérprete colocá-lo em órbita, no justo equilíbrio do sistema jurídico. Isto porque o ato de legislar é empírico, enquanto o de interpretar é científico.

O Direito do Trabalho foi positivado quando já esfriara a contenda entre as diversas escolas, quando já saíra vitoriosa a repulsa ao fetichismo legal e à plenitude lógica dos códigos, diz Alípio Silveira[(11)].

A interpretação das normas trabalhistas faz-se, orientada pelo método teleológico, conforme os arts. 5º da LINDB e 8º da CLT, segundo o qual, o Juiz, ao aplicar todos os recursos normativos na interpretação, velará para que "nenhum interesse de classe ou particular prevaleça sobre o interesse público".

Catharino leciona que a "norma trabalhista pode ser estendida até os limites da sua própria finalidade, fundamentalmente social". E, por ser especial, comporta, também, exegese específica, resumida em duas regras básicas: a) restrinja-se o desfavorável e amplie-se o favorável; b) na dúvida, em favor do assalariado. Destaca ainda a importância da equidade[(12)].

2. Métodos aplicáveis ao Direito do Trabalho

Parte da doutrina sustenta que se devem empregar os métodos sociológicos, com preocupação centrada na melhor solução do conflito, sem, contudo, desaguar no direito livre. Amauri M. Nascimento entende que "o direito do trabalho deve ser interpretado segundo a jurisprudência axiológica ou de valores"[(13)].

Para Russomano: "A lei trabalhista aplicável ao caso deve ser interpretada e aplicada não apenas dentro dos processos estritamente jurídicos de análise dos textos, mas, também, sob a influência do chamado critério sociológico. É esse método que nos revela os aspectos econômicos, políticos e sociais que se escondem por detrás dos fenômenos jurídicos da vida trabalhista" (*Comentários à CLT*, no caso, ao art. 8º).

Na verdade, repudia-se a servidão a qualquer escola. Todos os métodos e técnicas são úteis e necessários à interpretação da lei para a solução do conflito, no sentido que a atualidade

---

(11) *Hermenêutica no direito brasileiro*. São Paulo: Revista dos Tribunais, 1968. v. II, p. 466.

(12) CATHARINO, José Martins. *Compêndio de direito do trabalho*. São Paulo: Saraiva, 1981. v. I, p. 93-94.

(13) *Curso de direito do trabalho*. São Paulo: Saraiva, 1981. v. I, p. 196-197.

requer, mas não como dogmas. Contudo, as nuanças de natureza sociológica e valorativa devem conduzir a interpretação do Direito do Trabalho, em face da proeminência dos fatos em sua base constitutiva e dos seus fins sociais.

A doutrina dominante é no sentido de que o Direito do Trabalho comporta interpretação própria. Mário de La Cueva entende que a interpretação do Direito do Trabalho consiste em julgá-lo de acordo com a sua natureza, e que a exegese é especial porque as fontes formais, ao contrário do Direito Civil, não servem só para cobrir lacunas da lei, mas para melhorá-las em benefício dos trabalhadores.

Orlando Gomes e E. Gottschalk indicam várias particularidades que justificam a interpretação especial do Direito do Trabalho:

a) aceita-se aditamento da petição inicial em audiência (salvo no processo de rito sumaríssimo);

b) acata-se o princípio *in dubio pro misero*;

c) nos dissídios coletivos prevalecem os critérios de equidade e oportunidade econômica;

d) a equidade tem ampla aplicação também nos dissídios individuais; e

e) os usos e costumes, como prática de dar gratificações, ganham coercitividade(14).

Acrescentamos as seguintes:

a) o princípio da autodeterminação coletiva e o da substituição automática das cláusulas contratuais no Direito do Trabalho relativizam a autonomia individual de contratar;

b) de regra, os direitos trabalhistas são irrenunciáveis;

c) a hierarquia das normas trabalhistas firma-se segundo o critério valorativo, de sorte que sobe ao ápice da pirâmide a norma que se mostrar mais favorável; a mesma norma desce à base quando se mostrar menos benéfica;

d) o princípio protetor é de direito material e processual, atuando em todas as suas fases, desde a análise das provas até a interpretação das normas;

e) o Direito do Trabalho deve ser interpretado como um fator de promoção da justiça social e de aprimoramento da condição social do trabalhador.

3. Integração e aplicação do Direito do Trabalho

A integração das normas do Direito do Trabalho se faz de acordo com o art. 8º da CLT, segundo o qual as autoridades administrativas e a Justiça do Trabalho, na falta de disposições legais ou contratuais (a), decidirão, conforme o caso (b), pela jurisprudência, por analogia (c), por equidade (d), e por outros princípios e normas gerais de direito, principalmente de Direito do Trabalho, e ainda de acordo com os usos e costumes, o direito comparado, mas

(14) *Curso de direito do trabalho*. Rio de Janeiro: Forense, 1980. v. I, p. 48-49.

sempre de maneira que nenhum interesse de classe ou particular prevaleça sobre o interesse público (e).

O direito comum será fonte subsidiária do Direito do Trabalho. É fonte formal primária supletiva. Dissecando o parágrafo anterior, a integração com as fontes formais secundárias, temos que:

a) Primeiro, **a lei e o contrato. Lei** em sentido amplo e **Contrato**, com pelo menos quatro significados: o individual, o regulamento da empresa, a convenção coletiva do trabalho e o acordo coletivo do trabalho.

b) **Conforme o caso**, na falta da lei e do contrato, serão aplicadas a analogia, a jurisprudência, a equidade etc. Significa que não há hierarquia formal entre os meios integrativos declinados. Esses meios integrativos são dispostos de forma modulada e não fixa. A hierarquia que se estabelece é de natureza axiológica, caso a caso, de maneira que, em uma questão, a jurisprudência revela-se melhor, em outro, a equidade etc.

c) **Analogia**, equidade, conforme já explicado no Capítulo anterior.

d) **Direito comparado** — essa fonte secundária do Direito do Trabalho é muito importante na fecundação do sistema normativo, pois muitos institutos trabalhistas são globais, até mesmo em virtude da globalização. Por exemplo, a regulamentação do trabalho intermitente é mais consistente em Portugal do que no Brasil, devendo ser invocada em algum caso concreto. A regulamentação do teletrabalho está mais completa na Argentina do que no Brasil, podendo ser aplicada em algum caso concreto.

e) **Limites da interpretação** — conquanto seja concedido um leque de opções com as quais a autoridade possa operar com certa liberdade, esbarra sempre no seguinte: "*mas sempre de maneira que nenhum interesse de classe ou particular prevaleça sobre o interesse público*". Em relação ao Processo do Trabalho, a liberdade do magistrado expressa-se no art. 765: "Os Juízos e Tribunais do Trabalho terão ampla liberdade na direção do processo e velarão pelo andamento rápido das causas, podendo determinar qualquer diligência necessária ao esclarecimento delas", e no § 1º do art. 852-I encontra-se que "O juízo adotará em cada caso a decisão que reputar mais justa e equânime, atendendo aos fins sociais da lei e às exigências do bem comum".

f) **As relações de trabalho que não emprego** — EC n. 45/2004 ampliou a competência da Justiça do Trabalho para todas as outras relações de trabalho. Lógico que a estas aplicam-se as normas do direito comum que as rege. Contudo, quando o juiz verificar que o trabalhador está em condição inferior, como no caso dos parassubordinados, deve invocar o princípio protetor.

4. Efcácia das normas trabalhistas no tempo e no espaço. Revogação

O art. 5º, § 1º, da CF abriga o princípio do efeito imediato das normas definidoras dos direitos e garantias fundamentais. A eficácia da lei em geral, no tempo e no espaço, obedece ao disposto no art. 2º, *caput* e § 1º, da LINDB:

Não se destinando a vigência temporária, a lei terá vigor até que outra a modifique ou revogue.

> § 1º A lei posterior revoga a anterior quando expressamente o declare, quando seja com ela incompatível ou quando regule inteiramente a matéria de que tratava a lei anterior.

Princípio do efeito imediato — por esse princípio, as regras novas regem todos os atos ainda não consumados do contrato em curso e dos futuros. Assim, se até a data de pagamento do 13º salário sobrevier alteração do valor, é este que deve ser pago.

A norma trabalhista entra em vigor na data de sua publicação ou na data indicada. E é revogada expressa ou tacitamente por outra quando esta o faz textualmente, quando disciplina totalmente a matéria ou quando for com ela incompatível. A revogação apenas parcial também é denominada derrogação.

Princípio da territorialidade — compete à União legislar sobre Direito do Trabalho e as normas vigem no espaço territorial que mencionam, aplicando-se a nacionais e estrangeiros. Trata-se de uma questão de soberania nacional. A Lei n. 7.064/1982 trata da aplicabilidade da lei brasileira a trabalhadores brasileiros transferidos para o estrangeiro ou contratados no Brasil para prestar serviço no exterior.

As normas oriundas de tratados internacionais e de Convenções Internacionais do Trabalho promulgados pelo Brasil, por maioria de 3/5 dos votos do Congresso em dois turnos, gozam da mesma hierarquia de Emenda Constitucional, cf. art. 5º, § 3º, CF.

As normas decorrentes de negociação coletiva terão vigência pelo prazo que estipulam e no âmbito territorial das respectivas entidades sindicais. As de origem nos contratos individuais e nos regulamentos de empresa vigem no âmbito territorial da empresa. Ver o princípio *da norma + favorável.* As sentenças normativas vigem durante o período nela indicado e no âmbito territorial das entidades sindicais que estavam em dissídio.

É vedada a repristinação, ou seja, a lei revogada não se restaura pelo motivo de a lei revogadora haver perdido vigência.

5. Irretroatividade

Por esse princípio, a lei trabalhista nova não se aplica aos contratos de trabalho já terminados, nem aos atos jurídicos já consumados nos contratos de trabalho em curso no dia do início de sua vigência. Mas as melhorias ingressam imediatamente nos contratos individuais vigentes.

Entretanto, a sentença normativa cuja eficácia retroaja à data-base ou à de seu ajuizamento aplica-se aos contratos findos em relação ao período de vigência do contrato. Digamos que a data-base de uma categoria ocorreu em 1º de novembro de 2021, o contrato do empregado X foi rescindido em maio de 2022 e a sentença normativa proferida em junho de 2022, então X terá direito aos seus benefícios a partir de 1º de novembro de 2021 até a efetiva rescisão contratual.

6. Direito adquirido

Significa que o direito já conquistado sob a vigência de uma norma não se extingue com a revogação dessa norma. Princípio cravado no inciso XXXVI do art. 5º da CF, dentre as garantias fundamentais. E definido no § 2º do art. 6º da LINDB: "C*onsideram-se adquiridos assim os direitos que o seu titular, ou alguém por ele, possa exercer, como aqueles cujo começo do exercício tenha termo prefixo, ou condição preestabelecida inalterável, a arbítrio de outrem*".

Neste sentido, assenta a Súmula n. 51 do TST:

> I – As cláusulas regulamentares, que revoguem ou alterem vantagens deferidas anteriormente, só atingirão os trabalhadores admitidos após a revogação ou alteração do regulamento.
>
> II – Havendo a coexistência de dois regulamentos da empresa, a opção do empregado por um deles tem efeito jurídico de renúncia às regras do sistema do outro.

Este ponto vai ser muito importante na apreciação de causas envolvendo a profunda alteração que a Lei n. 13.467/17 efetivou na CLT e no sistema de normas trabalhistas. O princípio da irretroatividade impor-se-á para proteger os direitos já adquiridos, o ato jurídico perfeito e a coisa julgada.

Capítulo VI

Princípios do Direito do Trabalho

1. Considerações gerais

Princípios, originariamente, pertencem à geometria e designam verdades primeiras. No Direito, são verdades gerais vinculantes, reconhecidas como normas jurídicas dotadas de vigência, validez e obrigatoriedade. Já registramos:

> Princípio significa a base, o ponto de partida e ao mesmo tempo a síntese e o ponto de chegada. Todos os princípios são circulares: o princípio confunde-se com o fim. Assim, temos a forma dos corpos celestes, o movimento planetário, tudo obedecendo à lei circular das coisas do Universo. As leis, quer naturais, quer humanas, são descrições que se prestam para compor o círculo, unindo em pontilhados o espaço compreendido entre o ponto de partida e o ponto de chegada. O ponto de partida e o de chegada são coincidentes e se representam pelo PRINCÍPIO.
>
> O Direito, em geral, não é diferente. Parte-se do princípio — Direito é inter-relação intersubjetiva. Fazem-se as leis (escritas ou consuetudinárias, expressas ou implícitas) para se atingir um fim, ou seja, a perfeita inter-relação intersubjetiva, caminho da justiça e da paz(15).

Os princípios gerais do direito são normas fundadas nem sempre na autoridade estatal, mas que possuem intenso vigor normativo, constituindo o fundamento mais firme da eficácia das leis e dos costumes. São preceitos de caráter transcendental, que correm ao mesmo tempo atrás, à frente, ao lado, à sombra, acima, abaixo, por dentro e por fora do sistema positivo escrito e das práticas sociais.

Flórez-Valdés define os princípios gerais do direito como "as ideias fundamentais sobre a organização jurídica de uma comunidade, emanadas da consciência social, que cumprem funções fundamentadora, interpretativa e supletória de todo o ordenamento jurídico"(16).

---

(15) LIMA, Francisco Meton Marques de. *Os princípios de direito do trabalho:* na lei e na jurisprudência. 3. ed. São Paulo: LTr, 2013. p. 19. 1. ed. é de 1994, reproduzindo parte da Dissertação de Mestrado, sob o título *Interpretação do direito do trabalho e progresso social*, redigida em 1986 e defendida em abril/87.

(16) FLOREZ-VALDÉS, Joaquín Arce y. *Los principios generales del derecho e su formulación constitucional.* Madrid: Cuadernos Civitas, 1990. p. 79.

Os princípios reúnem ao mesmo tempo as qualidades de base sólida e permanente do Direito e conteúdo fluido e volátil, responsável pela evolução e atualidade jurídicas. Dworkin chama "*de 'princípio' um* standard, *que deve ser observado não porque provoque ou mantenha uma situação (econômica, política ou social) desejada, mas como uma exigência de justiça, ou de retidão, ou de qualquer outra dimensão da moral*"[17]. A propósito, diz Bandeira de Mello:

> Violar um princípio é muito mais grave do que transgredir uma norma. A desatenção ao princípio implica ofensa não apenas a um mandamento obrigatório, mas a todo o sistema de comandos. É a mais grave forma de ilegalidade ou inconstitucionalidade, conforme o escalão do princípio atingido, porque representa insurgência contra todo o sistema, subversão de seus valores fundamentais ...[18]

2. Princípios peculiares do Direito do Trabalho

Há os princípios gerais do Direito, como dar a cada um o que é seu, não causar dano a ninguém e proibição de enriquecimento ilícito, e os princípios que informam cada ramo do Direito.

No Trabalho, divisamos duas categorias: a) os princípios gerais de Direito do Trabalho; e b) os princípios de realização ou de concretização do Direito do Trabalho. Estes são subprincípios ou desdobramentos daqueles. Barbagelata (2008, p. 19-29) alude ainda aos princípios de direito do trabalho de 2ª geração, que equivalem aos direitos fundamentais do trabalho, expostos no Cap. III, 5.

Os princípios gerais do DT abrangem o direito individual e o coletivo, representados pelos seguintes: a) da progressão social ou da justiça social; b) da proteção; c) da equidade; d) da autodeterminação coletiva.

Os princípios de concretização são os seguintes: a) *in dubio pro operario*; b) da *norma mais favorável*; e c) da *condição mais benéfica*; d) da *irrenunciabilidade* dos direitos; e) da *continuidade da relação de emprego*; f) da *primazia da realidade*; g) da *irretroatividade das nulidades trabalhistas*; h) da *inalterabilidade contratual in pejus*; i) *boa-fé*; j) *substituição automática*; k) *razoabilidade*; l) *irredutibilidade salarial*; m) *igualdade salarial*[19].

Os de 2ª geração, de que fala Barbagelata, equivalem aos que denominamos princípios gerais do direito do trabalho, acima declinados, aos direitos fundamentais do trabalho, expostos no item 5 do Capítulo III, e aos princípios comuns ao sistema dos direitos humanos: a) princípio da complementaridade e interdependência de todas as normas de direitos

(17) DWORKIN, Ronald. *Il diritti presi sul serio*. Bologna: Il Mulino, 1982. p. 90. No original: "*Chiamo 'principio' uno standard, que deve essere osservato non perché provochi o mantenga una situazione (economica, politica o sociale) desiderata, ma in quanto è un'esigenza di giustizia, o di correttezza, o di qualche altra dimenzione della morale*".

(18) BANDEIRA DE MELLO, Celso Antônio. *Elementos de direito administrativo*. São Paulo: RT, 1986. p. 230.

(19) RODRIGUEZ, Americo Plá. *Princípios de direito do trabalho*. Trad. Wagner D. Giglio; LIMA, Francisco Meton Marques de. *Os princípios de direito do trabalho na lei e na jurisprudência*. 3. ed. São Paulo: LTr, 2013.

humanos; b) primazia da disposição mais favorável à pessoa humana; c) princípios da progressividade e da irreversibilidade; d) adequação aos critérios assentados pelos organismos internacionais competentes; e e) presunção de autoexecução e autoaplicabilidade.

Aplicam-se os princípios sob comento também às relações de trabalho não subordinado, que passaram para a competência da Justiça do Trabalho, como regra, quando o trabalhador for a parte frágil da relação.

Os princípios de direito do trabalho constituem fontes formais do direito do trabalho e do processo do trabalho, cumprem função conformadora, informadora e ainda de barreira contra invasão do direito comum, cf. arts. 8º e 769 da CLT, quando não são convidados.

Interessante anotar que a reforma trabalhista, efetivada pela Lei n. 13.467/2017, abalou as estruturas do direito do trabalho, mas não implodiu seus fundamentos. Assim é que a lei ingressou na CLT, como um tecido novo na calça velha. É esta que vai ser vestida. Em consequência, permaneceram de pé os princípios norteadores do direito do trabalho, incorporados pela CLT, como o princípio da proteção (em toda a CLT), a primazia da realidade (arts. 2º, 3º e 442), a fonte principiológica (art. 8º), a irrenunciabilidade (art. 9º), a norma mais favorável ao trabalhador, a inalterabilidade contratual *in pejus* (art. 468), os poderes especiais do Juiz do Trabalho no processo (art. 765). São os princípios e outros instrumentos que vão proteger os direitos contratuais já consagrados e pôr freio à livre negociação que se revelar leonina aos interesses obreiros. Por outro lado, ao apreciar qualquer demanda, o juiz terá que fazer dois controles prévios: o de constitucionalidade e o de convencionalidade, ou seja, não aplicar o que conflitar com a Constituição Federal e com as Convenções Internacionais do Trabalho ratificadas pelo Brasil.

3. Os princípios gerais do Direito do Trabalho

3.1. Princípio da progressão social — Justiça social

Progresso significa marcha para frente; avanço; movimento para a perfeição. Progressão social adjudica a melhoria do IDH da população, a vontade constante e perpétua de conseguir avanço intelectual, material e social das pessoas, enfim, melhor qualidade de vida.

O desenvolvimento compreende a soma de todas as políticas e resultados no sentido de obter um progresso material e social. A economia do Brasil ocupa as primeiras posições no mundo; porém, socialmente, o país rivaliza-se com nações que ainda vivem sob regime tribal. Esse fosso que separa o progresso econômico do social rebaixa o nível de desenvolvimento do País. Daí o apelo cada vez mais forte deste princípio, pois, como se diz: mede-se o desenvolvimento de uma nação não pelo número de ricos, mas pelo número de pobres.

Na Constituição, a base de apoio são os arts. 3º ("Constituem objetivos da República Federativa do Brasil: II – garantir o desenvolvimento nacional; III – erradicar a pobreza e a marginalização e reduzir as desigualdades sociais e regionais; ..."), 7º, *caput* (melhoria da condição social do trabalhador), 193 ("A ordem social tem por base o primado do trabalho e por objetivo o bem-estar e a justiça social") e todo o Título VIII. O art. 170, III, incorpora a regra da função social da propriedade. E o Código Civil de 2002 ampliou para exigir que, além da propriedade, também os contratos cumpram função social.

A legislação afirmativa deste princípio é pródiga. Manifesta nos diversos programas sociais, tais como: proteção do deficiente (Lei n. 7.853/89), seguro-desemprego (regido pela Lei n. 7.998/90), FAT — Fundo de Amparo ao Trabalhador (Lei n. 8.352/91), FINSOCIAL/ PIS/PASEP (Lei n. 7.894/89), bem de família social (Lei n. 8.009/90), mãe social (Lei n. 7.644/87), benefícios da Previdência Social (Lei n. 8.213/91). A Lei n. 8.069/90 institui o Estatuto da Criança e do Adolescente; a Lei n. 8.560/92 regula a investigação de paternidade; a Lei n. 10.421/02 estende à mãe adotante o direito da mãe biológica; a Lei n. 10.173/01 prioriza os processos judiciais das pessoas maiores de 65 anos. O Governo FHC desenvolveu vários programas, como o Bolsa-Escola, o Vale-Gás e outros, agora unificados no Bolsa Família, dentro do Programa Fome Zero. A Lei n. 10.835/2003 institui o Programa de Renda Mínima; a Lei n. 10.741/2002 institui o Estatuto do Idoso; A Lei n. 10.803/03 criminaliza a conduta de promover trabalho escravo. A Lei n. 11.340/06 reprime a violência doméstica contra a mulher. No ano de 2008, cinco leis social-trabalhistas foram publicadas, reafirmando a progressão social: a Lei n. 11.788/08, que regulamenta a relação de estágio; a 11.692/08, que institui o Programa Nacional de Inclusão de Jovens — Projovem; a Lei n. 11.770/08 cria o Programa Empresa Cidadã, facultando o elastecimento da licença-maternidade para seis meses; a Lei n. 11.718/08 regulamenta o trabalho rural de pequeno prazo; a Lei n. 12.010/09 modifica o ECA (Estatuto da Criança e do Adolescente), facilitando as adoções, excluindo barreiras que dificultavam a adoção por casais homoafetivos; 12.288/10, que institui o Estatuto da Igualdade Racial; 12.513/11, que institui o PRONATEC — Programa Nacional de Acesso ao Ensino Técnico e Emprego; Lei n. 12.594/12, que institui o SINASE, Sistema Nacional de Atendimento Socioeducativo, alterando o ECA, o sistema de aprendizagens e acrescenta ao art. 429 da CLT o § 2º, para incluir nos programas de aprendizagem o jovem sob medidas socioeducativas; a Lei n. 12.619/12 dispõe sobre a profissão de motorista. Em 2013, dentre muitas outras coisas, merecem destaque a revolucionária EC n. 72/2013, que quase equiparou o emprego doméstico ao da atividade econômica, já regulamentada pela LC n. 150/2015; a EC n. 90/2016, que incluiu o transporte entre os direitos sociais relacionados no art. 6º da Constituição; a Lei n. 12.852 institui o Estatuto da Juventude. Em 2014 merece destaque a EC n. 81, que prevê confisco da propriedade em que se constate trabalho escravo. Em 2015, destaca-se Lei n. 13.146/2015, que institui o Estatuto da Pessoa com Deficiência, cujos arts. 34 a 38 são específicos sobre o trabalho; e em 2016, a Lei n. 13.257 traça regras de políticas públicas em favor da criança, ampliando as hipóteses de falta justificada ao emprego. Mais uma chuva de ações sociais se iniciam com a instalação do governo democrático.

Já o ***Princípio da justiça social,*** corolário do primeiro, evidencia o caráter social do Direito do Trabalho, direito de segunda geração ou dimensão, cujo objetivo é a busca de um nível de igualdade entre as pessoas. Fundamenta-se no propósito de minimizar as desigualdades mediante um sistema de compensações de ordem social e de normas protetoras do mais frágil, ou, como se diz, mediante a discriminação positiva, porque só se corrige uma desigualdade criando outra desigualdade de igual proporção. Assim, esse princípio fixa a primeira diretriz interpretativa do direito dos trabalhadores hipossuficientes.

Decerto que se consideram retrocesso social as Leis ns. 13.429/2017 e 13.467/2017, que, respectivamente, libera a terceirização, inclusive para a atividade-fim da empresa, e introduz a Reforma Trabalhista. Todavia, inseridas no conjunto, não anulam os avanços sociais verificados desde a Constituição de 1988.

3.2. Princípio da equidade

O julgamento por equidade está expressamente autorizado no art. 8º da CLT. Aqui, há que se entender a equidade no seu sentido mais amplo, como meio de colmatação da lacuna da lei, como fonte da norma, como recurso hermenêutico.

A Justiça do Trabalho exerce uma jurisdição de equidade, já dizia o Ministro Castro Nunes há mais de seis décadas: "nas contestações individuais, a equidade tende a uma retificação das desigualdades sociais (...), no interesse do trabalhador, princípio que informa toda a legislação social"(20). A ideia de equidade, no seu sentido amplo, confunde-se com a de justiça, incorporando a razoabilidade e a proporcionalidade. Aristóteles dizia que as leis são formais e abstratas, necessitando de uma adaptação para aplicação concreta. Miguel Reale averba: "O certo é que, de uma forma ou de outra, o Direito do Trabalho é animado pelo sentido de ajuste a situações concretas, atuando a equidade como critério construtivo da interpretação"(21). Del Vecchio entende que a equidade, ao lado das ideias de lei natural, atua como fator de progresso no campo do Direito(22).

> **Algumas justificações deste princípio** — o direito positivo é nacional, mas cada região possui suas peculiaridades econômicas, seus costumes, suas praxes trabalhistas. A legislação é igual para todos, desde os grandes conglomerados multinacionais até as bancas de praia. Do lado obreiro, abrange desde o profissionista, de elevados salários, até o miserável servente; desde o analfabeto até o PHD; desde o trabalho mais refinado, ao som ambiente, até o mais macabro. O princípio da equidade inimiza essas diferenças.

A igualdade formal da norma sucumbe à desigualdade material, a exigir o corretivo, sob pena de uns saírem premiados e outros punidos pelo sistema, o que não se compraz com o telos constitucional de um sistema justo. Na jurisprudência, encontra-se que, nas faltas coletivas, o perdão de um implica perdão a todos; é abusiva a resistência de um trabalhador a acatar condição ajustada coletivamente para todo o grupo; presume-se necessitado, portanto com direito à gratuidade da Justiça, quem postula verbas da rescisão contratual; inverte-se o ônus da prova contra quem tem condição de suportá-lo; as condutas da justa causa são consideradas segundo o ambiente de trabalho.

---

(20) Citado por Eduardo Espinola e Espínola Filho (*Tratado de direito civil brasileiro*, v. III, p. 49). Russomano também cita essa passagem, ao comentar o art. 8º da CLT.

(21) *Estudos de filosofia e ciência do direito*. São Paulo: Saraiva, 1976. p. 99.

(22) *Lições de filosofia do direito*. Coimbra: Armênio Amado, Sucessor, 1979. p. 57.

3.3. Princípio da proteção

Este princípio, digamos, é de execução, é o que realiza, nas relações de trabalho, os princípios maiores da progressão social, da justiça social e da equidade. Consiste na proteção do trabalhador, primeiro, sob o *aspecto físico*, traduzido nos descansos anual, semanal, inter e entre jornadas etc.; depois, sob o ponto de vista *social e econômico*, traduzido na garantia de previdência social, seguro-desemprego, proteção à maternidade, melhores condições de trabalho e proteção do salário; e *psicológico*, como direito a ser tratado com dignidade no ambiente de trabalho. O princípio protetor não é privilégio do trabalhador, já tendo se esticado para o consumidor, o idoso, o deficiente, o adolescente e outras relações de desigualdade.

Sua base constitucional são os arts. 6º, 7º e em vários pontos da Ordem Econômica, que, segundo Washington Albino Peluso, se intercomunicam. Na legislação, é pródiga sua presença. A CLT é toda protecionista e não se vale de eufemismos, emprega-o textualmente: "Das Normas Gerais de Tutela do Trabalho", "Das Normas Especiais de Tutela do Trabalho", "A Proteção do Trabalho da Mulher", "A Proteção do Trabalho do Menor".

Fundamenta-se este princípio na necessidade de se proteger o elo fraco da relação contratual. Logo, se o escopo da norma é proteger o trabalhador hipossuficiente, o aplicador está jungido a essa finalidade, cf. elucidativo acórdão do TRT da 1ª Região:

> Se o legislador se propôs a estabelecer, por meio da lei, um sistema de proteção ao trabalhador, o intérprete desse direito deve colocar-se na mesma orientação. (RO n. 18226195 – Relatora: Juíza Amália Valadão Lopes – 2ª T. – DOERJ, Parte III, Seção II, de 15.1.1998)

3.4. Princípio da autodeterminação coletiva

Este é o princípio básico do direito coletivo do trabalho. Significa que os sindicatos de empregados, de trabalhadores autônomos, de trabalhadores rurais e de empregadores têm poderes para estabelecerem regras gerais de cumprimento obrigatório, mediante negociação coletiva do trabalho. As regras estabelecidas em Contrato Coletivo do Trabalho, em Convenção e em Acordo Coletivo de Trabalho obrigam todos os trabalhadores e patrões, integrantes da categoria, filiados ou não do sindicato. São expressões deste princípio: 1) o sindicato representa toda a categoria e não apenas os associados; 2) autonomia para negociação coletiva; 3) obrigatoriedade das normas produzidas nas negociações coletivas; 4) a greve não implica descumprimento, pelo empregado, do contrato individual; 5) obrigação de empregado e empregador adicionarem ao contrato individual as conquistas coletivas — substituição automática das cláusulas contratuais; 6) substituição processual da categoria pelo sindicato nas ações judiciais; 7) liberdade de criação e extinção de sindicatos, sem interferência do governo; 8) proteção das lideranças sindicais.

Krotoschin leciona que a evolução do Direito do Trabalho não brota só da ação do Estado, do legislador ou do juiz. O trabalhador de um lado e o empregador do outro tomam parte ativa. O operário organizou-se para ser forte (1950, p. 10).

Evaristo de Moraes Filho observa que "não há questão individual em Direito do Trabalho, de vez que, do mais mínimo caso concreto, se irradia toda uma reação em cadeia sobre a interpretação e aplicação da norma" (1982, p. 117).

A importância deste princípio está no fato de permitir que o trabalhador reivindique sem se confrontar diretamente com seu empregador — esconde-se por detrás do coletivo, poupando-se de confrontos pessoais e de retaliações.

A CF/88, em seu art. 8º, III, prescreve: "ao sindicato cabe a defesa dos direitos e interesses coletivos ou individuais da categoria, inclusive em questões judiciais ou administrativas".

O art. 7º prestigia os instrumentos de negociação coletiva, nos incisos VI, XIII, XIV, XXVI, que permitem, mediante negociação coletiva, respectivamente: redução salarial, compensação de horários e a redução da jornada de trabalho, a alteração da jornada de seis horas para o turno ininterrupto de revezamento e o reconhecimento dos acordos e das convenções coletivas do trabalho; o art. 8º, VIII, veda a despedida do dirigente sindical; o art. 10 do ADCT veda a despedida arbitrária ou sem justa causa dos dirigentes da CIPA; o art. 114, § 2º, privilegia as disposições convencionais anteriores.

Na CLT, o art. 513 confere ao sindicato a prerrogativa de representar perante as autoridades administrativas e judiciais, de celebrar Acordo e Convenção Coletiva de Trabalho; o 872 e o 195 prerrogam ao sindicato atuar como substituto processual da categoria. As Leis ns. 8.036/90 (FGTS), 8.212 e 8.213/91 (custeio e benefício da Previdência Social), 7.783/89 (de Greve), 8.984/95 (ação de cumprimento de Acordo e Convenção), 8.073/90 (substituição processual), 8.078/90 (CDC), 10.288/01 (Assistência judiciária) são afirmações deste princípio.

Esse princípio ganhou força pela Lei n. 13.467/2017, da reforma trabalhista, a qual acrescentou à CLT o art. 611-A, com extensa regulamentação sobre a matéria da negociação coletiva do trabalho, com prevalência sobre o legislado em relação a várias matérias.

Como a constituição de sindicato não é privilégio dos empregados, este princípio é compatível com as outras relações de trabalho.

4. Os princípios de concreção do Direito do Trabalho

Diz-se de concreção porque, decorrendo dos princípios gerais, são eles invocados na rotina, no exato momento de aplicação ou de elaboração da norma concreta.

4.1. In dubio pro operario

Cesarino Jr. sintetiza-lhe o alcance: "Sendo o Direito Social, em última análise, o sistema legal de proteção dos economicamente fracos (hipossuficientes), é claro que, em caso de dúvida, a interpretação deve ser sempre a favor do economicamente fraco, que é o empregado, se em litígio com o empregador"[(23)].

(23) Princípios fundamentais na consolidação das leis do trabalho. *Revista LTr de Legislação do Trabalho*, n. 47, 11, p. 447 e segs., 1983.

Certamente é uma adaptação do *in dubio pro reo* do Direito Penal, do *favor debitoris* do Direito Civil, adotado no direito do consumidor do CDC.

4.2. Regra da norma mais favorável

Significa que, havendo pluralidade de normas aplicáveis a uma relação de trabalho, opta-se pela mais favorável ao operário.

À primeira vista, esta regra flexibiliza o sistema de hierarquia formal das normas, para afirmar o princípio da progressão social, porque a lei trabalhista confere um mínimo de garantias ao trabalhador e quando estipula um máximo o faz expressamente. E, neste caso, não se aplica o princípio.

Na lei, o art. 9º da Convenção n. 52 da OIT preceitua: "*Nada em esta Convenção afetará qualquer lei, qualquer sentença, costume ou acordo entre empregadores e trabalhadores que assegure condições mais favoráveis do que as previstas pela presente Convenção*".

Como dissemos no Capítulo anterior, este princípio não se aplica às normas proibitivas do Estado. Deve-se também observar a determinação legal de preservar o interesse social acima do interesse coletivo e este acima do individual.

> **Conglobamento** – regra segundo a qual o instrumento jurídico invocado em favor do trabalhador deve sê-lo por inteiro e não por partes. Não se deve, segundo esta teoria, sair pinçando de cada instituto o que houver de melhor para o operário em determinado caso, como a abelha catando o mel das flores. Essa cata do melhor é defendida pela *teoria da acumulação*. Assim, se aplico a um caso uma Convenção Coletiva, não posso descartar regras da mesma, salvo se ferir norma imperativa do Estado. A opção pelo conglobamento é majoritária entre os juristas.

4.3. Regra da condição mais benéfica

Consiste em assegurar ao trabalhador a condição mais benéfica objetivamente reconhecida. Assim, o empregado não pode ser rebaixado na função e as condições melhores adicionadas ao seu contrato, em regra, não podem ser suprimidas.

Três são os fundamentos deste princípio: a) a modificação das regras contratuais não pode operar em prejuízo do trabalhador — art. 468 da CLT; b) o rebaixamento fere direito adquirido, constitucionalmente protegido; c) a regressão esbarra no princípio constitucional do não retrocesso.

O limite esbarra nas condições benéficas expressamente temporárias, cuja continuação não possa ser suportada pelo empregador, porque o encargo muito pesado leva a empresa à ruína, com consequências maléficas para os obreiros; assim, também, o rigor exagerado no emprego deste princípio desestimula o empregador de melhorar as condições de trabalho dos seus empregados por determinado período com receio da irreversibilidade.

4.4. Princípio da irrenunciabilidade

Em síntese, consiste em que o trabalhador não pode renunciar os direitos a ele conferidos pela legislação do trabalho. Abrange também a intransigibilidade. É a regra. Ver Cap. seguinte.

4.5. Princípio da continuidade da relação de emprego

Consiste em estabelecer a presunção *juris tantum* da continuidade do emprego. Presume-se que o empregado não pediu demissão nem abandonou o emprego, por exemplo, salvo prova em contrário.

Fundamenta-se no fato de que a atividade empresarial é contínua e o trabalho compõe um de seus elementos essenciais, juntamente com o capital e os recursos naturais. Destarte, o direito ao trabalho constitui um dos princípios da Declaração Universal dos Direitos Humanos. Hugo Gueiros prefere empregar a terminologia continuidade de emprego, e não no emprego, isto é, garantia econômica, e não funcional[(24)].

O estado de direito reconhece ao empregador o direito de despedir; exige, porém, motivação e não abuso de direito. O sistema francês segue a rigor a Recomendação da OIT, aproximando-se do mais perfeito. O sistema brasileiro, conquanto albergue a denúncia vazia, põe cabrestos na liberdade de rescisão contratual e impõe indenizações.

Dão-lhe suporte vários dispositivos legais, tais como: a restrição ao contrato por tempo certo; o aproveitamento de contrato com cláusulas nulas; a suspensão do contrato não quebra o vínculo; a sucessão de empresas não afeta os contratos de trabalho; a solidariedade empresarial; amplitude às transformações do contrato; a prorrogação por mais de uma vez do contrato por tempo certo torna-o por tempo indeterminado; encargos em caso de despedida sem culpa do empregado, como aviso prévio proporcional ao tempo de serviço, indenização dos períodos completos ou incompletos de férias não gozadas, de 13º salário proporcional, multa de data-base (quando a despedida ocorrer dentro de 30 dias para a data-base da categoria), indenização de 40% sobre os depósitos do FGTS; criação de diversas formas de estabilidade no emprego, cf. se expõe no Cap. XXVII.. Mas seu suporte maior encontra-se no inciso I do art. 7º, CF, cf. comentamos no Cap. III, 4.1.

A sua significação político-social é enorme, posto que o empregado aderido à empresa proporciona-lhe maior produtividade e melhor qualidade do produto, diminui o tempo gasto na procura de emprego e acumula mais FGTS para cumprir seus fins sociais. A regra é a da continuidade. A rescisão deve ser a exceção.

4.6. Princípio da primazia da realidade

Consiste em que, no caso de discrepância entre o que ocorre na prática e o que emerge dos documentos, deve dar-se preferência ao primeiro, isto é, ao que sucede no terreno dos fatos.

---

(24) BERNARDES, Hugo Gueiros. Estabilidade e fundo de garantia na constituição. *Simpósio instituído pelo Instituto de Direito Social.* São Paulo: LTr, 1979. p. 75-91.

O contrato de trabalho é consensual; porém, seu conteúdo vai tomando formas diferentes. Vai se revelando não pelo pacto, mas pela conduta das partes. Por isso, o contrato é o que de fato está existindo (art. 442, CLT), não obstante a forma que documentalmente se lhe atribua.

O distanciamento entre a forma e os fatos decorre de uma das quatro situações: *simulação* (ação deliberada de produzir situação jurídica distinta da real, como o registro de uma função em lugar da verdadeira, o pagamento por fora etc.); *erro* imputável a uma das partes ou a ambas; *falta de atualização dos dados* na CTPS e nos registros próprios; e *ausência de requisitos formais*, que pode tornar vulnerável o ato.

O fundamento mais aceito é o de que o princípio da realidade atende à racional interpretação da vontade das partes.

4.7. Princípio da razoabilidade

É um desdobramento do megaprincípio constitucional com o mesmo nome, consubstanciado no primado da interpretação das leis e referente à perfeita sincronia entre aquilo que se encontra inserido na norma e o que dela é extraído na experiência prática. Na doutrina constitucional, este é um princípio material que dá funcionalidade ao princípio da proporcionalidade, um princípio de justiça, desenvolvido desde Aristóteles[25].

No trabalho, em termos práticos, significa que os contratantes, de sã consciência, agem segundo a razão. Por exemplo, não é razoável que um empregado abandone o emprego ou peça demissão sem um motivo justo. Nesse contexto, só robusta prova será aceita. Não é razoável que um empreiteiro exima-se totalmente das obrigações trabalhistas, transferindo-as a míseros subempreiteiros, que de fato são meros empregados simulados de autônomos. A pena disciplinar aplicada pelo empregador ao empregado deve ser razoável, proporcional à falta cometida. Se um empregador não assina sequer a CTPS do empregado, é razoável que se inclua na condenação o pagamento de todos os consectários contratuais e rescisórios.

4.8. Princípio da irredutibilidade salarial

Assegurado no art. 7º, VI, da CF/88, consiste, em resumo, em vedar a redução do salário do trabalhador, diretamente ou por meio de artifícios. Ver detalhes no Capítulo sobre remuneração.

4.9. Princípio da irretroatividade das nulidades trabalhistas

Significa que o trabalho prestado, desde que idôneo seu objeto, surte todos os efeitos legais normais do contrato, ainda que ele padeça de nulidades, como agente incapaz ou vício de consentimento. Ou seja, por grave que seja a causa da nulidade, sua declaração é com efeito *ex nunc*, não retroage, em virtude de ser impossível restituir a força de trabalho despendida. Destarte, a Súmula n. 363 do TST contraria frontalmente esse princípio, cf. se expõe no Capítulo XVI.

---

(25) LIMA, Francisco Meton Marques de. *O resgate dos valores na interpretação constitucional* — por uma hermenêutica reabilitadora do homem como "ser-moralmente-melhor". Fortaleza: ABC, 2001. p. 225.

4.10. Princípio da substituição automática das cláusulas contratuais

Significa dizer que as leis de proteção ao trabalhador têm vigência imediata em relação aos contratos já em curso. Da mesma forma, as cláusulas de acordo ou convenção coletiva de trabalho, as de sentença normativa e até mesmo as normas internas da empresa e aquelas tacitamente convencionadas (pela prática cotidiana) substituem as dos contratos individuais de trabalho. Mas, em qualquer caso, de regra, preservar-se-á a norma que for mais benéfica ao empregado: em geral, só as mais favoráveis substituem as já existentes, porque, salvo as expressas exceções legais, a função primordial das negociações coletivas é impulsionar o progresso social.

4.11. Princípio da boa-fé

Sempre se teve boa-fé no sentido de expressar a intenção pura, isenta de dolo ou engano, com que a pessoa realiza o negócio ou executa o ato, certa de que está agindo na conformidade do direito, consequentemente, protegida pelos preceitos legais (De Plácido e Silva).

A boa-fé representa um princípio jurídico de origem moral fundamental a todo o complexo das relações privadas e com maior razão nas relações laborais. O Código Civil reanima esse princípio citando-o mais de 100 vezes.

O sentido da boa-fé interessante ao trabalho é o que a define como o respeito mútuo e a ausência de malícia entre as partes, para o fiel cumprimento das obrigações legais e pactuadas, ou que se vão pactuando, expressa ou tacitamente, no curso da execução do contrato de trabalho.

> **Conteúdo da boa-fé** — O conteúdo da boa-fé objetiva é vasto e indescritível, em virtude de seu propósito de nortear todos os atos da vida privada com o objetivo de realizar a perfeita inter-relação intersubjetiva, para a convivência pacífica de todos em sociedade. Cláudia Ferreira Cruz o pontua em pelo menos cinco aforismos:
>
> *Venire contra factum proprium* — princípio da coerência, ou seja, não se admite que a pessoa pratique ato ou conjunto de atos e em seguida adote conduta oposta.
>
> *Supressio* — ou supressão, no caso de uma conduta deixar de ser adotada por um lapso temporal faz com que não seja mais admitida como prescrição lógica.
>
> *Surrectio* — significando que a conduta reiterada de uma das partes faz *surgir* direito em relação à outra, como o hábito de pagar uma gratificação, que a torna direito.
>
> *Tu quoque, Brutus, fili mi* — situação em que, rompendo a confiança, coloca uma das partes em situação de injusta desvantagem. Pode ser expresso também na *exceptio non adimpleti contractus*, ou seja, a parte que primeiro não cumpre sua obrigação não pode exigir o cumprimento da obrigação da outra parte.
>
> *Exceptio doli*, ou exceção dolosa — significa que deve ser sancionada a conduta em que o exercício do direito por uma das partes teve por finalidade prejudicar a parte adversa.

A boa-fé objetiva adjudica deveres *anexos*, valendo enumerar, dentre muitos, os seguintes: dever de proteção, lealdade, equidade, razoabilidade, colaboração, transparência, confiança.

4.12. Princípios de Direito Coletivo do Trabalho

Além dos princípios da autodeterminação coletiva e da substituição automática, já descritos, são específicos do Direito Coletivo do Trabalho brasileiro os seguintes: da unicidade sindical, da liberdade sindical, da autonomia negocial, da substituição processual, dos quais cuidaremos nos Caps. XXXII a XXXIV.

5. Princípios constitucionais do trabalho

Os princípios do Direito na Constituição estão dispostos na seguinte ordem hierárquica: princípios fundamentais — arts. 1º a 4º > princípios gerais — art. 5º > princípios específicos ou setoriais[(26)].

5.1. Princípios fundamentais do trabalho

Na categoria de **fundamentais**, destacamos o **trabalho como valor**, a **dignidade da pessoa humana** e o **direito ao trabalho**.

O primeiro deles, a elevação do trabalho à categoria de **valor**, encontra-se nos arts. 1º, IV e 193 da CF. **Valor** é o qualitativo dos seres, materiais e imateriais, é a busca da perfeição, do melhor das coisas, cujo ponto culminante é Deus[(27)].

No mesmo plano, encontra-se a **dignidade humana** (art. 1º, III, CF), a qual resulta muito maltratada quando a pessoa se encontra no estado de desemprego involuntário.

Em segundo lugar, o **direito ao trabalho**, implícito e compondo o princípio da dignidade humana, integrante dos direitos sociais, cf. art. 6º e incluído nas diretrizes econômicas — art. 170, VIII (busca do pleno emprego).

Em terceiro lugar, as liberdades e os direitos:

— **a liberdade de trabalho**, em suas várias vertentes: é livre o exercício de qualquer trabalho, ofício ou profissão, atendidas as qualificações profissionais que a lei estabelecer; e não haverá pena de trabalho forçado — art. 5º, XIII e XLVII, *c*;

— **direitos de propriedade** — sobre os inventos e produção intelectual;

— **direitos coletivos** — de associação e reunião.

5.2. Princípios constitucionais específicos do direito do trabalho

Encontram-se nos arts. 7º a 11, valendo destacar[(28)]:

Princípio da proteção — expresso no *caput* do art. 7º e implícito em todos os seus incisos, principalmente no I, e no art. 10 do ADCT, que protegem contra despedida arbitrária.

---

(26) DANTAS, Ivo. *Princípios constitucionais e interpretação constitucional*. Rio de Janeiro: Lumen Juris, 1995.

(27) MARQUES DE LIMA, Francisco Meton. *O resgate dos valores na interpretação constitucional*.

(28) Assim escreve SÜSSEKIND, Arnaldo. Os princípios social-trabalhistas na constituição brasileira. *Revista do TST*, v. 69, n. 1, p. 40/46, jan./jun. 2003.

Princípio da não discriminação — art. 7º, Convenção n. 159/83 e Recomendações ns. 99 e 168 da OIT. A matriz é o princípio da isonomia ou da igualdade nas suas diversas formas. Na verdade, as pessoas não são iguais, mas devem ser igualmente tratadas. O estudo da igualdade consiste na verificação das desigualdades, exatamente para que possam ser tratados igualmente os iguais e desigualmente os desiguais, na exata proporção das desigualdades. Daí asseverar-se que se trata de um *prioritarismo*, em vez de *igualitarismo*. No trabalho, desdobra-se na proibição de discriminação:

a) **do portador de deficiência** — contra qualquer discriminação quanto aos salários e critérios de admissão — arts. 7º, XXXI e 37, VIII, CF;

b) **de sexo, idade ou estado civil** — quanto aos salários, exercício de função e critério de admissão — art. 7º, XXX;

c) **entre trabalho manual, técnico ou intelectual** — ou entre os respectivos profissionais — art. 7º, XXXII;

d) **do trabalhador avulso** — com o empregado — art. 7º, XXXIV;

e) **de oportunidade de acesso a cargos, empregos e funções públicos** — art. 37, I.

Todos já detalhados no item 5 do Cap. III.

Amauri Mascaro Nascimento prefere classificar assim, sem hierarquizar os princípios:

a) **direitos da personalidade** — *direito à intimidade*, *liberdade de vida*, que termina onde começam os bons costumes; *direitos intelectuais e autorais* do empregado;

b) **direito ao trabalho** — significa que as pessoas são livres para trabalhar ou não trabalhar; para escolher e exercer a profissão e atividade econômica;

c) **direito de não ser discriminado** — como já explicitado acima;

d) **direito à defesa da dignidade moral** — contra o assédio moral e o assédio sexual;

e) **direito à proteção da vida e da integridade física e meio ambiente de trabalho** — protegido através das normas de saúde e segurança do trabalho;

f) **direitos econômicos básicos** — proteção do salário, das formas de remuneração e de propriedade sobre os inventos e produção intelectual;

g) **direito ao descanso** — proteção da jornada, repouso semanal, férias e aposentadoria, desestímulo à hora extra;

h) **direitos fundamentais coletivos** — direito de organização sindical, de negociação coletiva, liberdade de associação, liberdade sindical, liberdade de reunião, proteção do dirigente sindical contra despedida sem falta grave.

6. Distinção entre regras e princípios

Os princípios do Direito, no pós-positivismo, ganharam nova dimensão no cenário jurídico, deixando de ser meras fontes terciárias do Direito para agregar o caráter preceptivo e vinculante dos poderes públicos e dos cidadãos.

Os princípios são normas abertas, de maior abstratividade e de maior amplitude; enquanto as regras são preceitos de alcance mais restrito, enquadrando fatos precisos e declinando as consequências.

Ronald Dworkin, refutando o positivismo jurídico de Hart, que só identifica normas, enuncia que junto a estas há de considerar-se a presença de dois outros elementos: os princípios e as diretrizes.

Para os fins da sua tese, denomina princípio "um *standard* que há de ser observado, não porque favoreça ou assegure uma situação econômica, política ou social que se considera desejável, mas por ser uma exigência da justiça, da equidade ou alguma outra dimensão da moralidade", e diretriz (ou diretriz política) "ao tipo de *standard* que propõe um objetivo que há de ser alcançado; geralmente uma melhoria em algum espaço [*rango*] econômico, político ou social da comunidade"(29). Com isso, vislumbra duas vertentes da norma, uma adstrita aos fatos e outra mais aberta, mais geral, de elevado conteúdo moral, invocável principalmente na resolução dos casos difíceis.

E assim, já é pacífico que a norma é o gênero de que são espécies as regras e os princípios. O ponto comum a ambos é, portanto, a normatividade, o caráter preceptivo. Mas como são duas espécies do mesmo gênero, guardam incontáveis diferenças(30).

Guerra Filho resume essa diferença em dois pontos:

> a) quanto à estrutura lógica e deontológica, as *regras* vinculam-se a fatos hipotéticos específicos, um determinado functor ou operador normativo ("proibido", "obrigatório", "permitido"), enquanto os *princípios* não se reportam a qualquer fato particular, e transmitem uma prescrição programática genérica, para ser realizada na medida do jurídica e faticamente possível;
>
> b) quanto à técnica de aplicação, as regras, uma vez aceita a subsunção a elas de certos fatos, inevitavelmente decorrem as consequências jurídicas previstas; mas se colidirem com outras de grau superior, são por estas derrogadas, perdendo validade. Já os princípios, em geral, são colidentes entre si nos casos concretos, o que leva ao sopesamento, para aplicar-se o mais adequado, sem contudo deixarem de coexistir na ordem jurídica(31).

(29) *Los direchos en serio*, p. 72.

(30) DWORKIN; ALEXY. *Op. cit.*, exibem longos comentários sobre as regras e os princípios.

(31) GUERRA FILHO, Willis Santiago. Metodologia jurídica e interpretação constitucional. *Revista de Processo*, n. 62, p. 121-140, abr./jun. 1991.

Neste sentido, Revorio, após escorar-se em Zagrebelsky, segundo o qual, às regras se obedece e aos princípios se adere, resume:

> As regras estabelecem mandados, proibições, ou permissões de atuação em situações concretas previstas nas mesmas (permitindo assim uma aplicação mecânica); os princípios — empregando este termo agora em sentido amplo — proporcionam critérios para tomar posição ante situações concretas indeterminadas[(32)].

(32) REVORIO, Francisco Javier Díaz. *Valores superiores e interpretación constitucional*, p. 101-102.

Capítulo VII

Renúncia e Transação. Comissões de Conciliação Prévia

1. Renúncia

Renúncia é o ato unilateral da abdicação de um direito por parte do seu titular. O direito privado comum, de regra, admite a renúncia tácita ou expressa. No Direito do Trabalho, de regra, a renúncia é ilícita e, em muitos casos, ilegal. E nos casos admissíveis tem de ser expressa, inconfundível e em alguns casos assistida.

Os direitos decorrentes de normas inderrogáveis são irrenunciáveis. O trabalhador não pode renunciar nem transigir os direitos decorrentes de normas imperativas de ordem pública, como o registro do contrato de trabalho na CTPS, saúde, higiene e segurança do trabalho, limites legais de jornada. Mas pode renunciar o direito de utilizar o transporte e a refeição que o empregador ponha à disposição dos seus empregados.

Esse princípio tem matriz nos arts. 9º, 468 e 500 da CLT e na Súmula n. 51 do TST.

Baltasar Cavazos Flores, após advertir que não se deve confundir "flexibilização laboral" com 'pechincha' dos direitos dos trabalhadores, afirma que os direitos constitucionais em favor dos trabalhadores são irrenunciáveis; todavia certos direitos, desde que se encontrem em níveis superiores aos mínimos legais, podem ser "negociados"(33).

> **Fundamentos** — sua base legal é o art. 9º da CLT. Russomano fundamenta-o na ordem pública; Krotoschin, na imperatividade; Alfredo Ruprecht, no vício presumido do consentimento. Aos dois primeiros assiste razão quando se fala de direitos de ordem pública; o outro, no respeitante a direitos disponíveis, porque o trabalhador, diante do patrão, encontra-se em condição de inferioridade, sem a plena força de sua deliberação.

Perez Botija, com apoio em Inojosa, encara de outro ângulo a questão. Diz que a irrenunciabilidade decorre do princípio de direito civil que veda a renúncia em prejuízo de terceiros, que, no caso, seriam os familiares do trabalhador e seus colegas, que se veriam obrigados a aceitar condições inferiores em face da claudicação do renunciante. Pedreira da Silva encontra o fundamento desse princípio no *vício presumido de consentimento*, ou seja, o

---

(33) A chamada flexibilização laboral e a pechincha dos direitos dos trabalhadores. In: ZAINAGHI, Domingos Sávio; FREDIANI, Yone (Coords.). *Novos rumos do direito do trabalho na América Latina*, p. 23/25.

mais frágil renunciar o seu pouco em favor do mais forte, até prova em contrário, presume-se por vício de consentimento.

Mas o argumento mais forte, pelo menos em relação aos direitos mínimos previstos na Constituição, repousa no fato de que ao trabalhador a lei concede um mínimo suportável, cuja renúncia descaracteriza o direito, porque o reduz para aquém do patamar mínimo, assegurado pela Constituição.

1.1. Princípio da imodificabilidade **in pejus** *do contrato de trabalho*

É uma das manifestações do princípio da irrenunciabilidade. Por esse princípio o legislador protege não só o trabalhador individualmente, mas também toda a massa de trabalhadores, por um lado, e o próprio edifício jurídico-trabalhista, por outro.

Com isso o trabalhador não tem total liberdade para emitir sua vontade, porque acima dele está a sociedade, que tem interesse em ver efetivado o direito tutelar. Na CLT encontramos limitações à renúncia e à alteração contratual nos seguintes artigos: 9º, que proíbe atos que visem ao desvirtuamento da aplicação das normas da CLT; 468, que veda alteração contratual, ainda que consentida, que cause prejuízo para o empregado; 500, que condiciona a renúncia da estabilidade à assistência sindical, e outros. No C. Civil, os arts. 166, VI, e 2.035, parágrafo único, cominam de nulidade os atos que atentem contra normas de caráter imperativo.

1.2. Diferença entre renúncia e transação

A renúncia prende-se a direito já reconhecido, sobre o qual não pesa dúvida, em que o renunciante tem clara desvantagem pelo fato de abdicar de algo que lhe pertence em troca de nada. A transação presume uma dúvida, a incerteza do direito. Caracteriza-se pela *res dubia*. Na transigência, cada parte abre mão de porção que lhe julga pertencer. Na coisa duvidosa, há disposição de uma das partes de ir a juízo, ou esta já se encontra em juízo e paira incerteza de êxito.

O instituto da conciliação não abrange todos os direitos, sofrendo limitações, como, por exemplo, não pode abrigar renúncia de assinatura da CTPS se a relação de emprego for reconhecida. Assim, também, os direitos trabalhistas incontroversos não comportam transação, mas sim pagamento, salvo em situação de notória incapacidade econômica do reclamado. O acordo, com transação, deve firmar-se somente em relação ao direito duvidoso.

O Código Civil, no seu art. 166, dentre as causas de nulidade do ato jurídico, de que trataremos adiante, considera nulo o negócio jurídico em que: a) tiver por objeto fraudar lei imperativa; b) a lei taxativamente declará-lo nulo; c) por vício resultante de dolo, coação, erro, simulação ou fraude, estado de perigo, lesão.

O ***estado de perigo*** acontece quando alguém, premido pela necessidade de salvar-se, ou a pessoa de sua família, de grave dano conhecido pela outra parte, assume obrigação excessivamente onerosa; a ***lesão*** se caracteriza quando uma pessoa, sob premente necessidade, ou por inexperiência, se obriga a prestação manifestamente desproporcional ao valor da prestação oposta.

Essas regras dão novo alento ao princípio em comento e induzem à censura das renúncias a direitos levadas a efeito nos acordos trabalhistas feitos em juízo e perante as Comissões de Conciliação Prévia.

1.3. Momento da renúncia

Pode ocorrer antes, durante e depois de terminada a relação de emprego. Antes, caracteriza um pacto, mas só pode dar-se com direito disponível.

No curso da relação empregatícia é quase inadmissível, dado que o art. 468 da CLT veda a alteração contratual que resulte prejuízo para o empregado, direta ou indiretamente, e em virtude da presunção de vício de consentimento. Em raros casos é admissível, observadas as formalidades legais, tais como a renúncia à estabilidade, ao emprego etc.

A renúncia posterior à relação empregatícia é a mais aceita, porque aqui o empregado não mais se encontra subordinado ao empregador. Mas, mesmo assim, ele continua inferiorizado pelo estado de desemprego, necessitando de recurso imediato e de uma carta de referência. Portanto, ainda aqui, merece reservas.

2. Comissões de conciliação prévia

A Lei n. 9.958/00 franqueou a criação das Comissões de Conciliação Prévia, com a função de conciliar os conflitos trabalhistas no âmbito da empresa ou do sindicato. O objetivo dessa lei foi aliviar a sobrecarga processual na Justiça do Trabalho. A criação das Comissões é uma faculdade das empresas e dos sindicatos.

2.1. Requisitos para a instituição e composição

As pessoas jurídicas de direito público não se submetem a CCP. É possível a instituição por empresas ou pelos sindicatos (art. 625-A, *caput*). A adoção, frise-se bem, deve ocorrer com a participação da entidade sindical representativa da categoria profissional, sendo completamente vedada a criação por acordo direto entre a empresa e os trabalhadores.

A Lei estabeleceu a composição, apenas, das Comissões no âmbito das empresas, cabendo à convenção ou ao acordo coletivo determinar a composição das Comissões criadas nos sindicatos (art. 625-C). Deverá, no entanto, obedecer ao princípio da paridade (art. 625-H).

Segundo o art. 625-B, "A Comissão instituída no âmbito da empresa será composta de, no mínimo, dois e, no máximo, dez membros...".

A metade dos membros da CCP será indicada pelo empregador e a outra metade será eleita pelos empregados, havendo um suplente para cada representante. O mandato será de um ano, sendo possível uma recondução.

Os representantes dos empregados, titulares e suplentes, gozarão de estabilidade, até um ano após o final do mandato, salvo se cometerem falta grave (art. 625-B, § 1º), apurada em inquérito judicial, na forma do art. 853 da CLT. Cada representante exercerá todas as suas funções normalmente, havendo a interrupção do trabalho apenas nos momentos em que for atuar como conciliador (art. 625-B, § 2º).

Nas Comissões, a presença do advogado é facultativa, mas, sendo do interesse da parte, não poderá ser obstada (art. 7º, VI, *a*, Lei n. 8.906/94).

2.2. Procedimentos da reclamação na CCP

A obrigatoriedade da prévia apreciação de demandas pelas Comissões — *caput* do art. 625-D:

> Qualquer demanda de natureza trabalhista será submetida à Comissão de Conciliação Prévia se, na localidade da prestação de serviços, houver sido instituída a Comissão no âmbito da empresa ou sindicato da categoria.

Diz a Lei que a criação das Comissões é facultativa, mas, uma vez criadas, torna-se obrigatório submeter-lhes a causa. Só irá a juízo se não for resolvida. Afirmávamos nas edições anteriores que a imposição de prévia submissão da causa a CCP fere os princípios do livre acesso à Justiça e da inafastabilidade da jurisdição — art. 5º, XXXV. O STF, nas ADIS ns. 2.130 e 2.160, confirmou nossa tese, julgando, em maio/09, inconstitucional essa exigência. Com isso, perderam força e quase não operam mais.

Formalidades e consequências — "A demanda será formulada por escrito e reduzida a termo por qualquer dos membros da Comissão, sendo entregue cópia datada e assinada pelo membro aos interessados" (art. 625-D, § 1º).

Frustrado o acordo, o empregado e o empregador receberão uma declaração da tentativa de Conciliação, devendo ser juntada à reclamação posterior que porventura venha a ser ajuizada (art. 625-D, § 2º).

O § 3º do art. 625-D da CLT abre exceções à prévia submissão da questão à Comissão: quando necessária medida de urgência (tutela antecipada, liminar, cautelar); quando tratar de direito indisponível; quando disser respeito a interesse público ou estatal. Tudo isso tornou-se ocioso após a procedência da ADI n. 2.130, que declarou não ser obrigatória a submissão prévia da questão a CCT.

Limites da transação — apenas os direitos patrimoniais e disponíveis podem ser submetidos às Comissões de Conciliação Prévia.

Empós a provocação pelo interessado, a sessão para tentativa de conciliação deve ocorrer em, no máximo, dez dias (art. 625-F). O prazo é peremptório e, se transcorrido e não realizada a sessão, a parte interessada receberá o documento que possibilitará o ajuizamento da reclamação trabalhista (art. 625-F, parágrafo único), devendo ser juntado aos autos.

Suspende-se o prazo da prescrição a partir do momento em que há a provocação da Comissão, até o instante em que resulte frustrada a tentativa de conciliação ou até o fim do prazo estipulado para a sessão (art. 625-G).

2.3. Título executivo extrajudicial e a eficácia liberatória

O art. 625-E prevê a obtenção de termo assinado pelas partes, em havendo a almejada conciliação. O documento obtido será título executivo extrajudicial, sendo, portanto, suficiente para dar início ao processo de execução, cf. art. 876 da CLT.

O art. 625-E imprime ao termo eficácia liberatória geral, impedindo futura reclamação trabalhista, salvo se houver ressalva expressa no acordo. Essa regra padece de inconstitucionalidade, visto que extrapola o limite da matéria posta em discussão. Não se pode dar uma quitação no escuro.

A propósito, o art. 320 do Código Civil preceitua: "A quitação, que sempre poderá ser dada por instrumento particular, designará o valor e a espécie da dívida quitada, o nome do devedor, ou quem por este pagou, o tempo e o lugar do pagamento, com a assinatura do credor, ou do seu representante".

Infere-se daí que a eficácia liberatória deve ser limitada às parcelas e valores elencados, não abrangendo outros direitos. Por sua vez, não é de se admitir eficácia liberatória de títulos ausentes do pedido inicial, nem de direitos irrenunciáveis. De outra parte, o trânsito em julgado deriva de sentença decisória ou homologatória do órgão judicial, com o esgotamento pelo uso ou renúncia de todos os recursos. Jamais a lei pode equiparar qualquer título ao advindo do Poder Judiciário.

Contudo, como a lei pôs, cogita-se de outras consequências: possibilidade de anulação, via judicial, na ocorrência de vício de consentimento ou outro vício que nulifique o ato jurídico. Além do que, a defesa do executado poderá ser mais ampla do que a prevista no § 1º do art. 884 da CLT, podendo ser invocadas as hipóteses de defesa oferecidas pelo CPC. O termo de acordo não será passível de rescisão pela via da ação rescisória, porque sentença não é.

Ademais, o Código Civil alarga as hipóteses de anulabilidade dos atos jurídicos, valendo transplantar para esta parte as hipóteses do ***estado de perigo*** e da ***lesão***, especificadas nos arts. 156 e 157, referidos no item 1.2 deste Capítulo. Assim, os trabalhadores podem demonstrar em juízo a lesão que vierem a sofrer nos acordos realizados perante a CCP, ora sob pressão, ora enganados.

Por fim, registrando o avanço da solução conciliada, o § 1º do art. 75 da LC n. 23/06 (da pequena e da microempresa) preceitua: "*serão reconhecidos de pleno direito os acordos celebrados no âmbito das comissões de conciliação prévia*".

Capítulo VIII

Relação de Trabalho e Relação de Emprego

1. Estrutura da relação empregatícia

A distinção entre relação de trabalho e relação de emprego (= contrato de trabalho) repousa no fato de que a relação de trabalho compreende um conceito mais abrangente. Assim, enquanto o conceito **relação de emprego** designa o contrato de trabalho subordinado, definido no art. 3º da CLT, **relação de trabalho** designa "toda relação jurídica que tenha por objetivo a prestação de serviços, remunerados ou não. Envolve, assim, a prestação de serviços de trabalhador autônomo ou eventual, como do trabalhador subordinado" (Aluysio Sampaio, *op. cit.*). Ver Capítulo seguinte. Relação de trabalho é o gênero que pode ser representado por um grande círculo (um conjunto), que contém várias bolinhas, cada uma representando uma espécie de relação de trabalho, como a relação de emprego, a relação de avulso, a de doméstico, do estágio, do autônomo, do microempreiteiro, do servidor público etc.

1.1. Relação de trabalho X relação de consumo

Com a ampliação da competência da Justiça do Trabalho pela EC n. 45/04, a relação de trabalho passou a ser confrontada com a relação de consumo, dividindo a doutrina. No conceito de relação de trabalho inclui-se o trabalho dos profissionais liberais, dos prestadores autônomos, dos trabalhadores parassubordinados em geral, que passaram para o abrigo do sistema judicial trabalhista.

As divergências doutrinárias não têm razão de ser, porque a Constituição protege o trabalhador como um todo, assim entendido aquele que possui como fonte de subsistência o ganho auferido com o seu labor pessoal em favor de outrem, que o escolhe em razão das suas qualidades pessoais. Esse trabalho, portanto, jamais poderá ser equiparado ao serviço prestado por empresas na relação de consumo. Arion Sayão Romita forneceu os caracteres diferenciadores das duas figuras jurídicas:

Traços distintivos entre a relação de trabalho e a de consumo:

a) o serviço da relação de consumo consta do art. 3º, § 2º, do CDC, o qual ressalva as relações de trabalho;

b) o art. 1º do 1º Anexo da Constituição da OIT preceitua que o trabalho pessoal jamais pode ser considerado mercadoria, lançado numa relação de consumo;

c) pessoalidade na relação de trabalho, o que não ocorre na de consumo;

d) a escolha do profissional, na relação de trabalho, é *intuitu personae*, o que não ocorre na relação de consumo;

e) a relação de trabalho não é lançada no mercado sob concorrência comercial, o que é próprio da relação de consumo;

f) a fidúcia ou confiança do cliente no profissional é própria da relação de trabalho, o que não ocorre na relação de consumo;

g) a vulnerabilidade do tomador de serviço na relação de consumo, situação que se inverte na relação de trabalho.

Relação de emprego — o art. 442 da CLT define a relação de emprego pelo modo como se desenvolve a relação de trabalho, acolhendo a teoria do contrato-realidade. Se o trabalhador começa a trabalhar na construção, recebe ordens, é remunerado e continua diuturnamente, nasce dessa relação de trabalho o contrato de emprego.

Orlando Gomes e Elson Gottschalk lecionam que se trata de diferentes aspectos da mesma realidade, dado que o contrato é o aspecto subjetivo de um fato que se objetiva na relação. Na verdade, toda relação de emprego cujo contrato esteja em execução é uma relação de trabalho. O inverso não é verdadeiro. A relação de emprego é uma das espécies da relação de trabalho.

2. Natureza jurídica das relações de trabalho e de emprego. Teorias

O elemento nuclear determinante da relação de emprego e da relação de trabalho é a vontade dos contratantes, que se manifesta expressa ou tacitamente, por escrito ou apenas verbalmente. É pela análise da vontade manifestada por meio de atos objetivos que se identifica se a relação fática trabalhista existente constitui, ou não, relação de emprego.

Teorias sobre a natureza jurídica da relação de emprego:

a) Contratualistas — sustentam que a relação de emprego é um contrato;

b) Anticontratualistas — sustentam que a relação de emprego não é contrato, mas imposição estatal.

O fundamento da primeira está na vontade, isto é, que o liame empregatício nasce de um ato de vontade e persiste segundo essa vontade. O fundamento da segunda suporta-se na ausência de liberdade dos contratantes, posto que o conteúdo contratual encontra-se nas leis, nada restando à livre deliberação do empregado e do empregador; a teoria da instituição (anticontratualista) de Hauriou afirma que não há contrato, porquanto todo o conteúdo está regulamentado pelas normas da empresa (instituição), nada restando à liberdade de negociação do empregado.

A teoria contratualista venceu; é quase por unanimidade aceita. Gomes e Gottschalk explicam que a vontade está presente no liame empregatício. Tudo está no querer ou não querer. A vontade dita o nascimento do contrato. O conteúdo é que pode vir prefixado. Assim, se aceito um emprego já sabendo previamente o conteúdo do contrato que me é imposto, emiti minha vontade. Eu disse SIM. Como poderia ter dito NÃO.

3. Caracterização da relação de emprego

A caracterização da relação de emprego assume importância para sua distinção das demais relações de trabalho que reúnem elementos comuns com o emprego. A sociedade moderna fabrica todo dia relações trabalhistas diferentes.

Aparentam com o emprego celetista os contratos de empreitada em que o empreiteiro é o artífice; o trabalho autônomo; o avulso; o eventual, o de sociedade, o do transportador autônomo de cargas, os contratos de representação comercial autônoma etc. e até mesmo a relação trabalhista travestida de relação amorosa (ainda existem os João Romão!)[34].

É por isso que Romita, arrimado em Giuseppe Santoro Passarelli, identifica uma categoria de trabalho intermediária, entre o emprego e o trabalho livre, é o **parassubordinado**, alinhando-se entre estes: a) os *prestadores de trabalho associativo* (sociedade em conta de participação, membros de cooperativa de trabalho, sócio de indústria, membros de empresa familiar); b) *os representantes comerciais*, os propagandistas, agentes teatrais, cinematográficos e esportivos, corretores de imóveis e de todas as espécies de negócio, concessionários de vendas, demonstradores, transportador autônomo de carga; c) *pequenos empresários*, que dependam economicamente de indústria a que prestam colaboração contínua; d) *profissionais liberais* (como o advogado que trata de modo contínuo dos interesses de uma pessoa física, o médico de família etc.) (A crise da subordinação jurídica — necessidade de proteção a trabalhadores autônomos e parassubordinados. *Revista LTr*, São Paulo, nov. 04, n. 68, p. 1.287-1.298).

Critérios para a caracterização — o art. 3º da CLT fornece os seguintes elementos caracterizadores da relação empregatícia: pessoalidade, não eventualidade, subordinação e remuneração, cf. detalhes no Capítulo X.

a) **Pessoalidade** — significa que o contrato é *intuitu personae* em relação ao empregado, que não pode fazer-se substituir no trabalho.

b) **Não eventualidade** — possui dois significados: a) primeiro, que o contrato exige uma prestação contínua, fixando um espaço de tempo ou uma tarefa a ser cumprida; b) segundo, que o trabalho vincula-se à atividade-fim da exploração econômica do empregador.

c) **Subordinação jurídica** — ou hierárquica, consistente na sujeição do trabalhador ao comando do empregador.

(34) Protagonista do romance *O cortiço*, de Aluísio de Azevedo, que fez de uma escrava alforriada seu objeto de sexo e sua operária sem remuneração.

d) **Remuneração** — o empregado tem de receber remuneração, seja de que forma for — salário fixo, por comissão, em utilidades, por dia, hora, semana ou mês.

3.1. Características da parassubordinação

A relação de trabalho parassubordinado caracteriza-se pela **continuidade**, **coordenação**, **predominância da pessoalidade** na prestação do serviço e **dependência econômica**, sem a submissão ao poder de comando nem ao disciplinar do tomador do serviço, embora sujeito à orientação geral do serviço. Caracteriza-se pela debilidade não necessariamente econômica do prestador do serviço, mas fragilidade contratual deste, pela circunstância de o tomador do serviço deter a possibilidade de anular ou reduzir a liberdade contratual do trabalhador, diz Romita (*op. cit.* acima).

Capítulo IX

Relações de Trabalho *Lato Sensu*

Relação de trabalho, como já exposto, compreende todas as formas de contrato de trabalho pessoal, público ou privado, autônomo, avulso, subordinado etc., enquanto relação de emprego constitui apenas uma das espécies de relação de trabalho. Por isso, doravante empregaremos a denominação contrato de emprego para designar a relação de emprego.

Com a nova redação do art. 114 da CF, que alentou a competência da Justiça do Trabalho para todas as relações de trabalho, a matéria agiganta-se na importância para os operadores do Direito do Trabalho. As relações de trabalho que não de emprego continuarão a reger-se pelas leis materiais respectivas, porém, no litígio, curvar-se-ão aos princípios do Direito do Trabalho e do Processo do Trabalho.

1. Trabalhador autônomo

> "Embora prestando serviço em caráter permanente, não está obrigado a cumprir ordens do recebedor dos serviços" (SAMPAIO, Aluysio. *Dicionário de direito do trabalho*).

Diferencia-se do empregado por faltar a subordinação jurídica ou hierárquica. No contrato de emprego, o empregador contrata o empregado para prestar serviços; no contrato de autônomo, o tomador contrata o serviço, ou melhor, o resultado do serviço. O primeiro é a locação do operário; o segundo é a locação do serviço. O primeiro é regido pela CLT; o segundo, pelo Código Civil. Em regra, o empregador assume o risco, cumprindo ao trabalhador prestar o serviço ou pôr-se à disposição; já o autônomo assume o risco do serviço contratado, cumprindo-lhe entregá-lo feito.

Amauri M. Nascimento resume: "Aqueles que detêm o poder de direção da própria atividade são autônomos e aqueles que alienam o poder de direção sobre o próprio trabalho para terceiros em troca de remuneração são subordinados".

A Lei n. 13.467/2017, da reforma trabalhista, enfatizou essa modalidade contratual, acrescentando à CLT o art. 442-B:

> Art. 442-B. A contratação do autônomo, cumpridas por este todas as formalidades legais, com ou sem exclusividade, de forma contínua ou não, afasta a qualidade de empregado prevista no art. 3º desta Consolidação.

Esse artigo objetiva esvaziar a pretensão dos trabalhadores que assinam contrato de autônomo e depois reivindicam os benefícios do vínculo de emprego. Mas não tem jeito.

A relação de emprego define-se pelos fatos que configuram as suas características: *pessoalidade* da prestação do serviço, *não eventualidade*, *subordinação* hierárquica ao empregador e *remuneração*, conforme art. 3º da CLT, não revogado. Estando presentes esses elementos, todo escrito em contrário não tem eficácia, por força do art. 9º da CLT, segundo o qual "Serão nulos de pleno direito os atos praticados com o objetivo de desvirtuar, impedir ou fraudar a aplicação dos preceitos contidos na presente Consolidação".

2. Trabalho eventual

O trabalhador eventual tem vinculação direta com o tomador do serviço, é subordinado, mas falta o requisito da continuidade dos serviços ajustados, cf. ensinamento de Russomano. É o trabalho subordinado, mas ao qual falta o requisito da "não eventualidade", segundo os dois sentidos desse termo, cf. exposto no Capítulo seguinte, para onde remetemos o leitor.

3. Trabalho temporário

Já o trabalho temporário é um contrato de emprego que envolve três pessoas: o tomador do serviço, a empresa prestadora do serviço e o empregado desta, que é designado para trabalhar para o primeiro. O trabalhador temporário é empregado da empresa que o contrata, mas não o é em relação à pessoa que lhe toma o serviço.

O trabalho temporário é regido pela Lei n. 6.019/74, alterada pela Lei n. 13.429/2017, cujo art. 2º dispõe: "Trabalho temporário é aquele prestado por pessoa física contratada por uma empresa de trabalho temporário que a coloca à disposição de uma empresa tomadora de serviços, para atender à necessidade de substituição transitória de pessoal permanente ou à demanda complementar de serviços". O art. 10 limita em seis meses a transitoriedade da prestação, prorrogável por três meses. O trabalhador é empregado, com contrato por tempo determinado. Não pode ser contratado para prestar serviço à mesma tomadora no período de três meses após o final do contrato anterior, sob pena de o vínculo de emprego transferir-se para a tomadora.

A Lei n. 7.102/83 disciplina o serviço de vigilância nas instituições financeiras e o transporte de valores, sem limite de prazo. E a Súmula n. 331 do TST, extensa e analítica, juntou esta Lei, com a do Trabalho Temporário e pronunciou um terceiro gênero, flexibilizando a situação para admitir a terceirização de serviços especializados ligados à atividade-meio, sem limite de prazo. Todavia, a Lei n. 13.429/17 alterou a Lei n. 6019/74 para franquear a terceirização também na atividade-fim esvaziando, com isso, a Súmula.

O temporário enquadra-se na terceirização de mão de obra, diferenciando-se dos terceirizados não temporários porque aquele se insere na atividade-fim da empresa, o que lhe assegura paridade de remuneração com os trabalhadores da mesma categoria da empresa. Outrossim, se a locação durar mais que o permitido em lei, o vínculo de emprego se transfere para a tomadora do serviço, o que não ocorre com a terceirização (prestação de serviço). No entanto, de modo algum, se forma o vínculo de emprego com órgãos da Administração Pública direta ou indireta, porque isto frustraria a regra do concurso público.

O contrato entre as empresas para trabalho temporário é formal, por escrito, devendo especificar os motivos da contratação, assim também, o contrato de emprego temporário será por escrito. Será nula a cláusula que proíba a contratação do obreiro pela tomadora de serviço.

Direitos — O temporário goza de todos os direitos trabalhistas atribuídos aos demais empregados. A rescisão contratual se faz na forma dos demais contratos de emprego, tanto pode ser por tempo determinado como por tempo indeterminado, cf. o caso. Os fatos da justa causa e da despedida indireta tanto podem ser aferidos no local da empresa empregadora como no da prestadora de serviço.

Responsabilidade — tanto a contratante de trabalho temporário como a tomadora do serviço terceirizado são subsidiariamente responsáveis pelas obrigações trabalhistas e previdenciárias em relação aos trabalhadores temporários locados e aos prestadores de serviço, correspondentes ao período à sua disposição, cf. art. 10, § 7º, da Lei n. 6.019/2017, com redação dada pela Lei n. 13.429/2017, que incorporou o item IV da Súmula n. 331 do TST. Essa responsabilidade é solidária em caso de falência da empresa prestadora de serviço.

Como se vê, essa modalidade de trabalho gera três espécies de relações jurídicas: uma empresarial, entre a fornecedora e a tomadora da mão de obra; uma de emprego, entre a fornecedora de mão de obra e o trabalhador; e uma de trabalho, entre este e a locatária do trabalho. Isso implica que qualquer dano que o operário vier a sofrer no local de trabalho, havendo culpa do tomador do serviço ou responsabilidade objetiva (art. 927, parágrafo único do Código Civil), este será o responsável principal, ou solidário, pela eventual reparação de danos, cf. art. 16, § 1º, da Lei n. 6.019, segundo a qual: "é responsabilidade da empresa contratante garantir as condições de segurança, higiene e salubridade dos trabalhadores, quando o trabalho for realizado em suas dependências ou em local por ela designado".

Ver mais no Capítulo XIII.

4. Trabalho avulso

Avulso é o trabalhador pessoa física que presta serviços sem a necessária continuidade própria do empregado. Presta o serviço sem se inserir na organização da empresa. Pode ser subordinado ou não. Catharino distingue o avulso individual do avulso sindical. O primeiro presta serviços direta e isoladamente; o segundo, associado de sindicato para prestação de serviços, trabalha em conjunto: é a mão de obra sindical, requisitada por empresa a sindicato, a quem cumpre escolher e dirigir os associados que vão prestar o serviço solicitado. O Decreto n. 63.912/68 define como avulsos, entre outros: a) estivador, trabalhador de estiva em carvão e minérios e trabalhador em alvarenga; b) conferente de carga e descarga; c) consertador de carga e descarga; d) vigia portuário; e) avulso de capatazia; f) arrumador no comércio armazenador; g) ensacador de café, cacau, sal e similares; h) classificador de frutas; i) amarrador; j) trabalhador na indústria de extração do sal; e l) catadeiras e costureiras no comércio de café.

5. Trabalho portuário

O maior disciplinamento do trabalho avulso encontra-se na legislação do trabalho portuário, destacando-se a Lei n. 12.815/2013, que revogou a 8.630/93 e alterou a 9.719/98, entre outras providências.

O trabalho portuário realiza-se por meio de trabalhadores avulsos e de empregados. Os avulsos podem organizar-se em cooperativa e por meio desta contratar seus serviços. O art. 40 da Lei n. 12.815/13 dispõe: "O trabalho portuário de capatazia, estiva, conferência de carga, conserto de carga, bloco e vigilância de embarcações, nos portos organizados, será realizado por trabalhadores portuários com vínculo empregatício a prazo indeterminado e por trabalhadores portuários avulsos". O § 1º define cada uma dessas atividades, que constituem categorias profissionais diferenciadas (§ 4º).

A contratação com vínculo empregatício para as atividades acima recairá entre os portuários avulsos registrados, vedado ao operador portuário locar ou tomar mão de obra sob regime temporário de que trata a Lei n. 6.019/74.

O art. 32 da Lei n. 12.815/13 preceitua:

> Os operadores portuários devem constituir em cada porto organizado um órgão de gestão de mão de obra do trabalho portuário, destinado a:
>
> I – administrar o fornecimento de mão de obra do trabalhador portuário e do trabalhador portuário avulso;
>
> II – manter, com exclusividade, o cadastro do trabalhador portuário e o registro do trabalhador portuário avulso;
>
> III – treinar e habilitar profissionalmente do trabalhador portuário, inscrevendo-o no cadastro;
>
> IV – selecionar e registrar o trabalhador portuário avulso;
>
> V – estabelecer o número de vagas, a forma e a periodicidade para acesso ao registro do trabalhador portuário avulso;
>
> VI – expedir os documentos de identificação do trabalhador portuário;
>
> VII – arrecadar e repassar aos beneficiários, os valores devidos pelos operadores portuários relativos à remuneração do trabalhador portuário avulso e aoscorrespondentes encargos fiscais, sociais e previdenciários.
>
> Parágrafo único. Caso celebrado contrato, acordo ou convenção coletiva de trabalho entre trabalhadores e os tomadores de serviços, o disposto no instrumento precederá o órgão gestor e dispensará sua intervenção entre capital e trabalho no porto.

O art. 28 da mesma lei relaciona as atividades em que é dispensável a intervenção de operadores portuários, como nas operações automatizadas ou mecanizadas; nas embarcações empregadas para obras públicas, no transporte de gêneros de pequena lavoura, na navegação interior e auxiliar, no transporte de mercadoria líquida a granel, etc.

Ingresso no trabalho portuário — o ingresso do trabalhador no serviço portuário dá-se mediante dois passos: a) **inscrição** no cadastro do trabalhador portuário perante o órgão gestor da mão de obra; b) **registro** do trabalhador portuário avulso perante o órgão gestor de mão de obra. A inscrição dependerá de prévia habilitação profissional do trabalhador interessado, mediante treinamento realizado em entidade indicada pelo órgão gestor de mão de obra. O **registro** depende de prévia seleção e respectiva inscrição no cadastro de mão de obra, obedecidas a disponibilidade de vagas e a ordem cronológica de inscrição no cadastro.

A seleção e o registro do trabalhador são feitas pelo órgão gestor de mão de obra, conforme normas estabelecidas em contrato, convenção ou acordo coletivo do trabalho.

Exclusão do trabalhador portuário — a inscrição no cadastro e o registro do trabalhador portuário extinguem-se por morte, ou cancelamento. O cancelamento do registro pode dar-se a requerimento do trabalhador ou como pena disciplinar máxima prevista no art. 47, V, da Lei n. 12.815, compreendidas na competência do órgão gestor de mão de obra (advertência; proibição de ingresso na área do porto por 30 a 180 dias; suspensão da atividade de operador portuário por 30 a 180 dias; cancelamento do credenciamento do operador portuário).

O cancelamento a pedido dá-lhe direito a indenização e a saque do FGTS. A indenização será suportada pelo Fundo de Indenização do Trabalhador Portuário Avulso.

Proteção do trabalhador portuário — é feita através da Lei n. 9.719/98. O art. 2º preceitua que cabe ao operador portuário recolher ao órgão gestor de mão de obra os valores devidos pelos serviços executados, referentes à remuneração por navio, com todos os encargos. E cabe ao órgão gestor de mão de obra o pagamento da remuneração devida aos trabalhadores portuários, inclusive 13º e férias, no prazo de 48 horas. O art. 73 da Lei n. 12.815 assegura ao portuário maior de 60 anos que não possa mais trabalhar nem tenha renda própria nem reúna os requisitos para aposentadoria um benefício mensal de um salário mínimo.

É assegurado ao trabalhador portuário avulso cadastrado no órgão gestor de mão de obra o direito a concorrer à escala diária complementando a equipe de trabalho do quadro dos registrados. A escalação será feita pelo órgão gestor, em forma de rodízio.

Somente fará jus à remuneração o trabalhador avulso que, constante da escala diária, estiver em efetivo exercício.

6. Estágio

A Lei n. 11.788/2008 disciplinou exaustivamente a relação de trabalho sob a modalidade de estágio, revogando a legislação anterior, e ainda alterou os §§ 1º, 3º e 7º do art. 428 da CLT, que trata do contrato de aprendizagem.

Definição — estágio é ato educativo escolar supervisionado, desenvolvido no ambiente de trabalho, que visa à preparação para o trabalho produtivo de educandos que estejam frequentando o ensino regular em instituições de educação superior, de educação profissional, de ensino médio, da educação especial e dos anos finais do ensino fundamental, na modalidade profissional da educação de jovens e adultos. O estágio faz parte do projeto pedagógico do curso, além de integrar o itinerário formativo do educando.

O contrato de estágio não gera vínculo empregatício, embora o estagiário perceba bolsa ou outra forma de contraprestação que venha a ser acordada, ressalvado o que dispuser a legislação previdenciária, devendo o estudante, em qualquer hipótese, estar segurado contra acidentes pessoais.

Espécies — obrigatório e não obrigatório. O obrigatório é aquele definido como tal no projeto pedagógico do curso, cuja carga horária é requisito para aprovação e obtenção do diploma; não obrigatório é aquele desenvolvido como atividade opcional, acrescida à carga horária regular e obrigatória. As atividades de monitoria, extensão e iniciação científica na educação superior somente serão equiparadas a estágio em caso de previsão no projeto pedagógico do curso.

Requisitos — o contrato de estágio deve observar os requisitos de que trata o art. 3º da Lei n. 11.788/08:

a) educando regularmente matriculado em curso de educação superior, de educação profissional, de ensino médio, da educação especial e nos anos finais do ensino fundamental, na modalidade profissional da educação de jovens e adultos e atestados pela instituição de ensino;

b) o estudante deve estar frequentando um dos cursos acima;

c) existência de instrumento jurídico que convenie a instituição de ensino com o concedente do estágio, nos termos do art. 7º da Lei n. 11.788;

d) celebração de termo de compromisso entre o educando, a parte concedente do estágio e a instituição de ensino;

e) compatibilidade entre as atividades desenvolvidas no estágio e aquelas previstas no termo de compromisso, segundo a proposta pedagógica do curso;

f) condições das unidades de proporcionar estágio na linha de formação do estudante;

g) que o aluno já esteja em condições de realizar o estágio;

h) que o estágio complemente a formação, mediante acompanhamento efetivo pela instituição de ensino, através de professor orientador, e por supervisor da parte concedente, comprovado por vistos nos relatórios, em conformidade com os currículos e projeto pedagógico;

i) duração máxima de dois anos na mesma concedente do estágio, salvo quando se tratar de pessoa deficiente.

Jornada — compatível com o horário escolar do estudante e com o da parte em que venha a ocorrer o estágio, especificada no termo de compromisso, observadas três situações:

a) de quatro horas/dia e 20h semanais para estudantes de educação especial e dos anos finais do ensino fundamental, na modalidade profissional de educação de jovens e adultos;

b) seis horas/dia ou 30h semanais para os de ensino superior, da educação profissional de nível médio e do ensino médio regular;

c) poderá ser de 40h semanais quando os cursos alternam teoria e prática periódicas em que não estão programadas aulas presenciais, desde que isso esteja previsto no projeto pedagógico do curso e da instituição de ensino. Se a instituição adotar verificações de aprendizagem periódicas ou finais, a carga horária do estagiário será reduzida à metade nos períodos de verificação.

O conceito de estágio curricular constará do projeto pedagógico da instituição de ensino. No entanto, é razoável o que consta do art. 2º do revogado Decreto n. 87.497/84: "Considera-se estágio curricular as atividades de aprendizagem social, profissional e cultural, proporcionadas ao estudante pela participação em situações reais de vida e trabalho de seu meio, sendo realizada na comunidade em geral ou junto a pessoas jurídicas de direito público ou privado, sob responsabilidade e coordenação da instituição de ensino".

Formalização — dar-se-á mediante termo de compromisso celebrado entre o estudante e a parte concedente, com interveniência obrigatória da instituição de ensino. O termo de compromisso constitui a prova formal do estágio e deve mencionar expressamente o instrumento jurídico que liga a instituição de ensino ao concedente do estágio.

Obrigações da instituição de ensino:

a) celebrar termo de compromisso com o educando ou com seu representante ou assistente legal, quando ele for absoluta ou relativamente incapaz, e com o concedente, indicando as condições de adequação do estágio à proposta pedagógica do curso, à etapa e modalidade da formação escolar do estudante e ao horário e calendário escolar;

b) avaliar as instalações da concedente do estágio e sua adequação à formação cultural e profissional do educando;

c) indicar professor orientador, da área a ser desenvolvida no estágio, como responsável pelo acompanhamento e avaliação das atividades do estagiário;

d) exigir do educando relatórios periódicos das atividades em prazo não superior a seis meses;

e) zelar pelo cumprimento do termo de compromisso, reorientando o estagiário para outro local em caso de descumprimento de suas normas;

f) elaborar normas complementares e instrumentos de avaliação dos estágios de seus educandos;

g) comunicar à parte concedente do estágio, no início do período letivo, as datas de realização de avaliações escolares ou acadêmicas.

O plano de atividades do estagiário integra o termo de compromisso, mediante aditivos.

Da parte concedente — podem conceder estágios as pessoas jurídicas de direito privado, os órgãos da administração pública direta, autárquica e fundacional, os profissionais liberais de nível superior devidamente registrados em seus respectivos conselhos de fiscalização profissional, observados os seguintes requisitos:

a) celebrar termo de compromisso com o educando e a instituição de ensino, zelando pelo seu cumprimento;

b) ofertar instalações e ambiente em condições de proporcionar ao educando atividades de aprendizagem social, profissional e cultural;

c) designar funcionário do quadro de pessoal, com experiência na área do curso do educando, para orientar e supervisionar até dez estagiários;

d) contratar em favor do estagiário seguro contra acidentes pessoais, cuja apólice seja compatível com valores de mercado, cf. termo de compromisso;

e) ao final do estágio, entregar ao estagiário termo de realização do estágio com indicação resumida do período, das atividades desenvolvidas e da avaliação;

f) manter à disposição da fiscalização documentos que comprovem a relação de estágio;

g) enviar à instituição de ensino, com periodicidade mínima de seis meses, relatório das atividades, com vista obrigatória ao estagiário.

Número de estagiários por instituição — concedente observará as seguintes proporções: de um a cinco empregados — um estagiário; de seis a dez empregados — até dois estagiários; de 11 a 25 empregados — até cinco estagiários; acima de 25 empregados — até 20% de estagiários. A fração porventura existente nesse cálculo poderá ser arredondada para cima. Esses quantitativos serão apurados em cada filial ou estabelecimento. Esses quantitativos não se aplicam aos estágios de nível superior e de nível médio profissional. É assegurada a cota de 10% para as pessoas portadoras de deficiência.

O estágio irregular converte-se em relação de emprego, com todos os consectários das leis trabalhistas. A instituição que reincidir na irregularidade fica impedida de receber estagiário por dois anos, contados da data da decisão definitiva do processo administrativo respectivo.

Agentes de integração — o art. 5º da Lei legitima as instituições intermediadoras do estágio (ora denominadas de *agentes de integração*), observando que, quando o poder público utilizar os seus serviços mediante pagamento, sejam observadas as regras da licitação pública. Aos agentes de integração cabe: a) identificar oportunidades de estágio; b) ajustar suas condições de realização; c) fazer o acompanhamento administrativo; d) encaminhar negociação de seguros contra acidentes pessoais; e) cadastrar os estudantes.

Direitos do estagiário — a) no estágio não obrigatório, é necessário concessão de bolsa ou outra contraprestação, cf. ajuste no termo de compromisso, e auxílio-transporte; no estágio obrigatório, a instituição concedente poderá conceder esses benefícios, facultativamente; b) seguros contra acidentes pessoais; c) poderá inscrever-se no Regime Geral da Previdência Social como contribuinte facultativo; d) recesso de trinta dias, sempre que o estágio ultrapasse de um ano, preferencialmente coincidente com as férias escolares; esse recesso deve ser remunerado quando o estagiário receber bolsa ou outra contraprestação. Se o estágio for inferior a um ano, o recesso referido será proporcional; e) proteção das regras legais de saúde e segurança no trabalho.

O horário de trabalho será ajustado de comum acordo entre o estagiário e o concedente do estágio, sempre com a interveniência da instituição de ensino.

O contrato de estágio é formal. A preterição dos requisitos e/ou das formalidades acima descaracteriza o estágio e a relação de trabalho poderá cair na vala comum do vínculo empregatício.

7. Cooperativa de trabalho

Cooperativas são sociedades de pessoas, sem objetivo de lucro, de natureza civil, constituídas em benefício dos associados, tendo por objeto qualquer gênero de serviço, operação ou atividades, assevera Führer (2005, p. 67).

A Recomendação n. 193 da OIT define cooperativa como "uma associação autônoma de pessoas, unidas voluntariamente, para satisfazer suas necessidades e aspirações econômicas, sociais e culturais em comum, através de uma empresa de propriedade conjunta e de gestão democrática".

Esta Recomendação adota os princípios elaborados pela Assembleia Geral da Aliança Cooperativa Internacional de 1995: adesão voluntária e aberta; gestão democrática por parte dos sócios; participação econômica dos sócios; autonomia e independência; educação, formação e informação; cooperação entre cooperativas; interesse pela comunidade.

As cooperativas manifestam-se sob várias formas: de produção, de consumo, de crédito e de trabalho. A cooperativa de trabalho visa a promover os meios (capital e instrumentos) para realização do serviço pelos cooperados. Subdivide-se em *cooperativa de produção* e *cooperativa de serviço*.

O cooperativismo constitui um dos instrumentos mais eficientes de solidarização entre pessoas físicas, unidas em sociedade civil, com o fim de obtenção de resultados positivos em todos os quadrantes da economia. Aqui as pessoas se unem, todos e cada um se escorando em todos e em cada um, somando esforços rumo a um objetivo comum.

A Constituição econômica (arts. 170 e segs. da CF) privilegia o cooperativismo, principalmente no garimpo, na pesca e no campo.

Princípios do cooperativismo (de *Rochdalle*) — a) adesão livre; b) singularidade de voto; c) distribuição do excedente *pro rata* das transações dos membros; d) juros limitados sobre o capital; e) neutralidade política e religiosa; f) autogestão democrática; g) vendas a dinheiro e à vista; h) desenvolvimento da educação; i) área de admissão limitada à possibilidade de reunião; j) identidade profissional; l) igualdade social; m) retribuição pessoal diferenciada. O art. 1.094 do C. Civil dispõe que caracterizam a sociedade cooperativa:

I – variabilidade, ou dispensa do capital social;

II – concurso de sócios em número mínimo necessário a compor a administração da sociedade, sem limitação do número máximo;

III – limitação do valor da soma de cotas do capital social que cada sócio poderá tomar;

IV – intransferibilidade das cotas do capital a terceiros estranhos à sociedade, ainda que por herança;

V – *quorum*, para a assembleia geral funcionar e deliberar, fundado no número de sócios presentes à reunião, e não no capital social representado;

VI – direito de cada sócio a um só voto nas deliberações, tenha ou não capital a sociedade, e qualquer que seja o valor de sua participação;

VII – distribuição dos resultados, proporcionalmente ao valor das operações efetuadas pelo sócio com a sociedade, podendo ser atribuído juro fixo ao capital realizado;

VIII – indivisibilidade do fundo de reserva entre os sócios, ainda que em caso de dissolução da sociedade.

A Lei n. 12.690/2012 regulamenta as cooperativas de trabalho, revoga o parágrafo único do art. 442 da CLT e estabelece os seguintes princípios e valores:

> Art. 3º A Cooperativa de Trabalho rege-se pelos seguintes princípios e valores: I – adesão voluntária e livre; II – gestão democrática; III – participação econômica dos membros;

> IV – autonomia e independência; V – educação, formação e informação; VI – intercooperação; VII – interesse pela comunidade; VIII – preservação dos direitos sociais, do valor social do trabalho e da livre iniciativa; IX – não precarização do trabalho; X – respeito às decisões de asssembleia, observado o disposto nesta Lei; XI – participação na gestão em todos os níveis de decisão de acordo com o previsto em lei e no Estatuto Social.
>
> Art. 4º A Cooperativa de Trabalho pode ser:
>
> I – de produção, quando constituída por sócios que contribuem com trabalho para a produção em comum de bens e a cooperativa detém, a qualquer título, os meios de produção; e
>
> II – de serviço, quando constituída por sócios para a prestação de serviços especializados a terceiros, sem a presença dos pressupostos da relação de emprego.
>
> Art. 5º A Cooperativa de Trabalho não pode ser utilizada para intermediação de mão de obra subordinada.

As cooperativas de trabalho ingressaram no ordenamento jurídico nacional por meio do Dec. n. 22.239/32, cujo art. 24 dispõe: "São cooperativas de trabalho aquelas que, constituídas entre os operários de uma determinada profissão ou ofício, ou de ofícios vários de uma mesma classe, têm como finalidade primordial melhorar os salários e as condições de trabalho pessoal dos seus associados e, dispensando a intervenção de um patrão ou empresário, se propõem contratar obras, tarefas, ou serviços públicos ou particulares, coletivamente por todos ou por um grupo de alguns". Esse Decreto foi sucedido pela Lei n. 5.764/71.

O trabalho cooperado pressupõe autonomia dos sócios, cuja adesão deve ser livre e não imposta; os cooperados devem possuir o caráter de fornecedores dos serviços prestados e de beneficiários da remuneração daí decorrente; deve prevalecer a união de pessoas; verifica-se aí a *affectio societatis*, ou ânimo associativo.

A falta de qualquer dos princípios do cooperativismo e dos elementos aqui declinados descaracteriza a cooperativa, transformando-a em irregular ou fraudulenta. E os trabalhadores mediados por cooperativas irregulares ou fraudulentas terão suas relações de trabalho transmudadas para vínculos de emprego com o tomador do serviço, em face do contrato-realidade de que trata o art. 442, *caput*, da CLT.

O art. 55 da Lei n. 5.764/71 confere estabilidade no emprego aos empregados de empresas que forem eleitos diretores de cooperativas por eles criadas. A lei nova não o revogou.

8. Trabalho intelectual, inclusive o de natureza científica, artística ou cultural

O art. 129 da Lei n. 11.196/05 institui mais uma espécie de flexibilização da relação de emprego, assim expresso:

> Para fins fiscais e previdenciários, a prestação de serviços intelectuais, inclusive os de natureza científica, artística ou cultural, em caráter personalíssimo ou não, com ou sem designação de quaisquer obrigações a sócios ou empregados da sociedade prestadora de serviços, quando por esta realizada, se sujeita tão somente à legislação aplicável às

pessoas jurídicas, sem prejuízo da observância do disposto no art. 50 da Lei n. 10.406, de 10 de janeiro de 2002 — Código Civil.

Esta medida é benéfica para os que se enquadram nela, e melhor para as empresas que contratam tais profissionais. Utilizada nos devidos termos a que se propõe, não há que se cogitar de inconstitucionalidade. Veja-se que só alcança os que prestam serviços **intelectuais**, inclusive os de natureza **científica**, **artística** ou **cultural**.

A norma sob comento franqueia que trabalhadores se organizem sob a forma de pessoa jurídica para prestação de serviço pessoal e continuado de natureza intelectual a outra pessoa. É a confirmação na lei de um fenômeno que se denominou "pejutização" da relação de trabalho, ou seja, a contratação do trabalhador organizado sob a forma de pessoa jurídica.

Para tanto, a lei confere benefícios fiscais ao trabalhador contratado sob essa forma. O principal benefício diz respeito ao Imposto de Renda, que, como pessoa física pode chegar a 27,5%, e como pessoa jurídica deve cair para abaixo de 10%. E para que ele não faça uso nocivo da personalidade jurídica, recorreu-se ao art. 50 do Código Civil, que trata da desconsideração da pessoa jurídica (*disregard doctrine*).

Essa forma de contratação já vinha sendo praticada com o fim de mascarar a relação de emprego. O art. 129 da Lei n. 11.196 terá legalizado essa prática? A tendência é essa, visto que a Lei da Super-Receita gerou uma séria discussão em torno da Emenda Três, que proibia os Auditores do Trabalho de autuarem as empresas contratantes de pessoas jurídicas. O Presidente da República vetou o preceptivo, mas comprometeu-se de enviar ao Congresso Projeto de Lei regulamentando a matéria.

Nada mudou do ponto de vista da legislação do trabalho. A fiscalização do trabalho e os órgãos jurisdicionais continuarão velando pela correta aplicação da legislação obreira. Todos os casos em que, conquanto a forma acuse uma relação jurídica autônoma, de fato se afigure uma relação subordinada, deverão reger-se pela legislação protetora do trabalho.

É importante salientar que a Lei n. 11.196 possui natureza fiscal, portanto deve ser interpretada para esses fins. Por sua vez, a lei trabalhista possui natureza protetiva da relação de emprego, é impositiva e especial, não cedendo à vontade das partes nem a outros comandos legais que não sejam trabalhistas.

A lei fiscal é boa e deve ser respeitada e até aplaudida, haja vista seus fins benéficos e liberatórios de tributos das empresas. Porém, dentro da restrita finalidade. No momento em que resvalar para a burla da proteção do trabalho, deve ser desconsiderada, porque estará desviando-se de sua finalidade.

A proteção do trabalho constitui direito fundamental da pessoa do trabalhador, catalogada no art. 7º da Constituição. Sua principal regulamentação encontra-se na CLT, dentre outras leis.

E a relação de emprego encontra-se definida na CLT, arts. 3º e 442, cuja caracterização **de fato** é oponível a todas as outras fórmulas, legais ou contratuais que a desvirtue. O art. 3º estabelece as quatro características da relação de emprego: *pessoalidade* na prestação do serviço, *não eventualidade*, *subordinação* jurídica e *remuneração*.

Prosseguindo nesse intento, o art. 442 da mesma CLT preceitua: "Contrato individual de trabalho é o acordo tácito ou expresso correspondente à relação de emprego". Aqui, o Digesto Obreiro alberga a teoria do contrato realidade, significando dizer que, uma vez verificados os fatos que o caracterizam, pouco importa a forma. Aqui também se aninha o *princípio da primazia da realidade*. Este princípio consiste em que, no caso de discrepância entre o que ocorre na prática e o que emerge dos documentos, deve dar-se preferência ao primeiro, isto é, ao que sucede no terreno dos fatos.

O contrato de trabalho é consensual; porém, seu conteúdo vai tomando formas diferentes. Vai-se revelando não pelo pacto, mas pela conduta das partes. Por isso, o contrato é o que de fato está existindo (art. 442, CLT), não obstante sua fórmula documental.

O art. 9º da CLT, amarrando a situação, é imperativo: "Serão nulos de pleno direito os atos praticados com o objetivo de desvirtuar, impedir ou fraudar aplicação dos preceitos contidos na presente Consolidação". O art. 444 reafirma esse intento do legislador.

Com efeito, só o prestador de serviços intelectuais poderá ser contratado nos moldes previstos no art. 129 da Lei n. 11.196/05. Esse trabalho intelectual pode inclusive ser de natureza científica, artística ou cultural.

Decerto, esses profissionais não se curvam a uma relação de emprego nos moldes do capitalismo industrial, como foi concebida a nossa legislação do trabalho. Tais trabalhadores preferirão uma relação jurídica regida pela legislação civil, que possui mais força de contratualidade, permitindo mais liberdade na manifestação da vontade.

Entretanto, há que se entender que tais serviços *de natureza intelectual* envolvem a criatividade, quer como atividade-fim da pesquisa científica, da criação intelectual, da produção artística e cultural, não se incluindo os corroboradores ou prestadores de atividades de apoio ao trabalho intelectual. Estes últimos ou são empregados do intelectual prestador do serviço ou do tomador do serviço de natureza intelectual.

O problema que se antevê é que onde passa um boi passa uma boiada.

Assim, certamente os conceitos tenderão a esticar-se. O que é trabalho intelectual? Daqui a uns dias, os tomadores de serviço enquadrarão qualquer trabalho como intelectual; qualquer espécie de elucubração será trabalho científico; qualquer que exiba cores, sons, imagens é artístico e qualquer que exiba movimento será cultural. É bem aqui, quando houver abuso desses conceitos, que o princípio da primazia da realidade intervirá, para corrigir a relação formal segundo a relação de fato.

Compete ao Ministério do Trabalho e ao Ministério Público do Trabalho fiscalizar esse fiel enquadramento.

Não é que a legislação do trabalho prevaleça sobre outras leis. É que, cada qual deve comandar seu cada qual. A relação de emprego é definida e protegida pela legislação do trabalho. E sua caracterização decorre dos fatos. Uma vez constatados estes, incide a lei trabalhista. Não caracterizada a relação de emprego, aplica-se ao caso, a Lei fiscal-empresarial.

Outrossim, compete à Justiça do Trabalho julgar os dissídios oriundos dessa relação, quer na forma instituída pela Lei n. 11.196, quer pela forma da relação de emprego.

9. TAC — Transportador Autônomo de Cargas

O serviço do caminhoneiro autônomo está inserido entre as atividades que podem ser terceirizadas. Nessa situação, esse trabalhador, desde que possua o veículo de transporte de cargas, *a priori,* pode ser contratado em caráter contínuo sem que se caracterize o vínculo de emprego. Essa prestação de serviço poderá se dar pelo próprio caminhoneiro ou através de cooperativa.

A Lei n. 11.442/07 dispõe sobre o transporte rodoviário de cargas por conta de terceiros e mediante remuneração e revoga a Lei n. 6.813/80. Diz o seu art. 1º que essa atividade econômica é de natureza comercial, exercida por pessoa física ou jurídica em regime de livre concorrência, e depende de prévia inscrição do interessado em sua exploração no Registro Nacional de Transportadores Rodoviários de Cargas — RNTR-C da Agência Nacional de Transportes Terrestres — ANTT, nas seguintes categorias:

> I – Transportador Autônomo de Cargas — **TAC**, pessoa física que tenha no transporte rodoviário de cargas sua atividade profissional; II – Empresa de Transporte Rodoviário de Cargas — **ETC**, pessoa jurídica constituída por qualquer forma prevista em lei que tenha no transporte rodoviário de cargas sua atividade principal.

Interessa para este estudo só o **TAC**. Este deverá comprovar: a) ser proprietário, coproprietário ou arrendatário de, pelo menos, um veículo automotor de carga, registrado em seu nome no órgão de trânsito como veículo de aluguel; b) ter experiência de, pelo pelos, três anos na atividade ou ter sido aprovado em curso específico.

A **ETC** contrata o TAC sob duas formas, como independente ou como agregado. **Agregado** é aquele que coloca veículo de sua propriedade ou de sua posse, a ser dirigido por ele próprio ou por preposto seu, a serviço do contratante, com exclusividade, mediante remuneração certa. **Independente** é aquele que presta os serviços de transporte de carga de que trata a Lei n. 11.442 em caráter eventual e sem exclusividade, mediante frete ajustado.

O art. 5º e seu parágrafo único preceituam que esses contratos não geram vínculo de emprego e compete à Justiça Comum julgar as ações daí advindas.

No que pese essa lei já ser de janeiro de 2007, o legislador ordinário não se atentou para o que dispõe o art. 114, I, da Constituição, com a redação dada pela EC n. 45/04. Deve ter havido um descompasso na tramitação do Projeto de Lei, que fora apresentado antes da EC 45. Logicamente, as questões interempresariais decorrentes dessa matéria são da alçada da Justiça Comum, porém, os dissídios entre TAC e a **ETC** são da competência da Justiça do Trabalho. Ora, ademais, não é a natureza contratual que define a competência, mas a relação de trabalho, tanto que a relação do representante comercial autônomo é por lei da competência da Justiça do Trabalho.

Da mesma forma, não se pode dizer que nunca se estabelecerá o vínculo de emprego. Na verdade, este decorre dos fatos, da realidade. Assim, a exemplo do que se disse no item anterior, se a situação revelar uma prestação pessoal de serviço, em caráter não eventual, sem autonomia do TAC, mediante remuneração, o vínculo de emprego se impõe, por força da lei e do princípio da primazia da realidade.

De igual modo, é pressuposto da autonomia a comprovação dos requisitos acima demonstrados: a) que o TAC seja proprietário, coproprietário ou arrendatário de veículo automotor registrado em seu nome como de aluguel; b) que ele tenha experiência mínima de três anos ou aprovação em curso específico; c) tenha no transporte de carga sua atividade profissional; d) preste o serviço pessoalmente ou por preposto seu. Sempre que o TAC puder prestar o serviço através de preposto, pressupõe a autonomia.

Assim, é de entender-se que o parágrafo único do art. 5º padece de inconstitucionalidade. Todavia, o STF já se pronunciou pela sua constitucionalidade *a priori*.

Capítulo X

Sujeitos da Relação de Emprego — O Empregado

1. Conceito

O empregado é o prestador de serviços na relação de emprego. É toda pessoa física que prestar serviços de natureza não eventual a empregador, sob a dependência deste e mediante salário (art. 3º da CLT). A característica nuclear que distingue o empregado dos outros prestadores de serviço é a SUBORDINAÇÃO JURÍDICA ou HIERÁRQUICA.

2. Caracterização

Empregado é o indivíduo que presta serviço a outrem sob as seguintes condições: a) prestação pessoal do serviço; b) sob a direção do empregador; c) não eventual; d) mediante salário.

Pessoalidade — o contrato é *intuitu personae* em relação ao empregado. Significa que o trabalhador assume a obrigação de ele próprio pôr-se à disposição de seu empregador para prestar os serviços que forem ordenados, compreendidos na sua espécie contratual. Ele, em regra, não pode fazer-se substituir.

Não eventualidade — possui dois sentidos:

a) de duração no tempo;

b) de relação do trabalho com a atividade-fim da empresa.

O primeiro designa que o trabalho não é eventual, passageiro, durou um lapso de tempo razoável; o segundo traduz que o trabalho integra a atividade-fim do empregador, p. ex., um balconista que trabalha só 5 dias para o estabelecimento comercial, nessa função, e é dispensado sem justa causa, teve um contrato de emprego e deve receber as indenizações daí emergentes: aviso-prévio de 30 dias, 1/12 de 13º salário, 1/12 de férias mais 1/3 desse valor, FGTS de um mês mais 40%. Já o pedreiro que trabalhou 20 dias para o mesmo estabelecimento, restaurando um piso, prestou um trabalho eventual, porque durou pouco e seu trabalho não integra o objeto econômico da empresa. Por sua vez, a simples duração contínua do trabalho, p. ex., a partir de 30 dias, caracteriza a não eventualidade da prestação, independente da vinculação ao objeto econômico da empresa.

Subordinação jurídica — ou hierárquica, consiste na sujeição do trabalhador ao comando do empregador. Certo que toda prestação de serviço envolve subordinação e comando; porém, os fatos revelarão a dose caracterizadora da subordinação trabalhista, tais como se o obreiro é obrigado a comparecer diariamente, a assinar ponto, obedece às normas internas, sofre algumas proibições, está sujeito a punição disciplinar.

Não se trata de uma sujeição que humilhe o empregado, mas apenas que, naquela relação contratual, o empregado está sujeito ao poder diretivo do empregador. Daí dizer-se que é uma subordinação hierárquica, porque no âmbito da empresa o empregador é o superior e a ele compete dirigir a prestação do serviço. Diz-se também subordinação jurídica porque decorre do vínculo jurídico estabelecido pela relação contratual e se esgota nos seus limites. Romita (1979) equipara-a à relação creditícia, em que o credor detém sobre o devedor o poder decorrente do crédito, independentemente do *status* social do devedor e do credor.

Com a diversificação das modalidades contratuais e de empreendimentos, esse conceito tende a relativizar-se, para que mais situações concretas sejam apanhadas pela malha do vínculo de emprego. Ver parassubordinado no Cap. VIII.

Remuneração — o empregado tem de receber remuneração, seja de que forma for — salário fixo, por comissão, em utilidades, por dia, hora, semana ou mês. O trabalho voluntário (como mutirões, obras caritativas, por voto religioso) não constitui relação empregatícia. Porém, não é só a falta de pagamento da remuneração que descaracteriza o emprego. Pode o trabalhador não receber a remuneração, todavia fazer jus a ela.

3. Profissionistas. Trabalhadores intelectuais e altos empregados

Para os trabalhadores intelectuais, há duas espécies contratuais, uma civil e outra celetista. A primeira foi instituída pelo art. 129 da MP do BEM (Lei n. 11.196/06), de que já tratamos no item 8 do Capítulo anterior. A outra, a trabalhista, diz respeito aos altos empregados, em que a subordinação jurídica é bem tênue. Esses profissionais prestam serviços na empresa ou no seu próprio estabelecimento, destinando horário certo para a tomadora do serviço. Em geral são profissionais que dedicam um horário à sua atividade liberal e outro à empregadora.

4. Teletrabalho e *telemarketing*

Teletrabalho é uma espécie do gênero trabalho a distância. Dentro do trabalho a distância, a espécie mais antiga é o trabalho em domicílio. O conceito de teletrabalho ainda está em construção, visto que a tecnologia avança mais rápido que sua apreensão pelo espírito. Contudo, já é possível delimitar-lhe o sentido assim: *teletrabalho é uma forma de trabalho a distância, exercido mediante o emprego de recursos telemáticos em que o trabalhador sofre o controle patronal.*

A Lei n. 12.551/11 deu ao art. 6º da CLT a seguinte redação:

> Não se distingue entre o trabalho realizado no estabelecimento do empregador, o executado no domicílio do empregado e o realizado a distância, desde que estejam caracterizados os pressupostos da relação de emprego.

> Parágrafo único. Os meios telemáticos e informatizados de comando, controle e supervisão se equiparam, para fins de subordinação jurídica, aos meios pessoais e diretos de comando, controle e supervisão do trabalho alheio.

A Lei n. 13.467/2017 acrescentou à CLT os arts. 75-A a 75-E, para regulamentar essa modalidade de trabalho:

> Art. 75-B. Considera-se teletrabalho a prestação de serviços preponderantemente fora das dependências do empregador, com a utilização de tecnologias de informação e de comunicação que, por sua natureza, não se constituam como trabalho externo.
>
> Parágrafo único. O comparecimento às dependências do empregador para a realização de atividades específicas que exijam a presença do empregado no estabelecimento não descaracteriza o regime de teletrabalho.
>
> Art. 75-C. A prestação de serviços na modalidade de teletrabalho deverá constar expressamente do contrato individual de trabalho, que especificará as atividades que serão realizadas pelo empregado.
>
> § 1º Poderá ser realizada a alteração entre regime presencial e de teletrabalho desde que haja mútuo acordo entre as partes, registrado em aditivo contratual.
>
> § 2º Poderá ser realizada a alteração do regime de teletrabalho para o presencial por determinação do empregador, garantido prazo de transição mínimo de quinze dias, com correspondente registro em aditivo contratual.
>
> Art. 75-D. As disposições relativas à responsabilidade pela aquisição, manutenção ou fornecimento dos equipamentos tecnológicos e da infraestrutura necessária e adequada à prestação do trabalho remoto, bem como ao reembolso de despesas arcadas pelo empregado, serão previstas em contrato escrito.
>
> Parágrafo único. As utilidades mencionadas no *caput* deste artigo não integram a remuneração do empregado.
>
> Art. 75-E. O empregador deverá instruir os empregados, de maneira expressa e ostensiva, quanto às precauções a tomar a fim de evitar doenças e acidentes de trabalho.
>
> Parágrafo único. O empregado deverá assinar termo de responsabilidade comprometendo-se a seguir as instruções fornecidas pelo empregador.

Esse tipo de trabalhador foi incluído na exceção do art. 62, para não ter direito a horas extras. Ressalvamos, no entanto, que se ele conseguir provar que o serviço posto ao seu encargo exige jornada mais do que a jornada normal, terá direito a horas extras.

Aqui, o empregado trabalha para determinado empregador sem a necessária permanência no estabelecimento da empresa, mas sim em outro lugar, mediante o emprego dos recursos da telemática, de forma que o empregador possa, também pelos meios telemáticos, exercer um certo controle sobre as atividades dele. É uma nova versão do emprego em domicílio, gerando todos os efeitos do contrato de emprego, inclusive as nuances da saúde, como doença do trabalho, doença profissional e acidente de trabalho.

Características do teletrabalho: a) trabalho fora do estabelecimento do empregador; b) emprego de meios informáticos e de telecomunicação, muitas vezes equipamentos portáteis dotados de *hardware* e *software*.

Classificação — Oliveira classifica-o sob duas formas: o *locativo* e o *comunicativo*. O locativo diz respeito ao local da prestação do serviço: no **domicílio** do trabalhador; em **telecentros**, ou centros de trabalho com recursos compartilhados; **itinerante**, com o emprego de equipamentos portáteis. O comunicativo refere-se ao modo como os meios telemáticos estabelecem a comunicação entre o trabalhador e o empregador. Assim, pode ser: em *of line*, ou desconectado, e em *on-line*, ou conectado. No primeiro caso, o empregado não está interligado direto ao computador central da empresa, enviando seus dados via correio eletrônico ou correio tradicional; no segundo, o trabalhador usa tecnologias informáticas para receber ordens e orientações e para enviar o resultado de seu trabalho para a empresa(35).

Da forma como se vem demonstrando, o teletrabalho poderá ser contratado sob a forma de relação de emprego ou de relação autônoma. Essa modalidade de trabalho comporta perfeitamente dentro do conceito de trabalho intelectual, artístico, científico ou cultural. E, como tal, é possível a contratação sob a forma preconizada no art. 129 da Lei n. 11.196/05 (comentada no item 8 do Cap. anterior), que permite que o trabalhador constitua pessoa jurídica e com isso preste serviço pessoal, de natureza permanente ao tomador de serviço, sem vínculo de emprego.

O teletrabalho ou *home office* deixou de ser uma tendência para ser uma realidade. "Um estudo realizado com mais de 300 companhias de diferentes segmentos e publicado pela revista Exame, em maio de 2016, revela que essa prática ocorre em 37% das corporações. Nessas empresas, apenas 7% dos profissionais optaram por essa modalidade de trabalho. A pesquisa detalha ainda que as empresas de pequeno porte são mais adeptas ao teletrabalho do que as de médio ou grande porte.

Escreve Cléo Carneiro:

> Além disso, 89% dessas empresas optaram pelo teletrabalho devido à facilidade em atrair talentos; 87% pela otimização de processos internos; 85% devido à retenção dos colaboradores. Outro dado interessante revelado pela pesquisa, é que 74% usam esse recurso para viabilizar ou manter as estratégias de negócios e 66% para superar o período de crise.
>
> A justificativa para as empresas que ainda não adotaram o modelo de trabalho é o conservadorismo da gestão, aspectos da segurança da informação, problemas legais, dificuldade para gerir atividades em ambiente externo e barreiras de infraestrutura. Grupo de Consultoria em Teletrabalho. (Disponível em: http://www.gcontt.com.br/09052017-teletrabalho-ou-home-office-e-uma-tendencia/). Acesso em: 03 fev. 2019.

(35) OLIVEIRA, Flávia de Paiva Medeiros. Organização e satisfação no contexto do teletrabalho. *Revista de Administração de Empresas — ERA*, v. 42, n. 3, p. 64, jul./set. 2002.

Nos idos de 2003, o Fórum de Direito da Internet, na França, sugeriu várias providências para o trabalho sob essa modalidade, tendo em vista a concretização do acordo-quadro europeu sobre essa modalidade de trabalho. Ali foi relatado que 7% dos empregados da França estão no teletrabalho, nos mesmos níveis da Alemanha e do Reino Unido, mas em progressão lenta e regular.

Concluiu esse Fórum pela necessidade de uma pactuação coletiva para regulamentar o teletrabalho, mormente porque constatou as seguintes peculiaridades: a) o teletrabalho desenvolve-se num quadro amplamente informal, o que causa insegurança jurídica; b) controle irregular do tempo de trabalho; c) o teletrabalhador é um empregado a tempo integral; d) a opção pelo teletrabalho deve ser acompanhada de um conjunto jurídico adaptado e seguro (GONIÉ, Jean. Le teletravail en France: les principaux points de la recomendation du Fórum des droits sur l'Internet. *Revista Synthesis*, n. 42/06, p. 26/28).

Vantagens e desvantagens — Em tudo, há vantagens e desvantagens. Como negativos, cumpre pontuar: menor controle exercido pelas organizações, menor criatividade nas atividades executadas e jornadas de trabalhos que tendem a se prolongar além dos horários tradicionais; outro problema é a perda de identidade e a dificuldade de uma estabilidade na construção da carreira; e por não estar sob as vistas do empregador, ao teletrabalhador exige-se maior disciplina, para não se envolver nos afazeres domésticos. Já as vantagens são ligadas principalmente ao uso de tecnologia que seria o melhor entendimento dos processos organizacionais, compartilhamento de informações, agilidade na realização dos trabalhos, além de conciliação entre a vida profissional e a pessoal. Outro ponto é a flexibilidade no trabalho que pode influenciar no desenvolvimento da sociedade, no aumento da produtividade e redução no desemprego. Para o meio ambiente, menos carro na rua, menos poluição, menos estresse. É o retorno da família unida sob o mesmo teto, a necessidade de residências com mais espaço físico.

Telemarketing — Trata-se de outra modalidade de trabalho, em que, em geral, os trabalhadores cumprem sua jornada no estabelecimento do empregador, em uma célula, equipados com fone de ouvido e microfone a fim de efetuar vendas de produtos e serviços (*"Alô! Sou a Débora. Gostaria de Falar com o Sr. Francisco!"*). O Anexo II da NR-17 da Portaria n. 3.214/78, com a redação dada pela Portaria SIT/DDSST n. 9/2007, dispõe no item 1.1.2 do Anexo I:

Entenda-se como trabalho de teleatendimento/telemarketing aquele cuja comunicação com interlocutores clientes é realizada à distância por intermédio da voz e/ou mensagens eletrônicas, com a utilização simultânea de equipamentos de audição/escuta e fala telefônica e sistemas uniformizados ou manuais de processamento de dados.

Essa atividade é altamente estressante e registra elevada rotatividade de mão de obra muito jovem. Pela sua natureza, deve ser enquadrada como atividade penosa.

Esse setor emprega cerca de 630 mil operadores jovens de até 25 anos de idade, 76% mulheres, com nível escolar médio, operando mais de 100 ligações por dia, de três e meio minutos em média. A jornada integral é de seis horas/dia, nela incluídas as pausas, sem prejuízo da remuneração, com tempo de apenas 20 minutos para lanche-refeição (cf. itens 5.3, 5.4.1 a 5.4.3, da norma supracitada). Para jornada de até 4h/dia, o intervalo é de 10 minutos.

Afora o intervalo para refeição, serão concedidos dois intervalos de 10 minutos cada, estes computados na jornada de trabalho, um após os primeiros 60 minutos de trabalho e outro antes dos 60 minutos finais. O controle é rigoroso, monitorado por câmeras e escutas.

"O que ocorre é o adoecimento dessa mão de obra jovem, num trabalho sem características de formação e sem chance de crescimento profissional. As reclamações constantes de estresse, o alto absenteísmo, a alta rotatividade de funcionários e as dificuldades de gerenciamento são evidências do desgaste físico e psíquico dos operadores de *telemarketing*", diz Vanessa Bárbara (Bom-dia, meu nome é Sheila. *Revista Piauí*, n. 1, p. 18/21, out. 2006).

Só nos anos de 2006 e 2007, noticia Antonio Carlos Vendrame, houve mais de 300 mil ações trabalhistas nas Varas de São Paulo oriundas desse segmento, cujos pedidos são insalubridade, periculosidade e indenização por doença desenvolvida no serviço. Alguns peritos enquadram a atividade como insalubre e perigosa (O passivo em segurança e saúde do trabalho nas empresas de telemarketing. *Suplento Trabalhista,* LTr, n. 080/09).

5. Os diretores e os sócios

Há altos empregados que chegam a ocupar cargo de diretoria. Enquanto diretor, seu contrato de trabalho persiste, tanto que continua a ser depositado seu FGTS, e o art. 499 consolidado manda computar no tempo de serviço, o tempo de diretoria. Entretanto, a Súmula n. 269 do TST interpreta que o contrato do empregado que, por eleição, assume cargo de diretoria fica suspenso, sem contagem de tempo de serviço, salvo se permanecer a subordinação. Délio Maranhão entende que o Diretor de S/A. é um órgão da pessoa jurídica, situação esta que exclui a de empregado do mesmo sujeito de direito(36). Já o administrador que nunca foi empregado, admitido por eleição, não adquire a qualidade de empregado.

O contrato de sociedade assenta na *affectio societatis*, ou *animus societatis*, representado pelo estado espiritual consistente na intenção comum de partilhar dos lucros e perdas, de assumir a responsabilidade e os riscos do empreendimento, na sociedade. Pode firmar-se uma sociedade em que um sócio entra com o capital e o outro com o trabalho, mantendo ambos o *status* de sócios. Porém, na relação em que um manda e outro obedece, descaracteriza-se a sociedade e nasce a relação de emprego.

Por seu turno, discute-se a possibilidade de coexistência do contrato de trabalho com a sociedade. Na verdade, em qualquer tipo de sociedade, o sócio pode ser empregado, posto que a sociedade tem personalidade jurídica própria. Entretanto, para que isso ocorra, é necessário que o sócio não possua cota-parte que lhe assegure posição de destaque na sociedade

(36) Diretor de sociedade anônima e contrato de trabalho. In: ZAINAGHI, Domingos Sávio; FREDIANI, Yone (Coords.). *Tendências do direito do trabalho contemporâneo*, v. II, p. 385/395.

nem tenha participação intensa na gestão. Em resumo, sob as limitações acima expostas, é possível a coexistência do contrato de trabalho com a qualidade de acionista ou sociocotista. A propósito, o TST já decidiu que o empregado que adquire algumas cotas da sociedade empregadora não perde a sua condição de empregado.

6. Exercentes de cargos de confiança

O empregado exercente de cargo de confiança goza de todos os direitos trabalhistas dos demais, com exceção da jornada, posto que o art. 62, II, da CLT, prescreve que ficam excluídos das regras da jornada e de horas extras os gerentes, assim considerados os exercentes de cargos de gestão, aos quais se equiparam para efeito do disposto neste artigo os diretores chefes de departamento e/ou filial. Esses chefes diferem dos demais empregados também nas vantagens econômicas decorrentes do cargo.

A dificuldade impõe-se na definição do cargo de confiança. Além do que preceitua o art. 62, II, suprarreferido, o art. 224 da CLT exclui da jornada especial de seis horas os bancários exercentes de cargos de confiança, compreendidos os de direção, fiscalização ou chefia e análogos. Sobre o gerente bancário, ver o item 9 do Capítulo XVII.

Amauri Mascaro Nascimento, ao afirmar que não é todo cargo de direção que se enquadra como cargo de confiança, propõe a seguinte definição do último: "é aquele no qual o empregado ocupa uma posição hierárquica elevada, na qual tenha poderes de agir pelo empregador nos seus atos de representação externa". Claro que essa posição do trabalhador na empresa decorre da estrutura desta.

Martha Elisa Monsalve Cuellar considera **de confiança** "os trabalhadores que atuam com certa liberdade, que têm acesso à informação confidencial do empregador ou da empresa, que têm liberdade para atuar nos serviços em nome do empregador, que são depositários de segredos relacionados com as operações da empresa e processos produtivos". E **de gerência** "aqueles que se encarregam do manejo dos fundos ou numerário da empresa ou do empregado que têm sob sua responsabilidade custódia de títulos e valores"(37).

A exemplo do que se dirá no Capítulo XVIII a respeito do gerente bancário, para enquadrar-se na exceção do art. 62 da CLT, sem limite de jornada de trabalho, haverá de ser aquele que seja o **gerente geral da unidade**, que tenha poderes especiais, e não simples gerência técnica ou de serviço.

7. Mãe Social

Mãe Social (cuidadora residente) é a pessoa responsável por educar e cuidar de crianças, adolescentes e jovens que por diversos motivos tiveram seus vínculos familiares fragilizados ou rompidos (negligência, discriminação, abuso e exploração). Ela presta serviço na instituição de assistência a menores carentes, cf. o disposto na Lei n. 7.644/87.

---

(37) Jornada de trabalho especial — cargos de direção, confiança e gerência. In: ZAINAGHI, Domingos Sávio; FREDIANI, Yone (Coords.). *Novos rumos do direito do trabalho na América Latina,* p. 291/296.

A Mãe Social é a peça mais importante deste trabalho! Seu papel é dar carinho, amor, orientação, transmitir valores e princípios para essas crianças. Ela acompanha e apoia o desenvolvimento delas. A Casa-Lar abriga até dez crianças e a Mãe Social é a responsável por elas, cumprindo as atribuições de uma mãe: levando-as para a escola e ao médico, orientando no dever de casa, cuidando da casa. Ela se torna o paradigma das crianças acolhidas e recebe o apoio da equipe técnica formada por assistente administrativo, assistente social, assistente de desenvolvimento familiar, coordenação e gestão.

Esse sistema trata da colocação dos menores no mercado de trabalho como estagiários, aprendizes ou empregados, em estabelecimentos públicos ou privados. Do total do salário que o menor auferir, 40% serão destinados às suas despesas pessoais; até 40% reverterão para a casa-lar; e até 30% serão depositados em caderneta de poupança em seu nome, para ser utilizada ao completar 18 anos.

Competência — compete à Justiça do Trabalho dirimir os conflitos trabalhistas entre a mãe social e a instituição empregadora.

Direitos da mãe social — a instituição admite e coloca a mãe social em uma casa-lar onde terá a incumbência de residir e cuidar de determinado número de menores carentes, mediante as seguintes regalias: a) remuneração reajustável periodicamente, no mínimo o salário mínimo; b) registros na Carteira de Trabalho; c) repouso semanal remunerado; d) férias anuais; e) 13º salário; f) FGTS; g) previdência social, inclusive seguro-acidente.

Condições para a admissão — a) ser maior de 25 anos; b) sanidade física e mental; c) curso de primeiro grau, ou equivalente; d) ter sido aprovada em treinamento e estágio exigidos pela Lei n. 7.644; e) boa conduta social; f) aprovação em teste psicológico específico.

A instituição manterá substitutas para os casos de afastamento das titulares. Na substituição elas terão os mesmos direitos e as mesmas atribuições das substituídas. A mãe social substituta residirá na aldeia assistencial e, quando não estiver na efetiva substituição, cumprirá tarefas determinadas pelo empregador.

Penalidades — as mães sociais ficam sujeitas às seguintes penalidades aplicadas pela entidade empregadora: a) advertência; b) suspensão; c) demissão.

Extinção do contrato de trabalho — extinto o contrato, a mãe social deve retirar-se da casa-lar que ocupava, cabendo à entidade empregadora providenciar a imediata substituição. Em caso de demissão sem justa causa, será ela indenizada, na forma da legislação vigente, bem como levantará os depósitos do FGTS, com o acréscimo de 40%.

Legislação aplicável — o art. 7º da Constituição e o Título II, Capítulos I e IV (identificação profissional e férias); Título III, Cap. IV, Seções IV, V e VI (proteção do trabalho do menor); Títulos IV e VII (contrato individual de trabalho e do processo de multas administrativas), todos da CLT.

8. Indígenas

> "Não haverá discriminação entre trabalhadores indígenas e os demais trabalhadores, aplicando-se-lhes todos os direitos e garantias das leis trabalhistas e de previdência social. É permitida a adaptação de condições de trabalho aos usos e costumes da comunidade a que pertencer o índio" (art. 14 do Estatuto do Índio, Lei n. 6.001/73).

É nulo o contrato de trabalho ou locação de serviço realizado com índio "isolado" (os que vivem em grupos desconhecidos ou de que se possuem poucos e vagos informes através de contatos eventuais com elementos da comunhão nacional).

Os contratos de trabalho ou locação de serviço com índios em processo de integração ou habitantes de parques ou colônias dependem de prévia aprovação do órgão assistencial do índio. Será estimulada a contratação por equipe, ou em domicílio, sob orientação do órgão protetor do índio.

Em qualquer caso de prestação de serviço por índio não integrado, o órgão de proteção indígena exercerá permanente fiscalização das condições de trabalho, denunciando abusos e providenciando a aplicação das sanções cabíveis.

O órgão assistencial propiciará o acesso aos seus quadros de índios integrados, estimulando a sua especialização indigenista.

A capacidade do índio, segundo o art. 4º, parágrafo único, do Código Civil, é regulamentada por lei especial. Essa Lei é a de n. 6.001/73, com as alterações posteriores, cujo art. 7º preceitua que os índios e as comunidades indígenas ainda não integradas à comunhão nacional ficam sujeitos ao seu regime tutelar.

Incumbe à União a tutela, por meio do competente órgão federal de assistência ao silvícola. A tutela obedece aos princípios e normas de direito comum. São nulos os atos praticados entre o índio não integrado e qualquer pessoa estranha à comunidade indígena sem a assistência do órgão tutelar.

O índio poderá requerer ao juiz sua liberação do regime tutelar, observadas as seguintes condições: a) idade mínima de 21 anos (entenda-se agora 18 anos, em face do Novo Código Civil); b) conhecimento de língua portuguesa; c) habilitação para o exercício de atividade útil, na comunidade nacional; d) razoável compreensão dos usos e costumes da comunhão nacional. O juiz decidirá após instrução sumária, ouvidos o Ministério Público e o órgão assistencial.

A comunidade indígena poderá libertar-se do regime tutelar mediante decreto do Presidente da República, desde que requerida pela maioria e demonstradas as condições acima enumeradas.

Os índios, suas comunidades e organizações são partes legítimas para ingressar em juízo em defesa de seus direitos e interesses, intervindo o Ministério Público em todos os atos do processo. Podem celebrar contratos de trabalho. Entretanto, serão assistidos pela FUNAI e a atuação deles em busca de seus direitos trabalhistas, será assistida pelo Ministério Público do Trabalho.

9. Aprendiz

Essa matéria foi alterada pelas Leis ns. 10.097/00, 11.180/05 e 11.788/08, que alterou as regras do estágio e modificou os §§ 1º, 3º e 7º do art. 428 da CLT. A Lei n. 11.180 trouxe, dentre outras, as seguintes novidades para o aprendizado: ampliou de 18 para 24 anos a idade máxima do aprendiz; para o portador de deficiência, não há o limite de idade; a comprovação de escolaridade de aprendiz portador de deficiência mental levará em conta as habilidades e competências relacionadas à profissionalização.

O art. 403 da CLT dispõe que é proibido qualquer trabalho a menores de 16 anos, salvo na condição de aprendiz, a partir dos 14 anos. Mesmo como aprendiz, a lei veda ao menor de 18 anos trabalho noturno, perigoso, insalubre e o realizado em locais prejudiciais à sua formação, ao seu desenvolvimento físico, psíquico, mental e social e em horários e locais que não permitam a frequência à escola.

> **Contrato de aprendizagem** — segundo o art. 428 da CLT, "é o contrato de trabalho especial, ajustado por escrito e por prazo determinado, em que o empregador se compromete a assegurar ao maior de 14 anos e menor de 24, inscrito em programa de aprendizagem, formação técnico-profissional metódica, compatível com o seu desenvolvimento físico, mental e psicológico, e o aprendiz, a executar, com zelo e diligência, as tarefas necessárias a essa formação". Sem limite de idade para o portador de deficiência.
>
> **A formação técnico-profissional** — caracteriza-se por atividades teóricas e práticas, metodicamente organizadas em tarefas de complexidade progressiva e desenvolvidas no ambiente de trabalho.

Dita o art. 430 que na hipótese de os Serviços Nacionais de Aprendizagem não oferecerem cursos ou vagas suficientes para atender à demanda dos estabelecimentos, esta poderá ser suprida por outras entidades qualificadas em formação técnico-profissional metódica, a saber: a) Escolas Técnicas de Educação; b) entidades sem fins lucrativos, que tenham por objeto a assistência ao adolescente e à educação profissional, registrada no Conselho Municipal dos Direitos da Criança e do Adolescente. Nas localidades onde não houver oferta de ensino médio para o cumprimento do requisito de matrícula no ensino médio ou programa de aprendizagem, a contratação do aprendiz poderá ocorrer sem a frequência à escola, desde que ele tenha concluído o ensino fundamental (§ 7º do art. 428, com a redação dada pela Lei n. 11.788/08).

O art. 80 da Lei n. 12.594/12, que institui o SINASE, acrescenta ao art. 429 o § 2º:

> Os estabelecimentos de que trata o *caput* oferecerão vagas de aprendizes a adolescentes usuários do Sistema Nacional de Atendimento Socioeducativo (Sinase) nas condições a serem dispostas em instrumentos de cooperação celebrados entre os estabelecimentos e os gestores dos Sistemas de Atendimento Socioeducativos locais.

As entidades acima deverão contar com estrutura adequada ao desenvolvimento dos programas de aprendizagem, de forma a manter a qualidade do processo de ensino, bem como acompanhar e avaliar os resultados. Cabe ao Ministério do Trabalho e Emprego fixar normas para avaliar a competência dessas entidades. Aos aprendizes que concluírem os cursos de aprendizagem com aproveitamento, será concedido certificado de qualificação profissional.

A contratação do aprendiz poderá ser efetivada pelas empresas onde se realizará a aprendizagem ou pelos Serviços Nacionais de Aprendizagem ou entidades assistenciais referidas acima. Neste último caso não gera vínculo de emprego com a empresa tomadora do serviço.

Pressupostos da aprendizagem — a validade do contrato de aprendizagem pressupõe anotação na Carteira de Trabalho e Previdência Social, matrícula e frequência do aprendiz à escola, caso não haja concluído o ensino médio, e inscrição em programa de aprendizagem desenvolvido sob orientação de entidade qualificada em formação técnico-profissional metódica.

Remuneração — é assegurado o salário mínimo/hora, salvo condição mais benéfica.

FGTS — A alíquota é de apenas 2%, cf. art. 15, § 17, da Lei n. 8.036/90.

Jornada — não superior a seis horas diárias, vedadas a prorrogação e a compensação de jornada. Contudo, poderá ser de até oito horas para os aprendizes que já tiverem concluído o ensino fundamental, se nelas forem computadas as horas destinadas à aprendizagem teórica. Portanto, não admite o trabalho em horas extras, o acordo de compensação nem o banco de horas.

Prazo de duração — não poderá ser estipulado por mais de dois anos, exceto em relação ao portador de deficiência.

Limites do número de aprendizes — os estabelecimentos de qualquer natureza são obrigados a empregar e matricular nos cursos dos serviços nacionais de aprendizagem número de aprendizes equivalente a 5%, no mínimo, e 15%, no máximo, dos trabalhadores existentes em cada estabelecimento, cujas funções demandem formação profissional. As frações de unidade no cálculo dessas porcentagens darão lugar à admissão de um aprendiz. Esses limites não se aplicam quando o empregador for entidade sem fins lucrativos, que tenha por objetivo a educação profissional.

Extinção do contrato — extinguir-se-á no termo fixado ou quando o aprendiz completar 24 anos, salvo se deficiente, que não terá esse limite de idade, ou antecipadamente, nas seguintes hipóteses: a) desempenho insuficiente ou inadaptação do aprendiz; b) falta disciplinar grave; c) ausência injustificada à escola que implique perda do ano letivo; d) a pedido do aprendiz. Não se aplicam as regras de extinção dos contratos de trabalho previstas nos arts. 479 a 480 da CLT, que são as regras de rescisão dos contratos por tempo determinado.

10. Programa Nacional de Inclusão de Jovens — Projovem — Estatuto da Juventude

Instituído pela Lei n. 11.129/2005, sucedâneo do Programa Nacional do Primeiro Emprego, instituído pela Lei n. 10.784/03 alterada pelas Leis ns. 10.940/04 e 11.180/05, vinculado a ações dirigidas à promoção da inserção de jovens no mercado de trabalho e sua escolarização, ao fortalecimento da participação da sociedade no processo de formação de políticas e ações de geração de trabalho e renda, objetivando, especialmente: a) criação de postos de trabalho para jovens ou prepará-los para o mercado de trabalho e ocupações alternativas, gerando renda; b) a qualificação do jovem para o mercado de trabalho e inclusão social.

Alterado pela Lei n. 11.692/2008, dividido em quatro partes: a) Projovem Adolescente — Serviço Socioeducativo, de 15 a 17 anos, que atende a jovens cuja família seja beneficiária do Bolsa-Família; egressos de medidas socioeducativas em meio aberto ou de medida de proteção, cf. o Estatuto da Criança e do Adolescente; egressos do Programa de Erradicação do Trabalho Infantil; egressos ou vinculados a programas de combate ao abuso e à exploração sexual; b) Projovem Urbano, que atenderá jovens entre 18 a 29 anos, que saibam ler e escrever e não tenham concluído o ensino fundamental, com objetivo de aumentar a escolaridade visando à conclusão do ensino fundamental, à qualificação profissional e ao desenvolvimento de ações comunitárias com exercício da cidadania, na forma de curso; c) Projovem Campo — Saberes da Terra, de 18 a 29 anos, com objetivo de elevar a escolaridade dos jovens da agricultura familiar, integrando a qualificação social e a formação profissional; d) Projovem Trabalhador, que atenderá jovens entre 18 a 29 anos, em situação de desemprego e que sejam membros de famílias com renda per capita de até um salário mínimo, objetivando preparar o jovem para o mercado de trabalho e ocupações alternativas geradoras de renda, por meio da qualificação profissional e do estímulo à sua inserção.

A Lei n. 12.513/11 institui o Programa Nacional de Acesso ao Emprego Técnico (PRONATEC). Seu art. 16 altera os arts. 15 e 16 da lei do Projovem, para incluir a formação específica para profissionais da saúde, tendo em vista o Sistema Único de Saúde.

Seguindo essa tendência, a Lei n. 12.852/13 institui o Estatuto da Juventude, considerando-se jovens as pessoas entre 15 e 29 anos, definindo os direitos dessa faixa etária, bem como as políticas públicas para sua implementação. Nos arts. 14 a 16 trata do direito à profissionalização, ao trabalho e à renda.

11. Trabalho do idoso

A Lei n. 10.741/03 institui o Estatuto do Idoso e dedica os arts. 26 a 28 à profissionalização e ao trabalho do idoso, dispondo que: a) o idoso tem direito ao exercício de atividade profissional, respeitadas suas condições físicas, intelectuais e psíquicas; b) é vedada a discriminação do idoso para admissão a qualquer trabalho ou emprego, sendo proibida a discriminação e a fixação de limite máximo de idade, inclusive para concurso público, salvo nos casos que a natureza do cargo o exigir; c) o primeiro critério de desempate em concurso público será pela idade, favorecendo-se o mais idoso; d) o Poder Público criará e estimulará programa de: profissionalização especializada para idoso; preparação dos trabalhadores para aposentadoria, com antecedência mínima de um ano; e estímulo às empresas privadas para admissão de idosos.

12. Empregados domésticos

Segundo a Lei Complementar n. 150/2015, empregado doméstico é assim "considerado aquele que presta serviços de forma contínua, subordinada, onerosa e pessoal e de finalidade não lucrativa à pessoa ou à família, no âmbito residencial destas, por mais de 2 (dois) dias por semana".

Essa Lei regulamenta a EC n. 72/2013. Poderia ter mandado aplicar a CLT, fazendo disposições pontuais, mas preferiu transcrever todo o sistema celetista sobre jornada, horas extras, trabalho noturno rescisão contratual. Montando uma espécie de Estatuto do Trabalhador Doméstico. Pelo fato de haver inserido no mesmo diploma legal normas de natureza fiscal, ganhou a qualidade de Lei Complementar. No entanto, as normas que não têm natureza fiscal podem ser alteradas por lei ordinária. "Então, as disposições propriamente trabalhistas, apesar de constarem formalmente na Lei Complementar, preservam sua natureza e *status* de Lei Ordinária", diz Francisco Gérson Marques de Lima – Coordenador (*Lei dos Empregados Domésticos*, p. 9).

Sendo o emprego doméstico uma categoria especial de contrato de trabalho, os seus elementos devem ser inconfundíveis, sob pena de cair na regra geral — que é a do emprego regido pela CLT. Situações há em que, formalmente, o contrato é de doméstico, mas, de fato, é celetista. Para ser doméstico, o trabalho não pode envolver conteúdo econômico. Assim, é empregado celetista e não doméstico o motorista que, diariamente, conduz o patrão ao trabalho, as crianças ao colégio e ainda faz mandados da clínica ou do escritório; da mesma forma, é empregado o caseiro de sítio que produz para comercialização.

O trabalho doméstico pode ser prestado na residência do trabalhador, como o caso da lavadeira que, no âmbito da sua residência, mantém ocupação diária com a lavagem de roupas de uma família. Também não é obrigado o comparecimento diário, como a faxineira que, mais de duas vezes por semana, em dias certos, contínua e obrigatoriamente, faz a faxina da residência. Nesse caso, os direitos devidos são proporcionais aos dias trabalhados. Pessoa jurídica não pode contratar empregado doméstico. Daí dizer-se que a definição legal é imprecisa, pois, em vez de dizer que doméstico é quem trabalha "no âmbito residencial", melhor seria dizer "para o âmbito familiar".

A nova legislação tratou expressamente da quantidade de dias de trabalho por semana para caracterizar o emprego doméstico (mais de dois dias), o que torna mais simples a distinção de tal trabalhador de outros que venham a prestar serviço no âmbito residencial e se enquadrem como autônomos, tais como: diaristas, jardineiros, prestadores de serviço de manutenção etc. que não forneçam seu trabalho para o mesmo tomador de seus serviços mais de duas vezes por semana.

O trabalho doméstico figura na lista TIP (piores formas de trabalho infantil), constante no Decreto n. 6.481/2008, elaborado em cumprimento à Convenção n. 182 da OIT. Não deve, portanto, ser realizado por menores de 18 anos, conforme corrobora o p. único do art. 1º da LC n. 150/2015. A Lista TIP cita como prováveis riscos ocupacionais dessa modalidade de trabalho: esforços físicos intensos; isolamento; abuso físico, psicológico e sexual; longas jornadas de trabalho; trabalho noturno; calor; exposição ao fogo, posições antiergonômicas e movimentos repetitivos; tracionamento da coluna vertebral; sobrecarga muscular e queda de nível.

O parágrafo único do art. 7º da CF, alterado pela EC n. 72/2013, assegura aos domésticos, duas ordens de direitos:

a) diretamente: salário mínimo; irredutibilidade salarial; 13º salário; proteção do salário; jornada de oito horas/dia e 44 semanais; acordo de compensação; repouso semanal remunerado; horas extras com acréscimo de 50%; férias com acréscimo de 1/3 na remuneração; licença-maternidade de 120 dias e paternidade de 5 dias; aviso prévio proporcional ao tempo de serviço; redução dos riscos inerentes ao trabalho; aposentadoria; reconhecimento das negociações coletivas; proibição de discriminação por motivo de sexo, idade, cor, estado civil, deficiência; proibição de trabalho noturno a menor de 18 anos; aplica-se também a regra da prescrição de cinco anos durante a relação de trabalho e de dois anos a partir da rescisão contratual.

b) sete incisos do art. 7º foram condicionados a regulamentação por lei: I (indenizações da rescisão contratual), II (seguro-desemprego), III (FGTS), IX (remuneração do trabalho noturno), XII (salário-família), XXV (auxílio-creche) e XXVIII (seguro contra acidente de trabalho). A LC n. 150/2015 regulamenta o texto constitucional, sem grandes inovações com relação à regulação geral trabalhista, mas com importante impacto, na medida em que retirou o trabalho doméstico da condição de subtrabalho que imperava em nosso país.

c) oito incisos do art. 7º não se aplicam ao doméstico: V (piso salarial), XI (participação nos lucros), XIV (turno ininterrupto de revezamento), XX (proteção do mercado de trabalho da mulher), XXIII (adicional de penosidade, insalubridade e periculosidade), XXVII (proteção contra automação), XXXII (proibição de distinção entre trabalho manual, técnico e intelectual e os respectivos profissionais), XXXIV (igualdade entre empregados e trabalhadores avulsos).

A EC n. 72/2014 e a Lei Complementar n.150/2015 deram cumprimento à Convenção Internacional do Trabalho n. 189, que praticamente equipara o trabalho doméstico ao trabalho em geral, até porque, esse trabalhador deixou de ser só o auxiliar da dona-de-casa para se inserir na economia dos patrões, no momento em que, assumindo os encargos do lar, os libera para o trabalho.

Em princípio, a CLT não se lhe aplica, cf. seu art. 7º, salvo expressa remissão da lei. O art. 19 da LC n. 150/2015, todavia, fixa a aplicabilidade subsidiária da CLT, bem como das Leis ns. 605/1949 (descanso semanal remunerado), 4.090/1962 (13º), 4.749/1965 (adiantamento do 13º) e 7.418/1985 (vale-transporte), observadas as peculiaridades do trabalho doméstico.

Dentre as inovações trazidas pela LC n. 150/2015, também merece destaque a instituição do Simples Doméstico (art. 34), que permite, por de guia única, o recolhimento das contribuições previdenciárias patronal e do empregado, do seguro contra acidentes de trabalho, do FGTS e do imposto de renda, além do depósito de um percentual referente a indenização compensatória, previsto no art. 22.

A LC n. 150/2015, no seu propósito de regular todos os aspectos do contrato de trabalho do empregado doméstico, importou diversos institutos da CLT e da jurisprudência, não apresentando, por isso, dificuldade em sua compreensão. É marcada também pela possibilidade de flexibilização – ou de precarização – de quase todos os direitos mediante acordo escrito entre as partes.

Remuneração – tal como a lei anterior, a LC n. 150/2015, em seu art. 18 e parágrafos, proíbe o desconto de alimentação, vestuário, higiene e moradia, salvo se esta for fornecida fora do local de trabalho, e houver expresso acordo entre as partes. O fornecimento da moradia não confere ao empregado direitos possessórios ou de propriedade sobre o imóvel. Outrossim, as utilidades fornecidas pelo empregador não integram a remuneração do empregado (§ 3º).

A lei também faculta ao empregador efetuar descontos referentes a adiantamento salarial e, mediante acordo escrito, plano de assistência médico-hospitalar e odontológica, seguro e previdência privada, limitada a dedução a 20% do salário.

Jornada, banco de horas e intervalos — a jornada do empregado doméstico deve, obrigatoriamente, ser controlada mediante registro manual, mecânico ou eletrônico (art. 12). Obedece aos limites de 8 horas diárias e 44 semanais, sendo devido ao empregado o adicional de 50% sobre as horas extras (art. 2º e §§). O divisor mensal para cálculo do salário-hora é 220, salvo se o contrato estipular jornada mensal inferior.

Essa Lei (art. 2º, § 5º) permite a estipulação, mediante acordo escrito, de regime de compensação de jornada, na modalidade banco de horas. Tal regime instituiu a peculiar regra de que as primeiras 40 horas extraordinárias mensais devem ser compensadas no mesmo mês em que prestadas. As horas excedentes à quadragésima devem ser compensadas no período máximo de um ano. Na hipótese de rescisão do contrato de trabalho sem que tenha havido a compensação integral, o empregado receberá o pagamento das horas extras não compensadas, calculadas sobre o valor da remuneração na data de rescisão (§ 6º).

O intervalo intrajornada do empregado doméstico deve ser de, no mínimo, uma hora e, no máximo, 2 horas, admitindo-se sua redução a 30 minutos, desde que haja prévio acordo escrito (art. 13). Nos casos em que o empregado resida no local de trabalho, é admitido o desmembramento do intervalo em dois períodos, desde que cada um tenha, no mínimo, uma hora e, no máximo, quatro horas, vedando-se a prenotação do intervalo no registro de jornada (§§ 1º e 2º). O intervalo interjornada está previsto no art. 15 de, no mínimo, onze horas consecutivas.

Regime de trabalho 12x36 — a nova legislação, no art. 10, admite a prática do regime 12x36, em que o trabalhador labora 12 horas e, em seguida, descansa 36 horas ininterruptas, bastando que haja acordo escrito entre as partes. O mesmo artigo, em sua parte final, admite que o intervalo para repouso e alimentação seja indenizado.

A indenização do intervalo intrajornada, de que trata a parte final do artigo, significa sua supressão mediante paga e segue a mesma ordem desastrosa: a priorização de interesses patrimoniais sobre a saúde e a segurança do trabalhador. Piorando, o § 1º do art. 10 considera compensados os feriados e as horas noturnas trabalhados sob o regime de 12x36.

Trabalho em regime de tempo parcial – a nova lei, em seu art. 3º, instituiu regime de tempo parcial, que é aquele cuja duração não excede 25 horas semanais. Nesse caso, é devido ao empregado salário proporcional às horas trabalhadas, em relação aos empregados sob regime de tempo integral. A Lei n. 13.467/2017, da Reforma Trabalhista, alterou o tempo parcial para 30 horas sem possibilidade de horas extras ou até 26 horas com possibilidade de até seis horas extras semanais (art. 58-A da CLT). No entanto, continua a diferença, visto que a LC n.150/2015, do doméstico, é especial.

Merece destaque a possibilidade de o empregado doméstico contratado em regime de tempo parcial prestar horas extras. Assim, é permitida ao doméstico contratado a tempo parcial, desde que haja acordo escrito entre as partes, a prestação de uma hora extra por dia, devendo-se atentar para o limite de 6 horas diárias.

A LC n. 150/2015 fixa tempos de duração diferenciados de gozo de férias de acordo com a duração semanal do trabalho a tempo parcial. Segue tabela auto-explicativa:

Carga horária semanal	Quantidade de dias de gozo de férias
De 22 a 25 horas	18 dias
De 20 a 22 horas	16 dias
De 15 a 20 horas	14 dias
De 10 a 15 horas	12 dias
De 5 a 10 horas	10 dias
Inferior a 5 horas	8 dias

Descanso semanal e em feriados — a LC n. 150/2015 assegura ao doméstico o descanso semanal remunerado, além da folga em feriados. Tais dias de descanso podem ser gozados no local de trabalho, no caso dos empregados que nele residam, sem que sejam computados como horário de trabalho (§ 7º do art. 2º). O trabalho não compensado realizado nas datas de descanso semanal ou feriados implica pagamento dobrado da remuneração referente ao dia, sem prejuízo do descanso semanal remunerado (§ 8º).

Viagem e adicional de viagem — a Lei regula o acompanhamento do empregador em viagens. Destaque-se que é vedado ao empregador efetuar descontos referentes a essas viagens, conforme o art. 18. Destarte, o acompanhamento ao empregador em viagem depende de previsão em acordo escrito firmado entre as partes (art. 11, § 1º). Em seu art. 11, a Lei dispõe que, durante as viagens, somente devem ser computadas na jornada do empregado as horas efetivamente trabalhadas, sendo lícita a prestação de horas extras. Estas, por sua vez, podem ser compensadas, na forma do art. 2º.

O valor da hora de trabalho devida ao empregado que acompanha seu empregador em viagem deve ser, no mínimo, 25% superior ao valor da hora normal (art. 11, § 2º). Tal adicional pode, mediante acordo, ser convertido em banco de horas, a ser utilizado a critério do empregado (§ 3º).

Vale-transporte — Devido, caso o empregado precise utilizar transporte coletivo para se deslocar para o trabalho, nos termos do Decreto n. 95.247/87, assegurado, contudo, o direito de o patrão descontar 6% do salário do empregado.

FGTS e seguro-desemprego — A inclusão do doméstico no sistema do FGTS deu-se com a edição da EC n. 72/2013, porém a regulamentação desse direito veio através da LC n. 150/2015, a qual instituiu o regime de recolhimento de encargos denominado "Simples Doméstico" (art. 34). A Portaria Interministerial n. 822/2015 fixou o início do recolhimento a partir de 1º.10.2015, que se faz através de inscrição no Sistema de Escrituração Digital das Obrigações Fiscais, Previdenciárias e Trabalhistas (*e-social*).

Diferentemente do regime comum, no FGTS do empregado doméstico não há recolhimento da multa rescisória. Em vez disso, o empregador recolhe o percentual de 3,2% da remuneração para a criação de um fundo de indenização compensatória, sendo permitida sua movimentação pela parte que a lei considerar prejudicada pela cessação do contrato de trabalho, conforme estudaremos no tópico da rescisão.

Estabilidade — A Lei n. 11.324/06 estendera à doméstica o direito previsto no art. 10, II, *b*, ADCT, desde a comprovação da gravidez até cinco meses após o parto, como há muito defendíamos. A nova lei, seguindo a mesma linha, fez remissão ao ADCT, além de expressamente afirmar tal direito quando a confirmação da gravidez se dá no curso do aviso prévio trabalhado ou indenizado. A respeito, veja-se a Súmula n. 244 do TST.

Por sua vez, é incompatível com a natureza doméstica a estabilidade da CIPA e é duvidosa a sindical de que trata o inciso VIII do art. 8º da CF e 543 da CLT.

A estabilidade acidentária de 12 meses, com a regulação do inciso XXVIII do art. 7º da Constituição, foi estendida ao empregado doméstico. O art. 19 da Lei n. 8.213/1991, alterado pela LC n. 150/2015, passou a contemplar expr,essamente o acidente de trabalho doméstico, assim como o art. 21-A estendeu ao doméstico a aplicação do nexo técnico-epidemiológico no enquadramento de doenças ocupacionais. Assim, tais modalidades passaram a contar com a proteção estabilitária do art. 118 da Lei n. 8.213/1991.

Adicional noturno — Consideram-se noturnas as horas trabalhadas pelo doméstico entre as 22:00 e as 5:00 horas, aplicando-se a regra da *hora ficta* de 52 minutos e 30 segundos. A hora noturna é remunerada com acréscimo de 20% sobre a hora diurna. Nos casos de horário misto, isto é, com horas noturnas e diurnas, o § 4º do art. 14 determina que somente às horas noturnas aplicam-se as regras do trabalho noturno. No entanto, cabe ressaltar que, por força do que dispõem os arts. 10, § 1º, e 19, *caput*, entende-se que o art. 73, § 5º, da CLT também é aplicável ao empregado doméstico. Assim, as regras do trabalho noturno devem ser praticadas também para suas prorrogações.

Filiação ao INSS — é obrigatório o registro do contrato de trabalho doméstico na CTPS (art. 9º), que implica filiação compulsória ao INSS, mediante o recolhimento mensal de 8% pelo empregador (art. 34, II), sobre o salário-de-contribuição, e de 8% a 11%, pelo empregado, conforme a faixa salarial deste (art. 34, I). O recolhimento será feito até o dia 7 do mês seguinte ao mês da competência (art. 35). Em consequência, o doméstico tem direito aos benefícios decorrentes da legislação da Previdência Social — Lei n. 8.213/91. O art. 12, VII, da Lei n. 9.250/95, com a redação da Lei n. 13.097/2015, autoriza o patrão a deduzir do imposto de renda o valor pago à Previdência Social de um empregado doméstico até o exercício de 2019, sobre o valor da remuneração do empregado.

Férias — conforme o art. 17 da LC n. 150/2015, o empregado doméstico, após o período aquisitivo de 12 meses, tem direito a férias anuais, as quais devem ser remuneradas com acréscimo de, pelo menos, um terço do salário normal. Na terminação do contrato, por qualquer motivo, salvo na justa causa, são devidas as férias proporcionais, conforme o § 1º do art. 17. Convém registrar que o art. 10 da Convenção Internacional n. 132, ratificada pelo Brasil, reconhece o direito a férias proporcionais qualquer que seja o motivo da rescisão.

O gozo das férias deve ocorrer no período concessivo, isto é, nos 12 meses seguintes à aquisição do direito (§ 6º), e pode, a critério do empregador, ser fracionado em até 2 períodos, sendo um de, no mínimo, 14 dias corridos (§ 2º).

É lícito ao empregado converter um terço de suas férias em abono pecuniário (§ 3º), desde que o requeira até 30 dias antes do término do período aquisitivo (§ 6º). A lei admite que o empregado doméstico residente no local de trabalho nele permaneça durante o gozo das férias (§ 5º).

Rescisão contratual e aviso prévio — a LC n. 150/2015 repetiu diversas disposições celetistas. Assim, em caso de contrato por prazo indeterminado, o art. 23 da lei do doméstico estabelece a obrigação da parte de dar aviso prévio do rompimento contratual. No caso do aviso devido ao empregado, o tempo de antecedência deve ser de, no mínimo, 30 dias, sendo que, a cada ano trabalhado, somam-se mais 3 dias, até o máximo de 60 dias (empregados com vinte anos ou mais de serviço para o mesmo empregador), perfazendo um total de 90 dias (§§ 1º e 2º). Nesse período, o empregado deve escolher entre reduzir sua jornada em duas horas e faltar ao serviço por 7 dias consecutivos (a cada 30 dias de aviso), sem prejuízo de seu salário integral. Já no caso do aviso prévio devido ao empregador, a antecedência deve ser de 30 dias.

A não concessão do aviso prévio enseja o direito a indenização reparatória, no valor dos salários correspondentes ao tempo de antecedência com que a comunicação da rescisão deveria ter sido feita (aviso prévio indenizado). O aviso devido ao empregador deve ser deduzido das verbas rescisórias do empregado. Por sua vez, o devido ao empregado, ainda que indenizado, conta como tempo de serviço para todos os efeitos.

Não se dá aviso prévio em contratos por prazo determinado (art. 8º).

As hipóteses de justa causa elencadas pelo art. 27, *caput* e incisos, da LC n. 150/2015, em pouco se diferenciam daquelas contidas na CLT, anteriormente aplicáveis ao doméstico. Portanto, salvo com relação às distinções a seguir, cabe aqui remeter o leitor ao capítulo XXV, tópico 9. A primeira distinção encontra-se logo no art. 27, I, que tipifica como justa causa a "submissão a maus tratos de idoso, de enfermo, de pessoa com deficiência ou de criança sob cuidado direto ou indireto do empregado". Não obstante condutas nesse sentido já pudessem ser enquadradas em alíneas do art. 482 da CLT (alíneas "*e*", "*j*" e "*k*", por exemplo), a criação desse tipo específico representa louvável inovação. Com efeito, a expressão "maus tratos" abrange não somente agressões, mas também as omissões de cuidados específicos demandados pelas pessoas em situação de fragilidade elencadas pelo inciso. Por exemplo, cuidadora que deixa, reiteradamente, idoso ou criança sem alimentação ou medicação incorre nessa hipótese de conduta.

Outras diferenças consistem em hipóteses do art. 482 que já não se aplicavam ao doméstico, haja vista a própria natureza não empresarial desse trabalho, quais sejam a negociação habitual e a violação de segredo de empresa. Na justa causa, o empregador sacará o fundo de indenização compensatória gerado pelos depósitos de 3,2% (art. 22, § 1º).

Já defendíamos, pelo princípio da simetria, que ao trabalho doméstico também se aplicava a justa causa do empregador ou despedida indireta, prevista no art. 483 da CLT e que concede ao empregado todos os direitos da dispensa sem justa causa. Pois bem, a LC n. 150/2015, em seu art. 27, parágrafo único, encampou as hipóteses ali elencadas para prever a justa causa do empregador doméstico. Cabe aqui, novamente, remeter o leitor ao capítulo XXV, tópico 11. Merece destaque, todavia, a hipótese de despedida indireta por violência doméstica contra mulheres (art. 27, parágrafo único, inciso VII). Tanto na dispensa sem justa causa como na rescisão indireta, o fundo de indenização compensatória deve ser sacado pelo empregado (art. 22, *caput*).

Se a rescisão se der a pedido do empregado, ele terá direito a 13º e férias proporcionais. Neste caso, o empregador poderá sacar o fundo de indenização compensatória (art. 22, § 1º). Já na rescisão por culpa recíproca, o fundo do art. 22 é dividido igualmente entre empregado e empregador (§ 2º).

Contrato por prazo determinado – o art. 4º da Lei sob comento prevê as seguintes modalidades de contrato por prazo determinado: a) contrato de experiência, o qual pode ser prorrogado uma vez, limitado a um total de 90 dias; b) contrato para atender a necessidades familiares de natureza transitória, limitado a 2 anos ou ao término do evento que lhe deu causa; c) substituição temporária de empregado doméstico com contrato de trabalho interrompido ou suspenso, também limitado a 2 anos ou ao término do evento que lhe deu causa. No caso do contrato de experiência, tanto sua não prorrogação quanto a ultrapassagem do prazo de 90 dias transformam-no em contrato por prazo indeterminado.

No término dessa modalidade contratual, são devidos o restante de salário e as proporções de férias e de 13º salário. O saque do fundo de indenização compensatória é feito pelo empregador (art. 22, § 1º). Se a rescisão for antecipada pelo empregador, invoca-se a regra do art. 6º, que confere ao empregado o direito à indenização de 50% da remuneração devida pelo restante do contrato frustrado, além da movimentação do fundo previsto no art. 22. Se a rescisão for antecipada pelo empregado, é este quem deverá idêntica indenização de 50% do restante do contrato ao empregador.

Agências de emprego — são responsáveis pelos ilícitos dos domésticos que intermediarem, nos termos do art. 1º da Lei n. 7.195/84.

13. Proteção contra violência doméstica e familiar

A Lei Maria da Penha (11.340/06) protege a mulher como gênero contra a violência **doméstica** e **familiar**. Dentro da violência **doméstica**, o conceito abrange a trabalhadora doméstica. Por isso, destacamos este item logo em seguida ao trabalho doméstico. Com efeito, nos recônditos das residências, poderá haver muitas formas de violência, principalmente psicológica e sexual.

Confirmando nossa doutrina, o art. 28, VII, da LC n. 150, tipifica como justa causa do empregador doméstico a pratica de qualquer das formas de violência doméstica ou familiar contra mulheres de que trata o art. 5º da Lei n. 11.340/2006. Violência doméstica é a que for praticada no âmbito residencial contra mulher residente na casa; em caso de motivo afetivo, a violência se caracteriza onde quer que seja perpetrada.

As formas de violência doméstica são: física, psicológica, sexual, patrimonial, moral.

Por sua vez, dentro das políticas públicas que a Lei impõe aos Poderes Públicos, o § 2º, I, do art. 9º, assegura à mulher ofendida o direito a prioridade de remoção, quando servidora da administração pública direta ou indireta; o inciso II assegura o direito de afastamento do emprego por até seis meses, quando a medida se fizer necessária, sem ruptura do vínculo contratual. A lei só não menciona se é com ou sem salário. Entendo que, se o ofensor for o patrão, ou alguém da casa em que a empregada trabalha, o salário deve ser pago pelo empregador. Não sendo culpado o empregador, deve o Governo arcar com uma espécie de seguro-desemprego.

A violência doméstica contra a empregada implica sanções civis (reparação por danos morais), penais e trabalhistas (despedida indireta).

A Lei n. 12.288/10, que institui o Estatuto da Igualdade Racial, alterou o § 1º do art. 1º da Lei n. 10.778/2003, de certa forma integrante do sistema sob comento, que ficou assim:

> Para os efeitos desta Lei, entende-se por violência contra a mulher qualquer ação ou conduta, baseada no gênero, inclusive decorrente de discriminação ou desigualdade étnica, que cause morte, dano ou sofrimento físico, sexual ou psicológico à mulher, tanto no âmbito público quanto no privado.

Capítulo XI

Sujeitos da Relação de Emprego — O Empregador

1. Conceito de empregador

Empregador é o tomador do serviço na relação de emprego: é "a empresa, individual ou coletiva, que, assumindo o risco da atividade econômica, admite, assalaria e dirige a prestação pessoal de serviços" — art. 2º da CLT.

Gomes e Gottschalk definem-no como sendo "a pessoa natural ou jurídica que utiliza os serviços de outrem, em virtude de contrato de trabalho".

Em que pese a crítica dos civilistas, a definição constante da CLT é a mais consentânea com a natureza do Direito do Trabalho, porque cobre aspectos mais fatuais que jurídicos. O vocábulo *empresa* compreende mais a atividade que a organização jurídica. E com isso permite a continuação do emprego, não obstante venha a ocorrer a mudança da razão social, de titular e sucessão. Pode um empregador não estar ainda, ou não estar mais formalizado legalmente. Assim, perante o Direito do Trabalho, pode-se dizer, as pessoas se classificam em pessoa física, pessoa jurídica e *empresa*.

Completando, o § 1º do art. 2º consolidado equipara a empregador o profissional liberal, as instituições beneficentes e de recreação, sem fins lucrativos, desde que admitam trabalhadores como empregados.

> **Empregador doméstico** — é a pessoa física que admite trabalhador para prestar serviço de natureza contínua para o âmbito residencial sem fins lucrativos.

2. Conceito de empresa e estabelecimento

O conceito de empresa é demais complexo, de modo que ainda não se atingiu uma definição completa. Umas satisfazem do ponto de vista econômico, outras tentam encampar o sentido social. O certo é que a empresa enfeixa os elementos da produção — recursos naturais, capital e trabalho — mais os riscos da atividade e um fim social. Não se confunde com a pessoa, porquanto esta é sujeito titular daquela.

> **Empresa**, para efeitos trabalhistas, "é o conjunto das operações econômicas do empregador, e pressupõe a autoridade deste na coordenação dos meios e dos instrumentos de produção e da mão de obra, estabelecendo, quanto a esta, a subordinação", diz Isis de Almeida (1984, p. 41).

Empresário, segundo o art. 966 do Código Civil, é "quem exerce profissionalmente atividade econômica organizada para a produção ou a circulação de bens ou de serviços". E **estabelecimento** — é "todo complexo de bens organizado, para exercício da empresa, por empresário, ou por sociedade empresária" — art. 1.142.

Isis de Almeida define estabelecimento como "o local técnico da prestação do serviço; a unidade técnica de produção, em atividade ou não". A empresa pode constituir-se de vários estabelecimentos ou funcionar em um só. É importante a distinção entre empresa e estabelecimento, porque, *v. g.*, o tempo de serviço do empregado refere-se a toda a duração do emprego na empresa, nos seus vários estabelecimentos, enquanto a transferência do empregado de um estabelecimento para outro constitui alteração do contrato de trabalho, bem assim serve para a fixação da competência. Correspondem a estabelecimentos as agências, filiais, sucursais, armazéns.

3. Grupo econômico — Solidariedade de empresas

A Lei n. 13.467/2017, da Reforma Trabalhista, alterou o § 2º do art. 2º da CLT e acrescentou-lhe o § 3º. Ficou assim a redação do § 2º:

Sempre que uma ou mais empresas, tendo, embora, cada uma delas, personalidade jurídica própria, estiverem sob a direção, controle ou administração de outra, ou ainda quando, mesmo guardando cada uma sua autonomia, integrem grupo econômico, serão responsáveis solidariamente pelas obrigações decorrentes da relação de emprego".

> 3º Não caracteriza grupo econômico a mera identidade de sócios, sendo necessárias, para a configuração do grupo, a demonstração do interesse integrado, a efetiva comunhão de interesses e a atuação conjunta das empresas dele integrantes.

Configurado o grupo econômico, todas as empresas integrantes do grupo são responsáveis solidariamente pelas obrigações trabalhistas. Assim, o empregado de qualquer das empresas do grupo pode formular sua reclamação contra todas ou qualquer uma delas, bem como direcionar a execução contra todas ou qualquer uma.

A nova redação encampou o conceito universal de empresa configurado no Código Civil, arts. 966 e seguintes. O § 3º reconhece a solidariedade que se forma entre as empresas em virtude da figura da comunhão de sócios, desde que demonstrados o interesse integrado, a efetiva comunhão de interesses e a atuação conjunta das empresas dele integrantes.

Dos dois parágrafos supra, deduz-se que o grupo econômico a gerar solidariedade empresarial pelas obrigações trabalhistas se configura por dois modos: a) objetivamente, o do § 2º; e b) subjetivamente, que se configura pela comunhão de sócios das empresas, sob as condições textualizadas na lei.

Neste ponto, os multiconglomerados darão trabalho aos exequentes, porque devolve a estes o ônus de provar a "*demonstração do interesse integrado, a efetiva comunhão de interesses e a atuação conjunta das empresas dele integrantes*", certamente para um fim comum. Todavia, o *onus probandi* pode ser invertido quando uma das partes detém as provas, inacessíveis à outra parte.

Porém, traz tranquilidade para os sócios comuns de múltiplos empreendimentos que não formarão, só por esse fato, segundo o textualizado, grupo empresarial solidário. E, consequentemente, é mais uma girândola de dificuldades para os exequentes.

Esses grupos não constituem empregador único; cada empresa tem seu quadro próprio e suas normas internas, de maneira que o empregado de uma, em regra, não serve de paradigma a empregado da outra para efeito de equiparação salarial.

Duas teorias se debruçam sobre o tema: a) da solidariedade passiva — a significar que cada empresa do grupo é autônoma; b) da solidariedade ativa — defende que o grupo de empresas constitui um só empregador. A lei brasileira, em tese, adota a primeira. Porém, na prática, surgem muitas dúvidas. Assim é que a Súmula n. 129 do TST considera um único contrato a prestação de serviços a mais de uma empresa do grupo durante a mesma jornada, salvo ajuste em contrário.

Esses aglomerados tomam a seguinte forma: *holding company* (uma empresa-mãe detém o controle acionário das empresas subjacentes); *pool* (associação de empresas para uma ação conjunta); consórcio (previsto na lei das sociedades anônimas); empresas multinacionais. A Lei trabalhista exige apenas que se **constitua o grupo econômico**, por uma das formas dos §§ 2º e 3º do art. 2º supra transcritos. Algumas espécies de grupos, a exemplo do *pool*, não constituem solidariedade trabalhista. Uma forma nova que surge é o condomínio de empregadores rurais, em que deve se instalar a solidariedade trabalhista entre os membros do condomínio.

Considerem-se ainda as feições novas que vêm tomando a concessionária, as fundações e a franquia, em relação aos controladores, cuja atração de clientes e contratação perante o mercado gravitam em torno da marca principal, a qual deve ser, em casos tópicos, corresponsabilizadas. Com efeito, não se pode ficar estacado no tempo das interpretações trabalhistas tradicionais quando o direito empresarial e as garantias do cidadão avançam, a exemplo do CDC, cujo art. 28 solidariza até o fornecedor pelo vício do produto. Afinal, o trabalhador também deve ser visto como uma espécie de consumidor, que se encantou e se enganou com a aparência da empresa. Assim, quem se emprega em uma, franquia da Mc Donald entende que está trabalhando para Mc'Donald e não para o franqueado.

Portanto, sempre que se configurar a situação do § 2º do art. 2º da CLT, com as ampliações citadas, estabelece-se solidariedade trabalhista passiva. Assim, o empregado de qualquer das empresas do grupo pode reclamar seus direitos contra todas conjuntamente, ou um grupo delas, ou contra qualquer uma delas.

Desconsideração da pessoa jurídica — Na fase executória têm ocorrido casos vários em que a empresa empregadora, contra quem correu a reclamação, extinguiu-se ou não dispõe mais de patrimônio que suporte a execução. O exequente, então, requer penhora de bens de outra empresa do grupo ou de sócio. Em geral, tem-se acolhido tal pedido, quer com base na teoria da *desconsideração da pessoa jurídica*, quer na responsabilidade subsidiária dos sócios. A desconsideração da pessoa jurídica é invocada quando o juiz determina a persecução dos bens dos sócios, ao constatar que estes usam da pessoa jurídica para fugir das suas obrigações, fazem mau uso da pessoa jurídica, protegendo-se atrás dela para não honrar suas obrigações. Esta situação é típica nos casos de empregador aparente, ou empresa de fachada, composta de "laranjas". De fato, só na execução é que se vai constatar a indisponibilidade patrimonial da empresa, o que legitima a constrição de bens de outras empresas do grupo ou de sócios. Os arts. 50 e 422 do Código Civil e 28 do Código de Defesa do Consumidor abrigam esta tese. A Lei n. 13.467/17, da Reforma Trabalhista, estabeleceu no art. 855-A da CLT os procedimentos a serem adotados.

O empreiteiro principal tem responsabilidade solidária em relação às obrigações trabalhistas do subempreiteiro. Segundo o art. 455 consolidado, os empregados do subempreiteiro podem reclamar os seus direitos contra o empreiteiro principal. Em relação à responsabilidade do dono da obra, a OJ n. 191 da SDI-I do TST (nova redação de maio/11), confirmando o que já afirmávamos em nossas obras, assim equaciona a questão:

> **Contrato de empreitada. Dono da obra de construção civil. Responsabilidade.** Diante da inexistência de previsão legal específica, o contrato de empreitada de construção civil entre o dono da obra e o empreiteiro não enseja responsabilidade solidária ou subsidiária nas obrigações trabalhistas contraídas pelo empreiteiro, salvo sendo o dono da obra uma empresa construtora ou incorporadora.

Observamos, porém, que, em caso de notória inidoneidade econômica do empreiteiro ao tempo da contratação, é de se responsabilizar o dono da obra, com base na culpa *in eligendo*.

4. Sucessão de empregadores

O art. 448 consolidado, detalhando o que já preceitua o art. 10, prescreve: "A mudança na propriedade ou na estrutura jurídica da empresa não afetará os contratos de trabalho dos respectivos empregados".

Russomano averba que "dá-se a sucessão quando uma firma assume o ativo e o passivo de outra, prosseguindo na negociação da firma anterior". São dois os requisitos da sucessão: a) que um estabelecimento, comunidade econômico-jurídica, passe de um para outro titular; e b) que a prestação de serviço pelos empregados não sofra solução de continuidade.

Esta é a regra geral, de fácil compreensão, porém surgem os casos nebulosos, como o das empresas de ônibus que ganham a concorrência e obrigam-se, no contrato de concessão, a aproveitar os trabalhadores da empresa que perdeu a concessão; da empresa que adquire, encampa, incorpora outra e a desativa, não dando prosseguimento à atividade econômica, ou muda seu objeto de exploração econômica. Na dúvida, pro operário.

A União, os Estados, Distrito Federal e Municípios sucedem as empresas públicas e sociedades de economia mista em liquidação, conforme OJ n. 343 da SDI-I. Na privatização das estatais, a empresa adquirente será sucessora; nas concessões públicas, a vencedora sucede a vencida, em regra; e já se cogita da sucessão de provedores da *Internet*.

O contrato de trabalho é *intuitu personae* ou pessoal só em relação ao obreiro. Em relação ao empregador, a tendência é de impessoalizá-lo. O importante é a continuidade da empresa e dos liames laborais, indiferente a mudanças no tipo societário, na razão social, na denominação, na titularidade, ou mesmo a desconstituição como pessoa jurídica para permanecer só como de fato:

> Encerramento formal da empresa. Continuidade de fato. Subsistente a relação empregatícia — Extinta a empresa, mas comprovada a continuidade na prestação do serviço, mantém-se inalterada a relação empregatícia — art. 448, CLT (TRT, 22ª Reg. Rel. Juiz Francisco Meton Marques de Lima) — *Revista* Gênesis, jul. 1994.

Os arts. 60, parágrafo único, e 141, II, da Lei de Recuperação Judicial, n. 11.101/05, eximem a empresa adquirente do acervo da falida das obrigações trabalhistas desta.

Em relação a Municípios desmembrados, a OJ n. 92 dispõe: "*Em caso de criação de novo município, por desmembramento, cada uma das novas entidades responsabiliza-se pelos direitos trabalhistas do empregado no período em que figurarem como real empregador*".

A Lei n. 13.467/2017, da Reforma Trabalhista, acrescentou à CLT o art. 10-A:

> Art. 10-A. O sócio retirante responde subsidiariamente pelas obrigações trabalhistas da sociedade relativas ao período em que figurou como sócio, somente em ações ajuizadas até dois anos depois de averbada a modificação do contrato, observada a seguinte ordem de preferência:
>
> I — a empresa devedora;
>
> II — os sócios atuais; e
>
> III — os sócios retirantes.
>
> Parágrafo único. O sócio retirante responderá solidariamente com os demais quando ficar comprovada fraude na alteração societária decorrente da modificação do contrato.

A propósito, atentai para o que dispõe o Código Civil:

> Art. 1.023. Se os bens da sociedade não lhe cobrirem as dívidas, respondem os sócios pelo saldo, na proporção em que participem das perdas sociais, salvo cláusula de responsabilidade solidária.
>
> Art. 1.024. Os bens particulares dos sócios não podem ser executados por dívidas da sociedade, senão depois de executados os bens sociais.
>
> Art. 1.032. A retirada, exclusão ou morte do sócio, não o exime, ou a seus herdeiros, da responsabilidade pelas obrigações sociais anteriores, até dois anos após averbada a resolução da sociedade; nem nos dois primeiros casos, pelas posteriores e em igual prazo, enquanto não se requerer a averbação.

Essas disposições do Código Civil, por estipularem as regras gerais da responsabilidade da sociedade e dos sócios, são aplicáveis à responsabilidade trabalhista, no que se fizerem necessárias e se mostrarem mais eficientes à proteção do crédito trabalhista, que é o crédito de hierarquia mais elevada do sistema jurídico brasileiro, conforme arts. 100, § 1º, da Constituição, e 186 do Código Tributário Nacional. Essa responsabilidade do sócio retirante pode ser configurada somente na fase de execução, como sói acontecer, não sendo necessário que ele tenha figurado no processo de conhecimento.

Outra novidade de grande vulto é o estabelecimento do benefício de ordem em favor do sócio retirante: mesmo que ele seja responsabilizável, primeiro se executa a sociedade, em segundo lugar executam-se os sócios atuais e, por fim, o sócio retirante. E somente se estabelecerá solidariedade passiva dos sócios, sociedade e sócio retirante se ficar comprovada fraude na alteração societária.

5. Consórcio ou condomínio de empregadores

Condomínio de empregadores é a união de empregadores para contratação de trabalhadores que prestarão serviço para o grupo. Como cada um dos empregadores não tem serviço para manter um quadro fixo de empregados, forma-se um grupo, em consórcio ou condomínio. Esse condomínio, sob a direção de um dos associados, contrata o contingente de trabalhadores que vai trabalhar para cada um do grupo de empregadores.

Essa solução tem-se revelado positiva no ponto em que garante aos trabalhadores emprego e a fixação neste, em vez de trabalho eventual. Em consequência, ficam-lhes assegurados os direitos básicos do trabalho, como registro na CTPS, salário mínimo, recolhimento de FGTS e de INSS, folga semanal, férias anuais, 13º salário.

O Ministério do Trabalho define "condomínio de empregadores rurais (ou "Consórcio de Empregadores" ou "Registro de Empregados em nome Coletivo de Empregadores") a união de produtores rurais, pessoas físicas, com a única finalidade de contratar, diretamente, empregados rurais, sendo outorgados a um dos produtores poderes para contratar e gerir a mão de obra a ser utilizada em suas propriedades"(38).

Essa sociedade de responsabilidade solidária deve ser registrada em cartório, com identificação de cada produtor, pessoa física. No instrumento de contrato deve conter a especificação do objeto, das tarefas a serem desenvolvidas, das cotas de produção a serem cumpridas e do salário, bem como o prazo de duração.

Contudo, segundo Ferraz, o condomínio "não é uma pessoa jurídica resultante da união dos produtores rurais que o compõem, uma vez que não há intenção de grupo de criá-la. Portanto, não existe sociedade, quer de direito, quer de fato. Através dele os produtores rurais contratarão coletivamente os empregados. Assim, de um lado da relação jurídica de emprego existirão várias pessoas como empregadores, que responderão solidariamente pelas obrigações decorrentes do contrato de trabalho. Poderão, coletivamente, utilizar-se daquela mão de obra"(39).

---

(38) MINISTÉRIO DO TRABALHO E EMPREGO. *Condomínio de empregadores* — um novo modelo de contratação no meio rural. Brasília: Edição Secretaria de Inspeção do Trabalho — SIT, 2000.

(39) FERRAZ, Fernando Basto. *Empregados domésticos*. São Paulo: LTr, 2003.

Essa modalidade de contratação não contraria a figura do empregador rural previsto no art. 3º da Lei n. 5.889/73, uma vez que irá figurar como empregador, não apenas uma pessoa física, mas sim um conjunto de pessoas físicas que celebram um pacto para o fim de utilizarem a mão de obra de cada empregado contratado pelo grupo, na medida de suas necessidades.(40)

O "Pacto de Solidariedade" materializa-se por meio de documento firmado por todos os produtores rurais que desejam contratar em regime de "Condomínio de Empregadores Rurais", assumindo a obrigação de responder solidariamente pelo conjunto das empresas com os trabalhadores contratados.

6. Situação de responsabilização empresarial

O responsável trabalhista perante os trabalhadores e o poder público é a pessoa física ou jurídica empregadora. No caso de empresa de fato, que não possua registro que a regularize, responde a pessoa física que a administra. Porém, em face do princípio de que toda execução forçada é real, os bens da empresa é que suportam os ônus trabalhistas. Na falta de bens livres da empresa, a execução volta-se contra o patrimônio dos seus donos.

E ainda no caso de empresas bem estruturadas, e registradas as pessoas jurídicas que as conduzem, pode ocorrer fraude, em que os sócios empresários empregam artifícios em nome da pessoa jurídica para não pagar os credores. Neste caso, emprega-se a teoria da desconsideração da pessoa jurídica e responsabilizam-se os sócios.

A propósito do tema, o Código Civil dispôs nos arts. 989 (os bens da sociedade respondem pelos atos de gestão dos sócios), 990 (responsabilidade solidária e ilimitada pelas obrigações dos sócios), 1.001 (as obrigações dos sócios começam com o contrato e terminam com a liquidação da obrigação) e 1.024 ("Os bens particulares dos sócios não podem ser executados por dívidas da empresa, senão depois de executados os bens sociais").

7. Microempresa e empresa de pequeno porte

A Lei Complementar n. 123/2006, do Super-Simples, instituiu o Estatuto Nacional da Microempresa e da Empresa de Pequeno Porte, substituindo a Lei n. 9.841/99. Micro são aquelas cuja receita bruta anual não ultrapassa R$ 360.000,00; e empresas de pequeno porte são aquelas cuja receita bruta anual situe-se entre o valor da micro e R$ 4,8 milhões. Os arts. 50 a 84 compõem o Capítulo "*Da simplificação das relações de trabalho*".

A Lei distingue ainda o Microempresário Individual (MEI), cujo faturamento anual não ultrapassa R$ 81.000,00, com tratamento fiscal e previdenciário ainda mais simplificado, cf. LC n. 128/08. Poderá ser enquadrado como MEI o empresário individual que possua um único empregado com remuneração de um salário mínimo ou piso salarial (art. 18-C).

---

(40) FERRAZ, Fernando Basto. *Flexibilização do trabalho* — experiência brasileira. Tese de Doutorado apresentada perante a PUC-SP no dia 15.9.03. Nesse Capítulo, o autor se reporta a Ricardo Tadeu Marques da Fonseca (Consórcio de empregadores — uma alternativa imediata para a empregabilidade. *Revista de Direito do Trabalho*, ano 26, *Revista dos Tribunais*, p. 47/48, jan./mar. 2000). *Idem*.

O Governo reagiu à informalidade e, através da LC n.128/08, criou condições bastante simplificadas e acessíveis aos pequenos empreendedores individuais, como os barraqueiros, cabeleireiros, mecânicos, encanadores etc., reduzindo os recolhimentos, de início, a R$ 45,65 a título de contribuição previdenciária, R$ 5,00 de ISS e R$ 1,00 ICMS.

Segurança e medicina do trabalho – o art. 50, com a redação dada pela LC n. 127/07, preceitua que as microempresas e empresas de pequeno porte serão estimuladas pelo poder público e pelos Serviços Sociais Autônomos a formar consórcio para acesso a serviços especializados em segurança e medicina do trabalho. Flexibiliza o art. 162 da CLT e a NR-4 da Portaria n. 3.214, que obrigam as empresas a manterem, cada uma, esse serviço.

Das obrigações trabalhistas — o art. 51 dispensa as micro e pequenas empresas: a) da afixação de Quadro de Horário de Trabalho em suas dependências (flexibilizando o art. 74 da CLT); b) da anotação das férias de seus empregados nos respectivos livros ou fichas de registro (flexibiliza o § 2º do art. 135 da CLT); c) de empregar e matricular seus aprendizes nos cursos de Serviços Nacionais de Aprendizagem (flexibiliza o art. 429 da CLT); d) da posse do livro "Inspeção do Trabalho" (flexibiliza o § 1º do art. 628); e) de comunicar ao MTE a concessão de férias coletivas (flexibiliza o § 2º do art. 139).

Não estão desobrigadas: a) das anotações da CTPS; b) do arquivamento dos documentos comprobatórios de cumprimento das obrigações trabalhistas e previdenciárias, enquanto não prescreverem essas obrigações; c) apresentação da Guia de Recolhimento do FGTS e Informações à Previdência Social — GFIP; d) apresentação das Relações Anuais de Empregados e da Relação Anual de Informações Sociais — RAIS e do Cadastro Geral de Empregados — CAGED.

Acesso à Justiça do Trabalho — "Art. 54. É facultado ao empregador de microempresa ou de empresa de pequeno porte fazer-se substituir ou representar perante a Justiça do Trabalho por terceiros que conheçam os fatos, ainda que não possuam vínculo de emprego ou societário". Flexibiliza o § 1º do art. 843 da CLT. A Súmula n. 377 do TST já foi adaptada.

Da fiscalização orientadora — O art. 55 institui a fiscalização *prioritariamente orientadora* no que se refere aos aspectos trabalhista, sanitário, ambiental e de segurança. E o § 1º institui o critério da dupla visita para lavratura de auto de infração. No entanto, não será necessária a dupla visita em relação à falta de registros nas CTPS dos empregados, reincidência, fraude, resistência ou embaraço à fiscalização.

Do acesso à justiça — O art. 74 trata do acesso aos Juizados Especiais; o 75 estimula as conciliações prévias perante as Comissões de Conciliação Prévia e o emprego da mediação e da arbitragem. Entidades privadas, públicas, inclusive o Poder Judiciário, poderão firmar parcerias para viabilizar essas vias alternativas, cf. art. 75-A, com a redação dada pela LC n. 128/08.

8. Cartório não oficializado

O cartório não oficializado não possui personalidade jurídica, de modo que qualquer vínculo trabalhista existente está atrelado à figura do seu respectivo titular.

Decidiu o Eg. TRT da 22ª Região a propósito do tema: "CARTÓRIO — PERSONALIDADE JURÍDICA. INEXISTÊNCIA — A entidade cartorária não possui personalidade jurídica, respondendo por ela o seu titular".

Define bem a situação, a respeito do tema, o aresto a seguir:

> (...) A expressão "caráter privado", expressa no texto da Carta Mandamental, revela a exclusão do Estado como empregador e não deixa dúvidas quanto à adoção do regime celetista, pelo titular do Cartório, quando contrata seus auxiliares e escreventes antes mesmo da vigência da Lei Regulamentadora n. 8.935/94. Ocorre que, como pessoa física que é, o titular do Cartório equipara-se ao empregador comum, ainda mais quando é notório que a entidade cartorial não é ente dotado de personalidade jurídica. Assim, no exercício de uma delegação do Estado porque executa serviços públicos, é o titular quem contrata, assalaria e dirige a prestação dos serviços cartoriais, como representante que é da serventia pública. Convém destacar que o titular desenvolve também uma atividade econômica, uma vez que aufere a renda decorrente da exploração do cartório. (...). (TST - RR 408203/97 - 2ª Região - 3ª Turma, Data: 12.9.2001)

9. Morte do empregador

A morte do empregador pessoa física extingue o contrato de trabalho, salvo se os seus sucessores prosseguirem com a atividade empresarial. A extinção da empresa também implica o término do contrato. Contudo, não extingue o vínculo empregatício se a atividade continuar, ainda que só de fato.

Capítulo XII

Trabalho Rural

O trabalho rural é muito importante e merece o maior respeito de todos, dado que o setor rural é o responsável por aproximadamente 1/3 do PIB nacional e o principal movimentador dos portos exportadores brasileiros. Isto é obra dos produtores e dos trabalhadores rurais.

1. Conceito de empregado rural

O termo *trabalhador rural* compreende as várias modalidades de trabalhadores do campo, quer na agricultura, quer na pecuária, sob as diversas formas contratuais: sob regime de emprego, de contrato de emprego de curto prazo, de parceria, eventual (boia-fria) etc. Destas, a modalidade emprego é regida pelo Estatuto do Trabalhador Rural, Lei n. 5.889/73, a qual remete para a CLT no que não for incompatível e às demais normas de proteção do empregado (Leis ns. 4.090/63, do 13º salário, 405/49, do repouso semanal, 8.036/90, do FGTS, 8.212/91, do INSS, 8.213/91, dos benefícios previdenciários, 7.998/90, do seguro--desemprego etc.).

O art. 4º do Regulamento, Decreto n. 73.626/74, a pretexto de regulamentar a aplicabilidade da CLT às relações de trabalho rural, relaciona todos os artigos que entende compatíveis. Nesse propósito, exclui vários artigos da CLT que entende não aplicáveis ao rural, a exemplo dos arts. 11, 58 a 61 etc., deixando fora a regra da prescrição, agora unificada, a regulamentação da jornada de trabalho e da hora extra, por exemplo. No entanto, essa relação não serve mais, visto que elaborada no tempo em que a Constituição Federal diferenciava trabalho urbano e trabalho rural. Com a equiparação expressa no caput do art. 7º da CF/88, as diferenças sobejantes são poucas. Ademais, a Lei é clara: a CLT suplementa-a em tudo o que não for incompatível com o Estatuto do Trabalhador Rural. Ademais, o Decreto regulamentar não pode ir além nem aquém da lei.

Resulta dessa análise, que se aplica a regra da prescrição do art. 11 da CLT, da jornada de trabalho, das horas extras de que trata o art. 59 etc.

As outras modalidades são regidas, ora pelo Código Civil (arts. 593/609), ora pelo Estatuto da Terra, Lei n. 4.504/64.

Empregado rural — de acordo com o art. 2º da Lei n. 5.889/73, é "toda pessoa física que, em propriedade rural ou prédio rústico, presta serviços de natureza não eventual a empregador rural, sob a dependência deste e mediante salário". Portanto, o conceito reúne os elementos caracterizadores do contrato de trabalho: pessoalidade, não eventualidade, subordinação jurídica e remuneração + trabalho em prédio rústico ou propriedade rural.

2. Conceito de empregador rural

Considera-se empregador rural a pessoa física ou jurídica, proprietária ou não, que explore atividade agroeconômica, em caráter permanente ou temporário, diretamente ou mediante prepostos e com auxílio de empregados (art. 3º da lei *supra*). A Lei n. 13.171/2015 altera o § 1º da Lei n. 5.889/1973:

> "Inclui-se na atividade econômica, referida no *caput* deste artigo, além da exploração industrial em estabelecimento agrário não compreendido na Consolidação das Leis do Trabalho — CLT, aprovada pelo Decreto-lei n. 5.452, de 1º de maio de 1942, a exploração do turismo rural ancilar à exploração agroeconômica."

3. Conceito de empresa rural

Ver o conceito de empresa no item 2 do Capítulo anterior.

Empresa rural é a atividade econômica organizada, para o fim de produção, transformação ou circulação de serviços de natureza rural. Logo, a exploração em estabelecimento rural também constitui empresa rural.

Constituem exploração industrial em estabelecimento agrário as atividades que realizam o primeiro tratamento dos produtos agrários *in natura* sem transformá-los em sua natureza. Daí decorre que não será considerada indústria rural aquela que, operando a primeira transformação do produto agrário, altere a sua natureza, retirando-lhe a condição de matéria-prima.

4. Normas especiais de proteção do trabalhador rural

O art. 7º da Constituição de 1988 assegura ao trabalhador rural todos os direitos referentes ao urbano, inclusive o FGTS. A prescrição dos créditos do trabalhador urbano e rural é de cinco anos durante a relação de emprego e de dois anos após a extinção do contrato.

Contudo, persistem algumas diferenças entre o urbano e o rural:

a) primeiro, os conceitos de empregado e de empregador rural se relacionam com o trabalho rústico;

b) rege o trabalho rural a Lei n. 5.889/73, além da CLT;

c) os usos e costumes locais ditam a extensão do intervalo para repouso e alimentação no trabalho contínuo de duração superior a seis horas;

d) a hora noturna é de 60 minutos (a do urbano é de 52:30 minutos); porém, o adicional noturno mínimo é de 25% (do urbano é de 20%);

e) enquanto o trabalho noturno urbano transcorre entre as 22h e as 5h do dia seguinte, o rural realiza-se entre as 21h de um dia e as 5h do outro para o trabalho na lavoura, e entre as 20h e 4h para o trabalho na pecuária;

f) descontos permitidos: até 20% pelo fornecimento de moradia, até 25% pelo fornecimento de alimentação sadia e farta, e adiantamentos salariais. Mas os descontos só serão válidos mediante prévia autorização, sob pena de nulidade *pleno jure*. Por sua vez, se mais de um empregado ocupar a mesma morada, o desconto de 20% pelo fornecimento dessa utilidade fraciona-se proporcionalmente ao número de ocupantes do alojamento. É vedada a morada coletiva de famílias. Rescindido ou terminado o contrato, o empregado é obrigado a desocupar o imóvel no prazo de trinta dias. Comparar com o art. 458, §§ 3º e 4º, da CLT;

g) o art. 11, parágrafo único, da Lei n. 5.889/73 dita que o menor de 16 anos terá remuneração de 50% do salário mínimo. Porém a EC 20/98 proibiu o trabalho do menor de 16 anos e, se houver a prestação do serviço, é devido o salário mínimo/hora;

h) se o empregado fizer plantação intercalar, esta será objeto de contrato em separado, e o seu resultado não comporá o salário mínimo na remuneração geral do empregado durante o ano agrícola;

i) o contrato de safra — é uma espécie de contrato por tempo determinado. É aquele cuja duração depende de variações estacionais da atividade agrária;

j) a Lei n. 5.889 prevê indenização de 1/12 do salário por mês de trabalho ou fração superior a 14 dias, a título de indenização, pelo término normal do contrato de safra. Em face da CF/1988, essa indenização cedeu lugar ao levantamento dos depósitos de FGTS, nos termos da Lei n. 8.036/90;

k) durante o gozo de aviso-prévio o trabalhador urbano tem direito à redução da jornada em duas horas/dia ou folga de uma semana corrida, enquanto o rurícola tem direito a um dia por semana;

l) a propriedade rural que mantenha a seu serviço ou trabalhando em seus limites mais de 50 famílias é obrigada a fornecer escola primária gratuita para os filhos dos operários, com tantas classes quantos sejam os grupos de 40 crianças em idade escolar.

5. Contratos de curta duração instituídos pela Lei n. 11.718/08

A Lei epigrafada instituiu o contrato rural de pequeno prazo entre produtor rural e o trabalhador para o exercício de atividades de natureza temporária. Considera-se como tal o que, dentro de um ano, não ultrapassar dois meses. Ultrapassando este prazo, converter-se-á o contrato em por tempo indeterminado.

Requisitos: a) só pode contratar sob esta modalidade o produtor rural pessoa física, proprietário ou não, que explore diretamente atividade agroeconômica; b) prévia permissão em instrumento de negociação coletiva do trabalho; c) forma escrita, em duas vias, uma para cada parte. Tem que ser registrado na CTPS, com identificação do produtor, do imóvel rural e do trabalhador. Incide contribuição ao INSS de 8% sobre o salário de contribuição. A filiação e a inscrição do trabalhador na Previdência Social decorrem, automaticamente, da sua inclusão pelo empregador na Guia de Recolhimento do Fundo de Garantia do Tempo de Serviço e Informações à Previdência Social — GFIP.

Ao trabalhador dessa modalidade contratual são assegurados, além dos direitos trabalhistas, remuneração equivalente à dos trabalhadores permanentes. Todas as parcelas devidas são calculadas dia a dia e pagas mediante recibo. O FGTS deverá ser recolhido e poderá ser liberado na forma da Lei n. 8.036/90, ou seja, recolhido no percentual de 8% do valor da remuneração e liberado no final do contrato terminado por expiração do prazo de vigência, que é o saque dos depósitos sem acréscimo da multa de 40%.

6. Parceria rural

A parceria divide-se em duas espécies: agrícola e pecuária.

A *agrícola* é o contrato pelo qual uma pessoa cede um prédio rústico a outra, para ser por esta cultivado, repartindo-se os frutos entre as duas, na proporção estipulada.

A *pecuária* é o contrato pelo qual uma pessoa entrega a outra animais para que esta os pastoreie, trate e crie, mediante uma cota nos lucros.

A natureza da parceria é discutível — se associativa ou comodato. O direito italiano trilha a via do associacionismo. O nosso Estatuto da Terra — Lei n. 4.504/64 — pende para o exemplo italiano.

De fato, a pequena parceria é um parente próximo do contrato de trabalho, com remuneração *in natura*, posto que o parceiro-cessionário é o próprio artífice e trabalha sob um certo comando do parceiro-cedente. Feitas essas considerações, vejamos algumas diferenças:

O parceiro-cessionário participa dos riscos da atividade; o empregado, não; a parceria é contrato personalíssimo, não se transferindo aos herdeiros; o emprego, de regra, continua com os sucessores do empregador; o cessionário dirige a exploração do bem tomado em parceria sem intervenção e poder hierárquico do cedente; o empregado cumpre ordens.

Se o contrato estabelecer pagamento parte fixa em dinheiro e parte em utilidade, configura-se o contrato de trabalho, conforme o art. 96, parágrafo único, do Estatuto da Terra.

A parceria é regulada pelo Código Civil e pelo Estatuto da Terra, art. 96. Na dúvida, opta-se pela existência do vínculo empregatício.

Capítulo XIII

Terceirização ou *Outsourcing* no Direito do Trabalho

1. Conceito

Terceirização ou *outsourcing* é o nome dado ao fenômeno pelo qual a empresa transfere para outra empresa, em caráter continuado, mediante um contrato de natureza civil, serviços ou etapas de sua produção. É também terceirização a contratação para fornecimento de mão de obra.

A terceirização é uma das manifestações da flexibilização e se expressa de diversas formas. A principal se dá mediante a transferência para terceiro de serviços de qualquer atividade da empresa. Com isso, a empresa concentra toda a sua potência na atividade que lhe convém, não se dispersando em múltiplos serviços, como manter e administrar restaurante para os empregados, serviço médico, frota de carros, oficina etc.

Esses serviços, numa indústria de pneus, p. ex., podem ser contratados com outras empresas, cada uma especializada no assunto, a entrega, a oficina, a refeição, o serviço médico etc. O restaurante que fornece a refeição pode quarterizar alguns itens da refeição, a entrega... até que, nas pontas da prestação do serviço, sobrevêm trabalhos precarizados, com trabalhadores conspurcados dos seus direitos trabalhistas. Esta ponta é que preocupa.

A indústria automobilística terceiriza quase tudo, restringindo-se a montar os seus modelos; os Bancos terceirizam desde a segurança, o transporte de valores, a abertura de contas, a cobrança; o poder público terceiriza vários serviços, desde a limpeza, a vigilância, o transporte, a manutenção, até penitenciárias.

Doravante, com a redação que as Leis ns. 13.429 e 13.467/2017 deram à Lei n. 6.019/1974, rompeu-se a barreira da atividade meio, imposta pela Súmula n. 331 do TST, podendo a empresa terceirizar quaisquer de suas atividades. Inclusive, a prestadora de serviço pode subcontratar. A consequência é que, quem contratar para a atividade-fim terá que pagar ao terceirizado remuneração igual ao empregado que trabalha na mesma atividade, por imperativo do art. 5º da CLT, segundo o qual, a todo trabalho igual corresponde salário igual. Todavia, apesar da lei, acompanharemos a evolução jurisprudencial das Cortes Superiores.

Fontes legais — No Brasil, a terceirização só foi regulamentada por lei no ano de 2017, mediante a Lei n. 13.429/2017, que se alojou no leito da Lei n. 6.019/1974, do trabalho temporário, com mais alterações pela Lei n. 13.467/2017, da Reforma

Trabalhista, para deixar bem claro que todas as atividades da empresa podem ser terceirizadas. No entanto, foi praticada em larga escala na atividade-meio, sob o salvo-conduto da Súmula n. 331 do TST. Decerto, algumas leis tratam de espécies isoladas: Leis ns. 6.019/74 (trabalho temporário), 7.102/83 (vigilância e transporte de valores), 9.472/97 (regulamenta as telecomunicações), 11.196/05 (trabalho intelectual).

A Lei n. 7.102/83 disciplina o serviço de vigilância nas instituições financeiras e o transporte de valores, sem limite de prazo. Portanto, essa modalidade de terceirização não sofria as amarras da Lei n. 6.019/74, do Trabalho Temporário, que só admitia a contratação para suprir necessidade transitória de pessoal da empresa contratante. Logo, foi essa Lei que abriu caminho para a terceirização sem prazo para atividades periféricas da tomadora do serviço. E deu suporte à construção da Súmula n. 331 do TST para liberar a terceirização para atividade-meio, a qual cumpriu papel normativo até 30.03.2017, quando entrou em vigor a Lei n. 13.429/2017. Apesar da ementa, a Lei n. 7.102/83 disciplina a vigilância generalizada e não apenas no setor financeiro.

1.1. Espécies

A terceirização assume cada dia formas mais variadas. Mas pelo menos seis podem ser identificadas:

a) *terceirização de mão de obra* — dá-se quando a empresa contrata empresa de trabalho temporário, para lhe fornecer trabalhador, para suprir necessidade eventual de pessoal da contratante, pelo prazo de até 180 dias, podendo ser prorrogado, justificadamente, por uma vez por até 90 dias. Não obedecendo ao prazo e ao caráter temporário da demanda, a contratação será irregular, transferindo-se o vínculo de emprego do obreiro prestador do serviço para a empresa tomadora do serviço, salvo nos entes públicos, que exige concurso público para ingresso.

Na terceirização se estabelece uma tríplice relação jurídica: uma civil entre a empresa tomadora e a prestadora do serviço; uma relação de emprego entre esta e o trabalhador; e uma relação de trabalho entre este e a tomadora do serviço. Em consequência emergem diferentes obrigações: civis entre as duas empresas; trabalhistas entre a prestadora e os trabalhadores; a tomadora tem obrigação trabalhista subsidiária e civil originária (por exemplo, ofensa moral ou acidente de trabalho) em relação ao trabalhador locado;

b) *terceirização de serviços* — ocorre quando a empresa contrata outras empresas para prestarem serviços especificados de limpeza, conservação, vigilância, transporte, alimentação, manutenção, assistência médica, oficina, os quais podem não ser prestados nos estabelecimentos do tomador do serviço. Nessa modalidade, há as grandes prestadoras de serviço, as médias e os trabalhadores pejutizados, que deixam de ser empregados para serem prestadores autônomos. Na prestação desses serviços, a empresa prestadora (contratada) mobiliza trabalhadores para trabalharem para a tomadora dos serviços (contratante), no seu estabelecimento ou em outro local que indicar, obrigando-se a propiciar meio ambiente de trabalho salubre e seguro;

Pressupostos dessas espécies — a) especialização do serviço ou da mão de obra locados, de vigilância, de limpeza, de transporte, de alimentação etc. A terceirizada ou contratada não pode ser uma generalista e tem que provar sua qualificação; b) regularidade da empresa prestadora de serviço; c) a garantia dos direitos mínimos dos trabalhadores. Dentre outros.

c) terceirização de serviços de natureza intelectual (inclusive científico, artístico ou cultural) na atividade-fim da empresa, mediante a contratação de profissionais organizados em pessoa jurídica, para a prestação de serviço pessoal, continuado, mediante remuneração, sem vínculo de emprego, nos termos do art. 129 da Lei n. 11.196/05. Logicamente, a sociedade organizada para esse fim terá natureza simples, não podendo ser registrada na Junta Comercial, situação essa que beneficia o prestador do serviço do ponto de vista fiscal, cf. visto no item 8 do Cap. IX.

d) *terceirização de etapas da produção do produto final* — ocorre quando o trabalho é prestado em domicílio sem vínculo de emprego; ou quando a empresa transfere a microempresas etapas de produção de seu produto final, remunerando por produção, a exemplo de grandes empresas do ramo alimentício que transferem para pequenos produtores rurais a criação de aves, a plantação do milho que as alimenta etc. Esta modalidade, se não bem enquadrada, poderá constituir vínculo de emprego com trabalho em domicílio, travestida de terceirização. O *contrato de facção*, segundo jurisprudência do Egrégio TST, não gera responsabilidade trabalhista subsidiária do tomador do serviço. Sim, *in abstrato*, não, porém, *in concreto*, poderá gerar. O caso dirá. O contrato de facção é aquele em que uma empresa adquire de outra produto acabado e o incorpora ao seu acervo como tendo sido por ela produzido;

e) *terceirização mediante contratação de cooperativas* de trabalho. As cooperativas de trabalho estão previstas na Lei n. 12.690/2012, cujo art. 2º a define, o 4º a classifica e o 10 estabelece o objeto de sua atuação:

> Art. 2º Considera-se Cooperativa de Trabalho a sociedade constituída por trabalhadores para o exercício de suas atividades laborativas ou profissionais com proveito comum, autonomia e autogestão para obterem melhor qualificação, renda, situação socioeconômica e condições gerais de trabalho.
>
> Art. 4º A Cooperativa de Trabalho pode ser:
>
> **I** – *omissis*
>
> **II – de serviço, quando constituída por sócios para a prestação de serviços especializados a terceiros, sem a presença dos pressupostos da relação de emprego.**
>
> Art. 10. A Cooperativa de Trabalho poderá adotar por objeto social qualquer gênero de serviço, operação ou atividade, desde que previsto no seu Estatuto Social.
>
> § 1º *Omissis*
>
> § 2º A Cooperativa de Trabalho **não poderá ser impedida de participar de procedimentos de licitação pública** que tenham por escopo os mesmos serviços, operações e atividades previstas em seu objeto social.

f) *terceirização de componentes* — quando, p. ex., a empresa transfere a outras a fabricação de componentes dos seus produtos, como a indústria de autopeças em relação à fábrica de automóveis.

A última não desperta interesse trabalhista. As quatro primeiras, sim, porque, se não bem formalizadas, ou forem fraudulentas, o tomador do serviço poderá ser responsabilizado pelas obrigações trabalhistas e sociais.

Com a regulamentação legal da matéria pelas Leis ns. 13.429/17 e 13.467/17, a Súmula n. 331 do TST, que heroicamente cumpriu seu papel, tornou-se obsoleta.

Trabalho temporário — constitui um dos instrumentos de efetivação da terceirização de mão de obra, conforme exposto no item 3 do Cap. IX.

2. Terceirização lícita e ilícita

Lícita é a terceirização que se faz com a observância dos permissivos legais, cf. legislação acima citada. Ilícita é a terceirização fraudulenta, que tergiversa a legislação de proteção do trabalhador, que deságua na precarização. Assim, também é ilícita a contratação terceirizada para substituir pessoal em greve; que não observar a quarentena fixada nos arts 4º-C e 5º-D da Lei n. 6.019/74, com redação dada pela Lei n. 13.467/17, quando a empresa terceirizada não está regularmente constituída, nos termos da Lei n. 6.019 e quando o contrato entre a prestadora e a contratante não observar as formalidades exigidas por essa lei. Nesse contrabando, o direito se impõe. E alguém vai ser responsabilizado, logicamente o beneficiário final da mão de obra escamoteada.

3. Terceirização no serviço público

A terceirização na Administração pública federal foi oficializada pelo Decreto n. 2.271/97, que permitida a contratação de serviços por interpostas pessoas para as atividades materiais acessórias, instrumentais ou complementares aos assuntos que constituem área de competência legal do órgão ou entidade, como: vigilância, limpeza, conservação, segurança, transporte, reprografia, informações, copeiragem, recepção, informática, telecomunicações e manutenção de prédios, equipamentos e instalações.

O Decreto n. 9.507/2018, que substitui o 2.271/97, abrange também as estatais e optou pelo "tudo o que não for proibido é permitido", relacionando o que não pode ser objeto de execução indireta. Com isso, resultou ampliada a possibilidade de terceirização:

> Art. 3º Não serão objeto de execução indireta na administração pública federal direta, autárquica e fundacional, os serviços:
>
> I - que envolvam a tomada de decisão ou posicionamento institucional nas áreas de planejamento, coordenação, supervisão e controle;
>
> II - que sejam considerados estratégicos para o órgão ou a entidade, cuja terceirização possa colocar em risco o controle de processos e de conhecimentos e tecnologias;

III – que estejam relacionados ao poder de polícia, de regulação, de outorga de serviços públicos e de aplicação de sanção; e

IV – que sejam inerentes às categorias funcionais abrangidas pelo plano de cargos do órgão ou da entidade, exceto disposição legal em contrário ou quando se tratar de cargo extinto, total ou parcialmente, no âmbito do quadro geral de pessoal.

§ 1º Os serviços auxiliares, instrumentais ou acessórios de que tratam os incisos do *caput* poderão ser executados de forma indireta, vedada a transferência de responsabilidade para a realização de atos administrativos ou a tomada de decisão para o contratado.

§ 2º Os serviços auxiliares, instrumentais ou acessórios de fiscalização e consentimento relacionados ao exercício do poder de polícia não serão objeto de execução indireta.

Empresas públicas e sociedades de economia mista controladas pela União

Art. 4º Nas empresas públicas e nas sociedades de economia mista controladas pela União, não serão objeto de execução indireta os serviços que demandem a utilização, pela contratada, de profissionais com atribuições inerentes às dos cargos integrantes de seus Planos de Cargos e Salários, exceto se contrariar os princípios administrativos da eficiência, da economicidade e da razoabilidade, tais como na ocorrência de, ao menos, uma das seguintes hipóteses:

I – caráter temporário do serviço;

II – incremento temporário do volume de serviços;

III – atualização de tecnologia ou especialização de serviço, quando for mais atual e segura, que reduzem o custo ou for menos prejudicial ao meio ambiente; ou

IV – impossibilidade de competir no mercado concorrencial em que se insere.

§ 1º As situações de exceção a que se referem os incisos I e II do *caput* poderão estar relacionadas às especificidades da localidade ou à necessidade de maior abrangência territorial.

§ 2º Os empregados da contratada com atribuições semelhantes ou não com as atribuições da contratante atuarão somente no desenvolvimento dos serviços contratados.

§ 3º Não se aplica a vedação do *caput* quando se tratar de cargo extinto ou em processo de extinção.

§ 4º O Conselho de Administração ou órgão equivalente das empresas públicas e das sociedades de economia mista controladas pela União estabelecerá o conjunto de atividades que serão passíveis de execução indireta, mediante contratação de serviços.

Vedação de caráter geral

Art. 5º É vedada a contratação, por órgão ou entidade de que trata o art. 1º, de pessoa jurídica na qual haja administrador ou sócio com poder de direção que tenham relação de parentesco com:

I – detentor de cargo em comissão ou função de confiança que atue na área responsável pela demanda ou pela contratação; ou

II – autoridade hierarquicamente superior no âmbito de cada órgão ou entidade.

Esse Decreto delega ao Ministério do Planejamento a regulamentação da matéria em relação à Administração direta, autárquica e fundacional; e ao Conselho de Administração ou órgão equivalente em relação às empresas públicas e sociedades de economia mista.

Aliás, esse Decreto reproduz o que já constava da Instrução Normativa n. 5/2017, do Ministério do Planejamento, que disciplina fastidiosamente o *modus operandi* da contratação indireta no âmbito do serviço público federal. Ver item 7 do Capítulo IX.

Responsabilidade — O tomador da mão de obra terceirizada é responsável subsidiariamente pelas obrigações trabalhistas e sociais das pessoas que lhe prestam o serviço. Esta é a regra que dimana dos arts. 5º-A, § 5º, em relação a terceirizados, e 10, § 7º, em relação aos temporários, da Lei n. 6.019/1974, com a redação dada pela Lei n. 13.429/2017. Em caso de falência da prestadora de serviço temporário, a responsabilidade é solidária. Por outro lado, em relação a acidentes de trabalho, há que se entender que a responsabilidade é solidária, porque a lei dita que a tomadora do serviço proporcionará as condições ambientais necessárias aos trabalhadores locados.

Em relação à Administração Pública, há que se aplicar a mesma regra, da responsabilidade subsidiária, acima analisada, porque a lei não abriu nenhuma exceção, e a lei é para todos. Se a Administração Pública utilizar essa modalidade de contratação, deve curvar-se às suas regras. Terceirizar é uma opção, que, uma vez exercida, leva às consequências naturais. Antes da Lei n. 13.429/2017, o TST disciplinou a matéria através da Súmula n. 331, declarando para os tomadores de serviço a responsabilidade subsidiária. Mas o STF, nos autos da ADC n. 16, julgou que não se aplicava a regra sumulada ao Poder Público, salvo em caso de culpa, em face do disposto no art. 71 da Lei de Licitações n. 8.666/93. Em virtude desse julgado, o TST reformulou a Súmula n. 331 para declarar que os entes da Administração Pública só respondem subsidiariamente no caso de culpa, principalmente no tocante à fiscalização da execução do contrato, ou seja, só em caso de culpa *in eligendo e culpa in vigilando.* A culpa *in eligendo* diz respeito à escolha da terceirizada, com a rigorosa observância da Lei de Licitação, examinando previamente a regularidade fiscal e trabalhista das empresas a serem contratadas. Por outro lado, incumbe à Administração de fiscalizar a execução do contrato, o que se faz mediante a designação de um servidor para fazer o acompanhamento dos contratos. Se assim não proceder, estará incorrendo em culpa *in vigilando.*

Todavia, tudo isso tornou-se obsoleto. A Lei n. 13.429/2017 fincou o marco legal da Terceirização, revogando tudo o que havia de jurisprudência. E estabeleceu textualmente que a parte contratante de serviços é responsável subsidiariamente pelas obrigações trabalhistas dos obreiros que lhe prestaram serviço (§ 5º do art. 5º-A da Lei n. 6.019/74). **Essa obrigação subsidiária passou a ser objetiva, independente de culpa.** Assim, considerando a lei no tempo, a nova regra aplica-se também à Administração Pública a partir da vigência da Lei n. 13.429, de 31 de março de 2017. As pendências anteriores regem-se pelo direito anterior.

O art. 13 dessa Lei preceitua que os fatos da justa causa e da despedida indireta podem ser aferidos entre o trabalhador e sua empregadora ou a tomadora do serviço.

Destarte, outras situações particulares podem aflorar, a exemplo do acidente de trabalho sofrido por culpa do tomador do serviço, assim como quando este explorar atividade de risco à saúde ou à integridade física e algum dano venha a ocorrer ao operário (art. 927, parágrafo único, do Código Civil); a ofensa física ou moral que o terceirizado sofra no local da prestação do serviço. Nestes casos, é de se interpretar que a responsabilidade primária é do tomador do serviço, sem prejuízo da solidariedade da empresa prestadora de serviço.

Por fim, tenha-se em mente que aquele que se beneficiou do trabalho de alguém deve ser o fiador final das obrigações trabalhistas. Este é o princípio geral, à sombra do qual se haverá de evoluir para albergar outras situações ainda não contempladas na lei e na jurisprudência, como as obrigações do franqueado, que, em última instância, está dando lucro ao franqueador. Afinal, este não pode ser beneficiário final da franquia sem riscos pelo empreendimento. Em casos tópicos, poderá ocorrer a corresponsabilidade do franqueador e do franqueado pelas obrigações trabalhistas.

Capítulo XIV

Contrato de Emprego

1. Denominação

Originariamente, o contrato de trabalho foi disciplinado nos Códigos Civis sob a denominação de locação de serviços. Propôs-se a denominação "locação de trabalho", que não emplacou. Outras denominações foram sugeridas: contrato de salário (cujo alcance é muito restrito), contrato de salariado (que também enfoca um só ângulo do conteúdo) e **contrato de emprego**, considerado por Orlando Gomes o mais elucidativo, posto que apresenta vantagens, como a de eliminar a ambiguidade que o termo "trabalho" suscita.

Mas a denominação que "pegou" foi a de "contrato de trabalho", como encontramos nas leis, na doutrina e jurisprudência dominantes. Entretanto, no programa de concurso, o Egrégio TST emprega a denominação *contrato de emprego*. Essa denominação reducionista foi muito feliz, porque permite distinguir essa espécie de relação de trabalho das outras espécies, que também passaram para a competência da Justiça do Trabalho.

2. Definição

Contrato de trabalho (ou de emprego) "é o acordo tácito ou expresso correspondente à relação de emprego" — art. 442 da CLT. A definição legal é perfeita ao atribuir força contratual aos fatos, prevenindo contra as fraudes e as discrepâncias entre o contrato pactuado e o executado. Incorpora a teoria do contrato-realidade.

Gomes e Gottschalk propõem a seguinte definição: "Contrato de trabalho é a convenção pela qual um ou vários empregados, mediante certa remuneração e em caráter não eventual, prestam trabalho pessoal em proveito e sob a direção do empregador" (*Curso de direito do trabalho*, v. I, p. 191).

3. Classificação

O contrato de emprego é bilateral, consensual, oneroso, comutativo, de trato sucessivo e *intuitu personae* em relação ao empregado.

É *bilateral* porque envolve duas vontades opostas; *consensual* porque depende do acordo de vontades (não pode ser de natureza real); *oneroso* porque as partes auferem vantagens recíprocas; *comutativo* porque visa à equipolência da prestação e da contraprestação; *de trato sucessivo*, ou de duração, porque o contrato realiza-se por meio de uma série de atos no curso do tempo; *intuitu personae* em relação ao trabalhador porque só a pessoa física contratada como empregado pode prestar o serviço.

4. Morfologia — Forma, prova e conteúdo

Entende-se por morfologia o estudo da estrutura do contrato, como forma, prova e conteúdo.

a) **Forma** — o art. 443 consolidado prescreve: "O contrato individual de trabalho poderá ser acordado tácita ou expressamente, verbalmente ou por escrito e por prazo determinado ou indeterminado".

Vê-se, pois, que a regra do contrato de trabalho é a informalidade. É um contrato fático, contrato-realidade. Uma vez verificada a situação fática equivalente à relação de emprego, preenchidos os pressupostos e requisitos essenciais desta, configura-se o contrato de trabalho, com todos os direitos e deveres que a legislação confere.

Entretanto, considerando que a regra é a do contrato por tempo indeterminado, os contratos especiais, como os de tempo limitado, requerem forma escrita e a observância de determinadas condições, como as especificadas nos §§ do art. 443 consolidado. A regra se presume, a exceção se prova.

Da mesma forma, aos contratos envolvendo certas profissões, como o contrato do atleta, de técnicos estrangeiros residentes no País, marítimos etc. a lei impõe formalidades essenciais à sua validade(41).

b) **Prova** — prova-se o contrato de trabalho pelos registros obrigatórios na CTPS e no Livro de Registro de Empregados, conforme dispõem os arts. 40 e 41 da CLT. Entretanto, a jurisprudência entende que essa prova é *juris tantum*, isto é, pode ser desconstituída mediante prova em contrário. Todos os meios jurídicos e moralmente permitidos prestam-se para provar o contrato de trabalho, como documentos, testemunhas, perícia, confissão.

A prova se faz tanto da própria existência do contrato de trabalho, como de sua natureza e das suas cláusulas: se há contrato, se é emprego, que tipo de serviço, quantas horas por dia, remuneração, forma de pagamento, espaço do pagamento, local do trabalho.

Prescreve o art. 456: "A prova do contrato individual do trabalho será feita pelas anotações constantes da Carteira Profissional de Trabalho e Previdência Social, ou por instrumento escrito e suprida por todos os meios permitidos em direito.

Parágrafo único. À falta de prova ou inexistindo cláusula expressa a tal respeito, entender-se-á que o empregado se obrigou a todo e qualquer serviço compatível com a sua condição pessoal".

A presunção também constitui meio de prova. O art. 447 estabelece que, na falta de acordo ou prova sobre condição essencial ao contrato verbal, esta se presume existente, como se a tivessem estatuído os interessados, na conformidade dos preceitos jurídicos adequados à sua legitimidade.

---

(41) A propósito, leia-se BARROS, Alice Monteiro de. *Contratos especiais de trabalho*. São Paulo: LTr, 2001.

O art. 460 preceitua que, "na falta de estipulação do salário ou não havendo prova sobre a importância ajustada, o empregado terá direito a perceber salário igual ao daquele que, na mesma empresa, fizer serviço equivalente, ou do que for habitualmente pago para serviço semelhante".

O art. 464 dispõe que o pagamento do salário será feito contra recibo assinado pelo empregado. Porém, há que se atribuir força probante o comprovante de depósito em conta bancária empregado.

c) **Conteúdo** — em decorrência do seu caráter sinalagmático, o conteúdo do contrato de trabalho compõe-se das **obrigações mútuas** em iguais proporções. As principais obrigações do empregador são proporcionar o trabalho, um meio ambiente sadio e remunerá-lo devidamente; as do empregado são cumprir suas atribuições com zelo e eficiência. Ver detalhes no Capítulo XVIII.

5. Elementos essenciais do contrato de emprego

A validade do ato jurídico requer agente capaz, objeto lícito, possível, determinado ou determinável e forma prescrita ou não defesa em lei — art. 104 do Código Civil.

Pois bem, em relação ao contrato de trabalho, compõem a essência três requisitos: **agente capaz, idoneidade do objeto** e **consenso.** Os dois primeiros constituem pressupostos do contrato; o último, requisito intrínseco.

A forma não é da essência do contrato de trabalho, se bem que uma quantidade crescente de espécies contratuais requer forma escrita, conforme já dito. Contudo, quando exigida, sua ausência joga o contrato na regra geral.

A preterição de elementos essenciais gera a nulidade absoluta e a de elementos acidentais gera a anulabilidade. No Trabalho, porém, diferentemente do Civil, o efeito nos dois casos é o mesmo, ou seja, *ex nunc*.

A propósito, para ingresso em emprego público na administração pública direta, autárquica, fundacional, empresa pública e sociedade de economia mista, o concurso público constitui forma essencial, cuja preterição implica a nulidade do ato e a punição da autoridade responsável (§ 2º do art. 37, CF). Ver detalhes no item 2 do Capítulo XVI.

A **causa** só constitui requisito intrínseco, ao lado do consenso, quando expressamente referida no contrato. A doutrina universal ainda não se conciliou sobre o que vem a ser causa e motivo do negócio jurídico. Causa dá ideia de origem fática, estática; motivo vem de móvel, movimento que induz um ânimo.

5.1. Capacidade

Capacidade deve ser vista de dois ângulos: a) a de ser empregador; e b) a de ser empregado. A relativa, tanto para um como para outro, inicia-se aos 16 anos e a absoluta aos 18. A do empregador poderá advir da aquisição extraordinária nas hipóteses discriminadas no art. 5º do Código Civil. O maior de 16 e menor de 18 anos poderá firmar contrato de trabalho mediante assistência dos pais ou tutor; poderá, igualmente, reclamar com assistência daqueles ou do Ministério Público. O maior de 16 e menor de 18 anos poderá firmar recibo pelo pagamento de salários, porém, é-lhe vedado dar quitação da rescisão contratual sem a assistência dos responsáveis, cf. art. 439 da CLT.

Cumpre esclarecer que a emancipação extraordinária do trabalhador não surte os mesmos efeitos que no Direito Civil. Assim, pelo fato de o menor de 18 anos casar-se, p. ex., a pessoa não fica liberada para o trabalho noturno, perigoso, insalubre ou prejudicial à sua formação moral.

A capacidade do empregador empresário está disciplinada nos arts. 972 a 980 do Código Civil. Podem exercer atividade de empresário os que estiverem em pleno gozo da capacidade civil e não forem legalmente impedidos. Poderá o incapaz, por meio de representante ou devidamente assistido, continuar a empresa antes exercida por ele enquanto capaz, por seus pais ou pelo autor da herança.

Não ficam sujeitos ao resultado da empresa os bens que o incapaz já possuía, ao tempo da sucessão ou da interdição, desde que estranhos ao acervo daquela, devendo tais fatos constar do alvará que conceder a autorização.

Se o representante ou assistente do incapaz for pessoa que, por disposição de lei, não puder exercer atividade de empresário, nomeará, com a aprovação do juiz, um ou mais gerentes. Do mesmo modo, será nomeado gerente em todos os casos em que o juiz entender ser conveniente.

A prova da emancipação e da autorização do incapaz, nos casos do art. 974 do CC, e a de revogação desta, será inscrita ou averbada no Registro Público de Empresas Mercantis.

A Lei n. 12.399/11 acrescentou ao art. 974 do CC o § 3º, dispondo que as alterações contratuais na sociedade mercantil poderão ser registradas nas Juntas Comerciais, observados os seguintes requisitos: a) o sócio incapaz não poderá exercer a administração da sociedade; b) o capital social deve ser totalmente integralizado; c) o sócio relativamente incapaz deve ser assistido e o absolutamente incapaz deve ser representado por seus representantes legais.

São absolutamente incapazes de contratar emprego (arts. 3º do CC): os menores de 16, salvo na condição de aprendiz, a partir dos 14 anos (art. 7º, XXXIII, CF); são relativamente incapazes a certos atos ou à maneira de os exercer, cf. art. 4º, CC, com a redação dada pela Lei n. 13.146/2015: I – os maiores de dezesseis e menores de dezoito anos; II – os ébrios habituais e os viciados em tóxico; III – aqueles que, por causa transitória ou permanente, não puderem exprimir sua vontade; IV – os pródigos. Porém, **se de fato prestarem serviço pessoal, não eventual, sob o comando de alguém, mediante salário, o contrato gera todos os efeitos legais**.

5.2. Idoneidade do objeto

Segundo o art. 104 do Código Civil, idôneo é o objeto lícito, possível, determinado ou determinável. Licitude significa que o objeto do contrato não é proibido por lei (p. ex.:

é proibido contratar para fazer o mal a outrem). A possibilidade material está ligada à viabilidade de execução do contrato (por enquanto, é impossível o contrato para o empregado trabalhar na lua). A determinação do objeto vincula-se à sua individualização ou possibilidade de fazê-lo (contrato para prestar serviço de pedreiro, pintor...). Ver mais detalhes no Capítulo XVI.

5.3. Consenso

Consenso constitui requisito essencial intrínseco. Decorre da capacidade: a partir dos 18 anos pode consentir nas cláusulas contratuais, pois adquiriu a capacidade plena; de 16 a 18 anos (a estes equiparados os ébrios habituais e os viciados em tóxico, aqueles que, por causa transitória ou permanente, não puderem exprimir sua vontade — art. 4º do CC) o consenso requer a assistência dos pais, tutor ou curador; de 14 a 16 anos, só pode contratar, na condição de aprendiz.

Com efeito, constitui elemento essencial porque o contrato inicia-se com o consentimento, a manifestação da vontade, que deve ser livre, espontânea, sem coação ou engano. O fato de aderir às cláusulas prefixadas não descaracteriza a vontade, em face de esta definir-se pelo ACEITO ou NÃO ACEITO.

5.4. Vícios de consentimento *(arts. 138/184 do CC)*

Viciam a vontade, invalidando a manifestação. São eles: erro ou ignorância, dolo, coação, fraude, estado de perigo e lesão.

O ***erro*** pode dizer respeito ao local de trabalho, montante salarial ou às qualidades essenciais da pessoa; o ***dolo*** ou intenção de cometer uma ilegalidade, ocorre, por exemplo, quando o empregado apresenta habilitação falsa para conseguir o emprego, ou o empregador exibe demonstrativo falso de lucro para atrair o empregado; há ***coação*** quando o empregador é ameaçado de depredação dos seus bens, ou o empregado é ameaçado de denúncia por ato ilícito; o ***estado de perigo*** se dá quando alguém, premido pela necessidade de salvar-se, ou a pessoa de sua família, de grave dano conhecido pela outra parte, assume obrigação excessivamente onerosa; a ***lesão*** caracteriza-se quando uma pessoa, sob premente necessidade, ou por inexperiência, se obriga a prestação manifestamente desproporcional ao valor da prestação oposta. A ***fraude contra credores*** materializa-se quando o devedor desvia seu patrimônio para não pagar os credores, pode ter aplicação quanto aos créditos trabalhistas.

Os vícios de consentimento despertam pouco interesse prático no tocante à anulação do contrato, posto que, no nosso direito, é mais fácil rescindir que anular. Além disso, a nulidade não retroage se houve efetiva prestação do serviço.

Entretanto, despertam enorme interesse na apreciação de alterações contratuais: transferência, mudança de função, alteração da forma de pagamento. A concordância do empregado em alteração contratual que lhe resulte prejuízo — direto ou indireto — presume-se viciosa (art. 468 da CLT).

Outrossim, o ato anulável do empregador, uma vez decretado pelo juiz, geraria efeito até sua anulação. Assim, um ato de despedida com vício de consentimento não daria direito a reintegração, mas a readmissão, com salários vencidos só a partir da petição inicial, e não a partir da ruptura contratual. Todavia, a jurisprudência trabalhista adota apenas a reintegração, ou nada.

6. Elementos naturais do contrato de emprego

Os elementos naturais do contrato de emprego são os já referidos nos Capítulos anteriores: pessoalidade, não eventualidade, subordinação jurídica ou hierárquica e remuneração.

7. Elementos acidentais — Condição e termo

Há cláusulas contratuais que subordinam a validade do negócio a evento futuro. Se o evento é futuro e incerto, configura-se a *condição*; se futuro e certo, dá-se o *termo*. A condição define-se pelo SE, enquanto o termo apresenta-se pelo QUANDO. Esses dois elementos são acessórios aos contratos e comportam no contrato de trabalho.

A condição é suspensiva ou resolutiva. O termo é inicial ou final. A suspensiva e o inicial suspendem os efeitos do contrato até a realização do acontecimento previsto: te contrato agora, mas o contrato só iniciará seus efeitos se o Brasil ganhar a Copa (condição suspensiva); te contrato agora, mas o contrato só inicia seus efeitos quando terminar a Copa (termo inicial).

A condição resolutiva e o termo final suspendem os efeitos do contrato com o implemento do evento previsto: te contrato por tempo indeterminado; entretanto, se não chover na estação chuvosa, extingue-se o contrato (condição resolutiva); te contrato pelo período enquanto durar a construção X (termo final incerto); te contrato por um ano (termo final certo).

Capítulo XV

Modalidades do Contrato de Emprego

1. Contrato por tempo indeterminado e por tempo determinado

1.1. Por tempo indeterminado

É o que se faz sem fixação prévia da sua duração, presumindo-se prolongamento indefinidamente. Constitui a regra em Direito do Trabalho, e só excepcionalmente admite-se o contrato por tempo determinado.

1.2. Por tempo determinado

São os contratos cujo termo final é previamente estabelecido. Compreende várias espécies: por obra certa, de safra, de experiência, com data certa de término, de aprendiz, de atleta, do técnico estrangeiro etc.

Como se trata de espécie contratual que foge à regra geral, é formal e requer observância de condições legais, como a natureza transitória do serviço ou da atividade empresarial (art. 443, § 2º, da CLT), ou da especificidade do trabalho.

Regra geral, a duração máxima do contrato por tempo determinado é de dois anos. Entretanto, pode ser estipulado por prazo inferior e prorrogado uma vez até completar os dois anos. Não pode ser prorrogado mais de uma vez sob pena de tornar-se por prazo indeterminado (arts. 445 e 451 da CLT).

Em caso de dúvida, o intérprete deve optar pelas normas aplicáveis ao contrato por prazo indeterminado, por ser a regra geral.

Se o contrato contiver cláusula assecuratória de direito recíproco de rescisão antes do termo estipulado, se esse direito for exercido, aplicar-se-ão as regras que regem a rescisão dos contratos por prazo indeterminado. Se não contiver tal cláusula, a rescisão antecipada pelo empregador implicará o pagamento do restante do contrato pela metade. Se a iniciativa for do empregado, este deverá indenizar o patrão na mesma proporção do que teria direito. Ver arts. 479, 480 e 481 da CLT.

2. Renovação do contrato por tempo certo. Consequências

Renovação contratual é a sucessão de contratos, isto é, terminação de um e começo de outro. Duas situações devem ser consideradas: 1) renovação do contrato por tempo certo; e 2) renovação do contrato por tempo indeterminado.

No primeiro caso, não é permitida a sucessão de um contrato por tempo certo no período de seis meses, salvo se a expiração do primeiro dependeu da execução de serviços especializados ou da realização de certos acontecimentos. Fora das exceções *supra*, a sucessão de um contrato por tempo certo por outro também de tempo certo gera a consequência de tornar por tempo indeterminado o segundo contrato (art. 452 da CLT).

A lei impede a sucessão em cadeia dos contratos por tempo certo para evitar fraude contra a regra geral, que é a do contrato sem prazo certo. Abre exceções à proibição. Assim, o contrato a termo pode ser renovado antes de decorridos seis meses se a sua expiração decorreu da execução de serviços especializados ou da realização de certos acontecimentos. Isso é permitido porque decorre de razões objetivas e não subjetivas.

Exceções à soma: os períodos descontínuos de contratos de trabalho de atletas, artistas de teatro, circo e congêneres não se somam, por serem do tipo de contratos autônomos, podendo ser renovados inúmeras vezes, mesmo sem intervalo de seis meses, e prorrogados mais de uma vez, sem que se converterem em ajuste por prazo indeterminado.

A segunda hipótese trata da soma do tempo de serviço. Assim dispõe o art. 453 consolidado: "No tempo de serviço do empregado, quando readmitido, serão computados os períodos, ainda que descontínuos, em que tiver trabalhado anteriormente na empresa, salvo se houver sido despedido por falta grave, recebido indenização legal ou se aposentado espontaneamente". Acentue-se que, desde a instituição do regime do FGTS, que acabou com a indenização, essa regra perdeu sua importância originária; entretanto subsistem alguns efeitos:

a) da extinção do último contrato é que começa a fluir o prazo prescricional do direito de ação, objetivando a soma dos períodos descontínuos. Súmula n. 156 do TST;

b) computam-se os períodos trabalhados em empresas do mesmo grupo econômico que constituam a solidariedade de que trata o § 2º do art. 2º;

c) somam-se os períodos descontínuos para efeitos previdenciários, ainda que os contratos tenham sido de prazo determinado e indeterminado, indistintamente, pois o que se tem em vista é o tempo da prestação laboral, e não a natureza do contrato.

3. Tipos de contrato a termo

3.1. Contrato temporário de trabalho

Exceção introduzida no art. 443 da CLT, pela Lei n. 9.601/98, para permitir contratação por tempo determinado, indiscriminadamente, sem as limitações enumeradas. Porém só será possível sob três condições: a) mediante prévio acordo ou convenção coletiva; b) para admissões que representem acréscimo do número de empregados; c) por escrito, depositado na Superintendência Regional do Trabalho. Não confundir com o contrato de trabalho temporário e com terceirizado, regidos pela Lei n. 6.019/74.

3.2. Contrato de emprego de safra e por temporada

De safra — "Considera-se contrato de safra o que tenha sua duração dependente de variações estacionais da atividade agrária" — art. 14, parágrafo único, da Lei n. 5.889/73, do trabalho rural.

Expirado o contrato do safrista, este fazia jus à indenização equivalente a 1/12 do salário mensal por mês de serviço ou fração superior a 14 dias. Essa indenização cedeu lugar ao FGTS, conforme art. 20, IX, da Lei n. 8.036/90. O art. 19 do Regulamento da Lei n. 5.889/73 (Decreto n. 73.626/74) limita o tempo do contrato de safra: "entre o preparo do solo para o cultivo e a colheita".

Por temporada — o vocábulo *temporada* indica o espaço de tempo caracterizado por alguma circunstância, ou durante o qual, habitualmente, alguma coisa realiza-se (De Plácido e Silva).

O contrato de safra refere-se puramente à atividade agrária, não atingindo a pecuária e a indústria rural. O contrato por temporada é, pois, mais abrangente, compreendendo tanto os curtos períodos — *v. g.* durante a semeadura, ou a colheita — como os períodos extensos, exemplo da entressafra da carne, durante o período de desova da lagosta, durante as férias escolares etc.

Difere do contrato de safra por ser este específico, definido por lei, aplicável só à atividade agrária e com limite entre o preparo do solo para o cultivo e a colheita.

O contrato por temporada rege-se pelas normas aplicáveis ao contrato por tempo determinado.

3.3. Contrato por obra certa

É uma modalidade de contrato por tempo certo, previsto expressamente no art. 483 da CLT, em que sua duração enclausura-se no tempo de duração da obra. Essa modalidade de contrato deve ser formalizada expressamente na Carteira de Trabalho e Registro de Empregados, para não gerar dúvida sobre sua espécie. Deve, outrossim, ser especificada a etapa da obra, caso o trabalhador não seja necessário para a obra toda. Se assim não for feito, o obreiro fará jus ao contrato por toda a obra, ou a indenização do restante, entre a despedida sem justa causa e o efetivo final da obra, na forma do art. 479 da CLT (= 50% do salário do restante do contrato).

3.4. Contrato de técnico estrangeiro

Previsto no Decreto-lei n. 619/69, é o contrato com técnico de nacionalidade estrangeira que vem ao Brasil realizar um *serviço especializado e transitório*. Poderá o salário ser ajustado em moeda estrangeira, mas será pago em moeda nacional, pelo câmbio do dia do pagamento. Contudo, enquanto no território nacional, a ele será obrigatória a observância do piso mínimo da legislação nacional: da jornada, dos intervalos, do salário mínimo, das férias, do 13º e outros direitos. O citado DL não ampara a contratação desse técnico para as atividades permanentes da empresa. Caso não seja *especializado* o serviço e de natureza *transitória*, aplicam-se as regras gerais da CLT.

3.5. Contrato de aprendizagem

Não pode ser superior a dois anos (art. 428, § 3º), matéria já detalhada no Cap. X, item 9.

3.6. Contrato de atleta profissional

Não terá vigência inferior a três meses nem superior a cinco anos, cf. art. 30 da Lei n. 9.615/98. A esta modalidade contratual não se aplica o art. 445 da CLT, podendo ser renovada indetermináveis vezes, sem converter-se em contrato por tempo indeterminado (art. 30, parágrafo único, da Lei n. 9.615/98).

Contrato de curta duração do trabalho rural — ver no Cap. XII, do Trabalho Rural.

Contrato de trabalho temporário — exposto no Capítulo VIII.

4. Período de experiência e contrato de experiência

Período de experiência — corresponde ao primeiro ano no mesmo emprego, preconizado no art. 478, § 1º da CLT. A Constituição de 1967/1969 previa o regime de indenização e o do FGTS; mas a de 1988 unificou o sistema só no regime do FGTS, tornando quase obsoleto o citado § 1º do art. 478. Entretanto, o período de experiência ainda surte os seguintes efeitos: o pedido de demissão e a rescisão do contrato do empregado com menos de doze meses na empresa prescinde de assistência, enquanto a partir de doze meses, a assistência, na forma do § 1º do art. 447 da CLT, é obrigatória. O período de experiência não decorre de cláusula contratual; está inserido por lei em todo contrato por prazo indeterminado.

Por outra vertente, denomina-se experiência o período que o trabalhador já acumulou na profissão. A Lei n. 11.644/08 incluiu na CLT o art. 442-A: "Para fins de contratação, o empregador não exigirá do candidato a emprego comprovação de experiência prévia superior a 6 (seis) meses no mesmo tipo de atividade".

Contrato de experiência — depende de ajuste prévio. Constitui uma espécie de contrato por prazo determinado. Sua duração máxima é de 90 dias. Pode ser fixado por prazo inferior e prorrogado uma vez, contanto que a soma não extrapole o prazo de 90 dias. Se fixado inicialmente em 30 dias, prorrogado por mais 30, uma eventual segunda prorrogação torna-o por tempo indeterminado, ainda que totalize prazo inferior a 90 dias. É compatível com o trabalho rural e o doméstico.

Por fugir da regra geral, deve ser formalizado inequivocamente, sob pena de presumir-se inexistente a cláusula da experiência. A experiência tem destinação bilateral: tanto para o empregado avaliar o emprego, como para o empregador avaliar o empregado. Não se limita a testar a habilidade profissional.

O contrato de experiência é por tempo certo. Findo o prazo, o contrato extingue-se, independentemente de aviso-prévio. Expirado o prazo da experiência, se uma das partes não denuncia o contrato, este torna-se por prazo indeterminado, sob as mesmas cláusulas iniciais.

A despedida antes do termo final estipulado implica uma das duas consequências: a) se o contrato contém cláusula de rescisão antecipada é devido aviso-prévio, como na rescisão do contrato por tempo indeterminado; b) se não, é devido o salário do restante do contrato, pela metade (arts. 479 a 481 da CLT), além das proporções de férias e de 13º salário e o saque do FGTS acrescido de 40%.

Uma observação cumpre fazer: o contrato de experiência, como contrato por tempo determinado, extingue-se, caduca, não gerando os efeitos da despedida. Em razão disso, não gera direito a indenizações nem comporta as estabilidades para além de seu prazo, exceto para a gestante, cujo final se adia para o fim do período estabilitário.

5. Contrato de emprego individual, coletivo e por equipe

Individual — "É o acordo tácito ou expresso, correspondente à relação de emprego" — art. 442 da CLT. Já vimos os conceitos de empregado e empregador.

Gomes e Gottschalk definem-no como "a convenção pela qual um ou vários empregados, mediante certa remuneração e em caráter não eventual, prestam trabalho pessoal em proveito e sob a direção de empregador" (*op. cit.*, p. 171). A inclusão da pluralidade de sujeitos passivos tem significado porque abrange o contrato de equipe, que é individual.

Contrato coletivo — é a designação técnica, embora imprópria, da Convenção Coletiva de Trabalho e do Acordo Coletivo de Trabalho. Distingue-se o contrato coletivo (sentido técnico) do individual porque este cria a relação de emprego — a obrigação de o empregado prestar o trabalho e de o empregador ocupar e remunerar o empregado —, enquanto o coletivo prescreve condições gerais de trabalho por meio de cláusulas que irão regular os contratos individuais em curso ou futuros. Ver Capítulo próprio sobre os instrumentos de negociação coletiva.

Contrato de trabalho por equipe — Contrato de equipe é o que só pode ser desempenhado por uma equipe ou grupo em conjunto, em que o trabalho de um só membro do grupo não atenda à necessidade do tomador do serviço, como é o caso do conjunto musical – ou se contratam todos os membros ou não se faz a festa. Entretanto, a jurisprudência tem entendido como de equipe o contrato de trabalho intermediado pelos sindicatos de carregadores, ensacadores e empilhadores e o trabalho de estiva (ver item 6 sobre trabalhador avulso).

O contrato de equipe caracteriza-se pela presença de três figurantes: o tomador do serviço da equipe; o chefe da equipe, que tem poder delegado para firmar o contrato; e os membros da equipe. Apesar de o contrato ser um só, ele representa tantos contratos individuais quantos forem os membros da equipe. São vários contratos individuais enfeixados em um só. A equipe compõe uma sociedade de fato, participando todos da mesma sorte e do mesmo infortúnio. O ganho é rateado. Onde o chefe da equipe tiver poder hierárquico, disciplinar, de admitir, de despedir e de assalariar, não se configurará contrato de equipe. Cumpre registrar que essa modalidade de contrato é de emprego, regida pela CLT.

6. Contrato de trabalho intermitente

A Lei n. 13.467/2017, da reforma trabalhista, instituiu o trabalho intermitente, mediante a alteração do art. 443 da CLT:

> Art. 443. O contrato individual de trabalho poderá ser acordado tácita ou expressamente, verbalmente ou por escrito, por prazo determinado ou indeterminado, ou para prestação de trabalho intermitente.
>
> [...]
>
> § 3º Considera-se como intermitente o contrato de trabalho no qual a prestação de serviços, com subordinação, não é contínua, ocorrendo com alternância de períodos de prestação de serviços e de inatividade, determinados em horas, dias ou meses, independentemente do tipo de atividade do empregado e do empregador, exceto para os aeronautas, regidos por legislação própria.

A alteração no *caput* se deu para incluir o trabalho intermitente ou por hora entre os contratos de trabalho. E o § 3º foi acrescido para definir o contrato de trabalho intermitente. E os arts. 452-A a 452-H foram acrescidos para detalhar os direitos nessa modalidade contratual:

> Art. 452-A. O contrato de trabalho intermitente deve ser celebrado por escrito e deve conter especificamente o valor da hora de trabalho, que não pode ser inferior ao valor horário do salário mínimo ou àquele devido aos demais empregados do estabelecimento que exerçam a mesma função em contrato intermitente ou não.
>
> § 1º O empregador convocará, por qualquer meio de comunicação eficaz, para a prestação de serviços, informando qual será a jornada, com, pelo menos, três dias corridos de antecedência.
>
> § 2º Recebida a convocação, o empregado terá o prazo de um dia útil para responder ao chamado, presumindo-se, no silêncio, a recusa.
>
> § 3º A recusa da oferta não descaracteriza a subordinação para fins do contrato de trabalho intermitente.
>
> § 4º Aceita a oferta para o comparecimento ao trabalho, a parte que descumprir, sem justo motivo, pagará à outra parte, no prazo de trinta dias, multa de 50% (cinquenta por cento) da remuneração que seria devida, permitida a compensação em igual prazo.

> § 5º O período de inatividade não será considerado tempo à disposição do empregador, podendo o trabalhador prestar serviços a outros contratantes.
>
> § 6º Ao final de cada período de prestação de serviço, o empregado receberá o pagamento imediato das seguintes parcelas:
>
> I – remuneração;
>
> II – férias proporcionais com acréscimo de um terço;
>
> III – décimo terceiro salário proporcional;
>
> IV – repouso semanal remunerado; e
>
> V – adicionais legais.
>
> § 7º O recibo de pagamento deverá conter a discriminação dos valores pagos relativos a cada uma das parcelas referidas no § 6º deste artigo.
>
> § 8º O empregador efetuará o recolhimento da contribuição previdenciária e o depósito do Fundo de Garantia do Tempo de Serviço, na forma da lei, com base nos valores pagos no período mensal e fornecerá ao empregado comprovante do cumprimento dessas obrigações.
>
> § 9º A cada doze meses, o empregado adquire direito a usufruir, nos doze meses subsequentes, um mês de férias, período no qual não poderá ser convocado para prestar serviços pelo mesmo empregador.

O contrato de trabalho intermitente é uma novidade no direito brasileiro. Também quebrando a tradição da informalidade, esse contrato é superformal e a inobservância de algum item da exigência legal joga-o para a regra geral do contrato não intermitente. Ainda por sua exceção no sistema brasileiro, e, por permissivo do art. 8º da CLT, invocando o direito comparado, no caso a Lei n. 7 de Portugal, essa modalidade contratual somente será admissível para as atividades de natureza intermitente. Nessa modalidade, o tempo de não convocação pelo empregador não caracteriza tempo à disposição da empresa. E a rescisão contratual segue a critérios especiais, cf. veremos adiante.

7. Contrato de trabalho a tempo parcial

A Lei n. 13.467/2017, da reforma trabalhista, alterou a disciplina do trabalho a tempo parcial, cf. art. 458-A e §§ 3º a 7º:

> Art. 58-A. Considera-se trabalho em regime de tempo parcial aquele cuja duração não exceda a trinta horas semanais, sem a possibilidade de horas suplementares semanais, ou, ainda, aquele cuja duração não exceda a vinte e seis horas semanais, com a possibilidade de acréscimo de até seis horas suplementares semanais.
>
> [...]
>
> § 3º As horas suplementares à duração do trabalho semanal normal serão pagas com o acréscimo de 50% (cinquenta por cento) sobre o salário-hora normal.
>
> § 4º Na hipótese de o contrato de trabalho em regime de tempo parcial ser estabelecido em número inferior a vinte e seis horas semanais, as horas suplementares a este quantitativo serão consideradas horas extras para fins do pagamento estipulado no § 3º, estando também limitadas a seis horas suplementares semanais.

> § 5º As horas suplementares da jornada de trabalho normal poderão ser compensadas diretamente até a semana imediatamente posterior à da sua execução, devendo ser feita a sua quitação na folha de pagamento do mês subsequente, caso não sejam compensadas.
>
> § 6º É facultado ao empregado contratado sob regime de tempo parcial converter um terço do período de férias a que tiver direito em abono pecuniário.
>
> § 7º As férias do regime de tempo parcial são regidas pelo disposto no art. 130 desta Consolidação.

Essa modalidade de trabalho foi implantada no período neoliberal do Presidente Fernando Henrique Cardoso, pela MP n. 2.164/2001. Podia ser de até 25 horas semanais. Agora, sofre uma flexibilização para até 30 horas semanais e as férias seguem o regramento geral do art. 130 da CLT.

Capítulo XVI

Distinção entre os Contratos de Emprego e os Contratos Afins

1. Interesse na distinção

Todo contrato de prestação de serviço envolve um tomador, um prestador, um serviço prestado e remuneração. No sentido amplo, todo contrato de prestação de serviço é *contrato de trabalho*. Porém, na acepção técnica, este designa o *emprego*. Agiganta-se a importância deste Capítulo em virtude da ampliação da competência da Justiça do Trabalho para os dissídios decorrentes de todas as relações de trabalho. Vejamos os principais parentes próximos do emprego.

2. Diferença entre contrato de emprego e locação de serviço

No **contrato de emprego** a pessoa é contratada para prestar serviço, sob o comando, orientação e ordens do tomador. Sua obrigação é dedicar todo um determinado espaço de tempo por dia ao empregador. Os riscos correm por conta deste. É a *locatio operarum*, regida pela legislação do trabalho.

Na **locação de serviços**, o tomador do serviço compra o resultado do trabalho. Em raros casos exige-se a prestação pessoal. É permitido ao prestador contratar auxiliares. O prestador não está sujeito ao comando do tomador. Toda a sua obrigação é entregar feito o serviço no espaço de tempo ajustado. É a *locatio operis*, regida pelos arts. 593/609 do CC, sob o título **Prestação de Serviço.**

A distinção, basicamente, assenta-se no elemento SUBORDINAÇÃO.

3. Diferença entre contrato de emprego e empreitada

A pequena empreitada é o contrato que mais se aproxima do emprego. A distinção tem sido discutida sob a utilização de vários critérios, como o do modo de remuneração, o do fim do contrato, o da profissionalidade do empregador e o da subordinação jurídica.

Mas a conclusão a que se chegou é que só o critério da SUBORDINAÇÃO é capaz de traçar o verdadeiro limite. Na empreitada, a execução do trabalho não é dirigida nem continuamente fiscalizada por quem o vai pagar. No contrato de emprego, sim. A empreitada é regida pelos arts. 610/626 do CC.

Gomes e Gottschalk fornecem os seguintes critérios:

> a) no contrato de emprego, o operário põe sua força-trabalho e sua habilidade à disposição de seu empregador, o qual tem a liberdade de dirigi-la no sentido que lhe aprouver; o estado de subordinação tira toda iniciativa do empregado. Daí os riscos correrem por conta do empregador; e
>
> b) na empreitada, o trabalhador é simplesmente obrigado a fornecer obra acabada, e o dono da obra não tem, em tese, ordem a dar-lhe sobre o modo de execução do seu trabalho. Daí o empreiteiro assumir os riscos da atividade.

4. Distinção entre o emprego e a representação comercial

Existe o representante comercial empregado e o autônomo. Distingue-se o empregado do não empregado pelo elemento **subordinação jurídica** ou hierárquica. O empregado é subordinado; o autônomo, não, em tese. O primeiro rege-se pela legislação trabalhista; o segundo, pela Lei n. 4.886/65.

Sobre o empregado já versamos amplamente no Capítulo VIII. A distinção firma-se pelas características da representação autônoma.

O art. 1º da Lei n. 4.886/65, alterada pela n. 8.420/92, assim dispõe:

> Exerce a representação comercial autônoma a pessoa jurídica ou a pessoa física, sem relação de emprego, que desempenha, em caráter não eventual, por conta de uma ou mais pessoas, a mediação para a realização de negócios mercantis, agenciando propostas ou pedidos, para transmiti-los aos representados, praticando ou não atos relacionados com a execução dos negócios.

Daí extrairmos os seguintes elementos: pode ser representante autônomo pessoa física ou jurídica; não eventualidade; por conta de uma ou mais pessoas; sem relação de emprego; certa dose de mandato; mediação. Portanto, vários elementos comuns com o emprego. Até a subordinação não é tão ausente como, em tese, apregoa-se. Cumpre ao intérprete, em cada caso concreto, averiguar a caracterização ou não do emprego.

Sob o aspecto formal, o representante tem de ser registrado nos Conselhos Regionais dos Representantes Comerciais e inscrito como autônomo no INSS. Não pode ser representante autônomo o que não pode comerciar, o falido, o condenado por prática de crime infamante e o que sofreu pena de cancelamento do registro.

Não é obrigatória a forma escrita nem remuneração à base de comissões; pode ser por prazo indeterminado ou por prazo certo, este se converte em por tempo indeterminado se prorrogado expressa ou tacitamente, ou quando for renovado dentro de seis meses; são vedadas as alterações que impliquem redução da média das vantagens dos últimos seis meses; os créditos do representante autônomo gozam dos privilégios do trabalhista na falência do representado; pode rescindir-se por justa causa do representante ou do representado, ou por força maior, conforme os arts. 35 e 36 da Lei n. 4.886/65.

A rescisão, sem justo motivo, do contrato de representação por tempo indeterminado e que haja vigorado por mais de 6 meses obriga o que teve a iniciativa a dar aviso-prévio e indenizar no equivalente a 1/12 do total da retribuição auferida durante o tempo de duração da representação. Pode, entretanto, o contrato prever outra garantia. A Lei n. 8.420/92 aproxima a representação autônoma da legislação trabalhista. Destarte, seja autônoma essa relação, seja de emprego, compete à Justiça do Trabalho julgar as questões entre os representantes comerciais e os representados.

Em face da enorme semelhança com o contrato de trabalho, cumpre ao intérprete ficar atento aos fatos, pois é comum surgir contrato com todas as formalidades da representação autônoma, quando de fato trata-se de um emprego. Segundo Gomes e Gottschalk, "Os representantes, que trabalham exclusivamente, com continuidade ou de modo predominante, para uma só firma e que são obrigados a se conformar com as instruções da mesma e lhe fazer regularmente relatório, são considerados empregados"(42).

5. Distinção entre o contrato de emprego e o mandato

Não há incompatibilidade na acumulação de emprego com mandato. A propósito, há decisão do STF, segundo a qual o mandato e o contrato de trabalho podem coexistir na mesma pessoa. A qualidade de empregado, em geral, abrange a de mandatário: quando pratica atos para ou em proveito do patrão, aparece o empregado; quando assina e realiza ato jurídico, surge o mandatário. Será empregado quando trabalha com exclusividade, continuamente, para uma empresa ou dela obtenha seu principal meio de subsistência e exista a subordinação hierárquica ou jurídica.

Entretanto, quando o mandatário não é empregado, a distinção faz-se pelo critério da **subordinação**, que é mais pronunciada no emprego e menos no mandato. O mandatário goza de maior liberdade e independência no exercício de sua função, embora não esteja totalmente desvencilhado da direção do mandante. A diferença seria no grau de subordinação: mais forte no empregado; mais branda no procurador. Essa situação só é palpável mediante a análise de uma série de circunstâncias. Regem o mandato os arts. 653/692 do C. Civil.

6. Distinção entre o contrato de emprego e a sociedade

Basicamente, a distinção fixa-se em dois elementos: a **subordinação** no contrato de trabalho e a *affectio*, ou *animus societatis* na sociedade, consistente num estado de espírito revelado na intenção comum de partilhar dos lucros e perdas, de assumir a responsabilidade e os riscos do empreendimento. Regem a sociedade os arts. 981/1.141 do C. Civil/2002.

---

(42) "Não há falar em contrato de 'representação comercial autônoma', como substitutivo do contrato de trabalho, quando este resulta claro da prova dos autos, especialmente quando o alegado contrato de 'autonomia' só foi realizado em data muito posterior ao início da prestação do serviço, que teve, em todo o seu curso, a mesma natureza como trabalho permanente, por pessoa física, à empresa que tinha e tem como fim a venda de seus produtos. A substituição do contrato tácito de trabalho por outro de 'representação comercial' evidencia violação dos arts. 9o e 468 da CLT, porque o contrato de trabalho, que se forma até contra a vontade das partes, é socialmente mais desejável que o contrato de 'autonomia', que na prática tem funcionado como elemento de fraude." (TRT, 1ª Reg., RO-5.129/86 – Ac. 1ª T. – 2.707/86, 4.11.86 – Rel. desig. Juiz Raimundo Cassiano de Souza – *Revista LTr*, mar. 87)

Discute-se a possibilidade de coexistência do contrato de trabalho com a sociedade. A respeito, já tratamos no Capítulo X, 5.

7. Distinção entre contrato de emprego e parceria

A parceria divide-se em duas espécies: agrícola e pecuária. A *agrícola* é o contrato pelo qual uma pessoa cede um prédio rústico à outra, para ser por esta cultivado, repartindo-se os frutos entre as duas, na proporção estipulada.

A *pecuária* é o contrato pelo qual uma pessoa entrega à outra animais para que esta os pastoreie, trate e crie, mediante uma cota nos lucros.

A natureza da parceria é discutível — se associativa ou comodato. O Direito italiano trilha a via do associacionismo. O nosso Estatuto da Terra, Lei n. 4.504/64, pende para o exemplo italiano.

A pequena parceria, de fato, é um parente próximo do contrato de emprego, com remuneração *in natura*, posto que o parceiro-cessionário é o próprio artífice e trabalha sob um certo comando do parceiro-cedente.

Feitas as considerações supra, vejamos algumas diferenças: a) o parceiro-cessionário participa dos riscos da atividade; o empregado, não; b) a parceria é contrato personalíssimo, não se transferindo aos herdeiros; c) o emprego, de regra, continua com os sucessores do empregador; d) o cessionário dirige a exploração do bem tomado em parceria sem intervenção e poder hierárquico do cedente; o empregado cumpre ordens.

Se o contrato estabelecer pagamento parte fixa em dinheiro e parte em utilidade, configura-se o contrato de emprego, conforme o art. 96, parágrafo único, do Estatuto da Terra.

A parceria é regulada pelo Código Civil e pelo Estatuto da Terra, art. 96. Na dúvida, opta-se pela existência do vínculo.

8. Distinção entre o Emprego e o Contrato do Transportador Autônomo de Cargas — TAC

O Transportador Autônomo de Cargas rege-se pela Lei n. 11.442/07, exigindo a lei que ele seja formalizado de acordo com o art. 2º, ou seja, possua veículo de aluguel e tenha experiência de três anos na atividade ou tenha sido aprovado em curso específico. Esse contrato é de natureza comercial. Para diferençar-se do contrato de emprego, é necessário que haja a efetiva autonomia do trabalhador, cf. já se expôs no item 9 do Capítulo IX.

9. Pré-contratação, pós-contratação, perda de uma chance e reparação de danos morais e materiais

> "O contrato preliminar, exceto quanto à forma, deve conter todos os requisitos essenciais ao contrato a ser celebrado." (art. 462 do Código Civil)

A pré-contratação trabalhista consiste na formulação de um contrato cujo conteúdo é a futura formalização de um contrato de trabalho. Como todo ato jurídico, requer a manifestação de vontade, objeto lícito, possível, determinado ou determinável e forma legal ou não proibida. Seguindo o Código Civil, deve respeitar a equivalência das obrigações, a dignidade da pessoa humana e a boa-fé.

A pré-contratação vincula as partes, obrigando-as a concretizar o contrato previamente ajustado. Caso se torne impossível, por motivo de força maior, não gera efeitos. Porém, se a frustração do ajuste decorrer de culpa do estipulante poderá a outra parte pedir perdas e danos (art. 465, CC).

Se não houver cláusula penal prevista, a indenização consistirá nos danos materiais e lucros cessantes. Mas, conforme as circunstâncias, poderá gerar para o trabalhador direito a reparação por danos morais, em face da exposição de sua imagem ao ridículo, causando-lhe transtornos psicológicos e sensação de diminuição profissional (art. 186 do CC). Da mesma forma, quando o trabalhador age de má-fé, frustrando a concretização do contrato, o mesmo direito às reparações inverte-se em favor patronal. Ver danos morais no Capítulo XVIII, 4, bem como o novo regramento que a Lei n. 13. 467/17, da reforma trabalhista, deu nos arts. 223-A/223-G da CLT, sobre reparação de danos extrapatrimoniais.

A pós-contratação também deve ser protegida, a fim de que o ex-empregado não saia revelando segredos da empresa, nem esta lance ações, ostensivas ou veladas, que dificultem nova contratação do trabalhador.

Da mesma forma, a perda de uma chance pelo trabalhador em face de ato ou omissão do empregador ensejará o direito às reparações: 1º materiais, consistentes naquilo que ele deixou de ganhar; 2º danos morais, fixados pelo juiz, conforme os princípios da razoabilidade e proporcionalidade. Um exemplo do que se comenta ocorreu com três professoras que fizeram teste seletivo para ingresso em uma instituição de ensino superior, logrando aprovação. No entanto, quando aguardavam a contratação, já entregue a documentação exigida, esta não se concretizou, porque a IES preferiu outros professores que não haviam se submetido ao teste seletivo. No caso, elas teriam direito aos salários e consectários do semestre letivo, porque foram iludidas a não procurar emprego em outra IES, além dos danos morais, por haverem suportado a frustração humilhante.

> **Juízo competente** — A Justiça do Trabalho é o juízo competente para dirimir as controvérsias oriundas das matérias aqui expostas, por força do art. 114, I, da Constituição, com a redação que lhe deu a EC n. 45/2004. Ou seja, a Justiça do Trabalho ganhou competência para processar e julgar as controvérsias oriundas das relações de trabalho de qualquer natureza.

Assim, quando o juiz não reconhecer o vínculo de emprego, decidirá a questão de acordo com o Direito Comum que rege a matéria. Recomenda-se, contudo, que os advogados formulem o pedido sucessivo: pedir primeiro os direitos da relação de emprego; não sendo deferidos, que sejam concedidos os direitos que emergem da outra relação de trabalho. O Direito Processual aplicável é o trabalhista, conforme IN n. 27/05 do TST.

Capítulo XVII

Formas de Invalidade do Contrato de Emprego

1. Nulidade dos atos e dos negócios jurídicos

Nulidade absoluta — a validade do negócio jurídico requer agente capaz, objeto lícito, possível, determinado ou determinável e forma prescrita ou não defesa em lei — art. 104 do C. Civil. Por sua vez, preceitua o art. 166: "É nulo o negócio jurídico quando: I – elaborado por pessoa absolutamente incapaz; II – for ilícito, impossível ou indeterminável seu objeto; III – o motivo determinante, comum a ambas as partes, for ilícito; IV – não revestir a forma prescrita em lei; V – for preterida alguma solenidade que a lei considere essencial para a sua validade; VI – tiver por imperativo fraudar lei imperativa; VII – a lei taxativamente o declarar nulo, ou proibir-lhe a prática, sem cominar sanção".

Em relação ao contrato de trabalho, compõem a essência três requisitos: agente capaz, idoneidade do objeto e consenso. Os dois primeiros constituem pressupostos do contrato; o último, requisito intrínseco.

A forma não é da essência do contrato de trabalho, mas é caracterizadora de algumas espécies de contratos de trabalho, e, neste caso, é essencial para a espécie. A ausência de forma joga o contrato na regra geral.

Quanto aos pactos coletivos do trabalho, a Lei n. 13.467/17, da reforma trabalhista, acrescentou ao art. 8º da CLT o § 3º, segundo o qual:

> § 3º No exame de convenção coletiva ou acordo coletivo de trabalho, a Justiça do Trabalho analisará exclusivamente a conformidade dos elementos essenciais do negócio jurídico, respeitado o disposto no art. 104 da Lei n. 10.406, de 10 de janeiro de 2002, e balizará sua atuação pelo princípio da intervenção mínima na autonomia da vontade coletiva. (NR)

Ora, o legislador reformista pretende reduzir a atuação do juiz ao exame dos elementos externos do negócio jurídico: agente capaz, objeto lícito e forma legal. Ocorre que esse é o início do Título I do Livro III do Código Civil, que vai do art. 104 ao 184, numa relação de interdependência e complementaridade. Logo, na prática, desde que seja posta a questão, os juízes decidirão aplicando o direito na sua integralidade. Destarte, a Justiça não intervém na autonomia da vontade coletiva, apenas decide as questões postas, até porque os direitos individuais são cercadinhos dentro sistema, portanto oponíveis contra a vontade coletiva.

A preterição de elementos essenciais gera a nulidade absoluta e a de elementos acidentais gera a anulabilidade ou nulidade relativa. A nulidade absoluta se **declara**; a relativa se **decreta**.

2. Efeitos da nulidade absoluta no contrato de emprego

A regra no Direito Comum é de que o ato nulo não gera efeitos. Ou seja, não gera os efeitos naturais do ato válido. E a declaração de nulidade tem efeito *ex tunc*, retroage ao início, restabelecendo o *status quo ante* (arts. 168 e 169 do CC). Já a decretação de nulidade relativa tem efeito *ex nunc*, da decretação para frente (art. 177 do CC). A absoluta pode ser declarada de ofício pelo juiz ou a requerimento do Ministério Público ou de qualquer interessado; a relativa só pode ser requerida pelos interessados; a absoluta não se convalida, nem prescreve; a relativa se convalida e prescreve.

Porém, no Direito do Trabalho, a nulidade absoluta só invalida totalmente o contrato nas hipóteses de objeto inidôneo ou em atividades sabidamente ilegais e não toleradas. Fora disso, os defeitos decorrentes de incapacidade absoluta, de falta de consentimento, de preterição de forma legal, conquanto atinjam elementos essenciais do contrato, não retroagem, porque a força de trabalho é acíclica, não pode ser restituída.

Os efeitos básicos do contrato de trabalho, por sua vez, independem da vontade das partes contratantes, são de ordem pública, institucionais, decorrem da Constituição (arts. 7º a 11) e das leis que a regulamentam. A própria configuração do contrato escapa à vontade das partes, em face do que dispõem os arts. 442 (contrato-realidade) e 9º da CLT (vedação de tangenciamento das normas trabalhistas).

Já é pacífico que, apesar da proibição de trabalho ao menor de 16 anos, se efetivamente ele trabalhou, são devidos os direitos naturais do contrato de trabalho, como registros em sua CTPS, salário mínimo, a repouso semanal, a FGTS e demais consectários legais.

> **A inidoneidade do objeto** — segundo o disposto no art. 104 do CC, refere-se à ilicitude do objeto (p. ex.: é proibido contratar para fazer o mal a outrem), à impossibilidade material de execução do contrato (por enquanto, é impossível o contrato para o empregado trabalhar na Lua) e à indeterminação do objeto ou impossibilidade de fazê-lo (trabalhar fazendo o quê?).
>
> **Nulidade relativa ou anulabilidade** — a nulidade relativa, defeito decorrente do vício de consentimento, embasa o direito à resolução do contrato, mediante as reparações trabalhistas normais, como se verá no Capítulo sobre a *Cessação do Contrato de Emprego*, sem embargo de indenizações de outras naturezas.

Preceitua o art. 171 do Código Civil: "Além dos casos expressamente declarados na lei, é anulável o negócio jurídico: I – por incapacidade relativa do agente; II – por vício resultante de erro, dolo, coação, estado de perigo, lesão ou fraude contra credores".

Como observam Orlando Gomes e Elson Gottschalk, a anulabilidade do contrato de trabalho tem pouca importância prática, posto que seus efeitos equivalem aos da rescisão contratual, mediante as indenizações suportadas por quem lhe deu causa. Porém, ganha importância a anulabilidade por vício de consentimento, como adesão a PDV, cuja anulação do ato não enseja reintegração, mas reatamento do vínculo de emprego, com salários só do ingresso da petição em juízo para frente.

3. Nulidade da contratação no serviço público

O ingresso em emprego público na administração pública direta, autárquica, fundacional, empresa pública e sociedade de economia mista dar-se-á por concurso público, cf. o art. 37, II, da Constituição, cuja preterição implica a nulidade do ato e a punição da autoridade responsável (§ 2º do art. 37).

Discute-se sobre o alcance dessa nulidade em relação ao trabalhador. A regra em Direito do Trabalho é da irretroatividade das nulidades. A Súmula n. 363 do Eg. TST reconhece direito só ao salário contratado dos dias efetivamente trabalhados e aos depósitos do FGTS.

Porém, essa posição da Eg. Corte Superior é, *data venia*, equivocada, pois a relação de emprego envolve duas partes: a contratual e a institucional. Nulo é o contrato, não gerando direito aos enquadramentos funcionais, à estabilidade, à promoção, às proteções contra despedida etc. Mas a relação de emprego, cujo objeto não é ilícito, gera todos os consectários imperativos do art. 7º, que constituem direito fundamental do trabalhador, inderrogáveis por qualquer norma de qualquer natureza, mesmo da Constituição.

Com efeito, parece ocorrer uma antinomia entre os arts. 7º e o 37, § 2º, da CF. E as antinomias de princípios constitucionais resolvem-se segundo a ponderação de valores e a razoabilidade, de modo que se encontre a justa medida que assegure a eficácia de ambos e nenhum suplante o outro.

Em atenção a essa técnica, o TRT da 22ª Região adotava solução equitativa: reconhecia o direito a todas as parcelas vencidas, decorrentes da relação de emprego executada, como férias, 13º salário e depósitos de FGTS; e, acolhendo a tese da justa causa legal, indeferia os pleitos de estabilidade e os títulos de natureza indenizatória, como aviso-prévio, multa de 40% do FGTS, e 13º salário proporcional. Porém, de tanto ver seus acórdãos anulados, adotou a Súmula.

A Súmula do TST admite direito ao salário e aos depósitos do FGTS; ocorre que o pressuposto do FGTS é o registro do contrato na CTPS, para que seja aberta conta vinculada individual em nome do trabalhador; esse registro implica o recolhimento das contribuições ao INSS, contando tempo de serviço; daí advém o direito a férias e a 13º salário, cujas remunerações têm natureza salarial.

Destarte, o emprego é fato, independe da vontade das partes, e os efeitos são imperativos do art. 7º da Constituição, que põe o trabalho como um dos valores da dignidade humana; já o art. 37, da CF, conquanto vise à igualdade de oportunidade do emprego público, não tem o condão de frustrar os efeitos da relação de fato já havida. Tanto que o § 2º do art. 37 determina a punição da autoridade responsável e não do trabalhador, até porque as regras de administração são impostas àquele.

Destarte, a referida Súmula n. 363 do TST já deve ser repensada, para que se assegure aos trabalhadores em caso de contrato nulo que não seja pela ilicitude do objeto todos os direitos decorrentes da execução do contrato, cf. decidiu o STF em 2012, nos autos do RE n. 596.478, pela irretroatividade das nulidades contratuais trabalhistas.

4. Nulidade total e parcial

> "Respeitada a intenção das partes, a invalidade parcial de um negócio jurídico não o prejudicará na parte válida, se esta for separável; a invalidade da obrigação principal implica a das obrigações acessórias, mas a destas não induz a da obrigação principal." (art. 184, Código Civil)

Mesmo contendo defeito que torne o contrato de trabalho nulo ou anulável, é possível, em alguns casos, aproveitar parte do ato. Do CC podemos extrair algumas regras perfeitamente compatíveis com o Direito do Trabalho.

Assim, é nulo o negócio jurídico simulado, mas subsistirá o que se dissimulou, se válido for na substância e na forma; se o negócio jurídico nulo contiver os requisitos de outro, subsistirá este quando o fim a que visavam as partes permitir supor que o teriam querido, se houvessem previsto a nulidade; o erro de cálculo apenas autoriza a retificação da declaração de vontade (arts. 167, 170, 143, respectivamente, do C. Civil).

Exemplo típico verifica-se nos reiterados acampamentos de trabalho escravo, em que as autoridades resgatam os trabalhadores, declaram a ilegalidade da forma de contratação, porém aproveitam o que da relação de emprego válida emerge. Ou seja, sancionam os atos ilícitos, mas aproveitam o negócio que daqueles atos emergiu.

5. Trabalho ilícito

A priori, o trabalho em atividade ilícita também é considerado ilícito. Entretanto, cumpre fazer algumas considerações: a) o trabalho ilícito para atividade empresarial lícita é nulo de pleno direito, não surtindo efeito desde o início; b) o trabalho lícito para atividade ilícita, mas tolerada (p. ex.: jogo do bicho) merece a plena proteção das normas trabalhistas; c) o trabalho lícito para empresa que explora atividade ilícita, sem que o trabalhador conheça da ilicitude da empresa, também merece proteção do Direito Social; d) o trabalho lícito prestado para empresa que explora atividade ilícita não tolerada, de conhecimento do trabalhador, é plenamente inválido.

O cassino e o jogo do bicho são atividades ilegais; todavia, socialmente aceitas. O TST vem entendendo que quem trabalha nessas atividades, diretamente com o objeto contravencional, por exemplo, vendendo apostas, não tem a proteção do Direito. Entretanto, há de se amparar quem presta serviço lícito, como o garçom, o vigia, a cozinheira, a dançarina, exercentes de atividades reconhecidas por lei, cujo exercício distancia-se da contravenção e na maioria das vezes os obreiros até desconhecem o caráter contravencional da empresa.

Por fim, há que se levar em conta a boa-fé do trabalhador. Se ele ingressa na atividade ilícita, ciente da ilicitude, estará agindo de má-fé, não merecendo o manto protetor da lei. Na avaliação da boa-fé, contudo, deve-se levar em conta o grau de instrução do trabalhador e sua capacidade de avaliar a ilicitude da atividade a que serve. Ver o, do consenso, dos vícios de consentimento — erro, dolo, coação, fraude, estado de perigo.

Capítulo XVIII

Efeitos do Contrato de Emprego

1. Direitos e deveres do empregado e do empregador

Dever, segundo De Plácido e Silva, "quer, assim, significar o fato de se encontrar uma pessoa sujeita ao cumprimento de uma obrigação, em virtude da qual terá que *dar* ou *restituir* alguma coisa, *fazer* ou *não fazer* alguma coisa". O dever corresponde ao poder que a outra parte tem de exigir; promana da obrigação, que vem a ser "a ação que o sujeito ativo tem sobre aquele que a deve cumprir e sobre as coisas que são de seu objeto".

Os direitos e deveres decorrem da lei e do contrato. O empregador tem os direitos emergentes do poder de direção e comando, o *jus variandi*, como estabelecer e variar o horário, o local e a forma de execução do trabalho; de impor a disciplina; e de exigir o empenho do empregado para a consecução dos fins da empresa. Mas tem o dever de proporcionar trabalho; de remunerar corretamente todo o trabalho tomado; de respeitar o empregado; de não exigir trabalho ilícito, incompatível, ou superior às forças do trabalhador. Além dos deveres para com o trabalhador, tem deveres perante o Estado, como obedecer à legislação, cumprir e fazer cumprir as regras de saúde e segurança do trabalho e facilitar a fiscalização do trabalho.

O empregado, por sua vez, tem os direitos emergentes da lei, do contrato e dos usos e costumes. Assim, tem o direito de não ser transferido de domicílio, salvo nos casos expressos em lei; de respeito à intimidade; de liberdade sexual, de pensamento, de credo, de reunião, associação etc. E tem o dever de trabalhar com zelo, diligência e espírito de colaboração, de respeito às normas da empresa às ordens dos superiores hierárquicos.

2. Obrigações do empregado e do empregador

As obrigações são de duas espécies: legais e contratuais. Legais são as decorrentes da própria lei, do conteúdo legal do contrato (registros na CTPS, salário mínimo, jornada máxima de 44 horas semanais, segurança no trabalho, obediência ao patrão etc.); enquanto o conteúdo contratual brota das aberturas da lei à livre deliberação das partes, como jornada inferior à legal, remuneração acima do salário mínimo, prorrogação da jornada, com pagamento de horas extras, acordo de compensação.

Obrigações do empregado — ao empregado cumpre desempenhar com zelo e perfeição os serviços compreendidos na natureza do contrato. O servente, por exemplo, está sujeito a uma série de serviços, como de limpeza, de servir cafezinho, de fazer mandados; já o digitador só digita. Compreende-se ainda na obrigação do empregado a colaboração com o empregador, a guarda de segredos, a não concorrência, o zelo pelo nome da empresa, a diligência, o cumprimento das normas de saúde, higiene e segurança do trabalho.

Obrigações do empregador — observar as normas imperativas do Estado e as contratuais. Outra obrigação legal do empregador consiste em cumprir e fazer cumprir as normas de saúde e segurança do trabalho — art. 157, CLT.

Na parte contratual, cumpre ao empregador não exigir mais do que o legal e suportável, nem mais nem fora do pactuado; não rebaixar a condição de trabalho; remunerar todo o trabalho tomado; respeitar a intimidade e a pessoa do empregado; proporcionar trabalho ao empregado.

2.1. Dos registros na CTPS e sanções

Dentre as obrigações legais, a principal consiste em registrar o contrato na CTPS no prazo de cinco dias úteis, cf. os arts. 28/56 da CLT, devendo constar: data de admissão, remuneração e forma de pagamento, as condições especiais, se houver; e no Livro de Registro de Empregados devem constar a qualificação civil ou profissional do trabalhador, os dados relativos à sua admissão, duração e efetividade do trabalho, férias, acidentes e demais circunstâncias que interessem à proteção do trabalhador.

A omissão dessas anotações ou declarações falsas é crime, com pena de dois a seis anos de reclusão e multa, cf. art. 297, § 3º, do Código Penal. Entendo que a falta de registro do contrato na CTPS constitui a principal omissão de que trata a Lei. Além do aspecto criminal, o empregador sofrerá multa administrativa, por empregado sem carteira assinada, agravada em caso de reincidência.

A reclamação sobre regularidade das anotações da CTPS é feita perante a Superintendência Regional do Trabalho. Caso haja negação do vínculo de emprego pelo reclamado, o processo será encaminhado à Vara do Trabalho, a qual, após a instrução processual, comprovada a relação de emprego, determinará por sentença que o empregador assine a CTPS do trabalhador, ou, não o fazendo, após o trânsito em julgado, a Secretaria do Juízo o faça.

Prescrição — para os registros e correção destes na CTPS, não corre prescrição durante a vigência do contrato de trabalho. Não prescrevem as ações que tenham por objeto anotações para fins de prova junto à Previdência Social, cf. art. 11, § 1º, da CLT.

3. Efeitos conexos do contrato de trabalho

Entendam-se por efeitos conexos: direitos intelectuais, invenções do empregado, indenização por dano moral e material.

3.1. Invenções do empregado

Esse direito tem seu fundamento no art. 5º, XXVII a XXIX, da CF. Invenção: segundo o art. 6º da Lei n. 9.279/96, "ao autor de invenção ou modelo de utilidade será assegurado o direito de obter a patente que lhe garanta a propriedade, nas condições estabelecidas nesta lei".

Já o art. 88 dessa Lei preceitua que a invenção e o modelo de utilidade pertencem ao empregador quando decorrerem de contrato de trabalho cuja execução ocorra no Brasil e que tenha por objeto a pesquisa ou a atividade inventiva, ou resulte esta da natureza dos serviços para os quais foi o empregado contratado. Salvo expressa disposição contratual em contrário, a retribuição pelo trabalho a que se refere este artigo limita-se ao salário ajustado.

Salvo prova em contrário, consideram-se desenvolvidos na vigência do contrato a invenção ou o modelo de utilidade cuja patente seja requerida pelo empregado até um ano após a extinção do contrato de trabalho. Entretanto, poderá o empregador conceder ao empregado autor do invento ou aperfeiçoamento participação nos ganhos econômicos resultantes do invento. Essa participação não se incorpora ao salário.

Pertencerá ao empregado a invenção ou modelo de utilidade por ele desenvolvido desvinculado do contrato de trabalho e não decorrente da utilização dos recursos, meios, dados, materiais, instalações ou equipamentos do empregador.

A propriedade pertence ao empregador e ao empregado em partes iguais, quando resultar da contribuição pessoal do empregado e de recursos do empregador, ressalvada expressa disposição contratual em contrário.

Sendo mais de um empregado, a parte que lhes couber será dividida igualmente entre todos, salvo ajuste em contrário. É assegurado ao empregador o direito exclusivo de licença de exploração e assegurada ao empregado a justa remuneração. No caso de cessão, qualquer dos cotitulares, em igualdade de condições, poderá exercer o direito de preferência.

A exploração do objeto da patente, na falta de acordo, deverá ser iniciada pelo empregador dentro de um ano, contado de sua concessão, sob pena de passar à exclusiva propriedade do empregado a titularidade da patente, ressalvadas as hipóteses de falta de exploração por razões legítimas.

Todas as regras acima aplicam-se aos contratos de autônomo e de estágio. Aplicam-se também às entidades da administração pública direta, indireta, fundacional, federal, estadual ou municipal.

3.2. Direitos intelectuais

Segundo o art. 7º da Lei n. 9.610/98, "são obras intelectuais protegidas as criações do espírito, expressas por qualquer meio ou fixadas em qualquer suporte, tangível ou intangível, conhecido ou que se invente no futuro, tais como": a) textos de obras literárias, artísticas ou científicas; b) as conferências, alocuções, sermões e outras obras da mesma natureza; c) as obras dramáticas e dramático-musicais; d) programas de computador; e) ilustrações; f) projetos... e mais uma dezena de itens.

O art. 5º dessa Lei classifica cada espécie de criação.

Pertencem ao autor, segundo o art. 22, os direitos morais e patrimoniais sobre a obra que criou. Os coautores da obra intelectual exercerão, de comum acordo, os seus direitos, salvo convenção em contrário.

Ainda de acordo com essa Lei, ao contrário dos inventos, os direitos intelectuais pertencem ao seu autor. Os direitos intelectuais do trabalhador lhe pertencem, mesmo que a produção intelectual haja sido forjada no interior e nos equipamentos da empresa. O uso por terceiro, sem o consentimento do autor, induz ação indenizatória.

O empregado tem direito, quando se desliga da empresa, de levar sua propriedade imaterial. Esse é o entendimento que emerge do art. 4º, da Lei n. 9.610/98, segundo o qual interpretam-se restritivamente os negócios jurídicos sobre os direitos autorais, os quais reputam-se bens móveis.

4. Dano moral e material

A base do pedido de reparação por danos morais e materiais é o art. 5º, V e X, da CF. Diz o último: "*são invioláveis a intimidade, a vida privada, a honra e a imagem das pessoas, assegurado o direito a indenização pelo dano material ou moral decorrente de sua violação*". Esse rol, contudo, é apenas exemplificativo, pois personalidade adjudica vários atributos, conforme os arts. 11 a 22 do Código Civil, que, também, não o esgota.

A base dogmática encontra-se cravada no art. 186 do C. Civil, *verbis*: "*Aquele que, por ação ou omissão voluntária, negligência ou imprudência, violar direito e causar dano a outrem, ainda que exclusivamente moral, comete ato ilícito*".

O dano reduz-se a duas espécies: material e extrapatrimonial ou moral. No entanto, desdobram-se em várias subespécies. O dano estético, por exemplo, pode suscitar reparações materiais: a) custo da recomposição física, indenização do que o ofendido deixou de ganhar por causa da lesão etc.; b) morais, em face da dor moral que a deformidade decorrente do dano estético provoca no ofendido. A perda de capacidade laborativa em face de acidente de trabalho poderá suscitar três espécies de reparação: material, moral e estético.

O assédio, por exemplo, toma várias configurações: moral, sexual, eleitoral, processual (abuso malicioso do processo, com o fim de prejudicar).

Várias condutas do empregador poderão resultar em ofensa à esfera moral do trabalhador, ensejando a reparação respectiva, a exemplo do assédio sexual, tipificado quando o superior tenta, em razão desse estado, tirar vantagem sexual do trabalhador; o tratamento com rigor excessivo; a imputação falsa de ato de improbidade ou que diminua o trabalhador; a ofensa física ou verbal; as vistorias ofensivas; os atos de discriminação; o acidente de trabalho e a doença profissional; o assédio moral ou de outra natureza, o dano existencial, tipificado pela conduta da empresa que, de tanto exigir do empregado, frustra-lhe o projeto de vida. E o novelo doutrinário é grande para desenrolar.

4.1. O assédio moral no ambiente de trabalho

O assédio moral ou tortura psicológica praticado pelo empregador longe está de confundir-se com o assédio sexual. Em essência, trata-se de uma velha, mas atualmente preferida, prática de empregadores e gerentes modernos, consistente em desencadear intensa pressão psicológica sobre o empregado do qual desejam se "livrar", forçando-o a pedir demissão.

Assédio dá uma ideia de cerco, pressão, opressão. Moral significa em torno da estrutura psicológica do indivíduo. Daí o nome assédio moral. Caracterizam-no as condutas abusivas, reiteradas e prolongadas no tempo e que causem degradação do ambiente de trabalho para a vítima. O assédio moral pode ser constatado na família, na sociedade e até na escola. No trabalho, classifica-se em vertical e horizontal. O vertical é descendente — do superior hierárquico para o inferior — ou ascendente — dos subalternos para com o superior hierárquico. O horizontal se verifica quando é praticado pelos trabalhadores contra o colega de trabalho.

Um dos métodos consiste em esvaziar a pessoa, desqualificar sua capacidade de serviço, dando-lhe uma ideia de inutilidade, de incompetência, criando um ambiente hostil com os colegas de trabalho, que passam a vê-lo com desdém. A pressão irracional para o atingimento de metas e as sanções de qualquer natureza pelo não cumprimento das metas poderão desaguar no assédio moral.

O alvo principal são os empregados estáveis, como diretores de sindicato e funcionários públicos. Protegidos contra dispensa sem justa causa, a estratégia é vencê-los pelo cansaço. Outro alvo são os trabalhadores que sofreram acidente de trabalho, ou qualquer doença, ou que adquiriram LER — Lesão por Esforço Repetitivo — ou DORT — Distúrbios Osteomoleculares Relacionados ao Trabalho — cuja readaptação requer muita compreensão do empregador e dos colegas. Mas, ao contrário, encontram um empregador indiferente ao seu problema e um ambiente de trabalho hostil. Narra uma vítima de LER que os colegas ironizavam que ela estava com LERdeza.

Essa prática sutil já vem sendo adotada pelos mandatários públicos, em perseguição política, e pelas empresas estatais, que, na ânsia de "enxugar a folha", desencadeiam toda espécie de tortura psicológica, que leva a depressão, complexo de inferioridade, conflito com a família, e até a suicídio.

Um dos ardis materializa-se através dos PDVs — Planos de Desligamento Voluntário —, criando na vítima a chamada *ilusão monetária*. O Sindicato dos Bancários de São Paulo revela que a pesquisa aponta que 90% se arrependem. Até porque a maioria adere em virtude do terror psicológico: ameaça de demissão sem as vantagens, e de transferência para localidade distante.

O jornal *Folha de S. Paulo* traz o seguinte trecho tão elucidativo:

> Escolhido o alvo, basta seguir a cartilha: sobrecarregá-lo de tarefas inúteis, sonegar-lhe informações e fingir que não o vê. Em pouco tempo, os próprios colegas voltam-se contra a vítima. Isolada, sente-se culpada e incompetente. Só lhe resta pedir as contas.
>
> O problema é mundial. Pesquisa de 1996 da OIT (Organização Internacional do Trabalho) diz que cerca de 8% dos trabalhadores da União Europeia, 12 milhões de pessoas, sofrem desse drama.
>
> Na Suécia, onde o assédio é reconhecido desde 1993, estima-se que ele atinja 9% dos trabalhadores. Na França, um caso de suicídio foi admitido como acidente de trabalho, resultado de pressão moral sofrida pelo trabalhador.

No Brasil, o tema é pouco discutido, mas os números também assustam. Estudo feito em 97 empresas de São Paulo (setores químico, plástico e cosmético) mostra que, dos 2.072 entrevistados, 870 deles (42%) apresentam histórias de humilhação no trabalho[(43)].

Ainda não temos legislação específica sobre a matéria, porém é cabível o seu enquadramento no princípio geral de incolumidade da dignidade da pessoa — arts. 1º, III e 5º, III, da Constituição e 12 do Código Civil.

Essa conduta do empregador e de seus prepostos gera duas consequências imediatas: a) o direito do trabalhador à rescisão indireta — art. 483 da CLT, alínea *d*, cumulativamente, conforme o caso, com as alíneas *b*, *c*, *e* e *g*; e b) reparação por dano moral, arts. 12 e 186 do Código Civil.

Os diretores e gerentes responderão solidariamente com a empresa a eventual ação de reparação por danos morais. E, ao contrário do assédio sexual, a prova é relativamente fácil, porque a ação ofensiva é continuada e exterior, aos olhos visível. São duas indenizações: uma de ordem material e outra extrapatrimonial.

Imputação improvada de justa causa — outra situação que gera direito a reparação por danos morais diz respeito a acusação falsa ou não provada de cometimento de falta que comprometa a imagem do trabalhador, com prejuízos morais e materiais. Assim, imputar falsamente ao empregado ato de improbidade vai, primeiro, dificultar-lhe a recolocação no mercado de trabalho, segundo causar-lhe indignação, desânimo e depressão[(44)]. Contudo, a simples apuração que o empregador faz de um fato constatado não pode gerar direito a reparação por danos morais, conquanto cause constrangimento no investigado.

Acidente de trabalho — O acidente de trabalho que deixa sequelas permanentes no trabalhador, e a doença profissional, se o empregador concorreu com culpa ou dolo, ensejam ações de indenização, por dano material e por danos morais. A primeira diz respeito à supressão ou diminuição da capacidade laborativa; a segunda, do ponto de vista psicológico, pela diminuição da autoestima que causa na pessoa.

Acidente de trabalho é a lesão que o trabalhador sofre durante o horário de trabalho, ou nos intervalos para lanche e refeição no interior da empresa, assim como no percurso de ida e volta do trabalho, que causem lesões mortais ou não, cf. se deduz dos arts. I, da Convenção Internacional do Trabalho n. 150 e 19, 20 e 21 da Lei n. 8.213/91. As principais fontes dos acidentes de trabalho são as atividades perigosas, as que impliquem contato com explosivos, combustíveis, energia elétrica, trabalho de motoboy, segurança, bem como as respectivas áreas de risco.

(43) *Folha de S. Paulo*, Classificados, Empregos, p. E 15, de 1º]jul. 2001, subscrito pelo *Free-lance* Luciano Grüdtner Buratto.

(44) A propósito, ler FLORIANO, Valdir. *Dano moral e o direito do trabalho*. 4. ed. São Paulo: LTr, 2002; SANTOS, Enoque Ribeiro dos. *O dano moral na dispensa do empregado*. 3. ed. São Paulo: LTr, 2002.

Já as doenças profissionais decorrem de exercício de atividades em ambiente de trabalho nocivo à saúde, seja por excesso de calor quente ou frio, de poeira, de barulho, de agentes biológicos ou químicos etc. Outra fonte das lesões é o trabalho penoso, aquele cuja execução exige suplício do trabalhador, bem como os esforços repetitivos, que causam a LER (Lesão por Esforço Repetitivo). Por sua vez, também é equiparada a acidente de trabalho a doença do trabalho. Ver detalhes no Capítulo XXX.

O custo econômico do trabalho exercido sob condições nocivas à saúde ou à integridade física do trabalhador é bancado pelo INSS, mediante pagamento de auxílio-doença, auxílio-acidente, aposentadoria especial, com quinze, vinte ou vinte e cinco anos, conforme o caso, e pensão aos dependentes por morte do segurado. A habilitação e a reabilitação também se incluem na folha de custos.

Mas, havendo o empregador concorrido, com culpa ou dolo, para a ocorrência, será responsável, também, pela indenização por danos morais, materiais e estéticos.

4.2. Responsabilidade subjetiva e objetiva da empresa

O parágrafo único do art. 927 do Código Civil é compatível com a matéria epigrafada, bem como harmoniza-se com o inciso XXVIII do art. 7º da Constituição, segundo o qual é garantido ao trabalhador "seguro contra acidentes de trabalho, a cargo do empregador, **sem excluir a indenização a que este está obrigado, quando incorrer em dolo ou culpa**", em face do *caput* desse artigo, o qual dá suporte às normas que trazem melhoria na condição social do trabalhador.

Portanto, esse preceptivo alberga a obrigatoriedade de seguro contra acidentes de trabalho, o que está a cargo do INSS. Feitos os registros do trabalhador junto ao INSS, recolhidas as contribuições daí decorrentes, a responsabilidade é objetiva do INSS.

Porém, o citado dispositivo atribui outra responsabilidade, esta, subjetiva, a cargo do empregador, que tenha agido com culpa, *lato sensu*, cf. textualizado no art. 186 do C. Civil:

> Art. 186. Aquele que, por ação ou omissão voluntária, **negligência** ou imprudência, violar direito ou causar dano a outrem, ainda que exclusivamente moral, comete ato ilícito. (grifou-se)

E a culpa do empregador, para caracterizar sua responsabilidade subjetiva, relaciona-se basicamente às obrigações textualizadas no art. 157 da CLT:

Cabe às empresas:

> I – cumprir e fazer cumprir as normas de segurança e medicina do trabalho;
>
> II – instruir os empregados, através de ordens de serviço, quanto às precauções a tomar no sentido de evitar acidentes do trabalho ou doenças ocupacionais;
>
> III – adotar as medidas que lhe sejam determinadas pelo órgão regional competente;
>
> IV – facilitar o exercício da fiscalização pela autoridade competente.

Posteriormente, o Código Civil de 2002 instituiu no seu art. 927, parágrafo único, a responsabilidade objetiva daquele que explora atividade de risco:

> Art. 927. Aquele que, por ato ilícito (arts. 186 e 187), causar dano a outrem, fica obrigado a repará-lo.
>
> Parágrafo único. Haverá obrigação de reparar o dano, independentemente de culpa, nos casos especificados em lei, ou **quando a atividade normalmente desenvolvida pelo autor do dano implicar, por sua natureza, risco para os direitos de outrem**. (grifou-se)

Com isto, mais uma modalidade de responsabilidade se amontoa na empresa. Portanto, agora são três: a) a responsabilidade geral a cargo do INSS, que cobre o risco, independentemente de culpa do empregador; b) responsabilidade do empregador, decorrente de culpa, a qual tem que ser provada pelo requerente da indenização; c) a responsabilidade do empregador, independente de culpa subjetiva, mas em virtude do risco inerente à atividade econômica, o que caracteriza culpa objetiva. Aqui, basta se prove que a atividade, por sua natureza, poderá causar dano a terceiro.

Esse dispositivo do C. Civil não conflita com o inciso XXVIII do art. 7º, CF, que só responsabiliza o empregador em caso de culpa. E não conflita por pelo menos dois motivos: a) 1º é que a culpa está presente no fato da atividade de risco. Não é uma culpa subjetiva imediata, mas uma culpa objetiva; b) 2º é que a Constituição estipula apenas um piso de direitos, dando suporte ao avanço na legislação infraconstitucional, cf. *caput* do art. 7º, o qual alberga o princípio da progressão social, ao grafar: "... além de outros [direitos] que assegurem a sua progressão social".

Outro ponto de discussão diz respeito à aplicabilidade do C. Civil às relações de trabalho, haja vista a existência de disciplinamento próprio trabalhista. Sem razão, dado que se trata de responsabilidade civil afeta à relação de trabalho. Portanto, regida, pelo Direito Civil substancial.

A CLT alberga expressamente a **teoria do risco** da empresa:

> Art. 2º Considera-se empregador a empresa, individual ou coletiva, que**, assumindo os riscos da atividade econômica**, admite, assalaria e dirige a prestação pessoal de serviços. (Grifamos)

No mesmo sentido, a Lei n. 8.213/91 estabelece:

> Art. 121. O pagamento, pela Previdência Social, das prestações por acidente do trabalho **não exclui a responsabilidade civil da empresa ou de outrem**. (Grifamos)

Neste contexto, incluem-se as empresas que explorem atividades que, nos termos da legislação específica sobre saúde, higiene e segurança do trabalho, exponham a saúde ou a segurança do trabalhador. Exemplo disso são as empresas que lidam com o serviço de energia elétrica, explosivos, carburantes, coleta de lixo, hospitais, mineração de materiais prejudiciais à saúde, radiações.

Em conclusão sucinta, o trabalhador faz jus à indenização por danos patrimoniais e morais em virtude de doença ocupacional adquirida no curso do contrato de trabalho ou se sofrer acidente de trabalho, desde que configurados os elementos necessários para a concessão, quais sejam: a culpa do empregador, ou a perigosidade ínsita à atividade da empresa, o dano efetivo ao empregado, o nexo de causalidade.

4.3. Cálculo do valor da indenização

A reparação material é fácil de calcular: basta computar os itens que compuseram o prejuízo salarial, o tempo de desemprego causado, as multas e os juros das contas pessoais que atrasaram por causa disso, das despesas judiciais. Enfim, "abrangem, além do que ele efetivamente perdeu, o que razoavelmente deixou de ganhar" — art. 402, CC.

Já o cálculo do dano moral é complexo. A enfermidade da alma é inavaliável, pois não revela a dimensão da ferida, nem o tempo que leva para cicatrizar, se é que isso ocorra. Por isso, os valores vêm sendo arbitrados sem parâmetros objetivos, variando entre estrondosos e ridículos.

Como observa Umberto Eco[(45)], o texto [todo e qualquer], conquanto ofereça uma deriva infinita de sentidos, fixa o limite da interpretação da lei. Dele é que o intérprete, por mais desconstrucionista que seja, extrai suas conclusões. Daí a sugestão que ora se faz, com base em dias-multa, segundo os critérios estabelecidos na legislação penal.

Dogmaticamente, enquadra-se a matéria nos arts. 1º, III, e 5º, V e X, da CF, nos arts. 186 e 927 (obrigação de reparar o dano causado) e 944 a 954 (regras de fixação da indenização) do Código Civil, e arts. 49 e 60 do Código Penal, que tratam da multa penal.

O art. 944 do C. Civil diz que "a indenização mede-se pela extensão do dano". No mais, o Código só se reporta a indenização de prejuízos materiais. A Lei n. 13.467/2017, da Reforma Trabalhista, acresceu à CLT os arts. 223-A a 223-G para estabelecer:

> Art. 223-A. Aplicam-se à reparação de danos de natureza extrapatrimonial decorrentes da relação de trabalho apenas os dispositivos deste Título.
>
> Art. 223-B. Causa dano de natureza extrapatrimonial a ação ou omissão que ofenda a esfera moral ou existencial da pessoa física ou jurídica, as quais são as titulares exclusivas do direito à reparação.
>
> Art. 223-C. A honra, a imagem, a intimidade, a liberdade de ação, a autoestima, a sexualidade, a saúde, o lazer e a integridade física são os bens juridicamente tutelados inerentes à pessoa física.
>
> Art. 223-D. A imagem, a marca, o nome, o segredo empresarial e o sigilo da correspondência são bens juridicamente tutelados inerentes à pessoa jurídica.
>
> Art. 223-E. São responsáveis pelo dano extrapatrimonial todos os que tenham colaborado para a ofensa ao bem jurídico tutelado, na proporção da ação ou da omissão.

---

(45) *Os limites da interpretação*. São Paulo: Perspectiva, 1995. p. 14.

> Art. 223-F. A reparação por danos extrapatrimoniais pode ser pedida cumulativamente com a indenização por danos materiais decorrentes do mesmo ato lesivo.
>
> § 1º Se houver cumulação de pedidos, o juízo, ao proferir a decisão, discriminará os valores das indenizações a título de danos patrimoniais e das reparações por danos de natureza extrapatrimonial.
>
> § 2º A composição das perdas e danos, assim compreendidos os lucros cessantes e os danos emergentes, não interfere na avaliação dos danos extrapatrimoniais.
>
> Art. 223-G. Ao apreciar o pedido, o juízo considerará:
>
> I – a natureza do bem jurídico tutelado;
>
> II – a intensidade do sofrimento ou da humilhação;
>
> III – a possibilidade de superação física ou psicológica;
>
> IV – os reflexos pessoais e sociais da ação ou da omissão;
>
> V – a extensão e a duração dos efeitos da ofensa;
>
> VI – as condições em que ocorreu a ofensa ou o prejuízo moral;
>
> VII – o grau de dolo ou culpa;
>
> VIII – a ocorrência de retratação espontânea;
>
> IX – o esforço efetivo para minimizar a ofensa;
>
> X – o perdão, tácito ou expresso;
>
> XI – a situação social e econômica das partes envolvidas;
>
> XII – o grau de publicidade da ofensa.
>
> § 1º Se julgar procedente o pedido, o juízo fixará a indenização a ser paga, a cada um dos ofendidos, em um dos seguintes parâmetros, vedada a acumulação:
>
> I – ofensa de natureza leve, até três vezes o último salário contratual do ofendido;
>
> II – ofensa de natureza média, até cinco vezes o último salário contratual do ofendido;
>
> III – ofensa de natureza grave, até vinte vezes o último salário contratual do ofendido;
>
> IV – ofensa de natureza gravíssima, até cinquenta vezes o último salário contratual do ofendido.
>
> § 2º Se o ofendido for pessoa jurídica, a indenização será fixada com observância dos mesmos parâmetros estabelecidos no § 1º deste artigo, mas em relação ao salário contratual do ofensor.
>
> § 3º Na reincidência entre partes idênticas, o juízo poderá elevar ao dobro o valor da indenização.

Os arts. 223-A a 223-E devem ser interpretados em termos, porque o juiz, ao decidir a questão, não pode ser privado de aplicar todo o sistema jurídico correlato, no caso, o Código Civil, berço da matéria; não pode limitar os responsáveis e os titulares da ação reparatória aos ofensores e aos ofendidos, pois os herdeiros são legitimados para buscarem reparação de danos do ofendido falecido; e há situações em que poderá ser responsabilizado quem não perpetrou a ofensa, a exemplo do pai, tutor ou curador pelos incapazes, do empregador, que responde pelos atos dos seus empregados. Assim como o rol de direitos tutelados não se esgota na relação dos arts. 223-C e 223-D.

A correção monetária corre a partir do arbitramento ou da mudança de valor e os juros a partir do ajuizamento da ação, cf. Súm. n. 439 do TST.

O tarifamento do dano extrapatrimonial trabalhista foi submetido ao STF, através da ADIs ns. 6.050 de iniciativa da ANAMATRA, 6.069, da OAB e 6.082, da CNTI, em que foi decidido que os julgadores devem observar os parâmetros estipulados nos arts. 223-A a 223-G da CLT, o que não o impede de empregar outros parâmetros legais quando o caso justificar.

5. Poderes do empregador no contrato de emprego

Diretivo — decorrente do art. 2º da CLT, que atribui ao empregador a direção da prestação do serviço. Daí decorre o principal elemento caracterizador do contrato de emprego: a **subordinação jurídica ou hierárquica**. Porém, só no âmbito do ambiente de trabalho, pois só em raras exceções a conduta externa se reflete no emprego.

Regulamentar — o poder regulamentar, emergente do poder diretivo, consiste na franquia legal ao empregador de elaborar o regulamento da empresa, o qual passa a integrar os contratos de emprego. Esse poder tem seu fundamento original na livre iniciativa, preconizada nos arts. 1º, III, e 170, da CF.

Fiscalizatório — também decorre do poder diretivo e consiste no direito-poder conferido ao empregador de fiscalizar, diretamente ou por preposto, o cumprimento dos deveres e das obrigações por parte dos trabalhadores. O limite desse poder encontra-se na ordem legal, como respeito às liberdades e à intimidade, não podendo resvalar para a arbitrariedade e a agressão moral.

Disciplinar — o poder disciplinar decorre do poder de direção, de comando. Ao contrário dos contratos em geral, no contrato de emprego o empregador tem a faculdade de utilizar a mão de obra da forma que melhor aproveite à empresa; tem, portanto, o empregador um direito de direção contínua sobre o trabalho do empregado, enquanto dura a relação empregatícia. Daí decorre o poder de sancionar as faltas funcionais que o empregado cometer, ao cometer.

O poder diretivo encontra dois limites: 1) na lei, na convenção e sentença coletivas, e no próprio contrato; 2) na finalidade do poder diretivo. Logo, o poder disciplinar gira em torno da amplitude do poder diretivo.

Assim, a empresa pode estabelecer um "código de proibições" e de sanções, ainda que não escrito. Por exemplo: "É proibido conversar com estranhos à empresa durante o serviço"; "É obrigatório o uso de farda".

A lei não prevê sanções pelas faltas disciplinares do empregado, mas somente proibições e obrigações. Contudo, as faltas disciplinares são as hipóteses relacionadas no art. 482 da CLT, quando o grau de gravidade não justifique a despedida por justa causa.

Entretanto, encontram-se regras esparsas, como o art. 158 da CLT, que autoriza o empregador a punir com suspensão ou advertência o empregado que desobedecer às normas de segurança do trabalho. A suspensão disciplinar do empregado não pode ser superior a 30 dias, sob pena de converter-se em despedida sem justa causa (art. 474). A sanção é aplicada, discricionariamente, pelo empregador, de acordo com a falta, as condições pessoais do faltoso, as circunstâncias etc.

A gradação das penas deve obedecer à seguinte ordem crescente: advertência, suspensão, descomissionamento, remoção, mudança de função e despedida por justa causa.

Em face da discricionariedade aberta ao empregador, vêm a doutrina e a jurisprudência sugerindo limites objetivos para evitar abuso de poder:

— **peremp**ção das faltas antigas (morte da falta antiga);

— **rela**ção de causalidade entre a falta e a sanção;

— **rela**ção entre a falta e o ambiente de trabalho;

— **proibi**ção de despedida injuriosa (com atos e palavras ofensivas);

— **gravidade da justa causa** (e não mera intolerância);

— **proibi**ção de punir com rebaixamento de função;

— **proibi**ção de cobrança de multas como sanção;

— **proporcionalidade** entre a falta e a sanção;

— **imediatidade** entre a falta cometida e a aplicação da pena: constatada a falta funcional, o empregador deve iniciar o processo disciplinar incontinenti, sob pena de configurar-se o perdão tácito;

— **proibi**ção da dosagem da pena pelo juiz: se o empregador alega justa causa de despedida, o juiz ou a acata ou nega, não podendo comutá-la. Porém esse dogma já deve ser relativizado, de modo que, em casos tópicos, o juiz possa dosar a sanção.

O intérprete, aqui, emprega a equidade. Uma mesma conduta pode justificar desde a pena mínima até a máxima, como, p. ex., o mesmo palavrão pronunciado em serviço por um operário na construção civil, por um comerciário e por um empregado de entidade religiosa causa diferentes efeitos.

Capítulo XIX

Duração do Trabalho

1. Fundamentos e objetivos

O fundamento da fixação da jornada de trabalho é de ordem social, econômica e de saúde.

De ordem social no sentido de que o Estado protege o trabalhador contra sua exploração. Neste sentido, a limitação da jornada permite que o trabalhador tenha uma vida familiar, social e cultural. De ordem econômica no sentido de que, com o incremento da tecnologia, a qual vem engolindo os postos de trabalho, a limitação de jornada abre mais vagas no mercado de trabalho. De ordem de saúde pública no sentido de que o trabalho em jornadas não excessivas evita mais doenças profissionais e desgastes físicos, reduzindo a qualidade e a consequente expectativa de vida. Além do que os males da saúde custam aos cofres do Tesouro e da Previdência Social.

Os objetivos da limitação da jornada, portanto, consistem em: a) preservar a saúde física e mental do trabalhador; b) proporcionar-lhe mais tempo para desfrutar de uma vida social, familiar, religiosa, cultural e desportiva; c) manter postos de trabalho.

A jornada já foi ilimitada, até o meado do século XIX; passando a ser de dez a doze horas/dia até o final. No século XX foi fixada em oito horas/dia; já no final do século baixou para sete horas e até seis horas em alguns países europeus.

Com as conquistas tecnológicas, acentua-se a tendência de redução das jornadas de trabalho, até mesmo por imposição social de proporcionar mais postos de trabalho. O México, a Venezuela e os Estados Unidos já adotam a jornada de 40 horas semanais; a Dinamarca e a França, de 37 horas; a Itália, de 36 horas; e a Espanha, de 34 horas.

No Brasil, a jornada foi de oito horas/dia, passando a ser de 7:20/dia a partir da promulgação da CF/88. E várias categorias possuem jornada menor. Na verdade, com o nível atual de tecnologia, não se justifica mais a jornada de 44 horas. Ainda mais em certas ocupações. Já é tempo de se fazer um disciplinamento mínimo diferenciado para cada classe operária.

2. Jornada de trabalho — Duração e horários

A Lei fixa a duração máxima do trabalho, ficando às partes a faculdade de convencionar duração menor.

O art. 7º, XIII, da CF/88 veda jornada superior a 8 horas por dia e 44 semanais. O art. 58 da CLT segue a regra *supra*. A jornada de 8 horas por dia, 5 dias e meio por semana (totalizando 44 horas), representa o limite máximo. Inúmeras categorias já conquistaram jornadas bem inferiores, como o bancário (30 horas semanais), telefonistas, ascensoristas, operadores cinematográficos, operários em minas e subsolo (36 horas). Para o trabalho em turno ininterrupto de revezamento, a jornada é de 6 horas/dia.

Tolerância para o início e o fim da jornada — a Súmula n. 366 do TST, alterada em 2015, enuncia:

Não serão descontadas nem computadas como jornada extraordinária as variações de horário do registro de ponto não excedentes de cinco minutos, observado o limite máximo de dez minutos diários. Se ultrapassado esse limite, será considerada como extra a totalidade do tempo que exceder a jornada normal, pois considerado tempo à disposição do empregador, não importando as atividades desenvolvidas pelo empregado ao longo do tempo residual (troca de uniforme, lanche, higiene pessoal, etc.).

Controle de jornada e Registro Eletrônico de Ponto — REP — o § 2º do art. 74 da CLT disciplina o registro dos horários de entrada e saída, com marcação manual, mecânica ou eletrônica. Os estabelecimentos com mais de 20 empregados são obrigados a efetuar esses registros. Até o advento da Lei n. 13.874/2019, o estabelecimento era obrigado também a manter quadro de horário, excetuadas as microempresas e empresas de pequeno porte (art. 51, inciso I, da Lei Complementar n. 123/2003). A falta de exibição desse documento, em reclamação trabalhista em que se postulem horas extras, gera presunção relativa em favor do reclamante — Súm. n. 338 do TST.

A Portaria n. 671/2021 trata do Registro de Ponto Eletrônico — REP, regulamentando o art. 74 da CLT, de onde se deduz que obriga só os estabelecimentos com mais de vinte empregados. O art. 73 define o sistema de registro eletrônico de ponto como "conjunto de equipamentos e programas informatizados destinados à anotação da hora de entrada e de saída dos trabalhadores em registro eletrônico".

O art. 75 da Portaria estabelece a diferenciação entre os REPs convencional (REP-C), alternativo (REP-A) e por programa (REP-P). Assim, atendendo-se ao apelo tecnológico atual, embora o REP não seja obrigatório, ainda se admitindo o controle de jornada manual ou mecânico, hoje em dia, o REP pode ser utilizado inclusive em modalidades mais variadas do que aquela admitida pela antiga Portaria 1.510/2009.

Nos termos da Portaria 671/2021, o REP-C corresponde ao equipamento tradicional, consistente em equipamento de automação monolítico, identificado pelo seu número de fabricação e cujo modelo possui certificado de conformidade, utilizado exclusivamente para o registro de jornada de trabalho e com capacidade para emitir documentos decorrentes da relação do trabalho e realizar controles de natureza fiscal trabalhista, referentes à entrada e à saída de empregados nos locais de trabalho (art. 76). Por sua vez, o REP-A corresponde a modelo somente autorizado em norma coletiva. Já o REP-P consiste em o programa (software) executado em servidor dedicado ou em ambiente de nuvem com certificado de registro, utilizado exclusivamente para o registro de jornada e com capacidade para emitir documentos decorrentes da relação do trabalho e realizar controles de natureza fiscal trabalhista, referentes à entrada e à saída de empregados nos locais de trabalho.

A Lei n. 13.467/17 acresceu à CLT o art. 611-A, prevalência do negociado sobre o legislado, cujo inciso X flexibiliza todo esse ponto, ao dispor para negociação coletiva a modalidade de registro de jornada de trabalho, no que faz muito bem.

Acordo japonês ou de redução de jornada — é o acordo obtido por negociação coletiva objetivando a redução da jornada e a correspondente redução no salário, destinado a preservar os empregos contra despedida motivada pela dificuldade econômica da empresa, de que trata o art. 2º da Lei n. 4.923/65, em virtude de retração do mercado. Por esse acordo todos os empregados abrem mão de parcela salarial em benefício de todos. Se, de 1.000 operários, a empresa necessita despedir 200, é mais humano que se reduzam a jornada e os salários para manter no emprego todos os operários. A Lei n. 13.189/2015 institui o PPE — Programa de Proteção ao Emprego, para franquear e estimular essa negociação, permitindo a redução de jornada e salário em até 30%. Mas os trabalhadores terão uma compensação paga pelo FAT de 50% da perda, limitada a 65% do valor máximo da parcela do seguro-desemprego. Contudo, essa situação deve ser temporária e o salário não ficará inferior ao mínimo legal.

3. Trabalho extraordinário

Acordo de prorrogação — "A duração normal do trabalho poderá ser acrescida de horas suplementares, em número não excedente a duas, mediante acordo escrito entre empregador e empregado, ou mediante convenção ou acordo coletivo de trabalho" — art. 59 da CLT. O art. 7º, XVI, da CF, determina que a remuneração da hora extra será superior à da hora normal em pelo menos 50%.

Em uma posição simplista, calcula-se a hora extra apenas acrescentando 50% ao valor da hora normal. Mas qual o valor da hora normal? O art. 64 da CLT fornece a base de cálculo: divide-se o valor do salário mensal por 220 horas (44 horas semanais = 7 horas e 20 minutos por dia, que, multiplicado por 30, dá = 220) e obtém-se o valor de uma hora normal. Daí extrai-se a regra de cálculo de horas extras: para o mensalista, toma-se o valor do salário mensal e divide-se por 220, cujo resultado é o valor da hora normal, e a esse valor adiciona-se 50% dele próprio.

Se a jornada de trabalho for de 6 horas/dia, como o realizado em turnos ininterruptos de revezamento, do bancário e outros a base de cálculo é outra: em vez de utilizar-se o divisor 220, emprega-se o divisor 180. Para a jornada de 40 horas semanais, o divisor é 200, cf. Súmula n. 431 do TST. E de 150 para jornada de 5 horas/dia.

Comissionista puro — a Súmula n. 340 reconhece ao empregado que ganha por comissão, com controle de horário pela empresa, o direito à remuneração adicional de

50% (ou o convencionado pela categoria) das horas que excederem das normais. Ou seja, se o empregado ganha por comissão, o principal resultou pago, restando somente o adicional de 50%. E o valor da hora normal, para efeito de cálculo do adicional de horas extras, faz-se pela média do valor das horas efetivamente trabalhadas durante o mês. Se o salário for misto, observa-se a mesma regra em relação à parte variável do salário. Para os trabalhadores que ganham por produção ou tarefa, também é de entender-se que a sobrejornada gera direito apenas ao adicional de 50% ou convencionado pela categoria, porque o principal já resultou remunerado, salvo o trabalhador no corte de cana, a quem é devido o pagamento da hora extra e o respectivo adicional, cf. OJ n. 235 da SBDI-I.

Por lei, só as duas primeiras horas extraordinárias são regulares (art. 59 da CLT); o art. 61 da CLT permite mais duas, mas só para atender a necessidade imperiosa do empregador, de curta duração. Contudo, não será permitido jornada diária superior a 12 horas. Mas, se porventura isso ocorrer, é devido o pagamento integral com os acréscimos descritos acima (Súmula n. 376 do TST), sem prejuízo da penalidade prevista no art. 75 da CLT.

Consta do art. 60 que em atividades insalubres a prorrogação só será permitida com a autorização da autoridade competente do Ministério do Trabalho, exceto nos casos de jornada de 12h de trabalho por 36h de folga, que dispensa tal autorização. O adicional de insalubridade integra a base de cálculo das horas extras.

A priori é proibido o trabalho extra do menor. Porém, a lei prevê que, por negociação coletiva, se prorrogue a jornada do menor por até mais duas horas em um dia, mas compensação em outro, de modo a não ultrapassar as 44h semanais. Excepcionalmente, em caso de força maior, poderá a jornada estender-se até o máximo de 12 horas/dia, com remuneração das horas extras acrescidas de 50% — art. 413 da CLT.

Por fim, o valor da hora extra habitual integra o salário para todos os efeitos, como férias, 13º salário, cálculos rescisórios (Súmula n. 376, II, do TST), e o valor da hora extra eventual compõe a remuneração apenas para efeito do cálculo do FGTS a ser recolhido e da contribuição do INSS.

4. Acordo de prorrogação e acordo de compensação

Denomina-se ***acordo de prorrogação*** o ajuste firmado entre o operário e o empregador para trabalhar horas extras (art. 59, *caput*, CLT). Neste caso, verifica-se o trabalho habitual em sobrejornada. Porém é proibida a pré-contratação para horas extras, ou seja, que ao ser firmado o contrato de trabalho já seja contratado o trabalho extraordinário. Esse acordo pode ser individual ou coletivo. Sem acordo, o trabalho em sobrejornada *habitual* é ilegal. Não obstante, com ou sem acordo, é devido o adicional mínimo de 50% sobre a hora normal.

A Constituição faculta às categorias econômica e profissional utilizarem o ***acordo de compensação***, o qual consiste em permitir o aumento da jornada de trabalho em alguns dias para compensação em outros, totalizando 44 horas por semana. A OJ n. 323 admite também a compensação no sistema semana espanhola, em que se trabalha 40 horas em uma semana e 48 em outra. Logo, nestes casos, não gera horas extras. A Lei n. 13.467/17 acresceu ao art. 59 o § 6º: "É lícito o regime de compensação de jornada estabelecido por acordo individual, ou tácito ou escrito, para compensação no mesmo mês". A Súmula n. 85 do TST já admitia esse acordo individual.

A Súmula n. 444 validou o regime de 12 horas de trabalho por 36 de folga, desde que previsto em lei ou estipulado por instrumento coletivo do trabalho, assegurada remuneração em dobro dos dias de folga trabalhados. A Lei n. 13.467/17 deu nova redação ao art. 59-A da CLT, incorporando a Súmula citada, porém sem o pagamento em dobro dos dias de descanso trabalhados:

> Art. 59-A. Em exceção ao disposto no art. 59 desta Consolidação, é facultado às partes, mediante acordo individual escrito, convenção coletiva ou acordo coletivo de trabalho, estabelecer horário de trabalho de doze horas seguidas por trinta e seis horas ininterruptas de descanso, observados ou indenizados os intervalos para repouso e alimentação.
>
> Parágrafo único. A remuneração mensal pactuada pelo horário previsto no *caput* deste artigo abrange os pagamentos devidos pelo descanso semanal remunerado e pelo descanso em feriados, e serão considerados compensados os feriados e as prorrogações de trabalho noturno, quando houver, de que tratam o art. 70 e o § 5º do art. 73 desta Consolidação.
>
> Art. 59-B. O não atendimento das exigências legais para compensação de jornada, inclusive quando estabelecida mediante acordo tácito, não implica a repetição do pagamento das horas excedentes à jornada normal diária se não ultrapassada a duração máxima semanal, sendo devido apenas o respectivo adicional.
>
> Parágrafo único. A prestação de horas extras habituais não descaracteriza o acordo de compensação de jornada e o banco de horas.

> Art. 59-B. O não atendimento das exigências legais para compensação de jornada, inclusive quando estabelecida mediante acordo tácito, não implica a repetição do pagamento das horas excedentes à jornada normal diária se não ultrapassada a duração máxima semanal, sendo devido apenas o respectivo adicional.
>
> Parágrafo único. A prestação de horas extras habituais não descaracteriza o acordo de compensação de jornada e o banco de horas.

5. Banco de horas

Instituído por medida provisória, que deu nova redação ao § 2º do art. 59 da CLT, para permitir que, ***por acordo ou convenção coletiva de trabalho***, a jornada diária possa ser aumentada para até dez horas sem remuneração de horas extras, desde que a sobrejornada de um dia seja compensada com a diminuição de jornada em outros dias[46].

A Lei n. 13.467/17 alterou o sistema, instituindo três modelos: a) o de compensação anual, firmado por **negociação coletiva** do trabalho; b) o de compensação dentro de seis

(46) Ante a dicção do art. 7º, XIII, da CF, que estabelece jornada máxima de oito horas/dia e 44 semanais, esse banco de horas parece-nos inconstitucional, pois o máximo de tolerância de compensação que a Constituição admite é semanal.

meses, mediante acordo individual **escrito**; c) o de compensação dentro do mês, mediante acordo individual, **tácito ou escrito**.

Na hipótese de rescisão contratual sem que tenha havido a compensação, serão pagas as horas extras, calculadas sobre a remuneração da data da rescisão.

Em relação ao empregado doméstico, a Lei Complementar 150/2015 já contempla essa possibilidade mediante acordo entre patrão e empregado, cf. já tratamos no item 12 do Cap. X.

6. Hora *in itinere*

É o cômputo na jornada de trabalho do tempo gasto no transportamento do empregado pelo empregador até o local de trabalho, quando este for de difícil acesso ou não servido de transporte público regular — Súmula n. 190 do TST. A Lei n. 13.467/17 modificou o § 2º do art. 58 da CLT para extinguir a hora *in itinere* ou em trânsito:

> § 2º O tempo despendido pelo empregado desde a sua residência até a efetiva ocupação do posto de trabalho e para o seu retorno, caminhando ou por qualquer meio de transporte, inclusive o fornecido pelo empregador, não será computado na jornada de trabalho, por não ser tempo à disposição do empregador.

7. Empregados excluídos do direito a horas extras

Segundo o art. 62 da CLT, não têm direito a horas extras: a) o trabalhador externo, desde que essa condição ***seja anotada em sua CTPS e no Registro de Empregados***; b) os gerentes com poderes de gestão, a eles equiparados os diretores e chefes de departamento e/ou filial, desde que estes percebam gratificação de função não inferior ao valor do salário efetivo acrescido de 40%; c) os empregados em regime de teletrabalho. Isso, contudo, não é absoluto. Se o trabalho for externo, mas o empregador exercer controle de horário, descaracteriza-o; se o gerente não tiver poder de mando ou salário compatível, também o descaracteriza; e ao teletrabalhador, do mesmo modo, poderá ser demandado mais do que o tempo normal permite. Elucidativa a ementa a seguir:

> *Ainda que o empregado trabalhe externamente, na forma do art. 62,* a, *da CLT, tem a jurisprudência entendimento que, se existe rota a ser cumprida, a qual demanda determinado tempo, existe, na realidade, um controle sobre a jornada, a ensejar o direito às horas extraordinárias.* (RO 22698195 – Relatora Juíza Maria Luíza Soter – 2ª Turma do TRT – *DOERJ*, Parte III, Seção II, de 15.1.1998)

Essas regras comportam exceções, cedendo excepcionalmente em casos tópicos. Gerente bancário é um caso à parte, como veremos a seguir.

8. Jornadas especiais de trabalho

Várias categorias já conquistaram jornada especial de trabalho, valendo destacar algumas:

— **bancário** – seis horas/dia, 30 semanais — art. 224, CLT;

— **ascensorista** e **telefonista** — seis horas/dia, 36 semanais;

— **trabalhador em minas e subsolo** — seis horas/dia, 36 semanais, podendo ser aumentada até oito horas/dia mediante negociação coletiva, ou reduzida a menos de seis por determinação da autoridade em higiene do trabalho (arts. 293 e 295 da CLT);

— **engenheiro**, **agrônomo**, **arquiteto** e **veterinário** — têm direito a piso salarial de seis salários mínimos por jornada de seis horas/dia, e oito salários mínimos por jornada de oito horas/dia, somente caracterizando a hora extra o excedente da oitava (Lei n. 4.950-A/66 e Súmula n. 370 do TST). Cumpre frisar que, em virtude da Súmula Vinculante n. 4 do STF, o salário mínimo não pode servir de indexador dos reajustes salariais. Logo, o piso da categoria deverá ser observado para a contratação e não para efeito dos reajustes futuros;

— **professor** – não mais de quatro horas seguidas nem mais de seis horas intercaladas para um mesmo estabelecimento (art. 318 da CLT);

— **médico** e **dentista** têm direito a uma jornada mínima de 2 horas e máxima de quatro por dia, não podendo ultrapassar de seis horas quando prestar serviço para mais de um empregador; o auxiliar — quatro horas/dia (Lei n. 3.999/61 e Súmula n. 143 do TST);

— **petroleiro** — trabalhador em atividades de exploração, perfuração, produção e refinação de petróleo, industrialização do xisto, indústria petroquímica e transporte de petróleo e seus derivados por meio de dutos — há duas categorias: uma em turno de revezamento de oito horas, com folga de 24 horas a cada três turnos e outra em turno de revezamento de doze horas, com repouso de 24 horas a cada turno trabalhado (Lei n. 5.811/72);

— ***telemarketing*** — A jornada integral é de seis horas/dia, nele incluídas as pausas, sem prejuízo da remuneração, com tempo de apenas 20 minutos para lanche-refeição (cf. itens 5.3, 5.4.1 a 5.4.3, da NR-17 da Portaria n. 3.214/78, com a redação da Portaria SIT/DDSST n. 9/2007). Para jornada de até 4h/dia, o intervalo é de 10 minutos.

9. Bancário em função de confiança

O art. 224 da CLT estabelece para o bancário a jornada de seis horas/dia. E o § 2º desse artigo estipula: "As disposições deste artigo não se aplicam aos que exercem funções de direção, gerência, fiscalização, chefia e equivalentes, ou que desempenhem outros cargos de confiança, desde que o valor da gratificação não seja inferior a um terço do salário do cargo efetivo".

A Súmula n. 204 do TST dispõe que a configuração ou não do exercício de função de confiança depende da prova das reais atribuições do empregado.

Já segundo a Súmula n. 232, o bancário enquadrado no § 2º do art. 224 está sujeito a jornada de oito horas, sendo extras as que excederem esse limite. E a Súmula n. 343 diz que o divisor para cálculo do salário-hora do bancário sujeito a jornada de oito horas/dia é 220.

A Súmula n. 287 interpreta que o gerente bancário não tem direito a horas extras, uma vez que não está sujeito ao controle de jornada. Mas isso o gerente geral do Banco, a autoridade maior da agência, não subordinado a ninguém dentro do local de trabalho. Não se trata de gerente de investimento, de setor, de contas etc.

A matéria é polêmica, já tendo frequentado mais de uma dúzia de vezes a Súmula do TST. Além dos verbetes já citados, merecem destaque: as Súmulas 102 (exclui o Caixa da exceção do § 2º do art. 224); 109 (diz que não pode o empregador compensar a remuneração de horas extras do bancário enquadrado no § 2º do art. 224 da CLT com o valor da gratificação de função); 166 (diz que a gratificação de função já remunera as horas extras); 240 (diz que o adicional por tempo de serviço integra o cálculo da gratificação).

Por sua vez, é de se ponderar que essa legislação e jurisprudência respectiva é anterior à atual Constituição. Logo, defasada. Com efeito, a partir de 5.10.88, o adicional de horas extras aumentou de 20 para 50%. Assim, 1/3 da remuneração do bancário sujeito a seis horas dá menos do que a remuneração de duas horas extras: 1/3 da remuneração = o valor de 2 horas normais; duas horas extras = a remuneração de três horas normais. Isto sem levar em conta que a maioria dos instrumentos coletivos estipula adicional maior do que 50%. Assim, o simples acréscimo de 1/3 na remuneração do bancário não o exclui da jornada normal, porque dá menos que duas horas extras.

Destarte, a jurisprudência evolui no sentido de que a simples gratificação em virtude de cargo de confiança não caracteriza chefia. Assim, se o bancário nessa condição não chefia outros colegas, não possui subordinados, a gratificação remunera apenas a maior responsabilidade do cargo, não o excluindo da jornada de seis horas. É o caso do Caixa, do Técnico de fomento etc.

Por outro lado, há que se considerar o bancário exercente de cargo de chefia sob dois ângulos: a) do § 2º do art. 224 da CLT; b) e do art. 62, II, da CLT. No primeiro caso, mesmo não estando sujeito a jornada de seis horas, está protegido pela jornada legal máxima de oito horas; no segundo caso, está fora da proteção também da regra das oito horas.

10. Trabalho em turno ininterrupto de revezamento

> **Turno ininterrupto de revezamento** — está consolidado na jurisprudência que turno ininterrupto de revezamento significa que a atividade empresarial é de 24 horas/dia, com o revezamento de turnos entre os empregados.

Agora, para atividades ininterruptas, ou a empresa mantém os empregados em turnos fixos (só noturno, uns; só matutino, outros; só vespertino, outros), ou continua sob o sistema de revezamento; porém, neste último caso, a jornada será de apenas seis horas/dia, e não de oito. Com ou sem revezamento, os intervalos para refeição são obrigatórios. Neste sentido, dispõem o art. 71, § 4º, da CLT, as Súmulas ns. 675 do STF e 360 do TST.

Quanto aos horários, ficam ao livre-arbítrio do empregador, em face do princípio constitucional que assegura o direito de livre iniciativa (art. 170). Basta que respeite o limite máximo da jornada e atenda aos limites mínimos dos descansos. Entretanto, se for convencionado previamente o horário de trabalho, o empregador não pode, sem consentimento do empregado, modificá-lo.

A jornada de 6 horas para o turno ininterrupto de revezamento pode ser aumentada, mediante negociação coletiva de trabalho, mas esse aumento deve ser remunerado nos termos da negociação.

11. Regime de revezamento

O *caput* do art. 73 preceitua que, salvo nos casos de revezamento semanal ou quinzenal, o trabalho noturno terá remuneração superior à do diurno. Os empregadores entendiam que, se o regime era de revezamento, não seria devido o adicional noturno. Entretanto, o art. 7º, IX, da CF, pôs fim à dissidência, ao determinar que o salário do trabalho noturno é superior ao do diurno. Nesse sentido dispõe a Súmula n. 130 do TST.

O empregado tem direito a 24 horas de repouso semanal e a 11 horas de descanso entre uma jornada e outra. Assim, o espaço de tempo entre o fim da jornada antecedente ao repouso semanal e o início da posterior deve ser de no mínimo 35 horas. Disso resulta que, tanto no regime de revezamento semanal, como em todas as formas de jornada diária, esse intervalo tem de ser respeitado, sob pena de o empregador remunerar como extras as horas que faltarem para completá-lo, conforme a Súmula n. 110 do TST:

No regime de revezamento, as horas trabalhadas em seguida ao repouso semanal de vinte e quatro horas, com prejuízo do intervalo mínimo de onze horas, devem ser remuneradas como extraordinárias, inclusive com o respectivo adicional.

Capítulo XX

Repousos e Férias

1. Intrajornadas e interjornadas

O descanso no curso da jornada denomina-se intrajornada. Duração: mínimo de uma e máximo de duas horas, para alimentação, se a jornada é superior a 6 horas. Exceções a essa regra: pode exceder de 2 horas o intervalo mediante acordo escrito ou convenção coletiva; pode o intervalo ser inferior a uma hora, se o estabelecimento possui sistema interno de refeição, mediante autorização do Ministro do Trabalho e desde que os empregados não estejam sob o regime de prorrogação da jornada (art. 71 e § 3º da CLT). A Lei n. 13.467/17 acresceu à CLT o art. 611-A para enunciar que a convenção e o acordo coletivo de trabalho, observados os incisos III e IV do *caput* do art. 8º da Constituição, têm prevalência sobre a lei quando, entre outros, dispuserem sobre: "III – intervalo intrajornada, respeitado o limite mínimo de trinta minutos para jornadas superiores a seis horas." A mesma Lei modificou o § 4º do art. 71:

> A não concessão ou a concessão parcial do intervalo intrajornada mínimo, para repouso e alimentação, a empregados urbanos e rurais, implica o pagamento, de natureza indenizatória, apenas do período suprimido, com acréscimo de 50% (cinquenta por cento) sobre o valor da remuneração da hora normal de trabalho.

O § 4º do art. 71 manda pagar como hora extra, sem caráter salarial, apenas o tempo que for suprimido ao descanso legal, pondo abaixo o inciso I da Súmula n. 437 do TST, segundo o qual ainda que a supressão seja apenas parcial, é devido o pagamento como hora extra de todo o intervalo do qual foi suprimida uma parte. Exemplificando: se o intervalo para refeição é de uma hora e a empresa concedeu apenas 40 minutos, pela regra anterior, a empresa pagaria uma hora extra. Pela nova regra, no exemplo citado, a empresa deve apenas 20 minutos. Outra novidade é que esse pagamento perde sua natureza salarial, para ser mera parcela indenizatória, sobre a qual não incidem contribuições sociais.

Se a jornada não exceder de 6 horas, o intervalo mínimo é de 15 minutos após as primeiras 4 horas de trabalho. Esses descansos não serão computados na duração da jornada. Jornada de 8 horas = 4 horas + intervalo + 4 horas.

Se houver regime de trabalho extraordinário, entre o término da jornada normal e o início das horas extras medeia um intervalo de 15 minutos.

Em relação ao trabalhador rural, observar-se-á o intervalo para repouso ou alimentação, segundo o espaço de tempo costumeiro ou usual na região (art. 5º da Lei n. 5.889/73).

Descansos que são computados na duração da jornada — o art. 72 consolidado estabelece uma outra espécie de descanso, que é computada na duração da jornada: "Nos serviços permanentes de mecanografia (datilografia, escrituração ou cálculo), a cada período de noventa minutos de trabalho consecutivo corresponderá um repouso de dez minutos não deduzidos da duração normal de trabalho". Como não existe mais "datilografia", leia-se "digitação", cf. há mais de 30 anos defendemos e, por fim, incorporado na Súmula n. 346 do TST. Para o médico, a cada 90 minutos de trabalho será concedido um intervalo de dez minutos de repouso, cf. art. 8º, § 1º, da Lei n. 3.999/61. E para quem trabalha em câmaras frigoríficas, a cada 1:40 minutos de efetivo trabalho será concedida uma folga de 20 minutos, cf. art. 253 da CLT; mesmo no frio que não em câmara frigorífica, o trabalhador tem igual direito, cf. Súmula n. 438 do TST. No *telemarketing*, afora o intervalo para refeição, serão concedidos dois intervalos de 10 minutos cada, um após os primeiros 60 minutos de trabalho e outro antes dos 60 minutos finais. Para a mulher amamentar o filho até seis meses de idade, serão concedidos dois intervalos de 30 min. cada, um em cada turno, cf. art. 396 da CLT.

Descanso interjornada — é o que se verifica entre a jornada de um dia e a de outro: no mínimo de 11 horas consecutivas, conforme o art. 66 da CLT. Esse intervalo tem de ser observado, mesmo quando medeia o repouso semanal.

2. Repouso semanal e em feriado

O art. 67 estabelece o direito ao repouso semanal mínimo de 24 horas, de preferência aos domingos. Exceção: só não cairá no domingo o repouso semanal em caso de imperiosa necessidade do serviço e nos serviços que exijam trabalho aos domingos. Mesmo assim, o empregador elaborará uma escala de revezamento, organizada mensalmente, de modo que cada empregado goze o seu repouso semanal uma vez por mês em dia de domingo (Lei n. 10.101/2000), com exceção aos elencos teatrais e similares. Assim, entre a última hora de trabalho de uma semana e o início da outra, o intervalo deve ser de no mínimo 35 horas (24 do repouso semanal + 11 do descanso interjornada).

Remuneração simples e em dobro — o trabalho em domingo ou feriado não compensado com outro dia terá sua remuneração em dobro, sem prejuízo da remuneração relativa ao repouso semanal já embutida no salário normal. O repouso já é remunerado uma vez sem trabalho, mais duas vezes pelo trabalho nesse dia. Ou seja, o domingo ou feriado efetivamente trabalhado e não compensado rende ao trabalhador a remuneração extra em dobro por esse dia, cf. Súmula n. 146 do TST.

O pagamento do repouso semanal e em feriado está regido pela Lei n. 605/49 e seu regulamento — Decreto n. 27.048/49. Assim dispõe o art. 1º da Lei:

> Todo empregado tem direito ao repouso semanal remunerado de vinte e quatro horas consecutivas, preferentemente aos domingos e, nos limites das exigências técnicas das empresas, nos feriados civis e religiosos, de acordo com a tradição local.

Preceitua o art. 10 desse Decreto que a remuneração dos repousos semanais e dos feriados integra o salário para todos os efeitos legais e com ele deverá ser paga.

O art. 7º da Lei n. 605 elenca o que corresponde à remuneração dos repousos obrigatórios, qualquer que seja a forma de pagamento do salário:

a) para os que trabalham por dia, semana, quinzena ou mês, à de um dia de serviço, computadas as horas extraordinárias habituais;

b) para as que trabalham por hora, à de sua jornada normal de trabalho, computadas as horas extras habitualmente prestadas;

c) para os que trabalham por tarefa ou peça, ao equivalente ao salário correspondente às tarefas ou peças feitas durante a semana, no horário normal de trabalho, dividido pelos dias de serviço efetivamente prestados ao empregador;

d) para os empregados em domicílio, o equivalente ao cociente da divisão por seis da importância total da produção da semana.

A remuneração do repouso será ao mesmo preço do dia de efetivo trabalho. Para os trabalhadores que percebem valor fixo mensal, considera-se remunerado o repouso semanal no valor mensal. Para os que tenham ganho variável, este será computado pelo valor médio do dia na semana. Assim, os trabalhadores que percebem por tarefa, comissão sobre vendas etc. têm direito de computar a média diária dos ganhos variáveis na remuneração do repouso semanal. Se o valor das comissões auferido na semana somou R$ 2.460,00, a remuneração do repouso (não trabalhado) será de R$ 410,00.

Não será devida a remuneração quando, sem motivo justificado, o empregado não tiver trabalhado durante toda a semana anterior, cumprindo integralmente sua jornada. As faltas legais, constantes do art. 473 da CLT, não são descontadas.

O art. 6º da Lei n. 405/1949 preceitua: "fica autorizado o trabalho aos domingos nas atividades do comércio em geral, observada a legislação municipal, nos termos do art. 30, inciso I, da Constituição. Parágrafo único. O repouso semanal remunerado deverá coincidir, pelo menos uma vez no período máximo de três semanas, com o domingo, respeitadas as demais normas de proteção ao trabalho e outras a serem estipuladas em negociação coletiva".

O melhor entendimento é o de que a expressão "comércio em geral" abrange também as atividades relacionadas a serviços (comércio de serviços), tais como as de bares, hotéis e restaurantes. Tal entendimento decorre, além da própria semântica, do fato de a norma ser mais benéfica do que a Portaria MPS n. 417/1966, a qual fixava a folga coincidente com o domingo uma vez a cada sete semanas, no máximo. Nesse mesmo sentido, aduz a Nota Técnica n. 56/2008 da Secretaria de Inspeção do Trabalho.

Por fim, cabe observar que a abertura do comércio aos domingos está condicionada a autorização por lei municipal e não alcança os dias feriados.

> **Obs.**: a não observância dos intervalos legais, intrajornada, interjornada, semanal e os que se computam na jornada implica pagamento de horas extras, além das multas administrativas aplicáveis pela autoridade regional do Ministério do Trabalho e Emprego.

3. Descanso anual: férias

3.1. Conceito

Período em que o empregado tem direito de abster-se da prestação do serviço ao seu empregador, direito esse adquirido após o decurso de um ano no emprego, para gozo sempre no ano seguinte ao ano aquisitivo, com a remuneração normal acrescida de 1/3.

É muito difícil dizer em poucas palavras o significado das férias. Mas, de antemão, esclareça-se que atende aos aspectos biológico (de revigoração das energias), psicológico (desenfastiamento do serviço) e social (permite o lazer, o turismo, o desenvolvimento cultural etc.).

3.2. Natureza jurídica

A princípio, pensou-se que constituía um prêmio, ideia hoje descartada. A natureza das férias é abstencial — o trabalhador abstém-se de prestar o serviço e o empregador, de exigi-lo. Trata-se, convém aduzir, de hipótese de interrupção do contrato de trabalho.

3.3. Períodos aquisitivo e concessivo

Aquisitivo é o período de 12 meses de serviço que gera direito ao gozo das férias no curso dos 12 meses seguintes. Ao final de cada 12 meses de trabalho, o empregado adquire o direito a um período de férias. As férias resultantes do primeiro ano de serviço serão gozadas no segundo; as do segundo, no terceiro... e assim sucessivamente.

> **Período concessivo** — são os 12 meses subsequentes ao período aquisitivo (art. 134 da CLT). Dentro desse período, o empregador é livre para escolher a época que consulte os seus interesses, devendo, entretanto, comunicar por escrito com 30 dias de antecedência, não podendo o início coincidir com sábado, domingo e feriado (PN n. 100). O estudante menor de 18 anos e o aprendiz fazem jus a coincidir suas férias com as escolares (art. 25 do Decreto n. 5.598/05).

Os membros de uma família, que trabalharem no mesmo estabelecimento ou empresa, terão direito a gozar férias no mesmo período, se disto não resultar prejuízo para o serviço.

> **Fracionamento** — A Lei n. 13.467/2017, da reforma trabalhista, alterou o art. 134 da CLT, para permitir o fracionamento de férias para todos, eliminação da discriminação do idoso e do menor e proibição de início das férias no período de dois dias que antecede feriado ou repouso semanal:

Esta Seção da CLT, com cinco artigos e nove parágrafos, sofreu apenas três alterações:

a) a possibilidade de negociar individualmente o fracionamento das férias em três períodos, sendo um não inferior a catorze dias e dois não inferiores a cinco cada. A regra anterior permitia o fracionamento apenas excepcionalmente, em dois períodos, não inferiores a cinco dias cada;

b) revogação do § 2º, que vedava o fracionamento para trabalhadores maiores de 50 anos e menores de 18 anos. A nova Lei acaba com a discriminação que existia a pretexto de proteção do menor e do maior de cinquenta anos, que nem é idoso ainda;

c) vedação de início das férias no período de dois dias que antecede feriado ou repouso semanal.

Não vejo prejuízo aos direitos dos trabalhadores nessas alterações. E a última é ostensivamente mais favorável aos empregados.

Durante as férias, o empregado não pode prestar serviço a outro empregador, salvo em virtude de outro contrato que mantenha regularmente.

3.4. Duração

A lei fixa em 30 dias, o que não impede se convencione período maior. Porém, será de 24 dias se o empregado houver faltado de 6 a 14 vezes; de 18 dias se houver faltado de 15 a 23 vezes; de 12 dias se houver faltado de 24 a 32 dias (art. 130, CLT). Não são faltas os casos relacionados nos arts. 131 e 473 da CLT(48).

3.5. Remuneração simples e dobrada

Durante o gozo das férias, o empregador tem a obrigação de remunerar o empregado, como se ele estivesse em exercício. A remuneração é simples quando as férias são concedidas dentro do período concessivo. Sempre que o empregador conceder as férias após o prazo concessivo, pagará em dobro a respectiva remuneração acrescida de 1/3 (art. 137). Se apenas alguns dias estiverem fora do prazo, só estes serão devidos em dobro, cf. Súmula n. 81 do TST. Quando as férias são concedidas no prazo legal e apenas o pagamento fora do prazo, não gera direito à remuneração em dobro, cf. assentava a Súmula n. 450 do TST, porque o STF assim decidiu. Quando a remuneração for variável, a remuneração das férias será calculada com base na média dos últimos doze meses. A remuneração das férias é igual à da época da concessão, ainda que no período aquisitivo o salário fosse menor. Dois dias antes do início do gozo das férias, o empregador tem a obrigação de remunerar o período das férias do empregado (art. 145, CLT).

3.6. Abono de férias

A CLT faculta ao empregado converter 1/3 do período de férias a que tiver direito em abono pecuniário, no valor da remuneração que lhe seria devida nos dias correspondentes (art. 143). Abono de férias é, pois, a venda de 10 dias de férias, ou seja, a remuneração decorrente dessa venda. Deverá ser requerido 15 dias antes do término do período aquisitivo.

Em se tratando de férias coletivas, com abono, será objeto de acordo coletivo, independente de requerimento individual. O abono não integra o salário, salvo se excedente de 20 dias. O abono de férias é um direito do empregado, cabendo ao empregador praticar apenas um ato receptício, e nunca de recusa. Logo, quando o empregado converter 10 dias de férias em abono pecuniário, a remuneração do mês respectivo será no equivalente a 50 dias normais: remuneração do mês + 1/3 + 10 dias = 50 dias.

Cumpre observar que o termo "remuneração", utilizado pela legislação ao tratar das férias, tem abrangência maior do que "salário" – o que será visto no capítulo XXI, item 1, desta obra. Segundo a Lei n. 13.419/17, mudando o entendimento da Súmula n. 354 do TST, a gorjeta cobrada pelo empregador ou que venha na conta com pagamento facultativo, integra o salário. Logo, devem ser computadas no cálculo das férias.

3.7. Casos que extinguem o direito de férias

Não terá direito a férias o empregado que, no curso do período aquisitivo: I – deixar o emprego e não for readmitido dentro dos 60 dias subsequentes à sua saída; II – permanecer em gozo de licença, com percepção de salários, por mais de 30 dias; III – deixar de trabalhar, com percepção do salário, por mais de 30 dias em virtude de paralisação parcial ou total dos serviços da empresa; e IV – tiver percebido da Previdência Social prestações de acidente de trabalho ou de auxílio-doença por mais de 6 meses, embora descontínuos (art. 133 da CLT).

3.8. Início da contagem do novo período aquisitivo

Ocorrendo uma das hipóteses enumeradas no item 3.7, acima, o novo período aquisitivo inicia-se a partir do dia em que o empregado retorna ao serviço.

3.9. Férias coletivas

São as férias concedidas simultaneamente a todos os empregados de uma empresa ou setor da empresa. Poderão ser gozadas duas vezes ao ano, desde que cada período não seja inferior a 10 dias. O empregador comunicará ao Ministério do Trabalho, com antecedência de 15 dias, sobre o início e o fim das férias. Em igual prazo, enviará aos sindicatos das categorias profissionais cópia da comunicação e a afixará nos locais de trabalho. Os empregados com menos de 12 meses de serviço gozam férias proporcionais, e recomeça novo período aquisitivo. Quando a empresa tiver mais de 300 empregados em férias coletivas, pode anotar as Carteiras de Trabalho por meio de um carimbo, cujo modelo é submetido à aprovação do Ministério do Trabalho (ver arts. 139 a 141 da CLT).

3.10. Férias proporcionais

São os períodos incompletos de aquisição, interrompidos em virtude de cessação do contrato de trabalho. Assim: 10 meses resultam direito a 10/12 de férias; 8 meses, 8/12... As férias proporcionais, salvo no caso de férias coletivas, sempre são indenizadas, porque houve cessação do contrato de trabalho antes de terminado o período aquisitivo.

De acordo com o art. 146 e parágrafo único da CLT, interpretado pelo TST, tem-se que: 1) são devidas férias proporcionais na despedida sem justa causa, na terminação de contrato por tempo certo e no pedido de demissão (Súm. 261); 2) não são devidas férias proporcionais na despedida por justa causa (Súm. 171), mas apenas férias vencidas; 3) a Súmula n. 159 do TST dá o direito ao empregado substituto de receber o salário do substituído nas férias.

3.11. Prescrição do direito a férias

Aplica-se a regra do art. 7º, XXIX, CF, regulamentado pelo art. 11 da CLT, combinado com o art. 149: prescreve em cinco anos durante a vigência do contrato e em dois após sua extinção, sendo que a contagem inicia-se no dia seguinte ao término do período concessivo. Assim, por exemplo, em relação a um contrato iniciado em 2 de janeiro/2018 e o empregado não gozou o primeiro período de férias (2018/2019), o prazo prescricional desse período se inicia no dia 03.01.2020 e a pessoa tem até 02.01.25 reivindicá-lo em juízo.

4. Descanso antes e depois do parto e para amamentação

Licença-maternidade — além da licença-maternidade de 120 dias ou mais, de que se tratou no Capítulo III, item 4.1. V, o art. 396 assegura à lactante, dois intervalos de meia hora cada para amamentar durante os primeiros seis meses do filho. E o § 1º autoriza dilatar o período para além dos seis meses por recomendação da autoridade competente, bem como a dispensa de horário para consultas médicas (art. 392, § 4º). A Lei n. 13.467/17 converteu o parágrafo único do art. 396 em 1º e criou o § 2º para autorizar a negociação direta entre empregada e empregador a definição dos horários em que serão concedidos os intervalos para amamentação. É proibida a discriminação pelo motivo da gravidez ou da maternidade (art. 373-A).

Capítulo XXI

Remuneração e Salário

1. Conceito — Distinção entre remuneração e salário

Remuneração, em sentido restrito, compreende o salário pago diretamente pelo empregador, mais as gorjetas que o empregado recebe. Compreendem-se no salário: a quantia fixa estipulada + as gratificações legais + as comissões pagas pelo empregador (art. 457 da CLT, com a redação dada pela Lei n. 13.467/2017).

Remuneração, em sentido amplo, "designa o gênero de que são espécies salários, vencimentos, ordenados, soldos e honorários" (escreve A. Süssekind).

Na sistemática da CLT — diz Aluysio Sampaio — remuneração é todo provento legal e habitualmente auferido pelo empregado em virtude do contrato de trabalho, seja pago pelo empregador, seja por terceiro.

Salário é a contraprestação direta devida pelo empregador ao empregado em virtude do serviço prestado ou posto à sua disposição, em face do contrato de trabalho.

A diferença básica, segundo a estreita bitola da CLT, é: REMUNERAÇÃO = salário + gorjeta. SALÁRIO = contraprestação devida e paga diretamente pelo empregador em face do contrato de trabalho. GORJETA = "Considera-se gorjeta não só a importância espontaneamente dada pelo cliente ao empregado, como também o valor cobrado pela empresa, como serviço ou adicional, a qualquer título, e destinado à distribuição aos empregados" — § 3º do art. 457, com a redação dada pela Lei n. 13.467/17. Todavia, como veremos logo mais, a gorjeta ganha caráter salarial. E remuneração alberga todos os ganhos decorrentes do emprego, os de caráter salarial e os não salariais.

A reforma trabalhista, efetivada pela Lei n. 13.467/17, alterou profundamente as regras do contrato de emprego, com destaque para o salário, reduzindo sensivelmente as parcelas com natureza salarial. Vejamos o estudo que fizemos no livro *Reforma Trabalhista — entenda ponto por ponto*.

"Assim, a Reforma excluiu do salário o auxílio-alimentação, os abonos, os prêmios, a ajuda de custo limitada a 50% do salário e as diárias para viagens. Ou seja, essas parcelas não integram o salário, podendo ser excluídas a qualquer momento; não integram a remuneração de férias, de 13º salário e a base de cálculo da rescisão contratual, e sobre tais parcelas não incidirão INSS nem FGTS.

Em toda norma há incongruências e imprecisões, cabendo ao intérprete oficial o papel de harmonizar o seu entendimento, segundo o sistema legal integral. Como no regime democrático e de pluralismo esférico os conceitos não são fechados, cada coisa se representa por várias versões, os textos legais estão longe de dizer tudo.

Por sua vez, não é apenas o *nomem juris* que vai descaracterizar o salário. O empregador pode dar o nome que quiser a qualquer parcela paga a qualquer título para tangenciar os encargos trabalhistas. Entretanto, se ele der a uma parcela salarial outro nome não salarial estará incorrendo em ilegalidade, sendo nulo de pleno direito, conforme art. 9º da CLT. Por exemplo, auxílio-alimentação não é o mesmo que salário-alimentação, conforme veremos abaixo. O primeiro não é salário; o segundo, sim.

Vejam que o § 1º diz que só **três** coisas compõem o salário: o fixo, as comissões e as gratificações legais.

Mas o § 2º exclui da natureza salarial apenas **quatro** coisas: auxílio-alimentação, prêmios, ajuda de custo limitada a 50% da remuneração mensal e diárias para viagem.

Ocorre que muitas são as parcelas que integram o ganho dos trabalhadores, como gorjeta, gratificações contratuais, adicionais legais etc.

Assim, dúvida não resta que a reforma exclui o caráter salarial dos prêmios, das diárias para viagem e do auxílio-alimentação. Quanto à ajuda de custo, às gratificações contratuais e ao abono, há que se observar o que se segue:

> Logicamente, o termo "gratificações legais" compreende também aquelas estipuladas em negociação coletiva do trabalho, em regulamento da empresa e em avença individual. Isto porque o contrato — individual, coletivo e regulamento de empresa — integra as fontes formais primárias do Direito do Trabalho, conforme art. 8º da CLT.
>
> A doutrina assim trata da matéria:
>
> **Gratificação** — significa agradecimento, reconhecimento. Aluysio Sampaio define-a como "a importância paga diretamente pelo empregador ao empregado, obrigatória ou aleatoriamente, conforme o caso, podendo ou não integrar o salário". Integra o salário a gratificação que deriva de lei ou de ajuste das partes, individual ou coletivamente. O ajuste pode ser tácito, assim considerado quando a gratificação é paga com habitualidade. Daí resultam duas espécies: gratificação-liberalidade, que só integra o salário se se tornar habitual (conforme Súmulas ns. 207 do STF e 152 do TST), e gratificação-obrigação, que integra o salário. Não é fácil definir com precisão a gratificação, especialmente se for paga sob outra denominação. Do ponto de vista legal e contratual não há dificuldade; podemos enumerar várias: gratificação de função, de balanço, natalina. **Todas elas integram o salário.**
>
> **Gorjeta** — "Considera-se gorjeta não só a importância espontaneamente dada pelo cliente ao empregado, como também o valor cobrado pela empresa, como serviço ou adicional, a qualquer título, e destinado à distribuição aos empregados". (Redação dada pela Lei n. 13.419, de 2017). A gorjeta paga sob qualquer modalidade passou a

integrar o salário para todos os efeitos legais, a partir da Lei n. 13.419/2017, que mudou o entendimento sedimentado na Súmula n. 354 do TST, a qual não a considera para efeito de aviso-prévio, repouso remunerado, hora extra e adicional noturno. Agora, **como a nova regulamentação legal, integra a remuneração, deve ser considerada para todos os efeitos legais, como férias, INSS, FGTS e 13º salário, horas extras, cálculos da rescisão.**

Abonos — em regra, são aumentos provisórios de salários, normalmente para atender a uma situação emergencial, enquanto não sai o aumento ou reajuste definitivo. Não se confunde com o abono de férias previsto no art. 143 da CLT: "É facultado ao empregado converter um terço do período de férias a que tiver direito em abono pecuniário, no valor da remuneração que lhe seria devida nos dias correspondentes". A Lei n. 13.467/17 exclui a natureza salarial dos abonos. Porém, quando essa parcela for uma antecipação salarial, integra o salário. O abono de férias não integra o salário para efeitos trabalhistas e previdenciários.

Adicionais — os adicionais equiparam-se às gratificações, pois, na verdade, eles gratificam determinadas atividades, diz Russomano (*Comentários à CLT,* p. 449).

Os adicionais derivam ora de lei (adicionais noturno, de insalubridade ou de periculosidade, de transferência, de hora extra), ora de instrumento coletivo (adicional de produtividade), ora do contrato individual (adicional por tempo de serviço, adicional em virtude de área de difícil acesso etc.). O adicional noturno é de 20% para o trabalhador urbano e 25% para o rural; o adicional de insalubridade varia entre 10%, 20% ou 40%, sobre o salário mínimo, ou outro valor previsto no regulamento interno da empresa, ou que venha a ser fixado por lei, conforme o grau mínimo, médio ou máximo da insalubridade; o adicional de periculosidade é de 30% sobre o salário-base contratual do empregado, em regra; o adicional de transferência é de 25%; e o adicional de hora extra é de no mínimo 50%. Todos esses adicionais integram o salário.

Os adicionais, portanto, integram o salário para todos os efeitos legais.

Comissões — são participações diretas do empregado no resultado dos negócios. Representam-se por percentuais sobre o valor dos negócios ou por quantia fixa por operação efetuada (por venda efetuada, por exemplo). Integram o salário para todos os efeitos legais: repouso semanal, férias, 13º salário, FGTS, INSS, cálculos rescisórios, horas extras, Imposto de Renda etc.

Ajudas de custo — importâncias pagas pelo empregador, ao empregado, a fim de proporcionar a este condições necessárias à execução do serviço. Denomina-se também ajuda de custo a quantia paga em virtude de viagem do empregado a serviço.

Na verdade, a ajuda de custo assume três conotações e consequentes efeitos diferentes: a) **quando é paga pelo empregador ao empregado, em caráter habitual, a fim de proporcionar condições necessárias à execução do serviço é salário quando ultrapassar de 50%**

da remuneração mensal, porque tem natureza de gratificação contratual; b) quando paga para cobrir as despesas de mudança não integra o salário; c) quando paga em virtude de viagem a serviço também não integra o salário.

Diárias para viagens são importâncias pagas pelo empregador destinadas a custear as despesas com alimentação, hospedagem, transporte etc., necessárias ao desempenho da missão. Tinha natureza salarial quando ultrapassava 50% do total das parcelas salariais habituais. A Reforma trabalhista fechou a questão: **diárias em qualquer valor não integram o salário, adquirindo natureza indenizatória.**

Auxílio-alimentação — corresponde a um benefício proporcionado pelo empregador ao empregado, por liberalidade ou por força de contrato ou negociação coletiva. A Reforma trabalhista proíbe o pagamento em dinheiro.

Pelo direito anterior, essa parcela integrava o salário, salvo se a empresa integrasse o Programa de Alimentação do Trabalhador — PAT, de que tratam a Lei n. 6.321/76, art. 3º, o Decreto n. 5/91, art. 6º e a OJ n. 33 da SDI-I.

A Súmula n. 680 do STF enuncia que "*O direito ao auxílio-alimentação não se estende aos servidores inativos*". Considerava-se salário-utilidade, conforme art. 458 consolidado; da mesma forma, incorporava-se ao contrato do empregado quando concedido contratualmente sem expressar sua natureza indenizatória. E, neste caso, estendia-se aos inativos, quando estes percebiam complementação de proventos pela Caixa de Pensão do empregador, até porque a Constituição veda toda discriminação. A partir da vigência da Lei da Reforma, 11.11.2017, o auxílio-alimentação não integrará o salário, independentemente de a empresa aderir ou não ao PAT.

Não confundir, porém, com a alimentação como salário-utilidade, que é salário para todos os fins legais, conforme o § 3º-A do art. 458 da CLT: "a habitação e a alimentação fornecidas como salário-utilidade deverão atender aos fins a que se destinam e não poderão exceder, respectivamente, a 25% (vinte e cinco por cento) e 20% (vinte por cento) do salário-contratual".

1.1. Prêmio — Definição

A Lei n. 13.467/17, da reforma trabalhista, excluiu a natureza salarial dos prêmios, dando-lhes no § 4º do art. 457 da CLT a seguinte definição:

Consideram-se prêmios as liberalidades concedidas pelo empregador em forma de bens, serviços ou valor em dinheiro a empregado ou a grupo de empregados, em razão de desempenho superior ao ordinariamente esperado no exercício de suas atividades.

Prêmios — São ganhos vinculados a fatores de ordem pessoal do trabalhador, como a produção, a eficiência etc. — diz A. M. Nascimento. Pode o empregador pretender premiar o excesso de produção, a assiduidade. Todavia, cuidado para não dar gratificação com nome de prêmio, porque, como se disse acima, cada coisa se define por sua natureza e não pelo nome que se lhe dê.

Pois bem, com as especificações do § 4º do art. 457 da CLT, os prêmios não integram mais o salário do empregado. A vantagem disso é que o empregador será estimulado a premiar os seus empregados sem medo das repercussões salariais.

2. Caracteres do salário

Gomes e Gottschalk relacionam os seguintes caracteres:

— existência do sinalagma (relação de equivalência das obrigações);

— caráter alimentar do salário (o que lhe garante preferência absoluta);

— caráter forfetário (não está sujeito aos riscos do empreendimento);

— proporcionalidade com a natureza da prestação;

— irredutibilidade e adequação ao custo de vida;

— persistência do salário nas paralisações sem culpa do empregado;

— natureza composta do salário (fixo mais adicionais);

— determinação heterônoma (várias fontes determinantes do salário);

— acrescentamos o caráter ***preferencial*** do salário (arts. 100, § 3º, CF, 449 da CLT e Lei n. 11.101/05 — nova Lei de Falências, que assegura ao trabalhador preferência até 150 salários mínimos), art. 186 do CTN.

3. Composição do salário

Nem tudo que o empregado ganha é salário. Nem tudo que é salário integra os direitos do trabalhador.

Trata-se de matéria complexa, sem unidade conceitual na lei, jurisprudência e doutrina, com gigantescas contradições. No entanto, do cipoal normativo extraem-se alguns consensos, por exemplo, que os títulos pagos ao trabalhador são de três naturezas: a) remuneração; b) salário: c) parcelas indenizatórias.

E qual a importância dos três conceitos? É que o salário constitui a base de cálculo de todos os reflexos trabalhistas e das contribuições sociais, cálculo da rescisão, de aumento salarial etc. Já outros tipos de remuneração são contabilizados apenas para recolhimentos do FGTS, do INSS e de Imposto de Renda. As parcelas indenizatórias em nada repercutem. Vejamo-las:

a) **Remuneração**, nos limites do Direito do Trabalho, é a contraprestação que o empregado aufere do seu trabalho, quer seja paga diretamente pelo empregador, quer pelo cliente (gorjeta). Logo, todo salário está contido na remuneração, mas nem toda remuneração é salário. Mas a própria lei, em muitos casos, usa "remuneração" como sinônimo de "salário". Essa distinção é necessária para efeitos econômicos do contrato.

b) **Salário** é a contraprestação que o empregado recebe diretamente do empregador. Tem natureza composta. Vários itens o compõe, cf. parágrafos do art. 457. As parcelas de natureza salarial dividem-se em duas espécies: 1) uma de efeitos amplos e 2) outra de efeitos limitados. 1) todas as parcelas pagas em caráter *habitual* integram o salário para todos os efeitos legais: cálculo de FGTS, incidência de INSS e de Imposto de Renda, para cálculo de férias, 13º salário, rescisão contratual etc. Neste grupo enquadra-se a remuneração de horas extras habituais, assim consideradas as prestadas por seis meses ou mais no ano; 2) toda parcela de natureza salarial paga *eventualmente* integra o salário apenas para alguns efeitos, como INSS, FGTS e Imposto de Renda, mas não para o próprio trabalhador. Assim, as parcelas salariais não habituais não integram o salário para efeito de contabilização nas férias, no 13º, no cálculo da rescisão. Enquadra-se nesta categoria a remuneração de horas extras eventuais, de adicional noturno eventual etc.

c) **Parcelas indenizatórias** – não integram o salário para nenhum efeito. Esgotam seu efeito no respectivo pagamento, a exemplo da ajuda de custo para mudança ou para viagem, diárias para viagens, participação nos lucros, indenização de férias não gozadas, abono de férias. Também não integram o salário: vale-transporte, vale-cultura, auxílio-creche, auxílio-alimentação, incentivo a demissão, indenização de despedida, multa rescisória do art. 477, § 8º da CLT, indenização por demissão nos 30 dias da data-base — Lei n. 7.238/84. Ver art. 214, § 9º, do Decreto n. 3.48/99, seguro em grupo, plano de saúde.

Piso salarial – cada categoria profissional possui seu piso salarial, o qual nunca será inferior ao salário mínimo. Este é fixado por lei, cujo valor é inderrogável e inegociável. O piso profissional pode ser estabelecido por lei, instrumento de negociação coletiva, ato unilateral do empregador. Várias profissões possuem piso salarial fixado por lei, a exemplo dos médicos e dentistas = três salários mínimos por jornada de duas a quatro horas diárias; os auxiliares = dois SM, por jornada de quatro horas/dia (Lei n. 3.999/61); o engenheiro, arquiteto, geólogo, agrônomo e veterinário = seis SM por jornada de seis horas/dia (Lei n. 4.950-A/66). O piso de salário profissional tem que ser respeitado em todas as contratações individuais. Observe-se também que o Piso salarial com base no salário mínimo passou a sofrer restrições da Súmula Vinculante n. 4 do STF, a qual proíbe o emprego do salário mínimo como indexador. Entendo que pode ser fixado piso com base no salário mínimo legal, sem, contudo, continuar indexado a ele, ficando os reajustes para livre negociação.

4. Modalidades de salário

Remuneração equivale ao total dos ganhos do empregado em virtude da relação de emprego, percebidos com habitualidade, quer sejam pagos diretamente pelo empregador ou por terceiros, estes sob a forma de gorjetas.

A remuneração, *lato sensu*, pode consistir no pagamento de uma quantia fixa por unidade de tempo (por mês, dia, hora, semana), ou de quantia fixa mais quantia variável, ou só de quantia variável. Inúmeros penduricalhos podem compor o contracheque do empregado, diz Russomano.

Se o operário é horista, para obter-se o valor da hora de trabalho, e para que a remuneração não fique inferior ao salário mínimo legal ou piso salarial da categoria, toma-se este e divide-se: a) por 220, para quem cumpre jornada de oito horas/dia; b) por 200 para jornada de 40h; ou c) por 180 para quem cumpre jornada de 6 horas diárias.

Gomes e Gottschalk denominam FORMAS DE REMUNERAÇÃO; A. M. Nascimento, TIPOS ESPECIAIS DE REMUNERAÇÃO e Cesarino Jr., ELEMENTOS INTEGRANTES DA REMUNERAÇÃO; todos a se reportarem que compõem as formas de remuneração: gratificações, participação nos lucros, participações convencional e legal, gorjetas, abonos, adicionais legais, comissões, prêmios, ajudas de custo, diárias, gratificação natalina, ajuda de custo-alimentação. Umas possuem natureza salarial, outras não, conforme já analisamos.

Para efeito de incidência de contribuições previdenciárias e de FGTS, considera-se a remuneração com exclusão das parcelas de natureza indenizatória (art. 214, § 9º, do Decreto n. 3.048/99).

5. Parcelas e utilidades não salariais

Várias parcelas compõem a remuneração do trabalhador, mas não integram o salário, ou seja, não repercutem na aposentadoria, no FGTS, nos cálculos das demais parcelas salariais, nem na rescisão contratual.

Preceitua o § 2º do art. 457: “Não se incluem nos salários as ajudas de custo, assim como as diárias para viagem que não excedam de 50% (cinquenta por cento) do salário percebido pelo empregado.”

O § 2º do art. 458 da CLT exclui do caráter salarial as seguintes utilidades fornecidas pelo empregador: a) vestuários, equipamentos e outros acessórios fornecidos aos empregados e utilizados no local de trabalho, para a prestação do serviço; b) educação em estabelecimento de ensino próprio ou de terceiros, compreendendo os valores relativos a matrícula, mensalidade, anuidade, livros e materiais didáticos; c) transporte destinado ao deslocamento para o local de trabalho e retorno, em percurso servido ou não por transporte público; d) assistência médica, hospitalar e odontológica, prestada diretamente ou mediante seguro-saúde; e) seguro de vida e de acidentes pessoais; f) previdência privada; vale-cultura *(Lei n. 12.761/12)*. Também não integram o salário: a) a ajuda de custo que não exceda a 50% da remuneração mensal; b) a participação nos resultados econômicos dos inventos do empregado, cf. art. 90 da Lei n. 9.279/96; c) participação nos lucros e resultados; d) o valor relativo à assistência prestada por serviço médico ou odontológico, próprio ou não, inclusive o reembolso de despesas com medicamentos, óculos, aparelhos ortopédicos, próteses, órteses, despesas médico-hospitalares e outras similares, mesmo quando concedido em diferentes modalidades de planos e coberturas, não integram o salário do empregado para qualquer efeito nem o salário de contribuição *(Incluído pela Lei n. 13.467/2017)*.

Participação nos lucros e nos resultados — é o rateio de um percentual do lucro da empresa com os empregados, ou a atribuição de uma participação em face do resultado atingido pela empresa. As Constituições de 1946 e 67/69 previam essa matéria, porém sem regulamentação pelo Congresso Nacional. A Constituição prevê esse direito (art. 7º, XI), inovando em um ponto importante — desvincula-o do salário do empregado. Isso implica que ***essa parcela não compõe base de cálculo dos demais direitos do empregado, inclusive os rescisórios e os custos sociais***. A Lei n. 10.101/2000 regulamenta a matéria, a ser convencionada entre a empresa e seus empregados ou através de uma comissão escolhida pelas partes, integrada ainda por um representante indicado pelo Sindicato da respectiva categoria; ou por meio de acordo ou convenção coletiva.

6. Salário e indenização

Indenização é um dos elementos da remuneração. Recebem o nome de indenizações certas atribuições econômicas pagas ao empregado como compensação de um trabalho executado em condições que exigem maior desconforto em razão do tempo ou do lugar da prestação, um maior perigo ou más condições de salubridade.

A indenização ora descrita não se confunde com a indenização em virtude de rescisão contratual, mas compõe um dos elementos da remuneração. A indenização só adquire natureza salarial quando for paga em caráter habitual.

7. Salário *in natura*

O pagamento pode ser feito em espécie ou em utilidades (*in natura),* como habitação, alimentação, vestuário ou outras prestações *in natura* que a empresa, por força do contrato ou costume, fornecer habitualmente ao empregado. Proibido o pagamento com bebida alcoólica e drogas nocivas, cf. art. 458 da CLT.

Os valores atribuídos às prestações *in natura* deverão ser justos e razoáveis, não podendo exceder, em cada caso, os dos percentuais das parcelas componentes do salário mínimo (art. 458, § 1º).

O salário mínimo idealizado pela CLT é representado pela fórmula: SM = a + b + c + d + e, onde, *a*, *b*, *c*, *d* e *e* correspondem, respectivamente, às despesas diárias com alimentação, habitação, vestuário, higiene e transporte, necessários à vida de um trabalhador adulto. Além desses itens, a CF/88 acrescentou o lazer, a educação, a saúde e a previdência social.

Quando o empregador fornecer, *in natura*, uma ou mais das parcelas do salário mínimo, o salário em dinheiro será determinado pela fórmula Sd = Sm – P, em que Sd representa o salário em dinheiro, Sm o salário mínimo e P a soma dos valores daquelas parcelas na região ou sub-região (art. 82 da CLT).

Nestes casos, a parcela em dinheiro não será inferior a 30% do SM. A jurisprudência do TST é no sentido de que a vinculação das utilidades em percentuais só se aplica ao trabalhador de salário mínimo.

Os §§ 3º e 4º do art. 458 limitam em 25% o salário-utilidade em habitação e 20% em alimentação, ambos sobre o salário contratual; e para ratear esse percentual entre os coocupantes, em caso de habitação coletiva, vedada a habitação coletiva de famílias.

8. Descontos no salário

O art. 462 da CLT veda ao empregador efetuar qualquer desconto no salário do empregado, salvo quando resultar de adiantamento, de dispositivo de lei ou de contrato coletivo. O § 1º permite o desconto de dano causado pelo empregado ao empregador por ato doloso ou quando essa possibilidade tenha sido acordada.

No entanto, sendo o salário a base de sustentação do trabalhador, sobre ele recaem todos os ônus da sua sobrevivência. Assim, além dos descontos legais obrigatórios, há os autorizados. São obrigatórios os descontos: contribuição previdenciária oficial, imposto de renda, pensão alimentícia determinada por sentença judicial, dentre outros. São descontos autorizados (quando autorizados): adiantamento salarial, contribuição sindical, danos causados ao patrão, contribuições sindicais, previdência privada, plano de saúde, seguro de vida, empréstimo consignado, dentre outros.

Capítulo XXII

Formas de Pagamento do Salário. Proteção do Salário. Igualdade Salarial

1. Formas de pagamento

O pagamento pode ser por dia, semana ou mês. Se mensal deve ser feito até o 5º dia útil do mês subsequente. Dar-se-á em dia útil, no local de trabalho e no horário de trabalho ou logo após o encerramento deste, em moeda corrente no País, contra recibo (se analfabeto, com a impressão digital ou, não sendo possível, a seu rogo). Terá força de recibo o depósito em conta salário em nome do empregado, em estabelecimento próximo ao local de trabalho. O pagamento de comissões só é exigível depois de ultimada a transação a que se referem. Já é de se validar o pagamento mediante Pix.

Em caso de rescisão de contrato de trabalho, havendo controvérsia sobre o montante das verbas rescisórias, o empregador é obrigado a pagar até a data do comparecimento à Justiça do Trabalho a parte incontroversa dessas verbas, sob pena de pagá-las acrescidas de 50% (art. 467, CLT). A União, os Estados, o Distrito Federal, os Municípios e suas autarquias e fundações públicas são excluídas dessa regra (MP n. 2.180/01).

Por sua vez, o salário pode ser pago em quantia fixa, variável, ou fixa + variável: por peça, por tarefa, por produção, por comissão etc., mas sempre garantido o valor do salário mínimo legal ou piso profissional.

2. Proteção do salário

O salário constitui a principal, quando não a única, fonte de sobrevivência do trabalhador. Daí a lei protegê-lo de várias maneiras.

2.1. Proteção contra os abusos do empregador

O art. 7º, X, da Constituição assegura: "proteção ao salário na forma da lei, constituindo crime sua retenção dolosa". Como o crime ainda não foi tipificado na lei penal, essa norma fica adormecida até a tipificação legal, se bem que já se pode cogitar de seu enquadramento no art. 203 do Código Penal.

O art. 117 da CLT proíbe a convenção que fixar remuneração inferior ao SM; o art. 120 comina multa àquele que infringir normas concernentes ao SM.

O art. 458 proíbe o pagamento do salário com bebidas alcoólicas e drogas nocivas (Súmula n. 367 do TST, segundo a qual cigarro não é salário utilidade, por ser nocivo à saúde); o art. 458, § 1º, determina que os valores das prestações *in natura* deverão ser justos e razoáveis, não podendo exceder a 70% do salário mínimo, e os bens dados em pagamento não terão preço superior ao corrente na região (arts. 81 e 82 da CLT).

O período máximo de pagamento de salário é de 30 dias, e o pagamento mensal deve ser efetuado até o 5º dia útil do mês subsequente (art. 459 e parágrafo único, da CLT).

Cesarino Jr. sintetiza assim a proteção do salário contra abuso do empregador:

— obrigação de pagar salário mínimo ou piso profissional (arts. 117 e 120, CLT);

— proibição do salário complessivo (englobamento de várias parcelas em um só montante, sem discriminar o valor de cada uma);

— manutenção do pagamento nos casos de paralisação da empresa e nos de impedimento do empregado;

— proibição do pagamento em cheques, salvo se puder ser sacado no próprio local de trabalho ou nas proximidades;

— prova do pagamento, local e tempo;

— proibição de descontos, inalterabilidade, irredutibilidade, equiparação de salários e seu pagamento na rescisão de contrato de trabalho; e

— compensação limitada a dívidas de natureza trabalhista.

Acrescentamos as seguintes hipóteses:

— a retenção dolosa de salário é crime — arts. 7º, X, da CF, e 203 do Código Penal;

— não pagamento dos salários incontroversos na primeira audiência implica a condenação acrescida de 50% — art. 467 da CLT; e

— em caso de dano causado pelo trabalhador, só é lícito o desconto se houver previsão contratual ou na ocorrência de dolo do empregado — art. 462, § 1º, da CLT;

— na recuperação judicial da empresa, os créditos trabalhistas não são reduzidos, apenas o prazo do pagamento é que é dilatado, de acordo com a Lei n. 11.101/05.

O Decreto-lei n. 368/68 institui uma série de retaliações contra a empresa que está em débito salarial, como: a) não poderá pagar honorário, pró-labore, gratificação ou outro estipêndio em favor dos titulares de firma individual; b) não poderá distribuir lucros ou dividendos; c) não poderá ser dissolvida; d) quando for contumaz (atraso a partir de três meses), não poderá ser favorecida com incentivos fiscais ou financeiros.

2.2. Proteção contra os credores do empregador

O art. 449 da CLT dispõe: "Os direitos oriundos da existência do contrato de trabalho subsistirão em caso de falência, concordata ou dissolução da empresa." O § 1º qualifica de privilegiada a totalidade dos salários devidos e das indenizações a que tiver direito. No mesmo sentido, a Lei de Falências (Lei n. 11.101/05) considera preferenciais todos os créditos trabalhistas até o limite de 150 salários mínimos, indo o que daí exceder para a categoria dos quirografários.

No entanto, os salários atrasados dos últimos três meses anteriores à decretação da falência, até o limite de cinco salários mínimos por trabalhador, serão pagos tão logo a massa apure esse valor, portanto, antes mesmo do inventário final da massa.

Já o art. 186 do Código Tributário Nacional (Lei n. 5.172/66) preceitua que o crédito tributário prefere a qualquer outro, seja qual for a natureza ou tempo da constituição deste, ressalvados os decorrentes da legislação trabalhista. Estes são preferenciais na falência do empregador até 150 salários mínimos, bem como o total das indenizações por acidente de trabalho, cf. art. 83 da Lei n. 11.101/05.

2.3. Proteção contra os credores do empregado

A principal proteção encontramos no art. 833, IV do Código de Processo Civil, que qualifica como absolutamente impenhoráveis os salários, salvo para pagamento de prestação alimentícia.

2.4. Princípio da irredutibilidade salarial

O art. 503 da CLT faculta ao empregador, em caso de força maior, unilateralmente, reduzir os salários dos seus empregados em até 25%, garantido o salário mínimo, enquanto durar a situação imprevista de infortúnio. A Lei n. 4.923/65 previa essa redução no mesmo percentual, por três meses, prorrogável por igual período, em caso de dificuldade da empresa motivada pela conjuntura econômica, porém mediante acordo com o sindicato representante da categoria profissional ou, na impossibilidade do acordo, autorização judicial mediante sentença.

Mas, a partir da CF/88, cujo art. 7º, VI assegura ao trabalhador "irredutibilidade do salário, salvo o disposto em convenção ou acordo coletivo", a possibilidade da redução por motivo de força maior, ou em face da conjuntura econômica, ou por outra razão forte, continua possível, porém, só mediante negociação coletiva de que participe necessariamente o sindicato da categoria profissional, não se admitindo mais o suprimento judicial. O art. 8º, VI, preceitua que é obrigatória a participação dos sindicatos nas negociações coletivas de trabalho. Aliás, só pode ser denominado acordo coletivo de trabalho quando houver a participação do sindicato obreiro e da empresa. E a Constituição só admite a redução salarial mediante acordo ou convenção coletiva. A Lei n. 13.189/2015 instituiu o PSE — Programa Seguro-Emprego, permitindo que seja negociada a redução de até 30% da jornada e do salário, criando fórmula pela qual a redução salarial pode ser significativa para a empresa e o FAT — Fundo de Amparo ao Trabalhador assume parte dos encargos, pagando aos trabalhadores atingidos até 50% do valor da redução salarial.

Segundo o art. 501 consolidado, "Entende-se como força maior todo acontecimento inevitável, em relação à vontade do empregador, e para a realização do qual este não concorreu, direta ou indiretamente".

Concluindo, os arts. 503 da CLT e 2º da Lei n. 4.923/65 estão derrogados, isto é, revogados na parte que permite a redução unilateral de salário pelo empregador ou por força de decisão judicial.

2.5. Proteção contra a inflação

Correção salarial significa adequação do seu valor nominal ao valor real. Reposição do poder de compra corroído pela inflação em um determinado espaço de tempo. A correção faz-se segundo a política e os índices oficiais.

A correção automática foi instituída pela Lei n. 6.708/79, que determinou a correção semestral automática dos salários, de acordo com o Índice Nacional de Preços ao Consumidor — INPC.

Reajustamento salarial significa "toda e qualquer variação do valor do salário, que resulte de avença das partes, de convenção coletiva, de dissídio normativo ou de lei" (A. Sampaio).

A política salarial tem variado de acordo com as políticas de combate à inflação. Cada equipe econômica estabelece a sua. De 1989 para cá, uma sequência de leis tentou regular a manutenção do poder aquisitivo dos salários, sem impacto inflacionário. A Lei n. 7.788/89, revogada pelo Plano Collor (Lei n. 8.030/90), seguido das Leis ns. 8.542/92 e 8.700/93; a Lei n. 8.880/94, que aprovou o Plano Real (MP n. 457), determinou que reposição de eventuais perdas só nas datas-base (art. 19). Complementando a anterior, a Lei n. 10.192/01 preceitua no seu art. 10 que "os salários e demais condições referentes ao trabalho continuam a ser fixados e revistos, na respectiva data-base anual, por intermédio da livre negociação coletiva".

O salário mínimo, entretanto, tem obedecido a política própria, quase sempre com reajuste superior à inflação apurada. A Lei Complementar 103/2000 delega aos Estados e Distrito Federal o poder de definir o salário mínimo da sua respectiva área territorial para as categorias que não tenham piso salarial legal ou negociado.

Após um hiato entre 2020 e 2023, a partir de 2024 volta a vigorar novamente a política de reajuste do salário mínimo pelo índice de inflação do ano anterior, divulgado pelo IBGE e ganho real correspondente ao crescimento do PIB dos dois anos anteriores, cf. art. 3º da Lei n. 14.663/2023.

3. O princípio da igualdade salarial

Este princípio foi aprovado no Tratado de Versalhes, depois objeto de Convenção Internacional. Figurou nas Constituições republicanas a partir de 1934. Hoje consta dos arts. 5º e 7º, XXX, da CF/88. O art. 5º, *caput*, elastece o princípio da igualdade: "Todos são iguais perante a lei, sem discriminação de qualquer natureza...". E o inciso I iguala homem e mulher.

Disciplinado no art. 5º da CLT: "A todo trabalho de igual valor corresponderá salário igual, sem distinção de sexo"; e no art. 461: "Sendo idêntica a função, a todo trabalho de igual valor, prestado ao mesmo empregador, no mesmo estabelecimento empresarial, corresponderá igual salário, sem distinção de sexo, etnia, nacionalidade ou idade". *(Redação pela Lei n. 13.467, de 2017)*

> Trabalho de igual valor será o que for feito com igual produtividade e com a mesma perfeição técnica, entre pessoas cuja diferença de tempo de serviço para o mesmo empregador não seja superior a quatro anos e a diferença de tempo na função não seja superior a dois anos. *(Redação dada pela Lei n. 13.467/2017)*

3.1. Equiparação salarial

Para corrigir o tratamento desigual de salário, a ação cabível é de equiparação salarial — em que um empregado alega que realiza para o mesmo empregador trabalho de igual valor ao de outro empregado, denominado paradigma, entretanto percebe salário inferior. A jurisprudência já estava consolidada na Súmula n. 6 do TST, com dez incisos, complementada pelas Súmulas ns. 127, 275 e OJs. No entanto, a Lei n. 13.467/17 modificou profundamente a matéria, reduzindo as possibilidades de equiparação.São condições da equiparação salarial, segundo as novas regras:

— trabalho para o mesmo empregador, no mesmo estabelecimento;

— identidade de função, e desempenho das mesmas tarefas, independente do nome dado (inciso II da Súmula n. 6);

— igualdade do trabalho (igual produtividade, mesma perfeição técnica);

— diferença de tempo de serviço (entre o requerente e o paradigma) para o mesmo empregador não superior a quatro anos e a diferença de tempo na função não seja superior a dois anos;

— trabalho no mesmo estabelecimento;

— inexistência na empresa de quadro organizado em carreira, adotado, por meio de norma interna da empresa ou de negociação coletiva, dispensada qualquer forma de homologação ou registro em órgão público. (Redação dada pela Lei n. 13.467/17).

Verificadas essas condições, pode o trabalhador pleitear a equiparação salarial mesmo após a extinção do contrato de trabalho, dele e/ou do paradigma, observado o prazo de prescrição — dois anos (a contar da rescisão contratual) para reclamar as diferenças daí advindas, até cinco anos para trás, a contar do ajuizamento da reclamação trabalhista.

No § 3º, diz que as promoções previstas no quadro de carreira poderão ser feitas por merecimento e por antiguidade, **ou por apenas um desses critérios**, dentro de cada categoria profissional. Todavia, pondere-se que não escapará do controle judiciário a razoabilidade do plano, que proporcione igualdade e não discriminação, bem como a sua efetiva aplicação. O plano que não é aplicado é como se não existisse.

O direito anterior determinava que as promoções fossem feitas alternadamente, por antiguidade e por merecimento. A nova lei admite que o plano preveja a promoção por apenas um desses critérios. Também não fixa o interstício, de quantos em quantos anos. Logo, trata-se de uma norma muito aberta, na qual comportam inúmeras formas e incontáveis omissões, decorrentes da elevada discricionariedade/arbitrariedade, o que a vocaciona à litigiosidade.

O § 4º foi mantido: "O trabalhador readaptado em nova função por motivo de deficiência física ou mental atestada pelo órgão competente da Previdência Social não servirá de paradigma para fins de equiparação salarial".

E o § 5º só assegura equiparação entre empregados contemporâneos no cargo ou na função, ficando vedada a indicação de paradigmas remotos, ainda que o paradigma contemporâneo tenha obtido a vantagem em ação judicial própria. Essa regra veio alterar o inciso VI da Súmula n. 6 do TST, que admite o paradigma remoto.

Ainda em relação ao item quadro de carreira, é de se considerar que este só é válido quando formalizado e estabeleça critérios de promoção justos e transparentes. Destarte, quando, mesmo formalizado, mas o empregador não o pratica com seriedade, subsiste o direito a equiparação salarial. Por outro lado, quando a diferença decorre de enquadramento irregular, a postulação deve ser de correção de enquadramento, com as repercussões salariais. Da mesma forma, quando houver preterição ou omissão de promoções.

A Súmula Vinculante n. 37 do STF enuncia que não compete ao Poder Judiciário aumentar vencimento de servidor público sob fundamento de isonomia. Todavia, a Súmula n. 455 do TST, resultante da conversão da OJ n. 353, admite a possibilidade de equiparação salarial nas empresas sociedade de economia mista, por não incidir a vedação do inciso XIII do art. 37 da Constituição.

Cabe ao empregador o ônus de provar o fato impeditivo, modificativo ou extintivo do direito de equiparação salarial do empregado.

3.2. Desvio de função

O desvio de função caracteriza-se quando o empregador possui quadro de carreira organizado; entretanto, o empregado ocupa função fora do enquadramento devido. Mesmo neste caso, durante o período em que ocorre o desvio de função, o empregado tem direito à diferença salarial daí advinda.

A OJ n. 125 da SDI-I assim trata a matéria: "Desvio de função. Quadro de carreira. O simples desvio funcional do empregado não gera direito a novo enquadramento, mas apenas às diferenças salariais respectivas".

A Súmula n. 275 do TST trata da prescrição: "Prescrição parcial. Desvio de função. Na ação que objetive corrigir desvio funcional, *a prescrição só alcança as diferenças salariais vencidas no período de 5 (cinco) anos que precedeu o ajuizamento*" (grifamos). No entanto, quando houver mudança de plano, o prazo para reclamar direito do plano anterior é de cinco anos, sob pena de prescrição total.

Em síntese, a prescrição é apenas **parcial** para reclamar direitos oriundos do plano vigente, optado pelo obreiro; e **total** para haver direitos do plano extinto.

Capítulo XXIII

Alteração do Contrato de Trabalho

1. Alteração unilateral e bilateral

Unilateral — promovida por uma das partes, sem a anuência da outra; **bilateral** é a alteração por mútuo consentimento. Segundo o art. 468, "nos contratos individuais de trabalho só é lícita a alteração das respectivas condições por mútuo consentimento e, ainda assim, desde que não resultem, direta ou indiretamente, prejuízos ao empregado, sob pena de nulidade da cláusula infringente desta garantia".

O regulamento da empresa integra o contrato de emprego, razão pela qual a sua alteração implica alteração contratual, sobre a qual dispõe a Súmula n. 51 do TST:

> I – As cláusulas regulamentares, que revoguem ou alterem vantagens deferidas anteriormente, só atingirão os trabalhadores admitidos após a revogação ou alteração do regulamento.
>
> II – Havendo a coexistência de dois regulamentos da empresa, a opção do empregado por um deles tem efeito jurídico de renúncia às regras do sistema do outro.

À primeira vista, entende-se que é totalmente proibida a alteração unilateral do contrato. Engano. O sistema jurídico, a partir dos arts. 1º e 170, da CF, e 2º da CLT, confere ao empregador o poder diretivo da empresa. Daí resulta que ele pode alterar, unilateralmente, as condições de trabalho, desde que não resulte prejuízo para o empregado. É o que veremos a seguir.

2. *Transferência de função. O* jus variandi

> ***Jus variandi*** — é o direito do empregador de proceder a alterações nos contratos de trabalho dos seus empregados, unilateralmente, nos limites que a lei permite (art. 469, principalmente), tendo em vista os interesses da empresa. Decorre do poder diretivo, preconizado nos arts. 170 da CF e 2º da CLT, e tem seu limite na não causação de prejuízo ao empregado.

Normalmente, atua na modificação de ordem técnica, produtiva, de modernização, e particularmente em relação a funções, salários, horários de trabalho e local da prestação do serviço. As mudanças no salário são muito limitadas; porém o empregador pode modificar a forma de pagamento, em vez de fixo por salário variável, desde que não implique redução.

O contraponto do *jus variandi* é o **princípio da imodificabilidade** do contrato de trabalho, insculpido no art. 468 da CLT (cf. exposto no Capítulo VI). O conflito desses princípios resolve-se pela razoabilidade e proporcionalidade, em que se busca a justa medida e o não arbítrio.

> **Transferência de função** — consiste na passagem do empregado a um outro serviço, dentro da mesma qualificação profissional, ou a uma qualificação do mesmo grau e mais ou menos afim. A mudança de função só pode se dar em casos excepcionais. Alguns já previstos em lei, como a reversão do ocupante de função de confiança para o cargo efetivo anterior. Quando a mudança de função não está prevista em lei ou no contrato, impõem-se sérias restrições.

É aceitável, entretanto, na hipótese em que a empresa extingue as funções e, para não demitir, aproveitar os empregados em outras já existentes ou criadas. Isto é muito comum no processo de reestruturação administrativa da empresa e na incorporação de tecnologias. Nessas condições, o uso do *jus variandi* do empregador é legítimo, desde que não prejudique os salários nem reduza o empregado a condição humilhante.

Somente é injusta se a mudança de função realizada pelo empregador importar em uma desconsideração pela dignidade do empregado.

3. Promoção, rebaixamento e reversão

A **promoção** de empregados está inserida no livre-arbítrio do empregador genuinamente privado, porque no setor público devem ser observados os princípios que regem a Administração Pública. Porém, deve ser observado o critério da equidade e do não abuso de direito. Se, entretanto, o critério de promoção estiver regulado em quadro de carreira ou regulamento da empresa, o empregador tem de respeitar esses critérios, que integram o contrato de trabalho. A CLT faz vagas referências a respeito, nos arts. 358 e 461, §§ 2º e 3º.

> **Rebaixamento ou retrocesso** — não é permitido em nossa legislação do trabalho. Ou o empregador mantém o empregado em seu *status* ou o despede. A lei não oferece a opção do rebaixamento de função como meio-termo. Aliás, a vedação de retrocesso extrai-se do princípio da irredutibilidade salarial.

> **Reversão** — assume pelo menos dois sentidos: um deles é o retorno do empregado ao emprego após um afastamento, por motivo de aposentadoria provisória ou qualquer motivo; outro, o retorno do empregado ocupante de função de confiança ao cargo efetivo.

Do primeiro a CLT trata no art. 471: "Ao empregado, afastado do emprego, são asseguradas, por ocasião de sua volta, todas as vantagens que, em sua ausência, tenham sido atribuídas à categoria a que pertencia na empresa." E o art. 475 preceitua que o empregado que for aposentado por invalidez terá seu contrato de trabalho suspenso pelo prazo que as leis previdenciárias assegurarem o benefício sob esse título.

Do segundo, trata o art. 450, ao assegurar o retorno do empregado que for chamado a exercer cargo em comissão, interinamente ou por substituição eventual ou temporária, diverso do que exercer na empresa, ao cargo que ocupava antes, com a contagem do tempo de serviço.

O § 1º do art. 468 da CLT dispõe que "não se considera alteração unilateral a determinação do empregador para que o respectivo empregado reverta ao cargo efetivo, anteriormente ocupado, deixando o exercício da função de confiança". Neste caso, a jurisprudência era pacífica no sentido de que, se o empregado contasse mais de 10 anos no exercício da função, a remuneração respectiva incorporava-se ao salário dele (Súmula n. 372 do TST). Mas a Lei n. 13.467/17 acresceu o § 2º para ditar que a reversão não assegura a incorporação do valor da função, qualquer que seja o tempo de serviço. Contudo, quem, em 11.11.2017, completou dez anos no exercício de função, ainda que em períodos intercalados, tem direito à incorporação, por força do art. 5º, XXXVI da CF: a lei não prejudicará o direito adquirido, o ato jurídico perfeito, e a coisa julgada. Aliás, ante a irretroatividade da lei para prejudicar, a regra nova não deve ser aplicada aos contratos vigentes em 10/11/2017, ou, no mínimo, não deve ser aplicada àqueles que, em 10.11.1017, já ocupavam função de confiança.

Quando o empregado exerceu por dez anos ou mais diferentes funções gratificadas, incorpora-as pela média dos dez anos.

E o art. 499, § 1º, preceitua que ao empregado estável exercente de cargo em comissão, salvo no caso de falta grave, é assegurada sua reversão ao cargo efetivo anteriormente ocupado.

4. Remoção ou transferência

Remoção consiste na transferência do empregado para localidade diversa da que resultar do contrato, de modo a acarretar necessariamente a mudança do seu domicílio (art. 469). O mesmo artigo proíbe a transferência do assalariado sem a sua anuência.

Por *domicílio*, no sentido posto, entenda-se *residência*, pois a grandeza territorial do Brasil enseja a formação de Municípios extensos territorialmente, em que longas distâncias separam uma localidade de outra e agravadas pela ausência de transporte público regular.

Entretanto, não estão compreendidos na proibição de transferência: os exercentes de cargos de confiança e os cujos contratos tenham como condição, implícita ou explícita, a transferência, quando esta decorra de real necessidade de serviço. É lícita a transferência quando ocorrer a extinção do estabelecimento em que trabalhar o empregado. Em caso de necessidade do serviço, pode o empregador transferir o empregado, mas pagará um adicional de 25% enquanto durar essa situação. As despesas de transferência correrão por conta do empregador.

Aplica-se às regras *supra* o princípio da razoabilidade, segundo o qual, a dicção legal deve atender à racionalidade, como, p. ex., embora com previsão contratual de transferibilidade, a realidade sinaliza um intuito do empregador de atingir um fim diverso do alvitrado no instituto sob comento, como para conseguir, por via transversa, adesão a planos de demissão.

Desse conjunto de normas, a jurisprudência tem distinguido duas espécies de transferência: a provisória e a definitiva. A primeira gera direito do empregado ao adicional de transferência de 25%; a segunda, não.

Porém, indaga-se: o que é transferência definitiva? Só pode ser aquela que o próprio empregador assim qualifica expressamente. Entendemos que a ausência dessa referência dá sempre ao empregado direito ao adicional, porque ele nunca pode planejar se estabelecer com a família no novo lugar, permanecendo em corda bamba. Instala-se no Eg. TST a tendência de fixar em até três anos a transitória.

É ilegal a transferência de dirigente sindical para local fora da base do seu sindicato, posto que é condição do exercício do cargo sindical o domicílio trabalhista na base territorial da entidade que dirige. Salvo no caso de extinção do estabelecimento, por força maior (Súmula n. 22 do STF) em que o empregador rescinde o contrato de trabalho ou oferece a transferência. Aceita esta, ele perderá o mandato sindical.

> "Presume-se abusiva a transferência de que trata o § 1º do art. 469, da CLT, sem comprovação da necessidade do serviço." (Súmula n. 43 do TST)

A OJ n. 113 enuncia que "O fato de o empregado exercer cargo de confiança ou a existência de previsão de transferência no contrato de trabalho não exclui o direito ao adicional. O pressuposto legal a legitimar a percepção do mencionado adicional é a transferência provisória".

Por fim, o inciso IX do art. 659 da CLT atribui ao juiz a competência para conceder liminar a fim de tornar sem efeito transferência ilegal, até julgamento final da reclamação trabalhista.

5. Autonomia negocial do trabalhador hipersuficiente

A Lei n. 13.467/17, da reforma trabalhista, instituiu no parágrafo único do art. 444 da CLT a figura do trabalhador hipersuficiente, aquele empregado portador de diploma de nível superior e que perceba salário mensal igual ou superior a duas vezes o teto da previdência social.

O art. 468 da CLT veda a alteração contratual lesiva ao empregado, ainda que ele concorde. No entanto, o art. 611-A foi acrescido pela Reforma para flexibilizar os direitos trabalhistas mediante negociação coletiva do trabalho, quebrando a rigidez do art. 468, fazendo prevalecer o negociado sobre o legislado. E, nesse propósito, confere ao hipersuficiente o poder de negociar individualmente com os efeitos da negociação coletiva prenunciada no art. 611-A.

Assim dispõe o *caput* do art. 444:

> Art. 444. As relações contratuais de trabalho podem ser objeto de livre estipulação das partes interessadas em tudo quanto não contravenha às disposições de proteção ao trabalho, aos contratos coletivos que lhes sejam aplicáveis e às decisões das autoridades competentes.

Pois bem, esse artigo ganhou um parágrafo com a lei da Reforma, para permitir que o trabalhador portador de diploma de nível superior, com salário igual ou superior a duas vezes o valor do maior benefício previdenciário pago pelo regime geral da previdência social pode negociar individualmente, sem intervenção do sindicato, naquelas matérias que o art. 611-A elenca como passíveis de negociação coletiva. Ou seja, esse empregado prescindiria de tutela sindical e estatal. Ocorre que a representação sindical é irrenunciável, o que houver de conquista nas negociações coletivas alcança esse empregado. Por sua vez, a lei fala em salário e não em remuneração. E o salário foi reduzido, cf. nova redação dada ao § 1º do art. 457 da CLT.

Todavia, há que se observar que, naquelas matérias em que a Constituição exige negociação coletiva, como nos incisos VI (redução temporária de salário e jornada), XIII (jornada de trabalho), XIV (turno ininterrupto de revezamento), do art. 7º, o legislador ordinário não tem poder para dispor.

Portanto, nas citadas matérias, continua a vedação de negociação individual para reduzir direitos, o que torna nulo o ato (inclusive lei de qualquer hierarquia) que desobedecer à norma superior. Para ganho do trabalhador, a negociação é sempre livre, por força do art. 7º, *in fine*, da Constituição.

> **Arbitragem em contrato individual** — o art. 507-A, acrescido também pela Lei n. 13.467/17, instituiu para o trabalhador hipersuficiente, no caso, apenas com salário superior a duas vezes o teto da previdência social, a possibilidade de previsão no contrato de cláusula compromissória de arbitragem, desde que por iniciativa do empregado ou mediante a sua concordância expressa, nos termos previstos na Lei n. 9.307/1996.

A arbitragem pressupõe relação de igualdade das partes, o que a faz incompatível com a relação de emprego. No entanto, o legislador entendeu que o trabalhador desse porte salarial, de mais R$ 12.000,00 por mês, prescinde da assistência do Estado e do Sindicato, o que é um engano. A lei diz que a opção pela arbitragem seja do empregado. Acontece que as garantias constitucionais trabalhistas são para todos os empregados de todos os padrões salariais. E a representação sindical é compulsória, ninguém fica ao relento desse véu. Logo, se ficar provado que foi contrato de adesão ou que houve vício de consentimento, será inválida a opção.

Outrossim, a vontade há de ser isenta de vício de consentimento, como erro, ignorância, coação, dolo, fraude etc., conforme arts. 138 e segs. do Código Civil. Na dúvida, há que se aplicar a regra *in dubio pro operario*. Ficar de olho também no **princípio da irrenunciabilidade**, que tem por fundamento o vício presumido de consentimento, com assento no art. 9º da CLT. Por fim, o *caput* do art. 468 não foi revogado, devendo prevalecer contra as negociações leoninas para o empregado.

Capítulo XXIV

Interrupção e Suspensão do Contrato de Trabalho

1. Conceito

Suspensão é o termo genérico consistente na cessação temporária da obrigação de o empregado prestar serviço ao seu empregador. A suspensão é parcial ou total. A parcial se denomina *interrupção* e a total é denominada *suspensão* em sentido estrito. Quando todos os efeitos do contrato ficam suspensos ocorre a suspensão *stricto sensu*; e quando alguns dos efeitos sobrevivem dá-se a interrupção. Porém, há situações brumosas, como se verá.

Causas determinantes — Gomes e Gottschalk relacionam três causas da suspensão:

1) por fatos alheios à vontade do empregado — exigência do serviço militar, exercício de encargo público ou função equiparada, acidente do trabalho e fato da empresa;

2) por fato imputável ao empregado — por motivo de ordem disciplinar, por determinação do empregador para apurar falta grave em inquérito judicial;

3) por determinação legal direta — em todos os casos em que se assegura ao trabalhador o direito de receber salário sem trabalhar.

2. Caracterização da suspensão e da interrupção

Caracterizam a suspensão contratual três dados: a) cessação temporária do dever de prestação do serviço; b) cessação das obrigações do empregador; c) cessação da contagem do tempo de serviço na empresa. **Aqui o contrato fica hibernando**, retomando seus efeitos quando desaparecer o fato que a causou. Essa fórmula — de cessar temporariamente os efeitos do contrato em vez de rescindi-lo — atende ao princípio da continuidade do vínculo empregatício.

Caracterizam a interrupção: a) cessação temporária da prestação do serviço; b) permanência de todas ou de algumas das obrigações do empregador; c) contagem do tempo de serviço. Já aqui o **contrato fica em estado semiadormecido**.

3. Situações tipificadas

Consideram-se de interrupção as hipóteses declinadas no art. 473 da CLT: falta ao serviço, sem prejuízo do salário — até 2 dias em caso de falecimento de parente próximo; até

3 dias em virtude de casamento; por 5 dias em caso de nascimento de filho — licença-paternidade; um dia por ano para doação voluntária de sangue; até 2 dias para alistar-se eleitor; período de tempo em que tiver de cumprir as exigências do serviço militar; os dias em que o empregado estiver realizando provas de vestibular; o tempo necessário para comparecimento a juízo; o tempo que for necessário para o trabalhador, na qualidade de representante de entidade sindical, participar de reunião oficial de organismo internacional do qual o Brasil seja membro; a um dia por ano até o filho completar seis anos, para levar a criança ao médico; até dois dias durante a gestação da esposa ou companheira, para acompanhá-la em seus exames; até três dias em cada 12 meses de trabalho em caso de realização de exames preventivos de câncer devidamente comprovada.

O Regulamento do FGTS, Decreto n. 99.684/90, relaciona como interrupção o afastamento: a) para prestação de serviço militar; b) por motivo de doença até 15 dias; c) por acidente de trabalho; d) licença-gestante; e e) licença-paternidade.

Vê-se que não existe um critério preciso de distinção entre suspensão e interrupção do contrato. Plá Rodriguez leciona que a tendência é elastecer as hipóteses de interrupção, em face do princípio da continuidade da relação empregatícia (*Princípios de direito do trabalho*, p. 139)[(47)].

Ocorre a interrupção nos seguintes casos, além de outros:

a) hipóteses do art. 473 consolidado, já expostas acima;

b) durante o gozo de férias;

c) repouso semanal e em feriados;

d) período de gozo da licença-maternidade e da paternidade;

e) licença remunerada;

f) prestação de serviço militar e de obrigações militares;

g) os 15 primeiros dias de licença para tratamento de saúde;

h) afastamento em virtude de acidente do trabalho, porque nessa licença, continua a contagem do tempo de serviço e o empregador continua obrigado a depositar FGTS;

i) afastamento por solicitação da autoridade competente na ocorrência de motivo relevante para a segurança nacional (art. 472, §§ 3º a 5º da CLT);

j) afastamento para a administração sindical, quando se der com ônus pela empresa;

l) afastamento (desincompatibilização de emprego público) para disputa de mandato eletivo;

m) se eleito diretor da empresa;

(47) O certo é que a dualidade conceitual não faz sentido. A propósito, leia-se SAMPAIO, Aluysio. Dicionário de direito do trabalho; CARVALHO, J. Antero de. Suspensão e interrupção do contrato de trabalho. In: *Curso de direito do trabalho:* em homenagem a Evaristo de Moraes Filho; GOMES; GOTTSCHALK. *Curso de direito do trabalho*; CESARINO JR. Direito social. FURTADO, Emanuel Teófilo. *Alteração do contrato de trabalho*. São Paulo: LTr, 1994.

n) suspensão disciplinar, quando anulada pelo empregador ou pela Justiça;

o) suspensão para inquérito judicial para apuração de falta grave, quando este for julgado improcedente;

p) paralisação em virtude de greve, se ao final forem pagos os dias parados, sem compensação;

q) paralisação das atividades por conveniência da empresa.

Ocorre a suspensão nos seguintes casos, além de outros:

a) auxílio-doença, a partir do 16º dia, com benefício previdenciário;

b) afastamento do trabalho para exercer cargo público;

c) aposentadoria provisória, por invalidez – art. 475 da CLT, enquanto não for efetivada a aposentadoria. Recuperando o empregado sua saúde, terá direito a retornar ao mesmo posto de trabalho, salvo na reabilitação, caso em que ocupará outro compatível com sua nova condição de saúde;

d) paralisação por motivo de greve: Lei n. 7.783, art. 7º;

e) para qualificação profissional — art. 476-A da CLT;

f) para exercício de mandato sindical sem remuneração pelo empregador;

g) suspensão disciplinar até trinta dias;

h) licença não remunerada, concedida pelo empregador, de interesse do empregado;

i) prisão por cometimento de delito, até a soltura, caso o empregador não rescinda o contrato;

4. Situações controvertidas

Muitas das situações enumeradas nos dois conceitos são controvertidas, como: a) as faltas ao serviço, justificadas ou não; b) as suspensões disciplinares; c) paralisação das atividades da empresa por falta de matéria-prima, p. ex.; e d) alguns casos de greve com o pagamento dos dias parados.

4.1. Suspensão para inquérito

"O empregado acusado de falta grave poderá ser suspenso de suas funções, mas a despedida só se tornará efetiva após o inquérito em que se verifique a procedência da acusação". A suspensão perdurará até a decisão final do processo — art. 494 da CLT.

O empregado estável só poderá ser despedido se cometer falta grave, apurada por inquérito judicial. O empregador não é obrigado a suspender o empregado para propor o inquérito. Entretanto, se o fizer, deverá propor a ação no prazo decadencial de 30 dias, sob pena de presunção legal de perdão (art. 853). E, uma vez dada a suspensão, torna-se irretratável até o final do processo de apuração da falta grave.

Atendendo à dualidade conceitual que tenta distinguir interrupção da suspensão contratual, a suspensão para apuração de falta grave caracteriza-se como ***interrupção*** se o inquérito for julgado improcedente, porque o acusado volta ao emprego com o pagamento de todos os salários e vantagens do período de afastamento, como se não tivesse sido suspenso, ou recebe indenização correspondente; e caracteriza-se como ***despedida,*** se o inquérito for julgado procedente, que converte a suspensão do empregado em despedida por falta grave a partir do seu início. Em síntese, antes do julgamento do inquérito caracteriza-se a suspensão contratual, porque não há prestação de serviço nem pagamento de salários.

4.2. Suspensão disciplinar

Consiste no ato pelo qual o empregador afasta temporariamente o trabalhador que incorrer em falta disciplinar. Esse período não deve integrar o tempo de serviço do empregado e não lhe dá direito a salário. Em virtude disso, deve ser considerado *suspensão* do contrato. Faltas disciplinares são as hipóteses relacionadas no art. 482 da CLT, em proporção que não justifique a despedida por justa causa. A suspensão do empregado por mais de 30 dias importa na rescisão injusta do contrato — art. 474.

Ver no Capítulo XVIII outras considerações sobre o poder disciplinar.

4.3. Suspensão para qualificação profissional

A Lei n. 10.101/01 instituiu o contrato de trabalho a tempo parcial, e criou a hipótese de suspensão do contrato para qualificação profissional.

Quanto à suspensão, acresce à CLT o art. 476-A, para permiti-la por dois a cinco meses, durante os quais o trabalhador recebe o seguro-desemprego, sob as seguintes condições: a) negociação coletiva; b) anuência expressa do empregado; c) que seja para o empregado fazer curso ou participar de programa de qualificação profissional, sob pena de descaracterizar-se a suspensão, obrigando o empregador a pagar os salários e os consectários legais do período, mais as sanções convencionais e penalidades legais; d) comunicação ao sindicato 15 dias antes. Dentro do período de 16 meses, o contrato não poderá ser suspenso mais de uma vez.

Durante a suspensão, o empregador poderá conceder ao empregado ajuda compensatória mensal, sem natureza salarial, em valor definido em convenção ou acordo coletivo; o empregado fará jus, ainda, aos benefícios voluntariamente concedidos pelo empregador, respeitado o disposto no art. 471 da CLT. A dispensa do empregado durante a suspensão ou até três meses depois obriga o empregador a pagar as indenizações rescisórias legais mais multa convencional nunca inferior a 100% da última remuneração anterior à suspensão.

Capítulo XXV

Cessação do Contrato de Emprego

1. Causas e classificação

O contrato de trabalho termina por: morte do empregado; força maior; advento do termo ou implemento da condição; declaração de vontade de uma das partes; distrato; e acordo.

Constituem modos de dissolução do contrato:

a) **resolução** — quando uma parte deixa de cumprir a sua obrigação contratual, e o contrato é desfeito por decisão judicial, como na dispensa de empregado estável, mediante inquérito para apuração de falta grave. Ver mais nos Capítulos XV (Formas de invalidade dos contratos), XXV (Despedida indireta) e, na Segunda Parte, a unidade *inquérito judicial para apuração de falta grave.*

b) **resilição ou rescisão** — cessação dos efeitos do contrato pelas partes, ou por uma delas, sem intervenção do Judiciário. Portanto, é bilateral (distrato) ou unilateral (direito potestativo). A Lei n. 13.467/17 instituiu a rescisão contratual por acordo — art. 484-A

c) **caducidade** — os efeitos do contrato cessam em consequência de um acontecimento natural. Ocorre em três hipóteses: morte do empregado, terminação do contrato por tempo certo e força maior.

2. Rescisão unilateral — Despedida do empregado

A rescisão unilateral se dá quando uma das partes toma a iniciativa da terminação do contrato de trabalho por tempo indeterminado, ou por antecipação a contrato a termo final. Em ambas as hipóteses poderão ser com ou sem justa causa.

Denomina-se pedido de demissão, quando a iniciativa parte do empregado; quando advém do empregador, chama-se despedida ou dispensa.

3. Natureza jurídica da despedida do empregado

A vontade do empregador, de acordo com a teoria clássica, sob inspiração liberal, advinha do exercício do direito potestativo de despedir. A declaração do empregador seria um ato unilateral, sem causa.

A doutrina clássica não mais tem sentido, dado que, hoje, o emprego é um direito e, como tal, não pode ser subtraído por ato unilateral do empregador sem motivo de natureza econômica, técnica ou disciplinar. Por isso, diz-se que a despedida é um ato precedido de causa.

O Direito recomendado pela OIT, adotado em quase todos os Países europeus e em alguns dos outros continentes, proíbe terminantemente a despedida arbitrária, que eles denominam "com abuso de direito".

O Direito brasileiro é frágil neste ponto, admitindo como regra a despedida imotivada. Isso, contudo, não desfigura o princípio moderno, tanto que a despedida não é assim tão livre. Há inúmeras formas de estabilidade: do não optante pelo FGTS, do representante sindical, da gestante, do membro da CIPA, do membro de diretoria de associação trabalhista, da Lei Maria da Penha, dentre outras; mesmo a despedida dos não estáveis se faz mediante indenizações.

Daí se concluir que a natureza jurídica do ato de vontade do empregador na despedida é: a) unilateral; e b) precedido de causa e/ou sucedido de indenizações.

4. Indenização — Conceito e fundamento jurídico

Indenização é a reparação de natureza patrimonial a que está obrigado o empregador em relação ao empregado em virtude da despedida sem justa causa. Três teorias fundamentam o direito de indenização do empregado: teoria do abuso de direito (francesa), teoria do crédito (italiana) e teoria do risco profissional (alemã).

A primeira suporta-se na seguinte sentença: a rescisão contratual sem motivo justo dá direito à indenização àquele que não causou a ruptura do vínculo; a segunda diz que o trabalhador, no curso do contrato, vai acumulando um crédito, para ser pago sob forma de indenização no término do contrato; e a terceira indaga sobre a quem cabe o risco da rescisão, se ao empregado, ao empregador ou a ambos.

Cesarino Jr. entende que o nosso sistema combina as teorias do abuso de direito e do risco, evoluindo no sentido desta. O próprio art. 2º consolidado caracteriza o empregador como pessoa que assume os riscos da atividade econômica. Quando determina indenização nos casos de despedida injusta, despedida indireta, despedida obstativa — acolhe a teoria do abuso de direito. Quando manda indenizar nos casos de extinção da empresa e de força maior prevalece a teoria do risco.

No Brasil há três tipos de indenizações: indenização nos contratos sem prazo (hoje, 40% sobre o saldo do FGTS), indenização nos contratos por prazo determinado (art. 479 da CLT) e indenização adicional criada pela Lei n. 6.708/79.

O risco do empregado consiste em suportar o não recebimento de indenizações. Só em duas situações ele paga ao empregador: 1) quando resile o contrato por tempo certo — consistente em indenizar o empregador na quantia não superior à remuneração que perceberia, pela metade, até o final do contrato (art. 479 da CLT); 2) quando resile contrato por tempo indeterminado, deve aviso prévio, em valor igual à remuneração dos dias de aviso não dado. Nos dois casos, é lícito ao empregador reter a quantia equivalente.

5. Aposentadoria

A lei e a jurisprudência têm vacilado sobre se a aposentadoria voluntária do empregado implica a extinção compulsória do contrato de trabalho, segundo a OJ 177, mesmo quando o empregado continua a trabalhar na empresa após a aposentação. E, neste caso, não seria devida a indenização dos 40% do FGTS. Interpretava o TST que a continuação do trabalho representava um novo contrato. Essa OJ foi cancelada.

Várias vezes o Governo Federal editou lei neste sentido.

A MP n. 1.596-14, convertida na Lei n. 9.528/97, acresceu ao art. 453 da CLT os §§ 1º e 2º. O primeiro diz que é permitida a readmissão dos aposentados espontaneamente das empresas públicas e das sociedades de economia mista, desde que observadas as regras do art. 37, XVI (permissão de acumulação de cargos e empregos públicos) e do concurso público; o segundo enuncia que a aposentadoria espontânea de empregado que não tiver completado 35 anos de serviço, se homem, e 30, se mulher, importa extinção do vínculo empregatício.

Entretanto, o STF suspendeu os §§ 1º e 2º do art. 453 da CLT, através das ADIs ns. 1.770 e 1.721, respectivamente. E as decisões definitivas do STF em ADI são vinculantes da Administração Pública direta e indireta e do Poder Judiciário e possuem efeito *erga omnes*, cf. art. 102, § 2º, CF.

Mas a Emenda Constitucional n. 103/2019 (Reforma da Previdência Social) cravou no § 14 do art. 37 da Constituição um preceito segundo o qual a aposentadoria voluntária de empregados do setor público (administração direta, autárquica, fundacional, empresas públicas, sociedades de economia mista etc.), após a vigência desta EC, implica extinção do contrato de trabalho. Como essa regra foi implantada no capítulo que cuida da Administração Pública, é de se entender que não abrange os empregados do setor genuinamente privado. Foi incluída também a regra pela qual se lhes aplica também a aposentadoria compulsória aos 75 anos de idade.

Portanto, a aposentadoria espontânea não implica extinção automática do contrato de trabalho, em relação aos obreiros que não pertencem ao setor público. Em consequência, a despedida deles por esse motivo gelha-lhes direito às verbas da despedida sem justa causa.

6. Força maior e *factum principis*

"Entende-se por força maior todo acontecimento inevitável, em relação à vontade do empregador, e para a realização do qual este não concorreu, direta ou indiretamente." "A imprevidência do empregador exclui a razão de força maior" — art. 501 e § 1º. Daí os seguintes elementos: a) que o acontecimento seja irresistível; b) que o empregador não tenha concorrido, direta ou indiretamente; c) que o acontecimento seja imprevisível; e d) que afete ou seja suscetível de afetar a situação econômica da empresa.

Configurada a força maior que determine a extinção da empresa ou o fechamento de um dos estabelecimentos em que trabalhe o empregado, este, quando despedido, tem direito às indenizações pela metade: a) a levantar os depósitos do FGTS, acrescidos de juros e correção monetária mais 20% desse total; b) o estável decenal pode ser despedido mediante indenização simples; c) o cipeiro e a gestante podem ser despedidos na forma da letra a; d) os demais estáveis, protegidos contra despedida, salvo no caso de falta grave, podem ser despedidos mediante a indenização no valor de 50% dos salários do período de estabilidade restante; e e) o contratado por prazo determinado faz jus ao pagamento da quarta parte dos salários que perceberia durante o restante do contrato.

Entretanto, comprovada a falsa alegação de força maior, o empregado estável tem direito à reintegração, com pagamento dos salários até então; o não estável terá direito aos salários até a comprovação da falsa alegação de força maior e ao restante das indenizações.

Em caso de força maior ou prejuízos devidamente comprovados, era lícita a redução dos salários no percentual máximo de 25% enquanto durasse a situação ruinosa, cessada a qual eram restabelecidos os salários de cada empregado. Mas em relação à redução dos salários, como já exposto alhures, a Constituição só permite mediante negociação coletiva.

Factum Principis (fato do príncipe) configura-se quando a paralisação temporária ou definitiva do trabalho seja motivada por ato de autoridade pública — municipal, estadual ou federal — ou pela promulgação de lei ou resolução que impossibilite a continuação da atividade — art. 486 da CLT. Nesse caso, o trabalhador tem direito a todas as indenizações da despedida sem justa causa. Entretanto, a responsabilidade se transfere para o governo que houver dado causa.

Daí se extraírem os seguintes elementos caracterizadores do fato do príncipe: a) ato da autoridade pública; b) cessação da atividade da empresa; e c) não concorrência do empregador, direta ou indiretamente, culposa ou dolosamente. A transferência de responsabilidade para o Poder Público limita-se aos direitos rescisórios; os direitos adquiridos no curso do contrato, como salários, horas extras etc. continuam sob a responsabilidade do empregador.

O procedimento faz-se da seguinte maneira:

a) o empregado reclama contra o empregador;

b) este alega como matéria de defesa a culpa do Poder Público;

c) o reclamante tem 3 dias para manifestar-se sobre essa alegação;

d) o juiz notificará a pessoa de direito público apontada como responsável para, no prazo de trinta dias, alegar o que entender necessário;

e) o juiz julga a alegação do reclamado, reconhecendo ou não a responsabilidade do Poder Público, o qual, em caso positivo, passará a figurar no processo como chamado à autoria;

f) da decisão preliminar que determinar o poder responsável, ou que rejeitar a alegação de *factum principis*, não cabe recurso, podendo ser questionada por ocasião do recurso da decisão final. O § 3º do art. 486 foi derrogado pelo art. 114 da CF/88, que atribui à Justiça do Trabalho competência exclusiva em matéria decorrente da relação de trabalho.

7. Morte do empregado

A morte do empregado implica a extinção do contrato de trabalho, em face de um dos caracteres do contrato de emprego, que é a **pessoalidade**. Neste caso, o contrato extingue-se por caducidade, independente da vontade das partes.

Não obstante isso, os direitos do trabalhador, havidos até a morte, são devidos aos sucessores, tais como saldo de salário, férias vencidas e proporcionais, 13º salário proporcional e levantamento dos depósitos do FGTS da conta vinculada e outros direitos.

Os sucessores, em geral, são pessoas humildes, sem inventário a abrir. Por isso, o procedimento de pagamento desses direitos deve ser simplificado. Paga-se à viúva ou companheira, que representa os filhos comuns incapazes; se houver filho de outra relação, este receberá sua cota; se os filhos forem maiores, rateia-se com eles.

O pagamento dessas verbas se faz segundo o Decreto n. 85.845/81, que é igual ao estatuído para efeito de depósitos de FGTS, de PIS/PASEP e saldos de caderneta de poupança, cf. se verá adiante.

A condição de dependente habilitado será declarada pelo INSS, ou, se for o caso, por órgão encarregado do processamento do benefício por morte, na forma da legislação própria. À vista da apresentação da citada declaração, o empregador, a repartição, o banco etc. farão os respectivos pagamentos.

A declaração de que não possui outros bens a inventariar será feita pelos interessados, segundo modelo constante de anexo do Decreto n. 85.845/81, a qual presume-se verdadeira, até prova em contrário.

Na falta de dependentes, farão jus ao recebimento dos direitos do falecido os seus sucessores segundo a lei civil, indicados em alvará judicial, expedido a requerimento dos interessados, independente de inventário ou arrolamento (art. 5º do citado Decreto).

A propósito do saque do FGTS e do PIS aos dependentes do falecido, a Lei n. 6.858/80 preceitua no seu art. 1º:

Os valores devidos pelos empregadores aos empregados e os montantes das contas individuais do Fundo de Garantia do Tempo de Serviço e do Fundo de Participação PIS/PASEP, não recebidos em vida pelos respectivos titulares, serão pagos, em cotas iguais, aos dependentes habilitados perante a Previdência Social ou na forma da legislação específica dos servidores civis e militares, e, na sua falta, aos sucessores previstos na lei civil, indicados em alvará judicial, independentemente de inventário ou arrolamento.

As quotas atribuídas a menores serão depositadas em caderneta de poupança, para liberação quando completarem 18 anos. Fora disso, só por autorização judicial, para aquisição de imóvel onde residirá o menor com sua família, para prover seus estudos ou a subsistência.

Inexistindo sucessores ou dependentes, esses valores reverterão ao Fundo de Previdência e Assistência Social, ao FGTS e ao PIS/PASEP.

Não existindo outros bens sujeitos a inventário, aplicam-se as regras *supra* aos saldos de contas bancárias, restituições de imposto de renda, de caderneta de poupança e Fundos de Investimento de valor até 500 OTNs. Não havendo dependentes ou sucessores do titular, esses valores reverterão em favor do Fundo de Previdência e Assistência Social.

8. A justa causa e o motivo

Justa causa trabalhista é a causa de rescisão contratual motivada pela conduta do trabalhador ou do empregador que implique quebra da confiança ou do contrato. A justa causa do empregador é tratada como *despedida indireta*.

Para Moraes Filho, justa causa é "*todo ato doloso ou culposamente grave, que faça desaparecer a confiança e a boa-fé que devem entre elas [as partes] existir, tornando impossível o prosseguimento da relação*"[(48)].

8.1. Tratamento legal da matéria

A justa causa do empregado está prevista basicamente nos arts. 482, 165, 158 da CLT. A do empregador tem suporte basicamente no art. 483 da CLT.

De acordo com a sistematização da lei, a despedida do empregado não constitui pena disciplinar, pois esta é tratada no item suspensão do contrato de trabalho, enquanto a justa causa encontra-se no capítulo que trata da rescisão contratual.

8.2. Diferença entre justa causa, falta grave, justo motivo e motivação

Essas quatro espécies diferenciam-se pelas respectivas finalidades e pelos destinatários. A *justa causa* dá ao empregador o direito de despedir empregado não estável no emprego sem indenizações; a *falta grave* dá direito de despedimento de empregado estável sem indenizações; o *justo motivo* dá direito de despedir, com indenizações rescisórias, empregados protegidos contra despedida arbitrária ou sem justa causa; e *motivação* diz respeito aos entes estatais e paraestatais, por força do art. 37, *caput*, CF e Lei n. 9.784/99.

8.3. Motivação nos entes estatais e paraestatais

Encontram-se protegidos contra despedida arbitrária e sem motivo comprovado os servidores públicos celetistas, assim compreendidos os empregados da Administração direta, autárquica, fundacional, das empresas públicas e das sociedades de economia mista e entes estatais equiparados, da União, Estados, Distrito Federal e Municípios. É o que preceitua o *caput* do art. 37 da CF. E no âmbito federal a regra da **motivação** e do **devido processo legal** nos atos de despedida já é obrigatória, conforme dispõe a Lei n. 9.784/99.

A propósito, a jurisprudência do TST se consolidara na OJ n. 247 da SDI-I, segundo a qual prescinde de motivação a demissão de empregado de empresa pública e de sociedade de economia mista, inclusive concursado. Ressalvava apenas a Empresa de Correios e Telégrafos, porque esta goza dos favores da Fazenda Pública.

(48) MORAES FILHO, Evaristo de. *A justa causa na rescisão do contrato de trabalho*. Rio de Janeiro: Forense, 1968. p. 105.

Depois de muita resistência, prevaleceu a jurisprudência construída pelo TRT da 22ª Região, que impunha a motivação como condição de demissão na administração pública indireta, particularmente nas empresas públicas e nas sociedades de economia mista. O STF admitiu repercussão dessa tese no RE de Acórdão do TST que havia cassado decisão do TRT-PI, em que, segundo o voto condutor do Ministro Ricardo Lewandowski, a motivação será imprescindível para despedida nas estatais. O julgamento de mérito confirmou a tese (Precedente — RG RECEXTRA 589.998-5-PI).

Com efeito, o § 1º do art. 173 da CF, que tem dado suporte à jurisprudência citada, foi alterado pela EC n. 19/98, sendo desdobrado em cinco incisos, todos orientadores da regulamentação, por lei específica, do estatuto das empresas estatais. Contudo, essa lei ainda não foi editada. Enquanto isso, a textual dicção do art. 2º da Lei n. 9.784/99 exige a observância da motivação como condição de validade dos atos administrativos da administração direta e indireta.

Ademais, as estatais estão sujeitas às regras da licitação (art. 173, III); do concurso público (art. 37, II); ao controle de conta pelos Tribunais de Contas (art. 71, III); seus empregados sujeitam-se à proibição de acumular cargos e empregos (art. 37, XVII); seus servidores sujeitam-se a peculato e corrupção (arts. 312 e 317 do Código Penal); sujeitam-se às regras da improbidade administrativa (art. 37, § 4º, da CF e Lei n. 8.429/92) etc. Portanto, seus empregados sofrem a incidência de todas as regras de direito público restritivas, que os diferenciam dos trabalhadores da iniciativa privada. Por que a SEM e a EP seriam entes privados apenas para despedir empregados?

Aliás, soa ilógico que até para desfazer-se de uma sucata, a estatal obriga-se a um procedimento formal prévio e para pôr um ser humano no olho da rua não tenha que obedecer à regra da motivação e ao princípio da impessoalidade. Seria uma grosseira inversão de valores constitucionais, dentre os quais a pessoa é o mais alto.

A Lei n. 9.784/99, que regula o processo administrativo na administração federal direta e indireta, estabelece em seu art. 2º os princípios obrigatórios a serem observados para validade dos atos administrativos: legalidade, finalidade, motivação, razoabilidade, proporcionalidade, moralidade, ampla defesa, contraditório, segurança jurídica, interesse público e eficiência.

O art. 2º, parágrafo único, VII, exige a "*indicação dos pressupostos de fato e de direito que determinarem a decisão*". No art. 50 estabelece obrigatoriedade de motivação, quando "I – neguem, limitem ou afetem direitos ou interesses".

A propósito, diz Maria Sylvia Zanella di Pietro: "*A sua obrigatoriedade se justifica em qualquer tipo de ato, porque se trata de formalidade necessária para permitir o controle de legalidade dos atos administrativos*" (*Direito administrativo*. São Paulo: Atlas, 2003. p. 82).

Portanto, a necessidade de motivação já está consolidada pelo Supremo Tribunal Federal.

9. Justa causa do empregado[49]

O contrato de emprego sustenta-se em dois elementos, um de ordem moral e outro de ordem legal. O de ordem moral é a confiança, que, uma vez quebrada, trinca o vínculo de emprego. Assim, a justa causa se materializa em face da quebra da fidúcia. A justa causa poderá ser do empregado ou do empregador. O ônus de provar a justa causa é de quem alega.

Constituem justa causa do empregado (art. 482 da CLT):

a) *ato de improbidade* — conduta desonesta, desleal, maldosa no trabalho, que cause prejuízo à empresa. O conceito é largo, abrangendo desde o furto, o roubo, o desvio de mercadoria, a escrituração contábil fraudulenta etc. o roubo e o furto podem ser praticados contra o patrimônio da empresa, de colega de trabalho ou de cliente. São atos dolosos, intencionais, implicando séria quebra da confiança;

b) *incontinência de conduta* — saliência sexual no trabalho ou que nele interfira;

c) *mau procedimento* — conduta contrária à moral e aos costumes, interferente na relação de trabalho;

d) *negociação habitual* por conta própria ou alheia sem permissão do empregador, e quando constituir ato de concorrência à empresa para a qual trabalha o empregado, ou for prejudicial ao serviço. Não se aplica ao doméstico;

e) *condenação criminal do empregado* a pena privativa de liberdade, passada em julgado, caso não tenha havido suspensão da execução da pena;

f) *desídia* no desempenho das respectivas funções — desleixo, desinteresse, falta de assiduidade, impontualidade, desatenção no serviço;

g) *embriaguez habitual ou em serviço* — a habitual é hoje questionada, por encontrar-se catalogada pela Organização Mundial de Saúde como patologia, e doença não é má conduta. O alcoólatra deve ser tratado, readaptado etc.;

h) *violação de segredo da empresa*. Este item não se aplica ao doméstico. Destarte, o segredo é a alma do negócio, e a espionagem equivale a um roubo de pesquisas, de projetos de iniciativas;

i) *ato de indisciplina ou de insubordinação*. Indisciplina é a desobediência às normas da empresa; insubordinação é a desobediência a superior hierárquico;

j) *abandono de emprego* — caracterizado mediante a ocorrência de dois elementos: um objetivo — ausência contínua por mais de trinta dias, e outro subjetivo – o ânimo de abandonar. Faltando um desses elementos, não há abandono;

k) *ato lesivo da honra ou da boa fama* praticado no serviço contra qualquer pessoa, ou ofensas físicas, nas mesmas condições, salvo em legítima defesa, própria ou de outrem;

(49) LAMARCA, Antonio. *Manual das justas causas*. 2. ed. São Paulo: Revista dos Tribunais, 1983.

l) *ato lesivo da honra ou da boa fama, ou ofensas físicas* praticados contra o empregador e superiores hierárquicos, salvo em legítima defesa, própria ou de outrem. Portanto, mesmo fora da empresa, a ofensa contra o patrão e/ou superiores tipifica a justa causa; e

m) *prática constante de jogos de azar* — jogo que envolve aposta e risco e que constitui vício, interferindo no trabalho do empregado.

n) *ato atentatório à segurança nacional* — O parágrafo único do art. 482 da CLT. Entendo que esse dispositivo não foi recepcionado pela CF/88, cujo art. 5º, LVII preceitua que ninguém será considerado culpado até o trânsito em julgado de sentença condenatória.

o) perda da habilitação ou dos requisitos estabelecidos em lei para o exercício da profissão, em decorrência de conduta dolosa do empregado. Item acrescentado pela Lei n. 13.467/17, da reforma trabalhista. Essa regra é lógica, pois se o motorista perde a sua habilitação, o médico, o engenheiro etc. têm seu registro cassado por culpa sua perde a condição de exercício da profissão. Então o empregador não está obrigado a manter o vínculo empregatício com a pessoa que decaiu das condições de exercício da função para a qual foi contratada.

Em relação ao atleta de futebol, o art. 20 da Lei n. 6.354/76 dispõe: "constituem justa causa para rescisão do contrato e eliminação do futebol nacional: I – ato de improbidade; II – grave incontinência de conduta; III – condenação a pena de reclusão, superior a dois anos, transitada em julgado; IV – eliminação imposta pela entidade de direção máxima do futebol nacional ou internacional".

9.1. Princípios da justa causa

São princípios da justa causa:

a) *princípio da legalidade*. A lista da justa causa é fechada. A falta deve estar catalogada em lei, a exemplo do art. 482 da CLT, em virtude do art. 5º, II, CF;

b) *relação de causalidade entre a falta e a despedida*. Ou seja, não se pode utilizar um fato para punir outros;

c) *proibição de despedida injuriosa ou com abuso do poder*, fato que descaracteriza a justa causa;

d) *relação entre o ato faltoso e o ambiente de trabalho*, pois o ato que é grave em determinado ambiente de trabalho poderá não ser em outro;

e) efetiva *gravidade da justa causa*, não valendo a "tolerância zero";

f) *imediatidade entre a falta cometida e a despedida*, sob pena de configurar-se o perdão tácito. Se a dispensa não for imediata, presume-se que a confiança que suporta o contrato não foi rompida. Porém justifica-se demora razoável na apuração, conforme a complexidade da empresa e da falta;

g) *presunção de perdão tácito da falta não sancionada*, a qual não pode mais ser invocada para efeito de reincidência;

h) *perempção das faltas antigas*, ou seja, o tempo vai eliminando-as;

i) *obrigação de o empregador informar ao empregado o motivo da despedida por justa causa;*

j) *autonomia de tipificação em relação ao ilícito penal*, ou seja, pode o fato não se tipificar como crime, mas caracterizar justa causa;

k) *a justa causa decorre de um procedimento culposo;*[50]

l) *non bis in idem* — é proibido punir duas vezes pelo mesmo fato;

m) *proporcionalidade entre a falta e a sanção*. A proporcionalidade erige-se hodiernamente como superprincípio, cujo conteúdo abriga a um só tempo três ideias: a) a justa medida; b) a proibição do arbítrio; e c) adequação.

10. Falta grave

"Constitui falta grave a prática de qualquer dos fatos a que se refere o art. 482, quando por sua repetição ou natureza representem séria violação dos deveres e obrigações do empregado" — art. 493 da CLT. A falta leve é passível de punição disciplinar (advertência, suspensão); a justa causa dá azo à despedida sem indenização; a falta grave é mais séria e autoriza a despedida do estável.

Caracteriza-se a gravidade pela ocorrência de um dos dois elementos: a) repetição do ato faltoso apto a caracterizar justa causa; ou b) gravidade do ato. Para caracterizar-se a repetição, é necessário que as ocorrências faltosas tenham se verificado em período razoavelmente curto, e que a falta anterior tenha sido sancionada. Assim, o ato de improbidade em virtude de furto ao empregador por si só é grave; já o simples desacato de uma ordem pelo empregado caracteriza justa causa, e só a repetição configurará a falta grave. Cabe ao intérprete defini-la no limite de cada caso concreto, sempre atento para que o empregador não se apegue a pequenas ocorrências para forjar uma falta grave.

11. Despedida indireta — Justa causa do empregador

A justa causa do empregador ou despedida indireta caracteriza-se quando sua conduta representa quebra do contrato, dando direito ao empregado de considerar rescindido seu contrato de trabalho. Constituem justa causa do empregador:

---

(50) Esses conceitos emanam do Direito Penal. Culpa difere de dolo. Age com dolo quem deliberadamente persegue um fim ilícito. Age com culpa quem não deseja a finalidade ilícita, pode até perseguir algo virtuoso, mas falta com o dever do cuidado, e essa conduta é punível. Pela Teoria Finalista, adotada no Direito Penal brasileiro a partir de 1984, define-se a culpa pela previsibilidade subjetiva, ou seja, "se o sujeito, de acordo com sua capacidade pessoal, agiu ou não de forma a evitar o resultado". DELMANTO, Celso; DELMANTO

JÚNIOR, Roberto; DELMANTO, Fábio M. de Almeida. *Código penal comentado*. 5. ed. Rio de Janeiro: Renovar, 2000. p. 32. Culposa é a ação com imperícia, imprudência ou negligência. **Imperícia** — "falta de aptidão técnica, teórica ou prática"; **Imprudência** — "prática de ato perigoso"; **Negligência** — "falta de precaução".

a) exigência de serviços superiores à sua força, defesos por lei, contrários aos bons costumes, ou alheios ao contrato;

b) tratamento pelos seus superiores com rigor excessivo;

c) correr perigo manifesto de mal considerável;

d) não cumprir o empregador as obrigações contratuais;

e) prática, pelo empregador ou seus prepostos, de ato lesivo da honra ou boa fama do empregado ou sua família;

f) ofensa física, pelo empregador ou seus prepostos, ao empregado, salvo em caso de legítima defesa; e

g) em caso de redução do trabalho, sendo este por peça ou tarefa, de forma a afetar sensivelmente a importância dos salários.

As causas principais são o atraso contumaz de salários, o não recolhimento regular do FGTS e do INSS, o tratamento com rigor excessivo, ofensas, exigência de trabalho não contratado.

Não constam da CLT, mas enquadram-se nessa fórmula o assédio sexual e o assédio moral, o primeiro, quando o(a) trabalhador(a) é constrangido(a) por superior hierárquico em sua liberdade sexual (cf. Lei n. 10.224/01). O assédio sexual é crime, com pena de detenção de um a dois anos; o assédio moral é o constrangimento psicológico, de que tratamos no Capítulo XVIII, 4.1. Enquadramos essas condutas nas letras *a*, *d*, *e*, do art. 483, sem prejuízo da sanção penal e de eventuais reparações por danos morais.

Se, por uma das hipóteses *supra*, o empregado tomar a iniciativa de rescindir o contrato, ele terá direito aos mesmos títulos da despedida sem justa causa, ou da rescisão antecipada de contrato por tempo determinado. Chama-se a isto **despedida indireta**. O empregado, neste caso, tem duas opções: 1) considerar-se despedido e pleitear perante a Justiça as indenizações elencadas no item 3.1 do Capítulo seguinte; ou 2) continuar trabalhando, mas pleitear a rescisão perante a Justiça, com as indenizações legais.

A Lei n. 9.615/98, que dispõe sobre regras gerais do desporto, estipula que o atraso de salário do atleta profissional por período igual ou superior a três meses constitui motivo para rescisão antecipada do contrato. A contumácia na falta de recolhimentos ao FGTS e à Previdência Social também autoriza a rescisão antecipada, com as indenizações legais e contratuais.

12. Culpa recíproca

Prevista no art. 484 da CLT. Neste caso, as indenizações que seriam devidas por despedida sem justa causa serão reduzidas à metade, cf. Súmula n. 14 do TST, que reconhece nesse caso o direito a 50% do aviso-prévio, do 13º salário, das férias proporcionais e da indenização do FGTS.

13. Dispensa coletiva

> Art. 477-A. As dispensas imotivadas individuais, plúrimas ou coletivas equiparam-se para todos os fins, não havendo necessidade de autorização prévia de entidade sindical ou de ,celebração de convenção coletiva ou acordo coletivo de trabalho para sua efetivação.

Essa regra, implantada na CLT pela Lei n. 13.467/17, equipara as dispensas coletivas às dispensas individuais: prescindem de autorização sindical. É um absurdo, porque a Convenção Internacional do Trabalho n. 158 exige formalidades específicas para tais casos.

Destarte, as dispensas coletivas são problemas de Estado, merecendo tratamento especial. O Brasil não tem regulamentação da matéria. E, em vez de fazê-lo, liberou geral. No entanto, à luz do direito comparado, o Judiciário será chamado a se pronunciar nos casos concretos e saberá aplicar o melhor direito. Neste sentido, o STF avançou para reconhecer a necessidade da participação (não de autorização) do sindicato no processo de dispensa coletiva.

14. Plano de desligamento voluntário

> Art. 477-B. Plano de Demissão Voluntária ou Incentivada, para dispensa individual, plúrima ou coletiva, previsto em convenção coletiva ou acordo coletivo de trabalho, enseja quitação plena e irrevogável dos direitos decorrentes da relação empregatícia, salvo disposição em contrário estipulada entre as partes.

Essa regra, implantada na CLT pela Lei n. 13.467/17, imprime à quitação da rescisão mediante PDI ou PDV efeito liberatório total. Ou seja, uma vez tendo aderido a Plano de Desligamento Voluntário — PDV, ou Plano de Incentivo à Demissão, recebidos os direitos e assinado o termo de rescisão/quitação, o trabalhador não poderá ir a juízo questionar nada da extinta relação de trabalho.

A propósito, o STF, em julgamento alinhado à doutrina neoliberal, conferiu, nos autos do RE n. 590.415, com repercussão geral reconhecida, efeito liberatório total do acordo de Pedido de Desligamento Voluntário, demolindo uma tradição legal, cristalizada no art. 477, § 2º, da CLT e na OJ n. 470 do TST. Assim, se o infeliz descobrir que havia uma diferença em seu favor, como se diz no popular, "dançou", pois não pode mais reclamar seus direitos. Ora, quem já se viu dar quitação do abstrato, do desconhecido? O Código Civil (art. 320), berço dessa matéria, preceitua que se quita apenas o que efetivamente se recebe.

Claro que isso funcionará como regra. Todavia, em caráter excepcional é possível rediscutir em juízo a extinta relação. Pode-se questionar o instrumento coletivo que o autorizou, alegar vício de consentimento, não observância da forma legal ou mesmo reclamar algum direito que não figurou no termo de rescisão. Até porque o art. 5º, XXXV, da Constituição, abriga o princípio da inafastabilidade da jurisdição, segundo o qual nenhum ato ficará isento de apreciação do Judiciário.

Capítulo XXVI

Obrigações Decorrentes da Cessação do Contrato de Emprego

A rescisão contratual implica obrigações, de natureza indenizatória ou não, conforme a natureza do contrato e o motivo da rescisão.

1. Indenização por tempo de serviço — Conceito e fundamento jurídico

A CLT adotava o sistema de indenização, que foi mantido pela Constituição de 1946. A Constituição de 1967/1969 abrigava regime duplo: da CLT e do FGTS. O regime da CLT, da indenização, consistia no pagamento de um mês de remuneração mais 1/12 da mesma remuneração por ano de serviço ou fração superior a seis meses (art. 478). Com dez anos o empregado adquiria estabilidade. Mas a CF/88 unificou o regime no FGTS, para trabalhadores urbanos e rurais, excluindo o regime celetista. Assim, o estudo desse tema perde importância.

2. Rescisão do contrato por tempo determinado

Esse contrato tem sua duração limitada no tempo, subordina seus efeitos ao advento de um termo final ou ao implemento de uma condição resolutiva, que, uma vez verificados, o contrato expira, caduca, independente de aviso-prévio e de indenizações. O empregado tem direito, entretanto, a férias e 13º proporcionais e ao levantamento dos depósitos do FGTS (código 4). Ao safrista, mesmo expirando normalmente o contrato, aplica-se essa regra.

Mas se o contrato for rescindido por iniciativa do empregador antes do prazo final, sem culpa do empregado, este terá direito, a título de indenização: a 50% do salário devido pelo restante do contrato, cf. art. 479 da CLT; férias e 13º salário proporcionais. Pelo rigor literal da Lei n. 8.036, terá direito também à indenização de 40% dos depósitos do FGTS, pois um regime não exclui o outro. A indenização do art. 479 repara o restante do contrato frustrado, a indenização do FGTS indeniza a despedida sem justa causa. Cumpre registrar que a doutrina e a jurisprudência ainda não evoluíram para esse entendimento;; tem direito ao saque do FGTS.

Se o empregado desligar-se antes do termo do contrato, sem culpa do patrão, será obrigado a indenizar o empregador dos prejuízos que desse fato resultarem. A indenização não ultrapassará ao que ele teria direito — art. 480 da CLT. Mesmo pedindo demissão, terá direito a férias e 13º proporcionais.

3. Rescisão do contrato por tempo indeterminado

O contrato por tempo indeterminado é feito para durar indefinidamente. Entretanto, em face do princípio da liberdade, é facultado às partes rescindi-lo. A rescisão pode dar-se de comum acordo (distrato) ou por uma das partes, ou pela superveniência de fato natural (item 1 *supra*). A rescisão por uma das partes pode ocorrer com ou sem culpa de uma ou de ambas as partes.

Quando a iniciativa é do empregado, denomina-se *demissão*; quando do empregador, *despedida*. Qualquer das partes que queira pôr fim ao contrato por tempo indeterminado, sem culpa imputável à outra parte, é obrigada a dar aviso-prévio ou indenizá-lo no valor equivalente. O empregador tem direito de reter o salário do empregado para compensar com a falta de aviso deste.

A despedida arbitrária ou sem justa causa do empregado dá a ele os seguintes direitos: a) concessão ou indenização de aviso-prévio de no mínimo 30 dias, mais três dias por ano de serviço; b) restante de salário; c) 13º salário proporcional — no valor de x/12 por mês ou fração superior a 14 dias (ou seja, por mês, 1/12); d) férias vencidas e proporcionais — no valor de x/12 por mês trabalhado (+ 1/3), computando-se no tempo, para esse efeito, o período do aviso-prévio; e) saque do total dos depósitos do FGTS, acrescidos de juros e correção monetária, mais 40% sobre esse total, depositado ao tempo da rescisão contratual.

O marco inicial da contagem das férias é a data de admissão, indo até a data de aniversário do contrato; já o marco inicial da contagem do 13º salário é a data de admissão, encerrando-se o período em dezembro e iniciando-se outro no dia 1º de janeiro.

Até junho de 2006, o empregador, exceto a microempresa e o empregador doméstico, depositará ainda 10% desse valor em favor do FGTS, cf. LC n. 110/01. O termo de rescisão contratual, efetivada segundo os rigores do art. 477, § 6º da CLT, constitui documento hábil para gozo do seguro-desemprego, cf. § 10 do art. 477. Se o empregado for privado do gozo do seguro-desemprego por culpa do empregador, este indenizará àquele no valor correspondente (Súmula n. 389 do TST). Se a dispensa se der dentro dos trinta dias, para a data-base da categoria, incluído o prazo do aviso-prévio indenizado, a rescisão é acrescida de mais um mês de salário, exceto a Administração Pública direta, autárquica e fundacional (art. 9º da Lei n. 7.238/84).

Os empregados antigos, admitidos sem opção pelo FGTS, que atingiram a estabilidade decenal até o dia 4.10.88, mantêm essa condição, cf. art. 14 da Lei n. 8.036/90, em razão da qual só podem ser despedidos se cometerem falta grave apurada em inquérito judicial. No caso de o juiz não reconhecer a falta grave e julgar desaconselhável a reintegração do empregado no emprego, convertê-la-á em indenização em dobro (2 meses de remuneração + 1/12 por ano de serviço ou fração igual ou superior a 6 meses, anteriores a 5.10.88). Esses estáveis, quando pedirem demissão sem culpa do empregador, não têm direito a indenização nem a FGTS, mas somente ao 13º e às férias vencidos e proporcionais. Na demissão por qualquer modalidade de acordo (certamente aqui incluídos os programas de incentivo a demissão voluntária) terão direito ao mínimo de 60% do que receberiam na despedida sem falta grave, cf. Súmula n. 54 do TST.

Se a iniciativa rescisória é do empregado, sem culpa do empregador, o primeiro só deve ao segundo o aviso-prévio. Mesmo assim, ele ainda tem direito de receber do patrão o 13º e as férias proporcionais, por força da Convenção n. 132 da OIT e Súmula n. 261 do TST.

Na justa causa do empregado, o empregador deve-lhe apenas todas as parcelas vencidas, como o restante de salário e as férias vencidas. Não tem direito a aviso-prévio nem a autorização para levantar os depósitos do FGTS.

4. Rescisão do contrato de trabalho intermitente

As regras da rescisão do contrato intermitente são muito peculiares: o aviso-prévio é sempre indenizado. Só será pago integralmente se houver justa causa patronal; e não será devido na justa causa do trabalhador. Inclui-se como justa causa patronal a não convocação no período de doze meses. Nas demais hipóteses, será indenizado pela metade (despedida sem justa causa, pedido de demissão). Essa mesma regra se aplica à indenização do FGTS.

Curioso é que será uma rescisão nihil, sem pagamentos, porque férias e 13º salários são pagos proporcionalmente a cada pagamento ao final de cada convocação, não restando nada para a rescisão. E o aviso prévio será calculado pela média (considerando apenas os meses em que houve convocação) dos salários auferidos durante o ano. Se o trabalhador não foi convocado nenhuma vez nos doze meses, o contrato se extingue sem verbas rescisórias; se foi convocado por poucas horas, o valor da rescisão será irrisório. A indenização do FGTS (salvo se o empregado cometer justa causa, que nada receberá) será de apenas 20% e o levantamento dos depósitos do FGTS está limitado a 80%. Se o empregador cometer justa causa, a indenização será de 40% e o saque do total. De nada ou quase nada. Além disso, não haverá seguro-desemprego, salvo, por interpretação benéfica ao art. 452-E, na justa causa patronal. Será isso constitucional, considerando a regra do art. 10, I, ADCT, que determina o pagamento de 40% na despedida sem justa causa e na despedida indireta?

5. Homologação do pedido de demissão e dos recibos de quitação

A Lei n. 13.467/17 revogou os §§ 1º e 3º do art. 477 da CLT que tratavam da homologação do pedido de demissão e da rescisão contratual do empregado que tinha mais de doze meses na empresa. Logo, não há mais esse instituto.

No entanto, sobreviveu a regra do art. 500: "O pedido de demissão do empregado estável só será válido quando feito com a assistência do respectivo Sindicato e, se não o houver, perante autoridade local competente do Ministério do Trabalho e Previdência Social ou da Justiça do Trabalho."E foi instituída pela citada lei no art. 507-B da CLT a homologação de quitação anual facultativa, de interesse patronal, perante o sindicato. Esta constitui faculdade do empregador e do sindicato. Se o empregador quiser manter sua empresa sempre livre de eventuais passivos trabalhistas, deverá submeter à quitação anual os pagamentos feitos aos seus empregados. Mas o sindicato não é obrigado a dar a quitação, bem como poderá cobrar dos empregadores por esse serviço. A propósito, recomenda-se a leitura do livro *Quitação Anual* (LIMA, Francisco Gérson Marques de. Excola. Fortaleza: Premius Editora, 2018).

A rescisão contratual será paga em até dez dias contados a partir do término do contrato, cf. art. 477, § 6º, da CLT, com a redação dada pela Lei n. 13.467/17.

A inobservância desse prazo sem culpa do empregado gera dupla penalidade ao empregador: a) uma multa em favor do empregado no valor de um mês de salário mensal corrigido; b) outra multa em favor da União no valor de 160 BTNs por empregado nessa situação — art. 477, § 8º, da CLT.

Outrossim, o empregador deverá efetuar a comunicação da rescisão contratual aos órgãos competentes no prazo de dez dias do término do contrato de trabalho, sob pena de multa administrativa, cf. §§ 6º e 8º do art. 477. O registro da rescisão contratual na carteira de trabalho é o documento hábil para gozo do seguro-desemprego e movimentação do FGTS, desde que a comunicação aos órgãos competentes tenha sido feita no prazo de dez dias. Isso vem substituir a guia que o empregador emitia para o trabalhador procurar o seguro-desemprego. Quando o empregador não emitia essa guia, a Justiça vinha responsabilizando-o pelo respectivo valor, conforme Súmula n. 389, II, do TST.

Observe-se, porém, que a empresa haverá de ter efetuado a comunicação de rescisão contratual aos órgãos competentes, conforme § 6º. Logo, se a empresa não efetuar a comunicação de rescisão no prazo de dez dias a contar da rescisão, será responsabilizada pelo pagamento dos valores do seguro-desemprego que o empregado foi impedido de usufruir.

6. Rescisão contratual por acordo

A Lei n. 13.467/17, da reforma trabalhista, instituiu a rescisão por acordo:

> Art. 484-A. O contrato de trabalho poderá ser extinto por acordo entre empregado e empregador, caso em que serão devidas as seguintes verbas trabalhistas:
>
> I – por metade:
>
> *a)* o aviso-prévio, se indenizado; e
>
> *b)* a indenização sobre o saldo do Fundo de Garantia do Tempo de Serviço, prevista no § 1º do art. 18 da Lei n. 8.036/1990;
>
> II – na integralidade, as demais verbas trabalhistas.
>
> § 1º A extinção do contrato prevista no *caput* deste artigo permite a movimentação da conta vinculada do trabalhador no Fundo de Garantia do Tempo de Serviço na forma do inciso I-A do art. 20 da Lei n. 8.036/1990, limitada até 80% (oitenta por cento) do valor dos depósitos.
>
> § 2º A extinção do contrato por acordo prevista no *caput* deste artigo não autoriza o ingresso no Programa de Seguro-Desemprego.

Essa alteração veio preencher uma lacuna na legislação trabalhista, pois o sistema legal não contemplava essa opção. Havia os dois extremos: o pedido de demissão e a despedida. A primeira muito onerosa para o empregado, que sai de mãos abanando, e a segunda muito onerosa para o empregador. Além do que, o acordo é simpático, transmitindo a ideia de amizade, deixando as portas abertas. O perigo é do mau uso, pelo qual o empregado poderá sempre ser forçado ao acordo. O desestímulo é que essa modalidade de rescisão não dá direito a seguro-desemprego.

7. Aviso-prévio

7.1. Conceito e natureza jurídica

Consiste na comunicação que, nos contratos por prazo indeterminado, uma das partes faz à outra dizendo que o contrato cessará ao fim de determinado prazo. Se a rescisão for brusca, a parte que rescindir indenizará à outra o período respectivo. Em relação ao empregado, o aviso é um direito irrenunciável (Súmula n. 276, TST), sendo devido mesmo no caso de extinção ou cessação de atividades da empresa (Súmula n. 44, TST).

O aviso não pode ser dado durante o gozo de estabilidade (Súmula n. 348) e o empregado perde o direito se, no seu curso, cometer falta grave (Súmula n. 73). Se o patrão der aviso-prévio e o empregado pedir dispensa de seu cumprimento, ainda assim, terá que indenizá-lo, salvo se o empregado ingressar imediatamente em outro emprego.

O valor das horas extras habituais integra a remuneração do aviso. Quando o salário for variável, paga-se pela média dos últimos doze meses ou dos meses trabalhados. O aumento de salário ocorrido no curso do aviso beneficia o preavisado.

> **Natureza jurídica** — o aviso é, antes de tudo, uma declaração de vontade, pela qual uma das partes exerce seu direito potestativo de rescindir o contrato. Mas também pode ser encarada de outro ângulo: é receptícia, porque o aviso só começa a fluir com a comunicação da intenção de rescindir; é previdencial, porque dá azo a que o avisado previna-se — o empregado procurando novo emprego e o empregador providenciando outro empregado; a remuneração alusiva ao período do aviso, mesmo quando indenizado, tem natureza salarial em relação ao empregado e indenizatória em relação ao empregador não pré-avisado.

7.2. Prazos e efeitos

O aviso começa a correr no dia seguinte à sua concessão e termina no dia do vencimento, ou no primeiro dia útil seguinte, cf. Súmula n. 380. O art. 7º, XXI da Constituição Federal assegura o direito de aviso-prévio proporcional só ao empregado. A Lei n. 12.506/11 regulamentou-o, alterando o art. 487 da CLT, para assegurar ao trabalhador aviso-prévio com prazo de, no mínimo, **30 dias**, quando o empregado contar até um ano na empresa, mais três dias por ano de serviço, depois do primeiro ano, não ultrapassando 90 dias, cf. Nota Técnica n. 184/2012/MTE. Como o art. 7º da Constituição confere esse direito só aos trabalhadores, o aviso do empregado ao empregador continua regido pela regra da CLT: de 30 dias, se o empregado ganha por mês ou conta mais de 12 meses de serviço e de 8 dias se o empregado ganha por semana ou dia e conta menos de um ano. O acréscimo decorrente da Lei n. 12.506/11 repercute para todos os efeitos: de indenização do aviso, de indenização pré-data-base (Lei n. 6.708), para início da prescrição, para contagem no tempo de serviço. Conforme o art. 487, § 6º, da Consolidação, reajustes fixados por norma coletiva durante o curso do aviso devem incidir na rescisão do empregado.

O aviso indenizado é devido ao empregado apenas pela metade em três casos: na culpa recíproca (Súmula n. 14 do TST), na rescisão por acordo (art. 484-A da CLT) e na extinção do contrato intermitente, salvo na justa causa patronal, em que é devido por inteiro (art. 452-E).

O efeito imediato do aviso é fixar o termo final do contrato por tempo incerto. Dado o aviso, a rescisão torna-se efetiva depois de expirado o respectivo prazo. Pode, entretanto, haver retratação, desde que o notificado aceite. Mas, tanto a reconsideração como a aceitação podem ser tácitas, conforme o art. 489, parágrafo único, da CLT.

O aviso não muda a natureza originária do contrato. Se por tempo indeterminado, conserva essa qualidade até a expiração do aviso. A importância dessa observação se faz sentir nos casos de suspensão do contrato (como na ocorrência de doença e de acidente de trabalho). Com a suspensão do contrato, o tempo do aviso não flui, para, e recomeça logo que cesse a suspensão ou o impedimento da despedida. O acidente de trabalho assegura ao acidentado estabilidade por doze meses após o retorno ao serviço. Logo, ocorrendo acidente de trabalho durante o aviso trabalhado, suspende-se o curso do aviso até o final da estabilidade. E durante o aviso indenizado, sobrevindo doença, esta também suspende o curso do aviso, cf. Súmula n. 371.

A rigor, o curso do aviso suspender-se-ia com o advento de um dos fatos que asseguram estabilidade provisória, como registro de chapa de candidato a cargo de direção ou representação sindical ou da CIPA, comprovação de gravidez, porque, como se disse, o aviso não muda a natureza inicial do contrato. Entretanto, o TST entende que não, cf. Súmula n. 369, segundo a qual, o *registro de candidatura sindical no curso do aviso não dá direito a estabilidade.* Contudo, o TST admite que o aviso se suspende com a comprovação da gravidez ou na concessão de auxílio-doença.

Outro efeito do aviso consiste na redução da jornada em 2 horas por dia ou sete dias corridos durante o seu curso para o trabalhador urbano, e em um dia por semana para o rural. A inobservância dessas regras implica nulidade do pré-aviso. A Súmula n. 230 do TST veda a conversão da redução da jornada em horas extras.

O período do aviso-prévio soma tempo de serviço. Se indenizado, soma tempo de serviço para o empregado, quando o notificante é o empregador, mas não incide contribuição previdenciária. Esse particular repercute nos doze avos de férias e 13º proporcionais (em vez de 1/12 de férias, somando-se o aviso de 30 dias — caso não seja maior — a fração se altera para 2/12). Repercute, ainda, em relação à indenização adicional instituída pela Lei n. 6.708/79, consistente na imposição ao empregador da obrigação de pagar ao empregado, na rescisão, um mês de salário em caso de despedida sem justa causa no período de 30 dias que antecede o aumento de salário: assim, se o aumento de salário vai ocorrer em 1º de novembro e o empregado é despedido em 2 de setembro, sem aviso-prévio, terá direito ao mencionado adicional. E a baixa do contrato na CTPS é com a data final do aviso indenizado. E do final do prazo do aviso indenizado é que se inicia o prazo de prescrição bienal.

Capítulo XXVII

Estabilidade e Garantias Provisórias de Emprego

1. Conceito, requisitos e exceções

Os trabalhadores protegidos por alguma forma de estabilidade, ainda que provisória, só podem ser despedidos por falta grave, apurada através de inquérito judicial para apuração de falta grave, salvo as expressas exceções legais. Como já vimos, falta grave é mais do que justa causa. Esta está prevista no art. 482 e aquela no art. 493. Também há que se distinguir estabilidade com as proteções contra despedida arbitrária ou sem justa causa. É o que veremos.

Segundo A. Sampaio, estabilidade é o direito que o empregado adquire de não ser despedido do emprego, a não ser por motivo de falta grave ou circunstância de força maior.

A estabilidade propriamente dita, prevista nos arts. 492/500 da CLT, na prática, não existe mais, dado que a Lei n. 5.107/66 (que instituiu o FGTS) já a havia enfraquecido, e a CF/88 acabou-a de vez, mantendo só o direito de quem já a havia adquirido em 4.10.1988, e os poucos empregados sob esse regime já terão se aposentado. Mas pode ser que ainda haja algum herói da resistência com vínculo ativo que, em 5.10.88 já contava dez anos no emprego sem opção pelo FGTS.

Essa estabilidade era adquirida aos dez anos de empresa. Neste caso, o empregado só poderia ser dispensado se cometesse falta grave, apurada em inquérito judicial. Se a falta grave não fosse reconhecida, o juiz determinava a reintegração do empregado no emprego, com o pagamento dos salários e vantagens ocorridos durante o afastamento. Caso julgasse desaconselhável a reintegração, podia convertê-la em indenização — a do art. 478 da CLT em dobro, já comentada.

Vislumbra-se também a possibilidade de acordo rescisório entre o empregador e o empregado estável optante, ou seja, com mais de dez anos de empresa e que, por opção ou por força da Constituição de 1988, haja passado para o regime do FGTS. Nesse caso, a jurisprudência consolidada na Súmula n. 54 do TST entende que não deve haver mera renúncia do empregado à estabilidade decenal, sendo-lhe devido no mínimo 60% da indenização dobrada. É de entender-se que se aplica a regra na adesão a Plano de Desligamento Voluntário.

Despedida obstativa — assim se denominava a dispensa do empregado, sem justa causa, no nono ano de serviço. O § 3º do art. 499 da CLT dispõe: "A despedida que se verificar com o fim de obstar ao empregado a aquisição de estabilidade, sujeitará o empregador a pagamento em dobro da indenização prescrita nos arts. 477 e 478".

Mas, com a adoção do regime único do FGTS, a partir da CF/88, essa matéria tornou-se obsoleta. Contudo, subsistem as regras da falta grave e do respectivo processo, aplicáveis às estabilidades contratuais e às provisórias, a seguir analisadas.

Distinguem-se duas classes de estabilidades provisórias: a) aquelas em que seus portadores só podem ser despedidos por falta grave, apurada em inquérito judicial para apuração de falta grave (art. 853 da CLT), e b) aquelas que protegem seus portadores apenas contra despedida arbitrária ou sem justa causa, em que não há necessidade de inquérito. Até o item 10 a seguir tratamos das primeiras.

2. Estabilidade sindical

Preceitua o art. 8º, VIII, da CF: "É vedada a dispensa do empregado sindicalizado a partir do registro da candidatura a cargo de direção ou representação sindical e, se eleito, ainda que suplente, até um ano após o final do mandato, salvo se cometer falta grave nos termos da lei".

A CLT, no seu art. 543, § 3º, estende essa mesma garantia ao dirigente ou representante de associação profissional. *Na forma da lei* significa de acordo com os arts. 493/494 e 853/855 da CLT, que definem falta grave e a forma de sua apuração. Portanto, o estabilitário sindical só pode ser despedido se cometer falta grave, devidamente apurada por inquérito judicial, cf. Súmulas ns. 197 do STF e 379 do TST. Acerca do tema, o TST editou a Súmula n. 369:

> **Dirigente sindical. Estabilidade provisória**
>
> I – É assegurada estabilidade provisória ao empregado dirigente sindical, ainda que a comunicação do registro da candidatura ou da eleição e da posse seja realizada fora do prazo previsto no art. 543, § 5º, da CLT, desde que a ciência ao empregador, por qualquer meio, ocorra na vigência do contrato de trabalho.
>
> II – O art. 522 da CLT foi recepcionado pela Constituição Federal de 1988. Fica limitada, assim, a estabilidade a que alude o art. 543, § 3º, da CLT a sete dirigentes sindicais e igual número de suplentes.
>
> III – O empregado de categoria diferenciada eleito dirigente sindical só goza de estabilidade se exercer na empresa atividade pertinente à categoria profissional do sindicato para o qual foi eleito dirigente.
>
> IV – Havendo extinção da atividade empresarial no âmbito da base territorial do sindicato, não há razão para subsistir a estabilidade.
>
> V – O registro da candidatura do empregado a cargo de dirigente sindical durante o período de aviso-prévio, ainda que indenizado, não lhe assegura a estabilidade, visto que inaplicável a regra do § 3º do art. 543 da Consolidação das Leis do Trabalho.

Esta Súmula é toda antissindical, senão vejamos:

Vê-se que toda a sua base foi formatada na SBDI-1 na década de 1990, revelando um pensamento predominante dos membros que compuseram aquela Egrégia Seção, que se petrificou, calcinando e necrosando toda uma possibilidade de evolução dessa categoria de direitos. Com efeito, esses verbetes revelam um cuidado em delimitar, cirurgicamente, um direito que, por sua natureza, é expansivo: é tomado o texto da lei e, da sua literalidade, se faz o corte cirúrgico redutor, para extrair-lhe o mínimo de consequências positivas ao trabalhador, contrariando todos os princípios de evolução, progressão, não retrocesso, proteção, liberdade sindical etc.

O inciso I foi alterado em 2012 para reconhecer que a comunicação do sindicato à empresa sobre a candidatura e a eleição do trabalhador possa ser feita a qualquer tempo, ou seja, até no aviso prévio, suspendendo-o até o final da estabilidade. Foi mais uma vitória de nossa doutrina, esgrimida nas edições anteriores, segundo a qual a estabilidade prescinde da citada comunicação.

O inciso II da Súmula dita que o art. 522 da CLT foi recepcionado pela CF/88. Mas, que significado atribuir ao textualizado no inciso I do art. 8º da CF/88? Esse preceito dita que é vedada a interferência do Estado na organização e na administração da entidade sindical. Ora, o art. 5º, XVII e XVIII, da CF, garante a liberdade de associação, sem interferência do Estado. Por isso, as associações artísticas, literárias, esportivas, os condomínios se organizam segundo a vontade da respectiva assembleia geral. E a associação sindical, exatamente aquela em relação a qual a Constituição veda literalmente a interferência do Estado, como justificar a validade de uma regra de ostensiva intromissão estatal herdada da ditadura Vargas?

É certo que Getúlio Vargas fixou o limite da diretoria entre três e sete membros, mas também admitiu que se formasse um sindicato a partir de 30 associados, cf. art. 1º, *a*, do Decreto n. 19.770/31. Essa parte ninguém diz. A jurisprudência retrógrada não volveu o bastante para perceber esse detalhe: que naquela época era reduzido o contingente operário urbano.

Tudo nasceu do precedente do STF, nos autos do RE n. 193.345-3, de relatoria do Min. Carlos Veloso, de 1992, certamente, em processo ajuizado antes do advento da nova Constituição de 1988, pois seria um milagre digno de canonizar alguém um processo atravessar as três instâncias trabalhistas e ser julgado no STF em apenas quatro anos. Mas foi dito nesse julgamento que, mesmo após a CF/88 (esta deve ter entrado no julgamento como Pilatos entrou no Credo), permanecia válido o art. 522 da CLT. Daí para cá não se refletiu mais sobre o tema, simplesmente segue-se o infeliz precedente.

Nessa época, o STF disse também, através da pena do Min. Moreira Alves, que Mandado de Injunção não se prestava para suprir omissão do legislador. No caso, os trabalhadores postulavam o aviso prévio proporcional ao tempo de serviço. Posteriormente, sob outra composição, a Corte suprema passou a admiti-lo com os efeitos que a Constituição lhe confere. Assim, por certo, em revisitação do tema ao STF, devidamente colocada a questão, a liberdade sindical triunfará. Até porque, os art. 522 a 528 da CLT tratam da ostensiva intervenção do governo na organização sindical (diretoria, monitoração das eleições e intervenção). Por outro lado, nem existe mais de fato esse modelito de três a sete membros, ou ele não cabe mais no corpo atual, senão por uma férrea camisa de força, sem o mínimo de coerência constitucional. Decerto, a lei poderia dar outra regulamentação à matéria, de modo a compatibilizá-la aos princípios constitucionais da razoabilidade e proporcionalidade. Enfim, esse inciso contraria frontal e despudoradamente o art. 3º da CIT n. 87 da OIT:

> Art. 3-1. As organizações de trabalhadores e de empregadores terão o direito de elaborar seus estatutos e regulamentos administrativos, de eleger livremente seus representantes, de organizar a gestão e a atividade dos mesmos e de formular seu programa de ação.
>
> 2. As autoridades públicas deverão abster-se de qualquer intervenção que possa limitar esse direito ou entravar o seu exercício legal.

O inciso III da Súmula restringe a estabilidade do dirigente sindical de categoria diferenciada. A um olhar míope, parece lógico, pois a estabilidade se destina a proteger a categoria mediante a garantia contra despedida sem falta grave dos seus dirigentes. Porém, segundo um olhar crítico, vai-se identificar a fragilidade em que é posto esse trabalhador, visto que os empresários não toleram sindicalistas, apegando-se a todas as brechas da lei para eliminá-los de seus domínios. De outra parte, é sabido que o líder sindical tende a exercer sua liderança onde quer que esteja. E disso o patronato é bem informado. Por sua vez, o inciso VIII do art. 8º da CF, não autoriza o corte que faz o enunciado sob comento.

O inciso IV faz outra redução do preceito constitucional. Ora, a estabilidade constitucional vai da petição de candidatura até, se eleito o sindicalista, um ano após o término do mandato. É uma garantia ampla, não só do emprego, mas também econômica, para que o dirigente tenha condição de sobrevivência no ofício da direção ou representação sindical. Não há outra condicionante na norma magna. Esse verbete profana o programa constitucional.

No entanto, alargando a restrição inconstitucional, a jurisprudência vai de mal a pior, segundo a qual, em caso de força maior, ou de extinção da empresa na base territorial do sindicato do estável, a estabilidade desaparecerá, cf. Súmula n. 369, IV, não subsistindo sequer a indenização correspondente ao período da estabilidade. (RR – 153900-08.2008.5.09.0661, rel. Min. Mauricio Godinho Delgado, 6ª Turma. *DEJT* 16.3.2012)

É outro erro grave da súmula e de sua interpretação. A extinção do estabelecimento não deve interferir na garantia, quanto ao mandato já em curso, porque a finalidade da lei é proteger o movimento coletivo, a exemplo da estabilidade da gestante, que visa a proteger a criança. Ademais, a remuneração de um dirigente sindical está compreendida no risco da empresa, cujo ônus não pode ser escanchado sobre o trabalhador estável.

O inciso V suprime a estabilidade de quem se candidata durante o aviso prévio. É outra redução do direito por quem lhe devia garantir expansão. Subjaz nos precedentes que o trabalhador poderia se candidatar de má-fé, só para frustrar a despedida. Isto é uma falácia pueril, porque a criatura só se candidata quando há eleições. Ninguém urde eleições fora de sua época. Por outro lado, se o candidato não tiver liderança, não se elegerá. Então o aviso prévio, em pouco tempo, retoma o seu curso e consuma a ruptura. Mas, se o candidato tiver liderança, será eleito, então o aviso prévio seria visto como de má-fé. Destarte, o aviso, ainda que indenizado, integra o tempo de serviço para todos os efeitos legais, cf. art. 487, § 6º, da CLT, e não muda a natureza do contrato rescindendo, o qual a mantém até o último dia, dizem O. Gomes e E. Gottschalk. Todavia, ninguém cogita que, na verdade, o empregador é bem informado e já conhece de antemão as lideranças atuantes e as potenciais, bem como a data das eleições da categoria, e por isso antecipa-lhes as demissões para abortar a consolidação ou o nascimento da liderança sindical. Entre os dois institutos, o do aviso prévio e o da estabilidade, esse infeliz verbete prioriza o mais pobre, em detrimento da última, configurando uma odiosa inversão de valores.

No tempo da estabilidade por tempo de serviço, o TST criou a figura da "despedida obstativa", quando esta ocorria no nono ano. Seria o caso de considerar esse aviso obstativo da estabilidade sindical? E daí as indenizações, inclusive por danos morais individuais e coletivos? É uma brecha que vejo se abrir na trincheira desse direito.

2.1. Estabilidade de sindicalista de entidade pendente de registro no Ministério do Trabalho

Conforme já decidiu o STF: "reconhecimento da garantia aos diretores eleitos, na assembleia constitutiva da entidade sindical, desde, pelo menos, a data de pedido do registro no Ministério do Trabalho, o que não contraria a exigência deste, constante no art. 8º, I, da Constituição. A constituição de um sindicato — posto culmine no registro no Ministério do Trabalho (STF, MI 144, 3.8.1992, Pertence, *RTJ* 147/868) — a ele não se resume: não é um ato, mas um processo. Da exigência do registro para o aperfeiçoamento da constituição do sindicato, não cabe inferir que só a partir dele estejam os seus dirigentes ao abrigo da estabilidade sindical: é 'interpretação pedestre', que esvazia de eficácia aquela garantia constitucional, no momento talvez em que ela se apresenta mais necessária, a da fundação da entidade de classe". (RE 205.107, rel. Sepúlveda Pertence, julgamento em 6.8.1998, Plenário, *DJ* 25.9.1998). Assim, quando o registro sindical ainda se encontre em fase de tramitação, é garantida a estabilidade da diretoria do sindicato em fundação.

3. Despedida de empregado estável

Extinguem a estabilidade: a) falta grave; b) caso de força maior; c) extinção do estabelecimento na base territorial da entidade sindical do estável, cf. Súmula n. 369, II, do TST; d) pedido de demissão.

Se o empregador acusar o empregado de cometer falta grave, deve propor o inquérito judicial para apuração de falta grave, na forma do art. 853, em que provará o fato. Se for julgado procedente, o empregado é despedido sem indenizações; se improcedente, não haverá despedida. Ao empregador é facultado suspender o empregado antes de propor a ação. Neste caso, tem que ajuizar o inquérito no prazo decadencial (improrrogável) de 30 dias. A suspensão é irretratável. Se julgado procedente o inquérito, a rescisão retroage ao início da suspensão; se improcedente, o empregado tem direito aos salários e vantagens vencidos desde o início da suspensão e vincendos.

Na hipótese de despedida do dirigente ou representante sindical, inclusive o suplente, sem apuração de falta grave na forma supra, ou porque o empregador não reconhece a estabilidade, o empregado propõe ação de reintegração no emprego, incumbindo-lhe provar somente: a) sua condição de dirigente ou representante sindical, ou que é candidato ao cargo com chapa já registrada, ou cujo mandato expirou há menos de um ano; e b) a efetiva despedida.

Em sua defesa, o empregador pode alegar ausência dos requisitos da estabilidade ou que não houve despedida de fato. Entretanto, provadas as condições acima, a defesa do empregador esvaziar-se-á, porque o seu ato resilitório torna-se nulo, ainda que tenha ocorrido a falta grave. Isto porque a despedida do dirigente sindical (incluídas as associações ainda não convertidas em sindicato) constitui ato formal e a preterição da forma invalida o ato jurídico (art. 166, IV, do Código Civil).

Se a reclamação for julgada procedente, a sentença (ao mesmo tempo declaratória e constitutiva) determinará a reintegração do empregado. Mas se o prazo do mandato já houver expirado e outro mandato não houver sucedido ao anterior, a reintegração converter-se-á em indenização, equivalente aos salários e vantagens do período da estabilidade, mais verbas rescisórias da despedida sem justa causa, cf. Súmula n, 396 do TST.

O juiz determinará reintegração liminar, ou em tutela antecipada, verificando que a demissão se deu sem prévio inquérito judicial, conforme arts. 659, X, CLT. Isto para que o instituto da estabilidade tenha eficácia, pois, do contrário, ao final do processo, o trabalhador já estaria alijado da sua categoria, sem condições de militância.

3.1. Abrangência da estabilidade sindical

Entendo que a estabilidade abrange todos os membros titulares e suplentes da diretoria do sindicato e os delegados de que trata o art. 517, § 2º, da CLT, desde que sejam eleitos, segundo o estatuto do sindicato, por exercerem função de representação e direção sindical. A dicção do art. 8º, VIII, da CF abrange todos os titulares e suplentes dos cargos de direção e representação sindical. O inciso I do art. 8º revogou os arts. 522 a 528 da CLT, que tratam da composição da diretoria sindical, do monitoramento do sindicato pelo Ministério do Trabalho e pelo Ministério Público e da intervenção pelo governo na sua direção.

Entretanto, em sede de RE, o STF, há mais de 20 anos, entendeu que o art. 522 da CLT foi recepcionado pelo art. 8º da CF/88. Com base nesse precedente, o Colendo TST consolidou sua jurisprudência no sentido de que a estabilidade só alcança os sete membros da diretoria previstos no art. 522 e os sete suplentes (cf. art. 543, § 3º, da CLT). Pior, essa jurisprudência estreitou mais, excluindo da garantia os membros do conselho fiscal, por entender que estes não exercerem atribuição de direção (OJ n. 365 da SDI-1). Lógico que essa interpretação superior incorre em engano, porque o conselho fiscal integra o corpo diretivo do sindicato, figurando seus membros na chapa das eleições, por isso, se tornam alvos de perseguição patronal. Se o objetivo da estabilidade é proteger o emprego do dirigente sindical para que ele defenda a categoria, todos os figurantes da chapa vencedora gozam da tutela constitucional. Vale lembrar que a regra é a da estabilidade sindical, esse é o programa normativo da Constituição, conforme se infere dos arts. 7º, I e 8º, VIII. A interpretação restritiva vai contra os princípios da progressão social e da proteção.

Destarte, o próprio precedente do STF que embasou a jurisprudência do TST é mais abrangente: "O art. 522 da CLT, que estabelece o número de dirigentes sindicais, foi recebido pela CF/88, art. 8º, I" (RE n. 193.345-3). No caso, o STF restabeleceu a sentença de primeiro grau que havia concluído pela vigência do art. 522 da CLT, que estabelece o corpo dirigente sindical em diretoria com número mínimo de três e máximo de sete membros, mais um conselho fiscal de três membros. Logo, o corpo dirigente compõe-se de diretoria e conselho fiscal. Dentro, portanto, do figurino fixado pelo STF, essa é a máxima restrição cabível.

Data venia o entendimento da Suprema Corte, essa questão transborda do leito do art. 522 celetário, porque revogado pela Constituição (ou não recepcionado) e pela evolução dos modelos administrativos, devendo ser enfrentada à luz do abuso de direito, de que trata o art. 187 do Código Civil. Ou seja, quando a diretoria se compuser de um número de diretores excessivo em relação ao contingente da categoria, estará configurado o abuso. No exame do abuso de direito, o juiz deve pautar-se pelos princípios da razoabilidade e da proporcionalidade, para encontrar a justa medida. Assim como será abusiva uma norma estatutária sindical que institui uma diretoria de 20 membros para determinada categoria de 500 representados, será igualmente desarrazoada que se imponha uma diretoria de apenas sete membros para uma entidade representativa de mais de 5.000 trabalhadores. Certamente, em revisitação do tema ao STF, o art. 522 da CLT não resistiria.

4. Estabilidade contratual

Ao rol acima, acresçam-se as garantias estipuladas em contrato, individual e coletivo. Com efeito, na proporção em que o emprego escasseia, os profissionais mais qualificados também se tornam raros e, por isso, disputados. Por conta disso, são seduzidos a mudarem de empresa, de domicílio etc. Em consequência, exigem cláusula de garantia. Ainda é de considerar-se a garantia prevista em regulamento da empresa, que integra o contrato individual.

Por sua vez, nos acordos de greve, é comum estipular-se cláusula de proteção contra despedida durante determinado lapso de tempo. Também é comum nas negociações coletivas inserir cláusula de "estabilidade pré-aposentadoria", pela qual a empresa não pode despedir sem motivo os trabalhadores que se encontrem a um ou dois anos da implementação das condições para aposentadoria voluntária. Nestes casos, a proteção obedecerá ao limite do pactuado. O Precedente Normativo n. 85 do TST alberga essa pactuação.

5. Estabilidade de empregados públicos

Os empregados da administração pública direta, autárquica e fundacional, assim entendidos os regidos pela CLT, adquirem estabilidade aos três anos de efetivo serviço, cf. art. 41 da Constituição e Súmula n. 390 do TST. Os servidores federais regidos pela Lei n. 8.112/90 adquirem estabilidade com três anos de serviço. Já os empregados das empresas públicas e das sociedades de economia mista não se beneficiam do citado art. 41 da CF.

Trata-se da regra aplicável aos empregados públicos efetivos, admitidos mediante concurso público. Como condição para a aquisição da estabilidade, é obrigatória, ainda, a avaliação especial de desempenho por comissão instituída para essa finalidade.

O servidor estável só perderá o cargo, cf. art. 41, § 1º, da CF: a) em virtude de sentença judicial transitada em julgado; b) mediante processo administrativo em que lhe seja assegurada ampla defesa; c) mediante procedimento de avaliação periódica de desempenho, na forma de lei complementar, assegurada ampla defesa.

Invalidada por sentença judicial a demissão do servidor estável, será este reintegrado, e o eventual ocupante da vaga, se estável, reconduzido ao cargo de origem, sem direito a indenização, aproveitado em outro cargo ou posto em disponibilidade com remuneração proporcional ao tempo de serviço.

Extinto o cargo ou declarada a sua desnecessidade, o servidor estável será posto em disponibilidade, com remuneração proporcional ao tempo de serviço, até seu adequado aproveitamento em outro cargo.

Além da hipótese já aventada, há a estabilidade do empregado público admitido sem concurso público pelo menos cinco anos continuados antes da promulgação da Constituição de 1988. É a previsão do art. 19, ADCT, CRFB/1988. A OJ n. 364 da SDI-1 confere essa estabilidade a empregados de fundações privadas que cumpram as características principais das públicas (subvenção pública e defesa de interesses do Estado).

6. Estabilidade do membro de Comissão de Conciliação Prévia

Os representantes dos empregados, titulares e suplentes, gozarão de estabilidade, até um ano após o final do mandato, que é de um ano, excetuando o cometimento de falta grave (art. 625-B, § 1º, CLT), apurada em inquérito judicial.

7. Representantes dos trabalhadores nos colegiados públicos

É a garantia concedida pelo art. 10 da CF. Alguns órgãos colegiados públicos são compostos com representantes do governo, dos empresários e dos trabalhadores, a exemplo do Conselho Curador do FGTS, do CODEFAT — que cuida do seguro-desemprego, de órgãos do INSS. Os representantes dos trabalhadores são indicados pelas centrais sindicais, por períodos determinados. Logicamente, aplicam-se a esses trabalhadores as garantias do item *supra*.

8. Representante dos empregados na empresa

O art. 11 da CF preceitua que nas empresas de mais de 200 empregados é assegurada a eleição de um representante destes, com a finalidade exclusiva de promover-lhes o entendimento direto com os empregadores.

O Precedente Normativo n. 86 da SDC do TST reconhece a esses representantes a estabilidade provisória, nos moldes do art. 543 e seus parágrafos, da CLT. Logo, igual ao assegurado aos dirigentes e representantes sindicais.

A Lei n. 13.467/17 instituiu nos arts. 510-A a 510-D da CLT a Comissão de Representantes dos Empregados na Empresa, que é outra figura jurídica, cf. veremos adiante.

9. Estabilidade pré-eleitoral

Assegurada aos empregados dos entes públicos, que não podem ser demitidos no período pré-eleitoral. A OJ n. 51 da SDI-I, TST entende aplicável o art. 51 da Lei n. 7.773/89 também aos empregados das sociedades de economia mista e das empresas públicas. Logicamente, por justa causa, devidamente apurada, será legítima a despedida.

10. Diretor de cooperativa

O art. 55 da Lei n. 5.764/71 estende as garantias dos dirigentes sindicais previstas no art. 543 da CLT aos diretores eleitos de cooperativas de trabalhadores. A Lei n. 12.690/2012 regulamenta as cooperativas de trabalho e não toca no assunto. Assim, é de se entender que continua vigente o dispositivo supra.

11. Garantias provisórias de emprego

Neste item tratamos de formas de proteção do emprego contra despedida arbitrária ou sem justa causa. Ou seja, os portadores dessa garantia podem ser despedidos sem prévio inquérito judicial para apuração de falta grave, basta que se observe a regra do art. 165 consolidada.

Registre-se que nos contratos por tempo determinado a proteção do emprego não iria além do termo previsto para o fim do contrato (Súmula n. 244, III, do TST). No entanto, em relação à gestante e ao acidentado no trabalho, a jurisprudência evoluiu:

> SERVIDORA PÚBLICA GESTANTE OCUPANTE DE CARGO EM COMISSÃO – ESTABILIDADE PROVISÓRIA (ADCT/88, ART. 10, II, *"b"*) – CONVENÇÃO OIT N. 103/1952 – INCORPORAÇÃO FORMAL AO ORDENAMENTO POSITIVO BRASILEIRO (DECRETO N. 58.821/66) – PROTEÇÃO À MATERNIDADE E AO NASCITURO – DESNECESSIDADE DE PRÉVIA COMUNICAÇÃO DO ESTADO DE GRAVIDEZ AO ÓRGÃO PÚBLICO COMPETENTE – RECURSO DE AGRAVO IMPROVIDO. [...] As gestantes — quer se trate de servidoras públicas, quer se cuide de trabalhadoras, qualquer que seja o regime jurídico a elas aplicável, não importando se de caráter administrativo ou de natureza contratual (CLT), mesmo aquelas ocupantes de cargo em comissão ou exercentes de função de confiança ou, ainda, as contratadas por prazo determinado, inclusive na hipótese prevista no inciso IX do art. 37 da Constituição, ou admitidas a título precário — têm direito público subjetivo à estabilidade provisória, desde a confirmação do estado fisiológico de gravidez até 5 (cinco) meses após o parto (ADCT, art. 10, II, *"b"*), e, também, à licença-maternidade de 120 dias (CF, art. 7º, XVIII, c/c o art. 39, § 3º), sendo-lhes preservada, em consequência, nesse período, a integridade do vínculo jurídico que as une à Administração Pública ou ao empregador, sem prejuízo da integral percepção do estipêndio funcional ou da remuneração laboral. Doutrina. Precedentes. Convenção OIT n. 103/1952. (STF, 2ªT, AgReg no RE 634093/DF, rel. Min. Celso de Mello, p. 7.12.2011)

RECURSO DE REVISTA. CONTRATO DE EXPERIÊNCIA. ACIDENTE DE TRABALHO. GARANTIA PROVISÓRIA NO EMPREGO. EFEITOS. 1 – Há direito à garantia provisória no emprego, na hipótese de contrato de experiência, ante o acidente de trabalho, nos termos do art. 118 da Lei n. 8.213/91. 2 – A força normativa da Constituição Federal, que atribui especial destaque às normas de saúde e segurança do trabalhador (art. 7º, XXII e XXVIII), impõe a interpretação sistemática da legislação infraconstitucional que trata da matéria, de maneira a reconhecer a compatibilidade entre o contrato por prazo determinado e a garantia provisória no emprego. 3 – O art. 118 da Lei n. 8.213/91 é aplicável no caso de contrato a termo, porquanto o afastamento relacionado ao acidente de trabalho integra a essência sociojurídica da relação laboral. 4 – O contrato por prazo determinado não se transforma em contrato por prazo indeterminado, sendo direito do trabalhador somente a garantia provisória no emprego pelo prazo de um ano, contado da data do término do benefício previdenciário. 5 – Recurso de revista a que se dá provimento parcial. (RR-161200-55.2004.5.15.0059 Data de Julgamento: 5.5.2010, relatora Ministra: Kátia Magalhães Arruda, 5ª Turma, Data de Publicação: *DEJT* 14.5.2010)

11.1. Estabilidade da gestante

A CF/88, no seu art. 10, II, "*b*", das Disposições Transitórias, veda a despedida arbitrária ou sem justa causa da gestante a partir da confirmação da gestação até cinco meses após o parto. Esta garantia tem apoio na Convenção Internacional do Trabalho n. 103/52, cf. já decidiu o STF, razão pela qual alcança todas as modalidades de trabalho, seja público ou privado, administrativo ou contratual, comissionado, precário, por tempo determinado ou por experiência. Para as empresas que adotarem a licença de cento e oitenta dias, não poderá haver despedida durante o gozo desse direito e até um mês depois.

Equiparados — a) a mãe adotante; b) um dos membros do casal homoafetivo que adotar criança; c) a pessoa que suceder à mãe falecida nos cuidados da criança. Como à mãe adotante (ou equivalente) foi estendido o direito da mãe biológica, é de entender-se que ela goza da mesma proteção desde a adoção. E a Lei Complementar n. 146/14 confere essa estabilidade à pessoa que, na morte da mãe, assume a criança. Entendo que esta estabilidade, do sucessor da mãe falecida, é uma nova forma, porque não deve apenas complementar o período da falecida, mas se inicia um novo período para a pessoa que assumir a criança. É o mesmo princípio da adoção.

A proteção da maternidade tem contorno de direito fundamental da mais alta significação na ordem interna e internacional. Por isso, mesmo na hipótese de contrato nulo, firmado sem concurso público com a Administração Pública, vem sendo assegurada pelo TST a estabilidade-gestante. Até nos contratos de experiência, o STF reconheceu esse direito da gestante, louvando-se na Convenção Internacional do Trabalho n. 103. A Súmula n. 244 do TST foi alterada para reconhecer esse direito no contrato por tempo determinado, no qual se inclui o de experiência, louvando-se em precedente do STF. Nesses casos, o termo final se protrai para o final da estabilidade; da mesma forma, a ocorrência de gravidez durante o aviso-prévio suspende o curso deste, conforme a Lei n. 12.812/2013, continuando a correr após o final da estabilidade. Quando o período da estabilidade já houver fluído, converte-se o direito em indenização correspondente aos salários do período e consectários.

A estabilidade da gestante, contudo, é mais flexível que as anteriormente comentadas. Enquanto os beneficiários daquelas só podem ser despedidos se cometerem falta grave, a gestante só está protegida contra a despedida arbitrária ou sem justa causa.

Caracterizam justa causa as faltas relacionadas nos arts. 482 da CLT e outras previstas em leis especiais. Por sua vez, ***arbitrária*** é a despedida que não se fundar em motivo técnico, econômico, financeiro ou disciplinar (art. 165 da CLT).

A despedida da gestante prescinde de inquérito judicial. Contudo, a ela restam dois caminhos: a) mover ação de reintegração no emprego, inclusive com pedido de tutela antecipada; ou b) de indenização, esta consistente nos direitos decorrentes da dispensa sem justa causa mais os salários devidos a partir da dispensa até o 5º (ou 6º, cf. o caso) mês após o parto, com as repercussões nas férias, no FGTS, 13º salário e demais parcelas legais e contratuais.

A Súmula n. 244, I, do TST enuncia que o *desconhecimento pelo empregador da gravidez da empregada não afasta o seu direito de indenização* da estabilidade.

A defesa do empregador fundar-se-á em: a) alegação de desconhecimento do estado de gravidez da autora, e, neste caso, propondo reconsiderar a sua decisão para receber de volta a empregada. Neste caso, a ela só restam duas saídas: 1) aceitar o convite e voltar, salvo grave incompatibilidade; ou 2) provar que a sua gravidez era conhecida do empregador. Frise-se que, passado o período estabilitário, a empregada apenas faz jus aos salários e direitos correspondentes ao período (Súmula n. 244, II).

11.2. Dirigente da CIPA *(Comissão Interna de Prevenção de Acidentes)*

"Fica vedada a dispensa arbitrária ou sem justa causa: a) do empregado eleito para cargo de direção de comissões internas de prevenção de acidentes, desde o registro de sua candidatura até um ano após o término do mandato" — art. 10, II, *a*, ADCT da CF/88. Como sob o sol nada há de novo, essa proteção já vinha da quinquagenária CLT, art. 165:

> Os titulares representantes dos empregados nas CIPAs não poderão sofrer despedida arbitrária, entendendo-se como tal a que não se fundar em motivo disciplinar, técnico, econômico ou financeiro.

Dos dois textos normativos deduz-se que gozam da garantia contra despedida arbitrária ou sem justa causa: a) os membros eleitos para os cargos de direção da CIPA; b) os membros da CIPA representantes dos trabalhadores.

As Súmulas ns. 339 do TST e 676 do STF reconhecem essa garantia ao membro suplente.

A duração dessa garantia é de dois a quatro anos, posto que o mandato é de um ano, permitida uma reeleição (art. 164, § 3º, CLT). O calcanhar de Aquiles da questão assenta-se nos conceitos de "cargo de direção", "eleição", e se a estabilidade alcança os representantes do empregador e os respectivos suplentes.

A Constituição Federal refere-se a empregado eleito para cargo de direção. Daí subsume-se que o representante patronal também goza da garantia. Os reducionistas desse direito ao representante patronal baseiam-se no termo "eleito" contido no Texto Magno, por entenderem que só há eleição para o representante operário. Para aquele há indicação, conforme art. 164, § 1º, da CLT.

Analisemos o tema: o número de membros da CIPA varia de dois titulares a 30, de acordo com o grau de risco e o número de empregados da empresa. Todos os titulares têm suplentes. A partir de 100 empregados, todos os empregadores, públicos ou privados, de qualquer grau de risco devem constituir CIPA. Abaixo de 100 empregados as atividades enquadradas no grau mínimo estão isentas dessa obrigação.

Entendemos que a Constituição alberga essa garantia também aos representantes do empregador — a exemplo do presidente da CIPA (CLT, art. 164, § 5º) —, pelo fato de eles também estarem vinculados a ações que podem irritar o patrão. Entretanto, os Tribunais ainda não a admitem, o que é um erro, conforme veremos.

O fato de o empregador *escolher* os seus representantes não significa ausência de eleição, pois neste conceito todos os léxicos incluem a escolha e esta equivale a opção, ação ou efeito de escolher. Assim, se o empregador escolhe os seus representantes na CIPA e, dentre estes, indica o presidente do órgão (art. 164, § 52, CLT), logicamente há que se entender *eleito,* dado que a Constituição não exige eleição com escrutínio secreto, mas diz simplesmente *eleito,* sem especificar a forma de eleição. E não cabe ao intérprete restringir onde o constituinte não o fez. Além disso, o princípio protetor, desdobrado no *in dubio pro misero,* recomenda a exegese *supra.*

> **Cargo de direção** — a CIPA não tem personalidade jurídica, também não pode definir a composição da sua diretoria, senão nos limites da lei. A CLT menciona apenas as figuras do presidente e do vice-presidente, este escolhido pelos empregados, dentre os seus representantes. A Portaria n. 3.214, do Ministério do Trabalho, NR-5, 5.20, menciona o presidente, o vice e acrescenta:

A CIPA terá um secretário e seu substituto que serão escolhidos, de *comum acordo,* pelos representantes do empregador e dos empregados.

Conclui-se dessa referência legal que os cargos de direção da CIPA são os de presidente, vice-presidente, secretário e secretário substituto. Estes, por imperativo do art. 10, II, *a*, do ADCT da CF, são portadores da garantia contra despedida arbitrária. E, pelo art. 165 consolidado, todos os titulares da representação dos trabalhadores gozam, também, da referida garantia. Cumpre destacar que aos dirigentes a garantia vai da candidatura até um ano após o término do mandato, enquanto aos simples representantes a proteção limita-se à duração do mandato. Certo que o Presidente da CIPA é indicado pelo empregador. Mas seria razoável sonegar estabilidade exatamente ao Presidente?

Conforme a Súmula n. 339 do TST, a garantia se estende ao suplente da CIPA.

Como se vê, a segurança do trabalho é uma questão delicada. Em verdade, há necessidade de fortalecimento da CIPA, que desempenha uma das funções socioeconômicas mais importantes, dentre as quais destacam-se: a) promover e divulgar a observância das normas de segurança do trabalho; b) educar os trabalhadores no sentido de prevenirem-se contra acidentes e doenças profissionais; c) estudar as causas e consequências dos acidentes; d) propor a realização de inspeções para verificar a existência de riscos em áreas da empresa; e) manter registros das ocorrências de acidentes e doenças profissionais.

O acidente de trabalho está empurrando para a Seguridade Social legiões de trabalhadores em pleno vigor de suas forças, sem contar a quantidade de viúvas(os) e órfãos. Somos um dos campeões mundiais nessa estatística. Ocorrem, em média, mais de 700 mil acidentes anuais, com mais de dois mil fatais, e milhares de trabalhadores incapacitados definitivamente para o trabalho e outros com a capacidade reduzida irreversivelmente. Para o relevante mister da prevenção, os componentes da CIPA necessitam de garantias no emprego, para que possam exercitar com altivez e independência suas atribuições. Do contrário, que autoridade tem um empregado para solicitar do órgão público fiscalizador (INSS-SRT, MPT) inspeção sobre as condições de segurança e saúde no ambiente de trabalho?

Todos os representantes dos trabalhadores são eleitos pelos seus pares, um dos quais será vice-presidente. Todos, patronais e operários, terão suplente. Todos são fiscais dos operários e da empresa, no tocante à segurança, higiene e saúde do trabalhador. Por isso, eles têm a garantia da lei, para que o instituto cumpra a sua finalidade socioeconômica, mas de natureza eminentemente pública, pois sua destinação não é protetiva só do trabalhador individualizadamente, mas de toda a nossa força produtiva, do Erário (que custeia o gasto oriundo dos acidentes), da sociedade (que sofre traumas físicos e psicológicos), da própria empresa, que também sofre pesados ônus em consequências dos acidentes.

> **Despedida do Cipeiro** — A dispensa do estabilitário da CIPA, a exemplo da gestante, prescinde de inquérito judicial para apuração de falta grave. Isto porque a garantia de emprego limita-se à proibição de dispensa arbitrária ou sem justa causa. Com efeito, o empregador pode despedir por justa causa (uma das hipóteses catalogadas no art. 482, CLT), por motivos técnico, econômico ou financeiro (art. 165, *in fine,* CLT).

No entanto, a resilição sem causa, pelo empregador, impõe-lhe uma das duas sanções: reintegração no emprego ou indenização no equivalente aos salários e consectários devidos até o final da estabilidade. O ideal seria a reintegração liminarmente. Entretanto, em face das causas postas pelo empregador, dependentes de uma instrução processual para produção de provas, ao final do trâmite processual o período de estabilidade ter-se-á escoado, restando a indenização como último remédio, sugerido pelo art. 158 do Código Civil.

Dada a sua natureza altruísta, a estabilidade do cipeiro não prevalece em caso de encerramento das atividades do estabelecimento (cf. inciso II da Súmula n. 339 do TST). Por outro lado, em caso de redução de contingente de empregados capaz de reduzir o tamanho da própria CIPA, os empregados já eleitos devem concluir os mandatos para, só então, ela ser efetivamente reduzida. É o que se infere da redação do tópico 5.15 da NR-5 do Ministério do Trabalho e Emprego.

A ação judicial dos dirigentes da CIPA despedidos é de reintegração no emprego, cabendo ao empregador provar que a despedida se deu por motivo disciplinar (justa causa realmente configurada), técnico (modernização do parque industrial, automação...), econômico (retração do mercado) ou financeiro (dificuldade em saldar os seus compromissos perante os credores), conforme art. 165, parágrafo único, da CLT.

Cumpre-nos aclarar que o motivo técnico, econômico ou financeiro não há de ensejar a despedida preferencialmente dos estabilitários, porque, assim agindo, o empregador estará cometendo abuso de direito, o que lhe custará a mesma pena da despedida arbitrária. O natural é que o empregador demonstre algum esforço em manter no emprego preferencialmente os estabilitários, e não aproveitar-se de um momento difícil para a empresa como pretexto para livrar-se deles.

11.3. Estabilidade do acidentado

Criada pelo art. 118 da Lei n. 8.213/91 e reconhecida como constitucional pela Súmula n. 378 do TST. Portanto, o trabalhador acidentado no trabalho goza de estabilidade até um ano após o seu retorno ao trabalho. Para garantia do direito, é imprescindível que o empregado tenha gozado o benefício acidentário. O simples gozo de auxílio-doença não dá esse direito, cf. Súmula n. 378 do TST. Todavia, quando o empregado sai prejudicado porque a empresa não preencheu a CAT (Comunicação de Acidente do Trabalho), o TRT da 22ª Região vem impondo à empresa o ônus de sua omissão. Aplica-se aqui o que se disse em relação à gestante, havendo inclusive incidência do FGTS. Equiparam-se a acidente de trabalho a doença profissional e a doença do trabalho, cf. exposto no Capítulo XXIX. Destarte, ante os termos da lei, fundada dúvida se instala sobre a necessidade de inquérito judicial para apuração de falta grave desse estabilitário. Na dúvida, *pro operario*. Esta estabilidade subsiste mesmo na hipótese de contrato a termo, cf. item III da Súmula n. 378 do TST.

11.4. Proteção do emprego da Lei Maria da Penha

A Lei Maria da Penha (n. 11.340/06) institui em seu art. 9º, § 2º, II: "O juiz assegurará à mulher em situação de violência doméstica e familiar, para preservar sua integridade física e psicológica: II – manutenção do vínculo trabalhista, quando necessário o afastamento do local de trabalho, por até seis meses". Ver item 13 do Cap. X.

11.5. Proibição de despedida durante o gozo do auxílio-doença e de portador de LER

Durante o gozo de auxílio-doença, a partir do 16º dia de afastamento do trabalho, o contrato de emprego fica suspenso, cf. art. 476 da CLT, razão pela qual o empregador não poderá despedir o empregado. Por idêntica razão, o empregado não poderá ser despedido no período em que está enfermo, mesmo que ainda não se encontre no gozo do auxílio-doença. O TST considerou irregular a despedida de empregado portador de Lesão por Esforço Repetitivo (LER), adquirida no emprego do qual fora dispensado (RR – 161000-53.2007.5.12.0018. Relatora Ministra Kátia Magalhães Arruda, 5ª Turma. *DEJT* 3.4.2012). Fê-lo com fulcro no inciso II da Súmula n. 378.

11.6. Proibição de despedida do empregado portador de doença estigmatizante

Enuncia a Súmula n. 443 do TST: "Presume-se discriminatória a despedida de empregado portador do vírus HIV ou de outra doença grave que suscite estigma ou preconceito. Inválido o ato, o empregado tem direito à reintegração no emprego."

Além de portadores do vírus HIV, os Tribunais Regionais e a Suprema Corte Trabalhista vêm entendendo que empregados acometidos por câncer, moléstia que atinge significativa parte da população nacional, também encontram-se acobertados pela proteção da dispensa discriminatória estipulada na súmula acima transcrita.

Cabe às empresas a prova do fato modificativo, extintivo ou impeditivo da manutenção do empregado no trabalho. Isso se dá por força dos princípios da proteção ao trabalho e da aptidão para a prova, haja vista ser de extrema dificuldade ao trabalhador provar que a dispensa se deu por motivo discriminatório. O TST considera presumida a dispensa discriminatória de portador de doença grave, cabendo ao empregador comprovar causa distinta, cf. Súmula n. 443. A Lei n. 12.984/14 criminaliza a discriminação, inclusive no trabalho, do portador de HIV e do doente de aids, cominando pena de um a quatro anos e multa quando:

> II – negar emprego ou trabalho;
>
> III – exonerar ou demitir de seu cargo ou emprego;
>
> IV – segregar no ambiente de trabalho ou escolar;
>
> V – divulgar a condição do portador do HIV ou de doente de aids, com intuito de ofender-lhe a dignidade;

11.7. Comissão dos representantes dos empregados na empresa

A Lei n. 13.467/17 instituiu nos arts. 510-A a 510-D da CLT a Comissão de Representantes dos Empregados na Empresa. O § 3º do art. 510-D protege o membro representante dos empregados apenas contra despedida arbitrária, nos termos do art. 165, desde o registro da candidatura até um ano após o final do mandato. Equipara-se à proteção dos dirigentes da CIPA. Portanto, é uma proteção inferior, que não precisa de falta grave para despedida, nem prévio inquérito judicial.

12. Readmissão e reintegração

Os arts. 495 e 496 da CLT empregam as duas expressões como sinônimas. Entretanto, tecnicamente, são figuras distintas. A readmissão é a volta pura e simples do empregado ao trabalho. Aquele que foi, antes, despedido ou que se demitiu pode ser readmitido no serviço. Verifica-se também quando o ato rescisório é anulado com base em vício de consentimento, porque a decretação de nulidade relativa tem efeito apenas *ex nunc* (anulação de PDV, p. ex.). Neste caso, o readmitido não recebe a remuneração correspondente ao tempo em que permaneceu afastado. "Na reintegração, o empregado volta às suas funções e o empregador lhe deve pagar os salários correspondentes ao seu afastamento" — diz Russomano. **Reintegração** é utilizada em Direito do Trabalho unicamente para designar o reingresso do empregado estável no emprego em face do não reconhecimento de falta grave, ou em caso de nulidade da dispensa. Sobre readmissão, ver art. 453 da CLT.

13. Renúncia à estabilidade. Homologação

Comentamos no Capítulo VII que o trabalhador não pode renunciar a seus direitos, quando lhe resulte prejuízo direto ou indireto. Entretanto, quando a lei faculta, qualquer direito é renunciável. Pois bem, o art. 500 da CLT prevê a possibilidade de o empregado renunciar à estabilidade, desde que mediante assistência do sindicato e, se não houver, perante a autoridade do Ministério do Trabalho e Emprego, ou da Justiça do Trabalho. Destarte, aplica-se essa proteção aos empregados portadores de quaisquer formas de estabilidade e de garantia de emprego, como o dirigente sindical, a gestante, o membro da cipa, o representante dos trabalhadores etc.

Capítulo XXVIII

Fundo de Garantia do Tempo de Serviço

1. Noções gerais e tratamento legal da matéria

O FGTS foi instituído pela Lei n. 5.107/66, com o objetivo de resolver dois problemas do governo: a) eliminar progressivamente o sistema de estabilidade previsto na CLT, que, segundo os capitalistas, emperrava a economia; b) constituir um fundo para financiar habitação popular e o saneamento básico. Deu certo, foram atingidos os dois objetivos.

Essa fabulosa criação brasileira compõe um Fundo que opera mais de 600 bilhões de reais, que seria, se banco fosse, o segundo maior do Brasil. É o responsável pelo financiamento da maior atividade econômica do país — a construção civil —, que emprega dos mais finos aos mais rústicos profissionais. Essa verba, 100% dos trabalhadores, é utilizada pelo Governo como um dos principais instrumentos de ação da política econômica, tanto que integram seu Conselho Curador, dos 24 membros, dez Ministros das áreas Econômica e Social, além dos Presidentes do Banco Central e da Caixa Econômica Federal.

A CF/88 encampou o FGTS como sistema único, consistente no depósito mensal pelo empregador de 8% da remuneração do empregado em conta vinculada individualizada em nome do empregado, para ser levantada por este nos casos de despedida sem justa causa, aquisição de casa própria, e em outras hipóteses legais. Para o aprendiz, o depósito é de 2%.

Os depósitos para interposição de recursos trabalhistas eram feitos em conta vinculada do trabalhador no FGTS, mas a Lei n. 13.467/17 os direcionou para a conta de depósitos judiciais.

> **Fontes legais** — art. 7º, III, da CF; Lei n. 8.036/90 (regulamenta o FGTS); Decreto n. 99.684/90 (Regulamenta a Lei do FGTS); Lei Complementar 110/01 (determina a correção dos Planos Econômicos do FGTS); Circular Caixa n. 787, de 9/11/2017 (novo manual de movimentação do FGTS); Lei n. 8.844/94, que dispõe acerca da fiscalização, apuração e cobrança judicial das contribuições e multas devidas ao FGTS; Instrução Normativa n. 84/2010 do MTE, que trata da fiscalização do FGTS e da contribuição social rescisória pelos Auditores Fiscais do Trabalho. O Decreto n. 5.113/04 regulamenta os saques por motivo de calamidade pública. E o art. 21 da Lei Complementar n. 150/2015 torna obrigatória a inclusão do trabalhador doméstico no FGTS, a partir de 1º de outubro de 2015, cf. Resolução n. 780/2015 do Conselho Curador do FGTS.

Ao art. 20 da Lei n. 8.036 é incluída mais uma hipótese de movimentação dos depósitos do FGTS pelo trabalhador, no caso, para integralização de cotas do FI-FGTS (fundo constituído para financiar o PAC — Programa de Aceleração do Crescimento), respeitado o limite de 10% do saldo existente na data em que ele exercer a opção. Essa cota é impenhorável, cf. § 8º do art. 3º da Lei n. 11.491/07, e integra a base de cálculo da multa rescisória.

2. Campo de aplicação

O art. 7º e inciso III, da Constituição, contemplam todos os empregados, urbanos e rurais, com o regime único do FGTS. Para esses efeitos, considera-se empregado toda pessoa física que prestar serviços a empregador, a locador ou tomador de mão de obra, excluídos os eventuais, os autônomos e os servidores públicos civis e militares sujeitos a regime jurídico próprio (art. 15, § 2º, da Lei n. 8.036/90).

O FGTS abrange os empregados urbanos e rurais, o temporário, o avulso, o empregado diretor e até, de modo facultativo, o diretor não empregado ("para efeito desta Lei, as empresas sujeitas ao regime da legislação trabalhista poderão equiparar seus diretores não empregados aos demais trabalhadores sujeitos ao regime do FGTS. Considera-se diretor aquele que exerça cargo de administração previsto em lei, estatuto ou contrato social, independente da nominação de cargo") — art. 16 da Lei n. 8.036/90. A Lei LC n. 150/2015 tornou obrigatória a inclusão do doméstico no sistema do FGTS, a partir de 1º.10.2015, cf. Res. n. 780/2015, do Conselho Curador do FGTS.

A natureza do contrato de emprego não interfere no fato gerador do FGTS. Assim, compreendem no sistema os contratos por tempo determinado, por tempo indeterminado, de experiência, a domicílio, de aprendizagem, temporário.

Do ângulo do empregador, estão obrigadas ao FGTS quem emprega sob qualquer condição, tais como: as pessoas físicas ou jurídicas de direito privado ou direito público, da administração pública direta, indireta ou fundacional de qualquer dos poderes, da União, dos Estados, do Distrito Federal e dos Municípios, em relação aos servidores sob regime celetista, bem assim aquele que, regido por legislação especial, encontra-se nessa condição ou figurar como fornecedor ou tomador de mão de obra, independente da responsabilidade solidária e/ou subsidiária a que eventualmente venha obrigar-se. Os servidores públicos civis e militares regidos por estatuto próprio (não celetista) estão fora do regime do FGTS.

Os empregados públicos admitidos sem concurso público, apesar da nulidade do contrato (art. 37, II e § 2º, da CF/1988), têm direito aos depósitos do FGTS, cf. art. 19-A da Lei n. 8.036.

3. Natureza jurídica das contribuições e dos saques

Várias teorias tentam explicar a natureza jurídica das contribuições:

a) Teoria do Tributo — o FGTS é um tributo em face dos seus fins sociais. E o fato gerador é o pagamento dos salários;

b) Teoria da Contribuição Social (defendida por Gabriel Saad) — de fato, a Lei n. 5.107/66 sinalizou nesse rumo, tanto que confiou ao então INPS a fiscalização. Com a nova Lei (8.036), essa teoria perde consistência; entretanto, vale se considerarmos que os depósitos do FGTS constituem uma reserva da qual pode o trabalhador socorrer-se nos casos previstos em lei;

c) Teoria da Indenização — assim entendem os seus séquitos sob o argumento de que o FGTS veio para substituir a indenização de antiguidade;

d) Teoria do Salário Diferido — tendo desaparecido a indenização de antiguidade, surgiu em seu lugar um salário depositado para utilização futura. É a mais aceita por: Süssekind, Puech e A. M. Nascimento;

e) Teoria da Obrigação Dualista — as contribuições têm natureza fiscal e os depósitos levantados, natureza de salário social, diz Fábio Leopoldo de Oliveira.

Filiamo-nos à última. Na verdade, corresponde à fusão das Teorias do Tributo, na espécie contribuição social, e do Salário Diferido. De fato, a obrigação de depositar o FGTS aproxima-se demais da definição de Contribuição Social, prevista no art. 195 da CF. E o saque tem natureza de salário social, porque socorre o empregado no caso de despedida, na aquisição de casa própria, na aposentadoria, em certas doenças graves, catástofres e na utilização pelos dependentes em caso de morte.

4. Depósitos — Efeitos na terminação do contrato de emprego

O depósito consiste na quantia equivalente a 8% sobre o total das verbas salariais do empregado, ainda que eventuais; para o aprendiz é de 2%. Não é descontado da remuneração nem é acessório a esta, que serve apenas de base de cálculo. O prazo para efetuar o depósito, segundo o art. 27 do Decreto n. 99.684/90, é até o dia sete de cada mês, em relação ao mês anterior.

O art. 15 da Lei n. 8.036 determina como base de cálculo a remuneração de que tratam os art. 457 e 458 da CLT. Assim, todos os ganhos que integrem o salário, como horas extras, comissões, gratificações, 13º salário, gorjeta, integram a base de cálculo do FGTS, inclusive os pagamentos em utilidades habituais, como moradia, alimentação, e outras prestações *in natura*. Os adicionais de insalubridade, periculosidade, produtividade, noturno e repouso semanal remunerado também integram a base de cálculo. A hora extra, ainda que eventual, gera a incidência.

Não integram a base de cálculo as parcelas de natureza indenizatória, como ajuda de custo limitada a 50% da remuneração mensal, diárias para viagens, prêmios, abono de férias, férias indenizadas e pagas em dobro, assim como seu correspondente terço constitucional, participação nos lucros, bem como os vestuários e equipamentos de uso obrigatório fornecidos pelo empregador.

A LC n. 110/01 instituiu uma contribuição social equivalente a um acréscimo de 0,5% mensal por empregado e 10% por empregado despedido sem justa causa, durante cinco anos, em favor do Fundo e não do trabalhador, para cobrir o *déficit* em virtude da correção dos Planos Econômicos. Os empregadores domésticos, as micro e pequenas empresas incorporadas ao sistema do SUPER-SIMPLES, e os pequenos empregadores rurais pessoas físicas ficaram isentos desse ônus. Como o art. 2º dessa Lei só iniciou seus efeitos em 1º de outubro de 2001, em outubro de 2006 cessou a obrigação do acréscimo de 0,5%.

A terminação dos contratos de trabalho gera os seguintes efeitos:

a) nas despedidas sem justa causa e nas despedidas indiretas o trabalhador tem direito a levantar o total dos depósitos da sua conta individualizada, com os acréscimos de correção monetária e de juros, mais 40% desse total, que serão quitados na rescisão contratual, computados os saques já efetuados alusivos ao mesmo emprego.

b) nas rescisões por culpa recíproca ou motivadas por força maior, o trabalhador tem direito a todos os depósitos acrescidos dos juros e correção monetária mais 20%, cf. art. 484 da CLT;

c) na expiração dos contratos a termo, o trabalhador tem direito a levantar todos os depósitos em seu nome com juros e correção monetária, relativamente ao contrato extinto;

d) na rescisão antecipada do contrato a termo sem culpa do empregado, entendemos aplicar-se a regra da letra *a* supra, por força dos arts. 18 e 20, IX, da Lei n. 8.036, cumulativamente com a indenização do arts. 479 da CLT: o FGTS pelo tempo prestado, e o 479 pelo tempo frustrado. Essa tese já foi encampada pela LC n. 150/2015, do doméstico.

e) em caso de aposentadoria pela Previdência Social, com extinção do contrato de trabalho, o empregado tem direito ao total dos depósitos existentes em seu nome, tanto em relação ao contrato recém-extinto como aos anteriores; a mesma regra beneficia os dependentes e sucessores do trabalhador falecido, cf. exposto no item 7 do Capítulo XXIV;

f) a extinção do estabelecimento, da filial, da própria empresa, ou o falecimento de empregador individual que implique rescisão do contrato de trabalho surtem os mesmos efeitos descritos no item *a*;

g) a Lei n. 13.467/17 instituiu no art. 484-A da CLT a rescisão contratual por acordo, situação que assegura ao empregado o saque de até 80% dos depósitos do FGTS efetuados durante a relação trabalhista extinta e indenização de 20% do saldo do FGTS, cf. art. 20, I-A e § 1º da Lei n. 8.036/90.

Além das hipóteses *supra*, o trabalhador pode utilizar o saldo do FGTS em caso de: ser portador ou possuir dependente com HIV ou neoplasia maligna; estar o trabalhador ou qualquer de seus dependentes em estado terminal em virtude de doença grave e possuir saldo decorrente de planos econômicos; encontrar-se a conta sem depósito há mais de três anos; para compra da casa própria; abatimento das prestações de imóvel adquirido pelo SFH, quando o trabalhador tiver idade igual ou superior a setenta anos, e outras hipóteses previstas no art. 20 da Lei n. 8.036 e discriminadas em Circular CEF, a qual fornece os códigos e os motivos de saque.

5. Constituição, gestão e aplicação do FGTS

O FGTS é constituído pelos saldos das contas vinculadas, pelas dotações orçamentárias específicas, pelos eventuais resultados financeiros líquidos auferidos pelo Gestor no período entre o repasse aos bancos e o depósito nas contas vinculadas dos trabalhadores, pelas quantias não reivindicadas por quem de direito.

Assim, há duas espécies de contas que compõem o Fundo: a conta individualizada de cada trabalhador e a conta geral, sob gestão da Caixa Econômica Federal — CEF, que obedecerá às normas e planejamento elaborados pelo Conselho Curador.

A gestão da aplicação do FGTS cabe ao Ministro da Ação Social e far-se-á segundo normas gerais e planejamento elaborados pelo Conselho Curador, cabendo à CEF o papel de Agente Operador.

O Conselho Curador do FGTS compõe-se, cf. o Decreto n. 6.827/2009, de 24 membros, sendo doze do governo, seis representantes dos trabalhadores, indicados pelas centrais sindicais, e seis indicados pelas confederações patronais, com mandato de dois anos, podendo haver uma recondução. O Ministro do Trabalho e Emprego exerce a Presidência, o Ministro das Cidades, a Vice-Presidência, e o representante da Secretaria-Executiva do Ministério do Trabalho e Emprego, que será o Coordenador Geral do FGTS, exercerá a Secretaria-Executiva do Conselho. Os outros representantes governamentais são, um representante de cada órgão: da Casa Civil da Presidência da República; da Secretaria-Geral da Presidência; do Ministério da Fazenda; do Ministério do Desenvolvimento, Indústria e Comércio Exterior; do Ministério do Planejamento, Orçamento e Gestão; do Ministério da Saúde; do Ministério dos Transportes; da Caixa Econômica Federal; e do Banco Central.

O Conselho reunir-se-á bimestralmente, por convocação de seu presidente, em sessão ordinária, podendo ser convocada reunião extraordinária por qualquer dos seus membros. Não tendo havido convocação ordinária, qualquer de seus membros poderá fazê-lo no prazo de 15 dias. As deliberações serão tomadas por maioria simples, tendo o Presidente voto de qualidade. A competência do Conselho Curador e do Gestor do FGTS está especificada nos arts. 5º e 6º da Lei n. 8.036/90, em treze incisos e nove alíneas.

Vê-se pela composição do Conselho Curador do FGTS a importância que esse fundo tem na economia, na ação social e nas políticas públicas do Governo.

Os recursos do FGTS deverão ser aplicados em habitação popular (pelo menos 60%), saneamento e infraestrutura urbana complementares aos programas habitacionais.

As aplicações com recursos do FGTS poderão ser realizadas pela CEF e pelos demais órgãos integrantes do Sistema Financeiro de Habitação, com rigorosa observância dos critérios fixados pelo Conselho Curador, em operações que preencham os seguintes requisitos:

a) garantia real ou de outra natureza; b) correção monetária igual à das contas vinculadas; c) taxa de juros média de no mínimo 3% ao ano; d) prazo máximo de 30 anos. A rentabilidade média das aplicações deverá ser suficiente para a cobertura de todos os custos incorridos pelo Fundo e, ainda, à formação de reserva técnica para o atendimento de gastos eventuais não previstos, sendo da Caixa Econômica Federal os riscos de crédito.

O FGTS está protegido contra medida liminar em mandado de segurança, em processo cautelar, em antecipação de tutela ou outro procedimento de tutela de urgência que implique saque ou movimentação da conta vinculada do trabalhador — art. 29-B da Lei n. 8.036/90.

Acrescente-se que o FGTS será fiscalizado pelo Ministério do Trabalho e Emprego, sendo a Procuradoria-Geral da Fazenda Nacional competente para inscrever os débitos para com o Fundo em dívida ativa, bem como para cobrá-los em juízo, diretamente ou por intermédio da Caixa, mediante convênio — art. 2º da Lei n. 8.844/94.

6. Prescrição do FGTS

O TST já reconhecia na Súmula n. 95 a natureza social da contribuição. A Lei n. 8.036/90 encampou-a no § 5º do art. 23; o STF, interpretando o referido dispositivo, declarou a natureza social dos recolhimentos, ao decidir que a prescrição dos depósitos é de trinta anos (RE 117.986-4, de 19.3.93); no mesmo sentido é a Súmula n. 210 do STJ; na Súmula n. 362, o TST reafirma a tese da prescrição trintenária, sendo, porém, de dois anos o prazo para reclamar, a partir da extinção do contrato de trabalho.

Porém no RE n. 70.912 com repercussão geral, o STF decidiu que a prescrição do FGTS é quinquenal a partir do julgamento, ocorrido em 13.11.2014, cf. exposto no item 3, g, do próximo Capítulo. Em razão disso, o TST reformulou o enunciado da Súmula n. 362:

> **SÚMULA N. 362. FGTS. PRESCRIÇÃO**
>
> I – Para os casos em que a ciência da lesão ocorreu a partir de 13.11.2014, é quinquenal a prescrição do direito de reclamar contra o não-recolhimento de contribuição para o FGTS, observado o prazo de dois anos após o término do contrato;
>
> II – Para os casos em que o prazo prescricional já estava em curso em 13.11.2014, aplica-se o prazo prescricional que se consumar primeiro: trinta anos, contados do termo inicial, ou cinco anos, a partir de 13.11.2014.

Capítulo XXIX

Prescrição e Decadência no Direito do Trabalho

1. Definição de decadência e de prescrição

A semelhança fundamental dos dois institutos é que ambos fulminam direitos em virtude de inércia de seu titular. A diferença básica entre ambos diz respeito à natureza do direito: a decadência se refere a direito material; a prescrição, a direito instrumental, no sentido de que a ação judicial para fazer valer o direito perde força jurídica. O acolhimento de qualquer uma delas extingue o processo com resolução do mérito, ou seja, a sentença faz coisa julgada material.

> **Decadência** — típica aos direitos potestativos, é a "queda ou perecimento de um direito pela falta de seu exercício no interregno assinalado pela lei" — De Plácido e Silva. Ex.: é de 30 dias o prazo, a contar da suspensão do empregado, para o patrão propor inquérito judicial para apuração de falta grave.

Prescrição, em termos singelos, é a extinção da pretensão, em face do não exercício do direito de ação no prazo assinalado por lei. O art. 189 do CC preceitua: "*Violado o direito, nasce para o titular a pretensão, a qual se extingue, pela prescrição, nos prazos a que aludem os arts. 205 e 206*".

Extingue-se a *pretensão* e não a ação, dado que o direito de ação nunca perece, pois é um direito subjetivo, público e abstrato, garantindo o ajuizamento da ação, ainda que esta não prossiga, em virtude da declaração judicial, mediante provocação ou de ofício pelo juiz. Observe-se que o Tribunal Superior do Trabalho entende que a prescrição não deve ser reconhecida de ofício pelo magistrado, quando em desfavor do obreiro. Trata-se da compreensão de que a regra do processo civil, não se coaduna com os princípios do ordenamento trabalhista (proteção, valorização do trabalho, justiça social e vedação ao retrocesso social).

2. Diferença entre prescrição e decadência

A prescrição atinge a pretensão em face da inércia do titular do direito. É um instituto de direito material, que suprime a coercibilidade do direito. O direito, entretanto, permanece, subsistindo uma obrigação natural. Assim, o prescribente pode renunciá-la, expressa ou tacitamente — se a dívida prescrita for paga, o pagamento é válido, não se repete.

Enquanto a prescrição "aniquila" a pretensão que nasce do direito, a decadência mata o próprio direito, e, "salvo disposição legal em contrário, não se aplicam à decadência as normas que impedem, suspendem ou interrompem a prescrição" — art. 207 do CC. Contudo, a decadência não corre contra os absolutamente incapazes.

É nula a renúncia à decadência fixada em lei; a prescrição pode ser renunciada; a ***decadência***, quando estabelecida por lei, **deve ser conhecida e declarada de ofício pelo juiz**; mas quando fixada contratualmente, cabe a quem aproveita alegá-la em qualquer grau de jurisdição, não podendo o juiz suprir a alegação. Contudo, mesmo percebendo a ocorrência da prescrição em tese, antes de decidir, o juiz mandará ouvir o autor da ação, para dar-lhe oportunidade de alegar alguma causa impeditiva, interruptiva ou suspensiva.

A prescrição nem mata o **direito de ação**, nem o **direito material**. O direito (poder) de ação é subjetivo, público e abstrato; entretanto, pode ser neutralizado mediante a ocorrência da prescrição. E em todo caso, ainda que declarada a prescrição, extinguindo-se o processo com resolução do mérito, o **direito material permanece** como obrigação natural, que não tem força para cobrança judicial, mas persistirá legítima a coação moral e social (dizer em público que Fulano não paga o que deve etc.).

A prescrição atinge os direitos subjetivos; a decadência, os potestativos. É decadencial o prazo estabelecido por lei, pela vontade unilateral ou bilateral, quando prefixado ao exercício do direito pelo seu titular; é prescricional quando o prazo é fixado para o exercício da ação e não do direito. São exemplos de decadência os prazos para: exercer o direito de preferência na compra de um bem, que não será superior a 180 dias; para doação a entidade futura, se esta não for constituída no prazo de dois anos; para o representante legal requerer anulação de casamento de menor em idade núbil, 180 dias (arts. 513, 554 e 1.555, respectivamente, do C. Civil).

Por fim, para saber se o prazo é prescricional, basta ver se está discriminado nos arts. 205 e 206 do C. Civil; os decadenciais encontram-se disseminados nos diversos direitos de que trata o Código.

Verificada a prescrição ou a decadência, o processo será extinto com resolução do mérito, ou seja, a ação não pode mais ser ajuizada. São questões pré-meritórias, ou prejudiciais de mérito, que devem ser alegadas antes do mérito propriamente dito. O Código Civil reafirma que, tanto a prescrição como a decadência convencional, podem ser invocadas em qualquer grau de jurisdição (arts. 193 e 211 do CC). E o art. 332, § 1º, do CPC faculta ao juiz julgar liminarmente improcedente a ação quando constatar a ocorrência de prescrição ou decadência, o que não é compatível com o direito do trabalho.

3. Particularidades na prescrição trabalhista

A prescrição trabalhista tem base no art. 7º, XXIX, da CF/1988, segundo o qual o empregado tem dois anos a contar da rescisão contratual para reclamar seus direitos, é a prescrição total; durante a vigência da relação de emprego, o prazo é de cinco anos, é a prescrição parcial. Daí o TST já consolidou que se contam os cinco anos do ajuizamento da reclamação para trás. Se reclamar, por exemplo, após um ano da rescisão contratual, só vai ganhar os direitos alusivos a quatro anos.

A regulamentação da prescrição consta do art. 11 da CLT, que sofreu considerável alteração pela Lei n. 13.467/17, da reforma trabalhista:

> Art. 11. A pretensão quanto a créditos resultantes das relações de trabalho prescreve em cinco anos para os trabalhadores urbanos e rurais, até o limite de dois anos após a extinção do contrato de trabalho.
>
> § 1º O disposto neste artigo não se aplica às ações que tenham por objeto anotações para fins de prova junto à Previdência Social.
>
> § 2º Tratando-se de pretensão que envolva pedido de prestações sucessivas decorrente de alteração ou descumprimento do pactuado, a prescrição é total, exceto quando o direito à parcela esteja também assegurado por preceito de lei.
>
> § 3º A interrupção da prescrição somente ocorrerá pelo ajuizamento de reclamação trabalhista, mesmo que em juízo incompetente, ainda que venha a ser extinta sem resolução do mérito, produzindo efeitos apenas em relação aos pedidos idênticos.
>
> Art. 11-A. Ocorre a prescrição intercorrente no processo do trabalho no prazo de dois anos.
>
> § 1º A fluência do prazo prescricional intercorrente inicia-se quando o exequente deixa de cumprir determinação judicial no curso da execução.
>
> § 2º A declaração da prescrição intercorrente pode ser requerida ou declarada de ofício em qualquer grau de jurisdição.

Os incisos I e II foram incorporados ao *caput* do artigo, por isso, revogados.

O § 1º foi mantido em sua redação originária, para dizer que não prescreve a ação que tenha por objeto anotações para fins de prova junto à Previdência Social. Essa regra incorporou a Súmula n. 64 do TST, antigo prejulgado.

O § 2º incorpora, quase literalmente, a Súmula n. 294 do TST, que trata da prescrição total do direito (a prestações sucessivas) decorrente de alteração contratual, "exceto quando o direito à parcela esteja também assegurado por preceito de lei".

O § 3º incorpora a Súmula n. 268 do TST, segundo a qual a reclamação trabalhista, mesmo arquivada, interrompe a prescrição em relação aos pedidos idênticos. E amplia para abranger a reclamação proposta perante juízo incompetente.

O art. 11-A foi acrescido para incorporar a prescrição intercorrente.

Prescrição intercorrente consiste na extinção do direito de ação para haver crédito consolidado e já em execução. Como a prescrição se consuma diante de dois eventos, decurso do tempo + inércia do credor, a intercorrente só se consumará quando a execução ficar parada, sem movimentação, por mais de dois anos e poderá ser declarada a requerimento ou de ofício pelo juiz. Então, o processo será extinto, com resolução do mérito. Logicamente, se não tiver ocorrido fato impeditivo (credor incapaz, p. ex.), suspensivo (provocação de órgão extrajudicial de conciliação, mediação e/ou arbitragem) ou interruptivo (ajuizamento de ação judicial).

Havia divergência entre a Súmula n. 327 do STF, que admite a prescrição intercorrente de créditos trabalhistas, e a Súmula n. 114 do TST, que não a admite.

Assim, fica superada a divergência e adotou-se o prazo padrão da prescrição trabalhista de dois anos. Quem conhece os trâmites da execução, sabe que esse prazo é muito exíguo. Com efeito, o credor passa anos à procura do devedor. A prescrição intercorrente dos créditos fiscais da Receita Federal é de cinco anos, conforme art. 40 da Lei n. 6.830/80 (Lei de Execução Fiscal), aplicável subsidiariamente à execução trabalhista.

Essa lei franqueia ao juiz decretar de ofício a prescrição intercorrente de tributo, quando verificar haver decorrido o prazo prescricional a partir da decisão que determinou o arquivamento dos autos. Este arquivamento dá-se depois de decorrida a suspensão da execução pelo prazo máximo de um ano sem que seja localizado o devedor ou encontrados bens penhoráveis. Então, primeiro se suspende a execução por um ano. Não sendo encontrado o devedor ou bens penhoráveis, inicia-se a contagem do prazo para a prescrição intercorrente, a qual se consumará em cinco anos se nenhuma providência o credor adotar.

Logicamente, há que se aplicar esse mesmo rito à prescrição intercorrente trabalhista, com exceção do prazo, que é de dois anos.

Alinhamos, por fidelidade ao leitor, as seguintes particularidades:

a) **motivo impeditivo** — a menoridade de 18 anos ou incapacidade. Contra menores de 18 anos não corre qualquer prazo prescricional — art. 440 da CLT;

b) **motivo interruptivo** — ajuizamento de reclamação trabalhista, ainda que arquivada, em relação aos pedidos idênticos, cf. § 3º do art. 11 da CLT e Súmula n. 268 do TST. Por interpretação, é de entender-se que a consignatória movida pelo empregador interrompe a prescrição dos créditos do consignado; e ainda o ajuizamento de protesto judicial (OJ n. 392, SBDI-1), da mesma forma, a ação coletiva interrompe a prescrição em relação aos pedidos idênticos;

c) **motivo suspensivo** — da provocação da Comissão de Conciliação Prévia, recomeçando a fluir, pelo que lhe resta, a partir da tentativa frustrada de conciliação ou do esgotamento do prazo de dez dias para realização da sessão conciliatória (art. 625-D da CLT); a Lei n. 14.010/2020 suspendeu os prazos de prescrição no período de 10 de junho a 30 de outubro/2020, ou seja, 141 dias;

d) **início da contagem** — a prescrição bienal começa a contar da rescisão contratual. Se o aviso-prévio for indenizado, conta-se a partir do dia seguinte ao do final do aviso. Já a Súmula n. 156 do TST dita que em contratos descontínuos o início da prescrição conta-se do final do último.

A regra de contagem do prazo de prescrição é a seguinte: o prazo se inicia no dia seguinte ao dia do vencimento da obrigação. O empregador tem o prazo de dez dias para pagar as verbas da rescisão contratual. Logo, em caso de ruptura contratual, conta-se do 11º dia o prazo de prescrição.

Como se advertiu, o *dies a quo* (início) da prescrição em geral é o dia seguinte ao do vencimento da obrigação. Logo, como o salário pode ser pago até o quinto dia útil do mês seguinte, a prescrição do salário de um mês começa a fluir no 6º dia útil. Assim, a prescrição do salário mensal dá-se mês a mês e não dia a dia (p. ex., o salário do mês de janeiro de 2014 só estará prescrito, por inteiro, no dia 6 de fevereiro de 2019). É errado e perverso declarar a prescrição dia a dia, pois a prestação é mensal. Pela mesma razão, a prescrição do 13º salário é ano a ano, pois se trata de prestação anual, constituindo erro declarar a prescrição mês a mês;

e) segundo a Súmula n. 308 do TST, da propositura da ação, **contam-se cinco anos para trás, e os direitos anteriores a esse prazo estarão fulminados pela prescrição.** Com efeito, o correto seria contar os cinco anos da cisão contratual, tendo a partir desta o trabalhador dois anos para reclamar, porque se trata de dois institutos diferentes: dois anos, a partir da ruptura, para reclamar os direitos relativos aos últimos cinco anos do contrato;

f) a prescrição das férias conta-se do final do ano concessivo, cf. art. 149 da CLT. Ex.: João foi admitido no emprego no dia 2 de janeiro de 2018; o primeiro período aquisitivo completou-se em 1º.1.2019, e o período concessivo vai até 1º.1.2020; logo, a contagem do período de prescrição do primeiro período aquisitivo começa a contar em 2.1.2020 e consumar-se-á em 1º.1.2025;

g) FGTS – era trintenária, cf. § 5º do art. 23 da Lei n. 8.036/90. O STF julgou, nos autos do RE n. 70.912, inconstitucional o prazo de 30 anos, mas imprimiu efeito modulado à decisão, mantendo a prescrição trintenária das parcelas não recolhidas antes de 13.11.2014. Em virtude dessa decisão, o TST mudou a redação da Súmula n. 362:

I – Para os casos em que a ciência da lesão ocorreu a partir de 13.11.2014, é quinquenal a prescrição do direito de reclamar contra o não recolhimento de contribuição para o FGTS, observado o prazo de dois anos após o término do contrato;

II – Para os casos em que o prazo prescricional já se encontrava em curso em 13.11.2014, aplica-se o prazo prescricional que se consumar primeiro: trinta anos, contados do termo inicial, ou cinco anos, a partir de 13.11.2014.

Logo, a partir de 13.11.2019, a prescrição dos recolhimentos ao FGTS será de cinco anos.

Em relação a servidores públicos que tiveram o regime celetista convertido para o estatutário, a Súmula n. 382 do TST enuncia que a prescrição bienal começa a correr da data da conversão do regime. Parece-nos equivocada, pois o vínculo trabalhista continuou, tendo apenas mudado a sua natureza jurídica, por força de decisão unilateral do empregador, sem ao menos um termo de adesão do servidor. Destarte, a conversão do regime de trabalho de celetista para estatutário não tem validade para os que não foram admitidos mediante concurso público, cf. ADI n. 1.150-2, rel. Min. Moreira Alves, 1998. Logo, neste caso, não se configura a prescrição bienal por esse motivo.

Espécies — distinguem-se as espécies de prescrição:

a) total — atinge o total dos direitos, a exemplo da bienal, que se dá decorridos dois anos da rescisão contratual;

b) parcial — atinge o direito apenas parcialmente, a exemplo das diferenças salariais decorrentes de correção de desvio de função, de complementação de aposentadoria, de diferenças salariais para o salário mínimo etc. cf. Súmulas ns. 275, 327 e 452 do TST;

c) intercorrente — é a que se consuma durante o curso da execução, por inércia ou culpa exclusiva do exequente.

Outros direitos trabalhistas — é de entender-se que os direitos não trabalhistas incorporados à competência da Justiça do Trabalho prescrevem de acordo com suas naturezas de origem (arts. 205 e 206 do C. Civil), cf. Instrução Normativa n. 27/2005 do TST, não estando sujeitos aos prazos do Direito do Trabalho. A ação civil de indenização por danos morais decorrentes de acidente de trabalho ou por outro motivo, por exemplo, prescreve em dez anos, de acordo com o *caput* do art. 205 do C. Civil, visto tratar-se de direito personalíssimo, incompatível com a regra do inciso V do § 3º do art. 206, que bem se compatibiliza com reparações de danos materiais. Há outras duas posições extremas a esse respeito, uma de que se aplica ao caso o prazo da prescrição trabalhista (posição predominante do TST), e outra de que se trata de direito imprescritível.

Por fim, é incompatível com o Direito do Trabalho a regra segundo a qual o juiz pronunciará de ofício a prescrição, salvo a intercorrente.

Capítulo XXX

Meio Ambiente do Trabalho — Segurança, Higiene e Saúde do Trabalho

1. Noções gerais

O Brasil investe aproximadamente 5% do PIB com a educação; e aproximadamente 4% com os custos do acidente do trabalho, *lato sensu*. Portanto, urge combatê-lo.

Os incisos XXII, XXIII, XXVIII e XXXIII do art. 7º da CF asseguram ao trabalhador, respectivamente: proteção contra os riscos à vida e à saúde; adicional de remuneração pelo trabalho insalubre, perigoso ou penoso; seguro contra acidente do trabalho, bancado pela Previdência Social, sem prejuízo de ação contra o empregador, quando este incorrer em culpa ou dolo; proibição ao menor de 18 anos de trabalho noturno, insalubre ou perigoso.

Insalubre é o trabalho em ambiente prejudicial à saúde, com previsão na Norma Regulamentadora n. 15 da Portaria n. 3.214/78, do Ministério do Trabalho, e outras normas específicas; perigoso é o trabalho sob condições de risco à vida ou à integridade física, com previsão na Norma Regulamentadora n. 16 do Ministério do Trabalho, e outras normas específicas; penoso é o trabalho árduo, com grande solicitação física ou mental, todavia não existe regulamentação dessa modalidade de trabalho prejudicial à saúde do trabalhador, cabendo apenas observar que o Estatuto da Criança e do Adolescente (Lei n. 8.069), no art. 67, veda o trabalho penoso aos menores de 18 anos.

As regras de segurança, higiene e saúde não se aplicam só ao trabalho perigoso, penoso ou insalubre, nem só às relações de emprego, mas a todas as formas de trabalho, sob quaisquer modalidades contratuais. Pois em todas elas o trabalhador está sujeito a acidentes de trabalho, a doença profissional e a doenças do trabalho. Mas o cuidado é redobrado no trabalho sob condições de risco, porque é aqui onde se registram os maiores índices desses males. Por isso, o trabalhador que moureja sob essas condições tem tratamento diferenciado na legislação do trabalho e previdenciária.

A CLT dedica ao tema os arts. 154 a 201, tratando das condições ambientais de salubridade, de tração, dos equipamentos de proteção, dos órgãos de fiscalização e das providências legais obrigatórias visando a preservar a saúde e a integridade física do trabalhador. A Lei n. 7.369/86 institui o adicional de periculosidade no setor elétrico, regulamentada pelo Decreto n. 93.413/86, e a Lei n. 11.932/09 dispõe sobre os limites de exposição humana a campos elétricos, magnéticos e eletromagnéticos. Mas é a Portaria n. 3.214/78, do MTPS que, regulamentando fartamente a matéria, representa a parte mais significativa do arcabouço normativo do Direito Ambiental do Trabalho.

2. Direito a um meio ambiente equilibrado

O Direito Ambiental enquadra-se nos direitos fundamentais de terceira geração, mas de primeira preocupação. Os dinossauros, com apenas cem gramas de cérebro, viveram 150 milhões de anos na Terra, enquanto o ser humano, com 1.500 gramas de cérebro, já dá sinais de sua autoextinção aos dois milhões de anos.

"O direito ao meio ambiente adequado é um prolongamento indispensável do próprio direito à vida, e nessa constatação repousam, basicamente, os fundamentos da proteção jurídica ao meio ambiente", lembra Evana Soares(51).

O Direito Ambiental tem por objeto a proteção do meio ambiente: natureza, vida e biodiversidade, tendo em vista a sobrevivência da espécie humana no Planeta Terra e a qualidade da vida. Daí Toshio Mukai lembrar que esse ramo do direito "diz respeito à proteção de interesses pluri-individuais que superam as noções tradicionais de interesse individual ou coletivo"(52).

Enquadra-se na categoria de direito fundamental de terceira geração, posto dizer respeito a todos os humanos viventes na Terra. O meio ambiente não se confunde com ecologia, mas enfeixa um conjunto de bens naturais, como a qualidade do solo, do patrimônio florestal, da fauna, do ar atmosférico, da água, do sossego auditivo, da paisagem visual, averba Alsina(53).

O Direito do Trabalho enquadra-se nos direitos fundamentais de segunda geração, mas, à proporção que avança, refina-se e vindica para seus destinatários os bônus da cidadania, da qualidade de vida, da dignidade, enfim. E não existe qualidade de vida sem um meio ambiente de trabalho equilibrado.

O ser humano desafia os obstáculos e não desiste de transformar a natureza, na busca incessante de produzir bens e condições para uma vida melhor no planeta Terra. O problema está em diferençar a exploração racional da exploração destruidora da natureza, causando o desequilíbrio ambiental. Whitehead averba que "a função primordial da Razão é direcionar o ataque ao meio ambiente", para, numa escala ascendente, atingir o viver < o viver melhor < o viver em condições satisfatórias < o aumento de satisfação(54).

E tudo isso se faz através do trabalho humano, ora como explorador, ora como destruidor. E na transformação da natureza, pelo trabalho, o homem agride o meio

---

(51) *Ação ambiental trabalhista*. Porto Alegre: Sergio Fabris, 2004. p. 57.

(52) *Direito ambiental sistematizado*. 4. ed. Rio de Janeiro: Forense Universitária, 2004. p. 6.

(53) ALSINA, Jorge Bustamante. *Derecho ambiental*. Fundamentación y normativa. Buenos Aires: Abeledo-Perrot, 1995. p. 47.

(54) WHITEHEAD, Alfred North. *A função da razão*. 2. ed. Trad. Fernando Dídimo Vieira. Brasília: Universidade de Brasília, 1988. p. 5. Original: *The Function of Reason*.

ambiente e, ao mesmo tempo, sofre os influxos da destruição que provoca. Daí a necessidade de compreender-se melhor o meio ambiente e, neste, o meio ambiente do trabalho, para minimizar os efeitos de suas reações na segurança e na saúde do trabalhador.

2.1. Meio ambiente

Em termos gerais, são as condições "que influenciam os seres vivos (biota) de um determinado espaço geográfico", diz Acquaviva[55].

A Lei n. 6.938/81 dispõe em seu art. 3º: "*Meio ambiente é o conjunto de condições, leis, influência e interações de ordem física, química e biológica, que permite, abriga e rege a vida em todas as suas formas*".

A CF/88 dedica ao meio ambiente o art. 225, situado no **Título VIII – Da Ordem Social**, de onde se extrai que: todos têm direito ao meio ambiente ecologicamente equilibrado, bem de uso comum do povo e essencial à sadia qualidade de vida, impondo-se ao Poder Público e à coletividade o dever de defendê-lo e preservá-lo para as presentes e futuras gerações.

Oportuna a consideração que nos traz Norma Sueli Padilha de que o Direito Ambiental enquadra-se na categoria de direito fundamental da pessoa humana, visto que inerente ao direito à vida e à vida com qualidade. Essa qualidade foi-lhe reconhecida na Declaração do Meio Ambiente, adotada pela Conferência das Nações Unidas, em Estocolmo, em junho de 1972, cujos vinte e seis princípios constituem prolongamento da Declaração Universal dos Direitos do Homem[56].

> **Legislação ambiental principal** — Leis ns.: 4.771/65 (Código Florestal); 5.197/67 (Código de Caça); 6.938/81 (Política nacional do meio ambiente); 7.347/85 (Ação Civil Pública); 7.735/89 (IBAMA); 7.754/89 (medidas de proteção às florestas das nascentes dos rios); 7.797/89 (danos ao meio ambiente); 8.974/95 (engenharia genética e organismos geneticamente modificados); 9.605/98 (proteção ambiental); Decreto-lei n. 221/67 (Código de Pesca) e Decreto n. 750/93 (disciplina o corte, a exploração e a supressão de vegetação primária ou nos estágios avançado e médio de regeneração da mata atlântica).

2.2. Meio ambiente do trabalho

É uma parcela do meio ambiente geral. É o local onde se exerce o trabalho, compreendidas as circunvizinhanças. Essa porção de meio ambiente, antes de interessar aos que ali mourejam, constitui um bem de todos, dado que seus rescaldos contaminam todos os circundantes.

E como um microssistema do sistema geral, deve ser protegido, até porque não se terá um todo equilibrado sem que as partes o sejam. Em termos mais restritos, trata-se da

(55) ACQUAVIVA, Marcos Cláudio. *Dicionário jurídico brasileiro Acquaviva*. São Paulo: Jurídica Brasileira, 1998. p. 835.

(56) *Do meio ambiente do trabalho equilibrado*. São Paulo: LTr, 2002. p. 19.

humanização do trabalho. Com efeito, o trabalhador consome um terço de sua vida no ambiente de trabalho. E um ambiente sadio integra os direitos fundamentais de todos os seres humanos.

Por isso, observa Sebastião Geraldo de Oliveira, que, estando o meio ambiente do trabalho inserido no meio ambiente geral (art. 225, V, da CF), "é impossível alcançar qualidade de vida sem ter qualidade de trabalho, nem se pode atingir meio ambiente equilibrado e sustentável ignorando o meio ambiente de trabalho"(60). Daí estabelecer a Constituição Federal que a ordem econômica deve observar o princípio de defesa do meio ambiente (art. 170, VI).

Contundente a lição de Rodolfo Mancuso:

> O conceito holístico de meio ambiente não se compadece com situações em que os recursos naturais venham (muito justamente) preservados, mas sem que o ser humano ali radicado seja objeto de iguais cuidados, como quando se vê constrangido a trabalhar em condições subumanas, perigosas, insalubres, degradantes, excessivamente estressantes ou ainda percebendo remuneração irrisória, contrariando a sabedoria popular de que o trabalho é meio de vida e não de morte.(57)

Em consequência do que se expõe, o objeto do Direito Ambiental do Trabalho é a proteção de um ambiente de trabalho sadio, que proporcione boa qualidade de vida aos trabalhadores, um ambiente desprovido dos agentes insalubres, perigosos, penosos, estressantes.

Por fim, é importante frisar, o chamado direito de recusa, também denominado greve ambiental, segundo o qual é permitido ao empregado, caso identifique sua exposição a condições de grave e iminente risco de acidente, suspender imediatamente as atividades e comunicar seu superior hierárquico para a adoção das providências. Tal direito encontra-se positivado no item 1.4.3 da Norma Regulamentadora n. 1 do Ministério do Trabalho e Emprego.

3. Tutela legal e judicial do meio ambiente do trabalho

Na Constituição, a tutela pode ser identificada de duas maneiras: mediata e imediata. A primeira brota dos arts. 225, V, CF ("controlar a produção, a comercialização e o emprego de técnicas, métodos e substâncias que comportem risco para a vida, a qualidade de vida e o meio ambiente"), 170, que alinha, dentre os princípios da Ordem Econômica, a "defesa do meio ambiente", e do 180, segundo o qual a propriedade rural cumpre sua função social mediante a observância dos seguintes requisitos:

I – aproveitamento racional e adequado;

II – utilização adequada dos recursos naturais disponíveis e preservação do meio ambiente;

III – observância das disposições que regem as relações de trabalho;

IV – exploração que favoreça o bem-estar dos proprietários e dos trabalhadores.

---

(57) *Proteção jurídica à saúde do trabalhador*. São Paulo: LTr, 1998. p. 79.

E a tutela imediata brota dos arts. 196 ("A saúde é direito de todos e dever do Estado, garantido mediante políticas sociais e econômicas que visem à redução do risco de doenças e de outros agravos e ao acesso universal e igualitário às ações e serviços para sua promoção, proteção e recuperação".); o 200 preceitua que ao sistema único de saúde compete, além de outras atribuições, nos termos da lei: II – executar as ações de vigilância sanitária e epidemiológica, bem como as ações de saúde do trabalhador; VIII – colaborar na proteção do meio ambiente, nele compreendido o do trabalho; e o 7º, XXII (redução dos riscos inerentes ao trabalho, por meio de normas de saúde, higiene e segurança do trabalho) e XXIII (adicional de remuneração para as atividades penosas, insalubres e perigosas, na forma da lei).

Na legislação infraconstitucional, o direito a um ambiente de trabalho sadio ou, pelo menos, com o máximo de neutralização dos agentes nocivos à saúde encontra seu principal abrigo nos arts. 154 a 201 da CLT. O detalhamento de cada espécie de trabalho sob condições de risco e a tipificação de cada elemento agressor à saúde encontra-se na Portaria n. 3.214/78, do MTE, a qual instituiu as Normas Regulamentadoras (NRs) e que sofre seguidas alterações através de outras Portarias do mesmo órgão.

Normas oriundas das Convenções da OIT — O Decreto n. 1.254/94 promulga a Convenção 155 da OIT, sobre medicina e segurança do trabalho; o Decreto n. 1.255/94 promulga a Convenção n. 119 da OIT sobre proteção contra máquinas perigosas. O Decreto n. 1.253 aprova a Convenção n. 140, sobre proteção contra os riscos de intoxicação com benzeno. O Decreto n. 3.251/99 promulga a Convenção n. 134 da OIT sobre prevenção contra acidentes de trabalho dos trabalhadores marítimos. Dentre outras.

Tutela judicial do meio ambiente de trabalho — por se enquadrar o meio ambiente de trabalho na categoria de direito difuso, a sua tutela judicial possui multiplicidade da legitimação ativa, podendo, portanto, ser levada a juízo pelos sindicatos, associações profissionais, Ministério Público, por qualquer órgão do Poder Público, mesmo que não possua personalidade jurídica, e pelo cidadão.

Para tanto, são cabíveis perante a Justiça do Trabalho as seguintes medidas judiciais: ação civil pública, ação civil coletiva, mandado de segurança individual e coletivo, mandado de injunção, ação popular, dissídio coletivo, ação individual de cada pessoa lesada. O Ministério Público do Trabalho desenvolveu ainda os seguintes instrumentos extrajudiciais de defesa do direito epigrafado: inquérito civil, recomendações, requisições e termos de ajuste de conduta[(58)].

4. Acidente de trabalho, doença profissional e doença do trabalho

Trata-se de três espécies de males com causas diferentes e de consequências diversas, mas as a doença profissional e a doença do trabalho são tratadas como entidades mórbidas do acidente de trabalho, ou seja, são consideradas espécies deste, cf. arts. I, da Convenção Internacional do Trabalho n. 150, e arts. 19, 20 e 21 da Lei n. 8.213/91.

(58) *Proteção jurídica à saúde do trabalhador*. São Paulo: LTr, 1998. p. 79.

Acidente de trabalho "é o que ocorre pelo exercício do trabalho a serviço de empresa ou de empregador doméstico ou pelo exercício do trabalho dos segurados referidos no inciso VII do art. 11 desta Lei [segurados não empregados], provocando lesão corporal ou perturbação funcional que cause a morte ou a perda ou redução, permanente ou temporária, da capacidade para o trabalho" — art. 19 da Lei n. 8.213/91, conforme a redação dada pela Lei Complementar n. 150/2015. Além do acidente típico, existem também o atípico e o de trajeto. O art. 21 assim dispõe:

> **Equiparam-se também ao acidente de trabalho**, para efeitos desta Lei:
>
> I – acidente ligado ao trabalho que, embora não tenha sido a causa única, haja contribuído diretamente para a morte do segurado, para redução ou perda de sua capacidade para o trabalho, ou produzido lesão que exija atenção médica para a sua recuperação;
>
> II – o acidente sofrido pelo segurado no local e no horário de trabalho, em consequência de:
>
> *a)* ato de agressão, sabotagem ou terrorismo praticado por terceiro ou companheiro de trabalho;
>
> *b)* ofensa física intencional, inclusive de terceiro, por motivo de disputa relacionada com o trabalho;
>
> *c)* ato de imprudência, de negligência ou de imperícia de terceiro ou de companheiro de trabalho; ato de pessoa privada do uso da razão;
>
> *d)* desabamento, inundação, incêndio e outros casos fortuitos ou decorrentes de força maior;
>
> III – a doença proveniente de contaminação acidental do empregado no exercício de sua atividade;
>
> IV – o acidente sofrido pelo segurado, ainda que fora do local e horário de trabalho:
>
> • na execução de ordem ou na realização de serviço sob a autoridade da empresa;
>
> • na prestação espontânea de qualquer serviço à empresa para lhe evitar prejuízo ou proporcionar proveito;
>
> • em viagem a serviço da empresa, inclusive para estudo quando financiado por esta dentro de seus planos para melhor capacitação de mão de obra, independentemente do meio de locomoção utilizado, inclusive veículo de propriedade do segurado;
>
> • no percurso da residência para o local de trabalho ou desta para aquela, qualquer que seja o meio de locomoção, inclusive veículo de propriedade do segurado [acidente de trajeto].
>
> § 1º Nos períodos destinados à refeição ou descanso, ou por ocasião da satisfação de outras necessidades fisiológicas, no local de trabalho ou durante este, o empregado é considerado no exercício do trabalho.

Doença do trabalho (acidente de trabalho atípico) — é "a adquirida ou desencadeada em função de condições especiais em que o trabalho é realizado e com ele se relacione diretamente, constante da relação mencionada no inciso I", acima transcrito — art. 20, II, da Lei n. 8.213/91.

A título de exemplo, a doença do trabalho poderá ser adquirida por falta de observância das regras de ergonomia, consistentes em "estabelecer parâmetros que permitam a adaptação das condições de trabalho às características psicofisilógicas dos trabalhadores, de modo a proporcionar um máximo de conforto, segurança e desempenho eficiente" — item 17.1 da NR-17 da Portaria 3.214/78.

Doença profissional (acidente de trabalho atípico) — é "a produzida ou desencadeada pelo exercício do trabalho peculiar a determinada atividade e constante da respectiva relação elaborada pelo Ministério do Trabalho e Emprego e da Previdência Social" — art. 20, I.

Nexo técnico epidemiológico (NTEP) — é a configuração, pela perícia do INSS, da necessária relação entre o agravo (a doença) e o trabalho realizado, o que é feito principalmente à luz da lista C do anexo II do Decreto n. 3.048/99, a qual estabelece a relação entre o tipo de atividade exercida pela empresa (CNAE) e o agravo sofrido (CID-10). Dessa forma, tornam-se desnecessárias maiores dilações para a constatação da incapacidade acidentária. Cabe à empresa requerer, mediante recurso ao Conselho Recursal da Previdência Social, a não aplicação do NTEP (v. art. 21-A e parágrafos da Lei n. 8.213/1991).

É de suma importância lembrar a estabilidade do empregado que tenha gozado auxílio-doença acidentário, na forma do art. 118 da Lei n. 8213/1991. *Vide* o capítulo dedicado ao tema.

Comunicação de acidente do trabalho (CAT) — Quando da ocorrência de acidente do trabalho, a empresa fica obrigada a emitir CAT à autoridade da Previdência Social em até um dia útil ou, em caso de morte, de imediato, sob pena de multa aplicada e cobrada por aquele órgão. A desídia da empresa, sem prejuízo de sua responsabilização, não obsta a que a CAT seja emitida pelo próprio empregado, ou por seus dependentes, ou pelo sindicato, ou pelo médico que o atendeu, ou por qualquer autoridade pública.

Agentes causadores de doenças do trabalho — O anexo II do Decreto n. 3.048/1999, que regulamenta a Lei n. 8.213/91, relaciona os *agentes patogênicos causadores de doenças profissionais ou do trabalho*, conforme previsto no art. 20 da Lei regulamentada:

a) agentes **químicos** — arsênio e seus compostos arsenicais, asbesto ou amianto, benzeno ou seus homólogos tóxicos, berílio, bromo, cádmio, carbonetos metálicos de tungstênio sintetizados, chumbo, cloro, cromo, flúor, fósforo, hidrocarbonetos alifáticos ou aromáticos, iodo, manganês, mercúrio, substâncias asfixiantes, sílica livre, sulfeto de carbono ou dissulfeto de carbono;

b) agentes **físicos** — ruído e afecção auditiva, vibrações, ar comprimido, radiações ionizantes;

c) agentes **biológicos** — microorganismos e parasitas infecciosos vivos e seus produtos tóxicos (como, por, exemplo, Mycobacterium, vírus hospedados por artrópedes, coccicliióides, fungos, histoplasmas, leptospira, bacilo, tripanossoma, ancilóstomo etc.);

d) **poeiras orgânicas** — algodão, linho, cânhamo, sisal;

e) **agentes físicos, químicos ou biológicos**, que afetam a pele, não considerados em outras rubricas.

Expostos os agentes patogênicos, o mesmo Anexo II expõe em duas Listas (A e B) os fatores de risco de natureza ocupacional. Na lista A elenca os fatores de risco de natureza ocupacional relacionados com a etiologia de doenças profissionais e de outras doenças relacionadas com o trabalho. Aqui, se faz uma lista dos agentes nocivos e os males (que são muitos) que eles causam à saúde. Por exemplo, relacionados ao arsênio e seus componentes arsenicais, são listadas 20 espécies de males, dos quais destacamos: angiossarcoma do fígado, neoplasia malígna dos brônquios e dos pulmões, encefalopatia tóxica aguda, conjuntivite, arritmias cardíacas, dermatite, estomatite ulcerativa crônica, etc. O asbesto causa neoplasia maligna no estômago, na laringe, nos brônquios e pulmões, derrame pleural, placas pleurais etc. São muitos outros agentes e males correspondentes.

A lista B expõe as doenças infecciosas e parasitárias relacionadas com o trabalho: tuberculose, decorrente da exposição ao bacilo de Koch etc. ou exposição do trabalhador hipersensível a poeiras de sílica. Vem depois a carbunculose e modos de contrair a doença, a brucelose, a leptospirose, o tétano, as hepatites, o dengue, a psitracose, o HIV, a dermatofitose, candidíase, malária, paraccoccidioidomicose, leishmaniose.

No Anexo III, relaciona em nove Quadros as situações que dão direito ao auxílio--acidente.

5. Custo e responsabilidade pela indenização dos danos

O art. 7º, XXVIII, da Constituição Federal preceitua que é direito do trabalhador "*seguro contra acidentes de trabalho, a cargo do empregador, sem excluir a indenização a que este está obrigado, quando incorrer em dolo ou culpa*". Culposa é a ação ou omissão com imperícia, imprudência ou negligência. **Imperícia** — "falta de aptidão técnica, teórica ou prática"; **Imprudência** – "prática de ato perigoso"; **Negligência** 3 "falta de precaução".

O art. 19, § 1º da Lei n. 8.213 dispõe: "A empresa é responsável pela adoção e uso das medidas coletivas e individuais de proteção e segurança de saúde do trabalhador".

Logo, o responsável pelas indenizações é, ordinariamente, o órgão segurador, o INSS (Instituto Nacional do Seguro Social); e, extraordinariamente, o empregador, quando incorrer em dolo ou culpa. O dolo decorre da ação ou omissão intencional no sentido de causar o dano ao trabalhador. A culpa é um conceito mais aberto, envolvendo desde a falta dos cuidados legalmente exigidos, a imperícia ou a imprudência.

Esse preceito responsabiliza o empregador em caso de culpa subjetiva. Mas nada impede que a legislação ordinária avance para a culpa objetiva (ou responsabilidade objetiva), dado que a Constituição estabelece apenas o piso protetivo. Neste sentido, é racional que se invoque o art. 927, parágrafo único, do Código Civil de 2002:

> Haverá obrigação de reparar o dano, independentemente de culpa, nos casos especificados em lei, ou quando a atividade normalmente desenvolvida pelo autor do dano implicar, por sua natureza, risco para os direitos de outrem[(59)].

O Código Civil é posterior à Constituição, que fixa apenas o piso, amparando a legislação que vise à melhoria da condição social do operário, cf. art. 7º, *caput*. Daí ser aplicável o preceito transcrito do Código Civil quando o empregador explorar atividade que, por sua natureza ou características, nos termos da lei, seja classificada como insalubre ou perigosa.

Desde maio de 2011, o TST desenvolve uma campanha de combate e prevenção ao acidente do trabalho, já tendo atraído a adesão de vários órgãos governamentais e da iniciativa privada. Dentre as providências adotadas está a Recomendação Conjunta GP.CGJT n. 2, na qual "recomenda o encaminhamento de cópia de sentenças e acórdãos que reconheçam conduta culposa do empregador em acidente do trabalho para a respectiva unidade da Procuradoria-Geral Federal — PGF".

Um dos frutos dessa campanha foi a iniciativa do INSS no sentido de ajuizar, através de seus procuradores federais, ações regressivas contra empresas negligentes no cumprimento das normas de saúde e segurança do trabalho, pleiteando o ressarcimento de benefícios previdenciários despendidos em virtude de acidentes do trabalho. Tais ações, em regra, têm como principal fonte probatória as análises de acidentes realizadas por auditores fiscais do trabalho e encontram ampla aceitação nos TRFs e no próprio STJ. Trata-se da aplicação do art. 120 da Lei n. 8.213/1991.

O Decreto n. 3.048/99 discrimina nos arts. 64 e 68 os casos de aposentadoria especial, com apenas 15, 20 ou 25 anos de serviço, conforme a atividade se enquadre entre as que sujeitem o trabalhador a condições especiais que prejudiquem a saúde ou a integridade física. E relaciona no Anexo IV os agentes físicos, biológicos, ou associação de agentes prejudiciais à saúde ou à integridade física, consideradas para fins da aposentadoria especial.

O art. 45 do mesmo Decreto assegura um acréscimo de 25% no valor da aposentadoria por invalidez. O Anexo I desse Decreto relaciona nove situações que asseguram esse direito: cegueira total; perda de nove ou mais dedos das mãos; paralisia dos dois membros superiores ou inferiores; perda dos membros inferiores, acima dos pés, quando a prótese for impossível; perda de uma das mãos e de dois pés, ainda que a prótese seja possível; perda de um membro superior e outro inferior, quando a prótese for impossível; alterações das faculdades mentais, com grave perturbação da vida orgânica e social; doença que exija permanência contínua no leito; incapacidade permanente para as atividades da vida diária.

---

(59) A propósito, ver artigo de Raimundo Simão de Melo, sob o título Responsabilidade objetiva e inversão do ônus da prova nos acidentes de trabalho. *Revista LTr*, v. 70, n. 1, p. 23/33, jan. 2006. No mesmo sentido, SOUTO MAIOR, Jorge Luiz. Em defesa da ampliação da competência da Justiça do Trabalho. *Revista LTr*, v. 70, n. 1, p. 13/22, jan. 2006.

Em 2022, o Brasil registrou a infeliz marca de 612,9 mil acidentes de trabalho, dos quais 2,5 mil foram fatais. Dados da OIT apontam que, na década de 80, só a indústria produziu anualmente 50 milhões de acidentes no mundo, dos quais 100 mil fatais e um milhão e quinhentos mil trabalhadores ficaram inválidos para o resto da vida. Por detrás dos números frios da estatística e das cifras, mourejam as pessoas vitimadas e suas famílias. E aqui não se está incluindo a doença profissional e a do trabalho.

Sob o ângulo trabalhista, portanto, abstraindo o aspecto previdenciário, merecem destaque os custos do acidente do trabalho para a empresa: a) estabilidade do trabalhador que sofreu acidente de trabalho, desde a ocorrência até 12 meses após a alta, cf. art. 118 da Lei n. 8.213/91; b) o portador de doença profissional também tem o direito de ser mantido no emprego, cf. vem decidindo o TST; c) as indenizações por danos morais, patrimoniais e estéticos correm perante a Justiça do Trabalho, contra o empregador; d) durante a doença, os 15 primeiros dias são pagos pelo empregador; e) durante o gozo de auxílio-doença o empregado não pode ser dispensado do emprego; f) autuações e multas administrativas aplicadas pela Fiscalização do Trabalho; g) ação regressiva da União contra a empresa em caso de culpa; h) aumento da alíquota da contribuição previdenciária do seguro de acidente de trabalho (SAT).

6. Tutela legal do direito à saúde, higiene e segurança do trabalho

A Organização Internacional do Trabalho hierarquizou quatro principais estratégias de prevenção do acidente de trabalho: a) eliminação dos riscos; b) eliminação da exposição do trabalhador aos riscos; c) isolamento do risco; e d) proteção da pessoa submetida a situação de risco. O alvo principal é atingir a eliminação do risco; na impossibilidade, evitar a exposição do trabalhador; não podendo evitar as duas anteriores, isolar o trabalhador da situação de risco; por fim, só na impossibilidade das anteriores, resta apenas proteger o trabalhador.

O art. 7º, XXII, XXIII, XXVIII, XXXIII da CF assegura ao trabalhador: proteção contra os riscos à vida e à saúde; adicional de remuneração pelo trabalho insalubre, perigoso ou penoso; seguro contra acidente do trabalho.

A CLT regulamenta a matéria nos arts. 154 a 201. A Portaria n. 3.214/78, do MTE, por meio de várias Normas Regulamentadoras (NRs), regulamenta as normas celetistas; e a Portaria n. 3.067/88, do MTE, aprova as Normas Regulamentadoras Rurais NRR, do art. 13 da Lei n. 5.889/73.

A Portaria n. 3.214/78 é o instrumento mais representativo, porque regulamenta, por delegação do legislador, os artigos da CLT que dispõem sobre segurança e saúde no trabalho. Compõe-se de 36 Normas Regulamentadoras (NR), cada uma tratando de determinado tema. Trata-se de um processo de regulamentação chamado de "deslegalização", pelo qual o Poder Legislativo confere ampla margem ao agente regulador de determinada matéria, haja vista ser este detentor do conhecimento técnico necessário ao trato do assunto.

A elaboração das NRs deve seguir modelo tripartite, contando com a participação de representantes do Governo, dos empregados e dos empregadores. Tal modelo é garantido através da Comissão Tripartite Paritária Permanente (CTPP), atualmente instituída pelo Decreto n. 11.496, de 19 de abril de 2023.

Convém citar as NRs de aplicação geral a todas as organizações, independentemente da atividade econômica desenvolvida: NR-1 — trata do Programa de Gerenciamento de Riscos e do Gerenciamento de Riscos Ocupacionais; NR-4 — trata dos Serviços Especializados em Engenharia de Segurança e Medicina do Trabalho (SESMT), obrigatórios a todas as empresas que se encaixem em algum campo do Quadro II da NR; NR-5 — trata da Comissão Interna de Prevenção de Acidentes e Assédio (CIPA), obrigatória a toda empresa que se encaixe no Quadro I da Norma; NR-6 — trata dos equipamentos de proteção individual (EPI); NR-7 — trata do Programa de Controle Médico de Saúde Ocupacional (PCMSO); NR-8 — fixa requisitos técnicos a serem observados nas edificações; NR-9 — trata da obrigatoriedade de rastreio e prevenção de riscos físicos, químicos e biológicos pelos empregadores; NR-10 — fixa normas de segurança para instalações elétricas e serviços com eletricidade; NR-17 — fixa normas de ergonomia; NR-23 — trata de proteção contra incêndios; NR-26 — trata de sinalização de segurança. Além dessas, há as NRs voltadas para temas específicos, tais como a NR-35, que trata de trabalho em altura, e a NR-12, que trata de segurança no trabalho em máquinas e equipamentos. Convém frisar também as NRs voltadas para os procedimentos da fiscalização em segurança e saúde no trabalho, quais sejam: NR-3 — trata das medidas de urgência aplicáveis a situações de grave e iminente risco, sendo cabível o embargo para canteiros de obra e interdição para máquinas, equipamentos ou setores de serviço; NR-28 — trata de procedimentos de fiscalização e aplicação de multas administrativas.

A CLT estabelece as normas de caráter geral: as obrigações dos órgãos públicos de fiscalização, as do empregador e as do empregado. O art. 155 especifica as obrigações dos órgãos fiscalizadores de âmbito nacional e o 156, dos regionais.

Constituem obrigações do empregador: cumprir e fazer cumprir as normas de segurança e medicina do trabalho; instruir os empregados, por meio de ordens de serviço, quanto às precauções a tomar no sentido de evitar acidentes no trabalho ou doenças profissionais; adotar as medidas que lhes sejam determinadas pelo órgão regional do Ministério do Trabalho e pelos órgãos estaduais e municipais; facilitar o exercício da fiscalização pela autoridade competente (art. 157); constituir a CIPA, quando for o caso, e dar-lhe condições de funcionamento.

Constituem obrigações do empregado: observar todas as espécies de normas de medicina e segurança do trabalho; colaborar com o empregador quanto à observação dessas normas; usar os equipamentos de proteção individual fornecidos pela empresa. O empregado que não observa as recomendações do empregador sobre medicina e segurança ou se recusa a usar os equipamentos de proteção comete ato faltoso, passível de advertência e suspensão (art. 158).

A empresa é obrigada a fornecer aos empregados, gratuitamente, Equipamentos de Proteção Individual — EPIs — adequados ao risco e em perfeito estado de conservação e funcionamento, sempre que as medidas de proteção coletiva apresentarem-se inviáveis ou estiverem em fase de estudo, planejamento ou instalação, bem como quando as medidas de caráter administrativo ou de organização do trabalho não ofereçam completa proteção contra os riscos de acidentes e danos à saúde dos empregados (item 6.5.1, alínea "c", da NR-6 c/c item 1.5.5.1.2 da NR-1).

Serão obrigatórios exames médicos, por conta do empregador, nas modalidades admissional, periódico, demissional, de retorno e de mudança de riscos ocupacionais, conforme elucidam o art. 168 e seus parágrafos da CLT e o item 7.5.6 da NR-7. Para cada exame médico realizado, segundo o item 7.5.19, o médico emitirá o atestado de saúde ocupacional (ASO), devendo ser tal documento disponibilizado aos empregados.

As empresas, de acordo com o grau de risco da atividade e a quantidade de empregados, segundo estabelecem o item 4.1.1 e o Anexo II da NR-4, estão obrigadas a manter serviços especializados em engenharia segurança e medicina do trabalho.

6.1. Trabalho sob condições insalubres

Insalubres, no sentido doutrinário, são as atividades que, por sua natureza, condições ou métodos de trabalho, exponham os empregados a agentes nocivos à saúde, acima dos limites de tolerância fixados em razão da natureza e da intensidade do agente e o tempo de exposição aos seus efeitos (art. 189 da CLT). No sentido técnico-jurídico, por sua vez, são as atividades assim enquadradas pela regulamentação específica.

> **Sistema legal a respeito do trabalho insalubre** — arts. 189 a 197 da CLT, NR-15 da Portaria n. 3.214/78; Lei n. 7.394/85 — regula a profissão de Radiologista; Decreto n. 81.384/78 — dispõe sobre a concessão de gratificação por atividades com raios X ou substância radioativa, dentre outras.

A NR-15 especifica as atividades insalubres. Em 14 Anexos e vários Quadros minudencia cada atividade: o Anexo 1 trata do limite de tolerância para ruídos – 85 db/8 horas, no máximo, ou 115 db/7 minutos, acima desse limite é insalubre; o Anexo 2 trata dos limites dos ruídos de impacto; o Anexo 3, exposição ao calor; o Anexo 4, que tratava de níveis mínimos de iluminamento, encontra-se revogado (a respeito, consultar a Orientação Jurisprudencial Transitória n. 57 da SDI-1); Anexo 5, limites de radiações ionizantes (Resolução CNEN n. 164/2014); Anexo 6, trabalhos sobre pressão hiperbárica (pressões superiores à da atmosfera); Anexo 7, radiações não ionizantes (microondas, ultravioletas e laser); Anexo 8, limites de vibrações; Anexo 9, limite de frio; Anexo 10, limite de umidade; Anexo 11, agentes químicos; Anexo 12, limites de poeiras minerais; Anexo 13, outros agentes químicos como: Arsênio, Carvão, Chumbo etc; Anexo 13A, o qual trata da exposição ocupacional ao benzeno.

O Anexo 14 cuida dos agentes biológicos (**insalubridade em grau médio**: trabalho em hospitais, enfermarias, ambulatórios, gabinetes de autópsia, cemitérios, estábulos etc.; em **grau máximo**: contato permanente: com paciente em isolamento portador de doença infectocontagiosa, com esgoto, lixo urbano, animais com tuberculose, brucelose, carbunculose etc.; não há insalubridade em grau mínimo neste item). Questões de segurança e saúde no trabalho em hospitais, enfermarias e similares são objeto específico da NR-32.

Convém frisar que, do ponto de vista mais pragmático, atividades insalubres são aquelas assim consideradas pelo Ministério do Trabalho através da NR-15. Daí porque o TST firmou entendimento no sentido de que não basta a constatação de insalubridade por laudo pericial, sendo necessária a classificação da atividade como insalubre pelo Ministério do Trabalho (Súmula n. 448, I, do TST).

A jurisprudência vem equiparando os trabalhadores em limpeza de banheiros de grande circulação à exposição aos agentes biológicos decorrentes da coleta de lixo urbano (Súmula n. 448, II, do TST).

Adicional de insalubridade — A lei atribui três graus à insalubridade: mínimo, médio e máximo. O trabalho em condições insalubres tem remuneração superior ao trabalho não insalubre. Esse acréscimo remuneratório denomina-se **adicional de insalubridade**, o qual é de 10%, 20% e 40%, respectivamente, para os graus mínimo, médio e máximo. A jurisprudência do TST utilizava como base de cálculo o salário mínimo legal ou o salário profissional fixado por lei, negociação coletiva ou sentença normativa (cf. Súmula n. 17 do TST, já cancelada e art. 192 da CLT). No entanto, após a edição da súmula vinculante 4 do STF, a utilização do salário mínimo como base de cálculo para o adicional passou a ser considerada inconstitucional, em virtude de violação ao art. 7º, IV, da Constituição de 1988. Diante de tal situação, o TST editou a Súmula n. 228, fixando o salário básico como base de cálculo. Todavia, essa súmula também acaba por afrontar o enunciado da Suprema Corte, visto que este veda também a substituição do salário mínimo por decisão judicial. Assim, em sede cautelar de Reclamação (6266-0/DF), o enunciado da Corte Trabalhista teve sua aplicação suspensa. Atualmente, à falta de outro parâmetro, o TST retomou sua antiga orientação no sentido de utilizar o salário mínimo como base de cálculo do adicional de insalubridade, até que lei regulamente a matéria. Ressalte-se, por fim, que a OJ n. 2 da SBDI-2 entende cabível ação rescisória de decisão que acolhe pedido de adicional de insalubridade calculado sobre a remuneração do empregado, por violação ao art. 192 da CLT.

O adicional pago em caráter permanente, de acordo com a Súmula n. 139, incorpora-se à remuneração para efeito dos cálculos dos direitos rescisórios. Aliás, integra o salário para todos os efeitos legais, como cálculo de horas extras, de adicional noturno, recolhimentos sociais, férias, 13º salário etc. Acerca da cumulação de horas extraordinárias com o adicional, especificamente, seu cômputo dá-se de modo que as horas extras são calculadas sobre o salário contratual somado ao adicional de insalubridade (OJ n. 47 da SDI-1). Todavia, considerando a enorme prejudicialidade de tal prática, o art. 60 da Consolidação estabelece que qualquer prorrogação de trabalho insalubre deverá ser objeto de autorização das autoridades competentes em segurança e saúde no trabalho; no entanto, por negociação coletiva, pode ser dispensada essa autorização, cf. art. 611-A, XIII, CLT. A Portaria n. 671/2021, do Ministério do Trabalho, confere tal competência ao chefe da unidade de segurança e saúde no trabalho de cada Superintendência Regional do Trabalho, condicionada a autorização a: a) inexistência de infrações de graus I3 ou I4 às normas regulamentadoras, conforme a tabela de gradação da NR-28; b) inexistência de acidentes com consequências significativa, severa ou fatal, nos últimos dois anos, no setor para o qual se está requerendo a autorização; c) adoção de sistema de pausas durante o trabalho, quando previstas em norma regulamentadora, e cumprimento das condições para concessão dessas pausas; d) cumprimento dos intervalos previstos na legislação; e) a insalubridade em questão não deve ser decorrente de exposição a agentes cujo fator de risco seja quantitativo, salvo se transitória a situação e desde que adotadas medidas adicionais de proteção dos trabalhadores contra o agente nocivo.

A percepção de adicional de insalubridade, devido à própria natureza de salário-condição deste, não gera direito adquirido. Logo, a reclassificação ou a descaracterização da insalubridade, por ato de autoridade competente, afasta a incidência do adicional (Súmula n. 248 do TST).

Da mesma forma, a eliminação ou a neutralização da insalubridade exclui o adicional. Ocorrerá: I – com adoção de medidas que conservem o ambiente dentro dos limites de tolerância; e II – com a utilização de Equipamentos de Proteção Individual (EPI), que diminuam a intensidade do agente agressivo a limites de tolerância. Ressalte-se que o mero fornecimento dos EPI não elide, necessariamente, o pagamento do adicional, quando não afastada totalmente a nocividade do ambiente (v. Súmulas ns. 80 e 289 do TST). Convém repisar que as medidas de proteção coletiva, as de caráter administrativo ou de organização do trabalho devem ser priorizadas em relação ao oferecimento de EPIs por parte do empregador, conforme o item 1.5.5.1.2 da NR-1.

6.2. Trabalho perigoso e sua regulamentação legal

Perigosa é a atividade que, por sua natureza ou método de trabalho, implique contato permanente com: a) inflamáveis, explosivos ou energia elétrica; b) violência urbana, em caso de trabalho com segurança pessoal ou patrimonial; c) colisões, atropelamentos ou outras espécies de acidentes ou violências nas atividades profissionais dos agentes das autoridades de trânsito; d) ou atividades exercidas em motocicleta. Em sentido técnico-jurídico, são as atividades assim consideradas pela NR-16, do Ministério do Trabalho, ou por leis especiais.

Regulamentam a matéria os arts. 193 a 197 da CLT e a NR-16 (atividades em operações perigosas).

A lei exige exposição permanente às condições de risco. Por exposição permanente, entenda-se a rotineira ou intermitente, não necessariamente durante toda a jornada ou todo dia, mas que faça parte da rotina do trabalhador.

A OJ n. 347 da SDI-I enuncia que "É devido adicional de periculosidade aos empregados cabistas, instaladores e reparadores de linhas e aparelhos de empresas de telefonia, desde que, no exercício de suas funções, fiquem expostos a condições de risco equivalente ao do trabalho exercido em contato com sistema elétrico de potência."

Os anexos da NR-16 especificam as atividades perigosas de que trata o art. 193 da CLT, quais sejam: o Anexo 1 discrimina as operações perigosas com explosivos e a área de risco; o Anexo 2 especifica as operações perigosas com inflamáveis; o Anexo 3 trata de atividades e operações perigosas com exposição a roubos ou outras espécies de violência física nas atividades profissionais de segurança pessoal ou patrimonial; o Anexo 4 é o que trata de operações perigosas com energia elétrica; o Anexo 5 dispunha a respeito de atividades perigosas em motocicleta; destaque-se que o mesmo foi suspenso por acórdão da 5ª Turma do TRF da 1ª Região na ação 0018311-63.2017.4.01.3400; todavia, o § 4º do art. 193 da CLT é autoaplicável, independe de regulamentação para valer; outro Anexo trata de atividades e operações perigosas envolvendo radiações ionizantes ou substâncias radioativas. A Lei n. 14.684/2023 incluiu no rol de perigosas as atividades dos agentes das autoridades de trânsito; e a Lei n. 14.766, de 22.12.2023, exclui da incidência do adicional os tanques de combustíveis de fábrica dos veículos, de qualquer capacidade.

Em relação ao eletricitário, são perigosas as atividades: a) que executam atividades ou operações em instalações ou equipamentos elétricos energizados em alta tensão; b) que realizam atividades ou operações com trabalho em proximidade, conforme estabelece a NR-10; c) que realizam atividades ou operações em instalações ou equipamentos elétricos energizados em baixa tensão no sistema elétrico de consumo — SEC, no caso de descumprimento do item 10.2.8 e seus subitens da NR-10 — Segurança em Instalações e Serviços em Eletricidade; d) das empresas que operam em instalações ou equipamentos integrantes do Sistema Elétrico de Potência — SEP, bem como suas contratadas, em conformidade com as atividades e respectivas áreas de risco descritas no quadro I do Anexo 4 da NR-16.

As condições exigidas pela lei para que se caracterize a periculosidade são: a) permanência habitual na área de risco, salvo se por tempo extremamente reduzido; e b) ingresso de modo intermitente na área de risco. A Súmula n. 361, que trata de eletricitários, contrariando o Decreto n. 93.412, entende que é devido adicional de periculosidade integral, ainda que o trabalho seja intermitente, porque a própria Lei n. 7.369/1985 não previu a possibilidade de se estabelecer proporcionalidade, até porque a intermitência, embora implique uma diminuição da probabilidade do sinistro, de forma alguma implica diminuição da gravidade do risco. Corroborando tal entendimento, o TST alterou em 2011 a redação de sua Súmula n. 364, afastando a possibilidade de redução do percentual ou pagamento proporcional ao tempo de exposição por negociação coletiva. A respeito da controvérsia acerca do que seria tempo extremamente reduzido, o TST já entendeu diversas vezes que, dada a alta gravidade de um risco, ainda que o período de exposição seja curto, a periculosidade está configurada. Assim, um empregado que diariamente emprega cinco minutos de sua jornada abastecendo um cilindro de 20kg de GLP de uma empilhadeira, faz jus ao adicional (RR – 256900-98.2005.5.15.0099 – publicada em março/2012).

Adicional de periculosidade — A exemplo do adicional de insalubridade, o de periculosidade integra o salário para todos os efeitos legais. No entanto, a periculosidade é em grau único, de 30%. Ou existe, ou não. Convém frisar que, enquanto o adicional de insalubridade incide sobre o salário mínimo ou outra base de cálculo fixada em lei ou negociação coletiva, o de periculosidade incide sobre o salário pago ao empregado, sem os acréscimos resultantes de gratificações, prêmios ou participação nos lucros da empresa. Veja-se que, de acordo com o art. 457 da CLT, integram o salário, além das gratificações, as comissões. O art. 458 inclui também prestações *in natura*. Logo, como toda norma restringente deve ser interpretada textualmente, o adicional de periculosidade tomará por base a soma de todos os componentes salariais de que tratam os arts. 457 e 458 da CLT, salvo as gratificações, expressamente excluídas da base de cálculo.

Para os eletricitários admitidos antes da Lei n. 12.740/2012, entretanto, o adicional deve permanecer com a mesma base de cálculo assegurada pela Lei anterior, ou seja, é de 30% sobre o total das parcelas salariais, cf. art. 1º da Lei n. 7.369/85 e Súmula n. 191 do TST. Tal como em relação à insalubridade, com a eliminação do risco à integridade física do empregado, cessa o direito ao adicional de periculosidade, porquanto salário-condição não gera direito adquirido (v. art. 194 da CLT). Nas horas de sobreaviso o empregado não faz jus ao adicional, uma vez que não há exposição ao perigo (Súmula n. 132, II, do TST). O referido adicional compõe a base de cálculo da hora extra e da noturna, conforme se infere da Súmula n. 132, I, e da OJ n. 259 da SDI-1. Outras Orientações Jurisprudenciais ns.: 172 e 385, da SDI-1.

Trabalho sob condições insalubres e perigosas ao mesmo tempo — Neste caso, cabe ao empregado optar pela remuneração que melhor lhe convenha, conforme art. 193, § 2º, da CLT. Segundo o texto da lei e a tradição, não pode o trabalhador acumular os dois adicionais. No entanto, não deveria ser assim, pois as causas são autônomas. A propósito, a 7ª Turma do TST já concedeu, em diversos casos, a cumulação dos dois adicionais, com base nas Convenções Internacionais ns. 148 e 155 da OIT, mas a SDI-I não confirmou tais decisões. Essa hipótese é para uma atividade que apresente, ao mesmo tempo, condições de insalubridade e os periculosidade, a exemplo do trabalho do frentista, o qual, além de exposto ao benzeno, fator de insalubridade, está exposto aos riscos de inflamáveis, o que torna o ambiente perigoso.

Não confundir, porém, com o exercício de duas atividades distintas, uma classificada como insalubre e outra como perigosa, a exemplo do médico que, além de atender pacientes em um turno, com direito a adicional de insalubridade, cf. Anexo 14 da NR-15 da Portaria n. 3.214/78, exerce a função de radiologista em outro turno, atividade enquadrada como perigosa. O Ministério do Trabalho editou em 2003 a Portaria de n. 518, que insere no rol de atividades de risco aquelas exercidas em ambiente exposto à radiação. O art. 2º assegura ao empregado que exerce atividades nas condições enunciadas no quadro a que se refere o art. 1º, o adicional de periculosidade de que trata o § 1º do art. 193 da CLT.

6.3 Verificação de insalubridade e/ou periculosidade — Averigua-se mediante perícia a cargo de médico do trabalho ou engenheiro do trabalho registrados no Ministério do Trabalho (art. 195 da CLT e OJ n. 165 da SDI-1). Quando arguida em juízo, o juiz a determina de ofício, e o ônus dos honorários corre por conta do vencido nesta parte, cf. art. 790-B, da CLT. Os beneficiários da Justiça gratuita serão isentos do pagamento de honorários, cf. decidiu o STF, que declarou inconstitucional essa tira do art. 790-B, § 4º, da CLT, com redação dada pela Lei n. 13.467/17. Neste caso, o ônus corre por conta do Poder Público.

Se o trabalhador requer adicional de insalubridade ou de periculosidade em reclamação trabalhista, de regra, impõe-se-lhe o ônus da prova. Esse é o posicionamento frio da jurisprudência mecânica. Porém, é mais razoável que, se o empregado alega trabalho em atividade relacionada nas leis ou nas NRs-15 ou 16 do Ministério do Trabalho, como insalubre ou perigosa, aferível mediante prova convencional, cumpre ao empregador o ônus da prova pericial em contrário (do fato impeditivo, modificativo ou extintivo — art. 818 da CLT), ante a presunção legal já estabelecida em favor do obreiro. Por sua vez, a regra do art. 465, § 4º do CPC, que faculta ao juiz determinar o adiantamento de até 50% dos honorários periciais é compatível com o processo do trabalho, dado que inserido no contexto do bloco normativo que disciplina os procedimentos da perícia.

Também quanto à obrigatoriedade de perícia para averiguar a ocorrência de periculosidade ou insalubridade, divergimos da jurisprudência e da doutrina neste ponto. A NR-16, Anexo 2, p. ex., textualiza que quem trabalha no carregamento, transporte e abastecimento de inflamáveis tem direito a adicional de periculosidade de 30%. Provado que o empregado trabalha abastecendo veículos no posto de abastecimento, para que perícia? E, ocorrendo revelia, esse fato não resulta provado por ficção legal? Do mesmo modo, o Anexo 14 da NR-15 estipula que é insalubre em grau máximo o trabalho com coleta de lixo, ou com rede de esgoto etc. Provado o trabalho sob essas condições, para que perícia? O próprio art. 464 do CPC/2015 determina que o juiz indefira a perícia quando essa prova for desnecessária ou quando a prova do fato não depender de conhecimento especial de técnico. Destarte, não compete ao perito fazer a prova convencional dos fatos.

No caso do bombeiro civil, não há necessidade de prova de sua condição de periculosidade para a percepção do adicional, haja vista que a própria Lei n. 11.901/2009 já lho assegura (art. 6º, III).

Ainda a respeito do tema, incumbe acrescentar o entendimento do TST, exarado na Súmula n. 453, de que o pagamento espontâneo do adicional de periculosidade dispensa a prova técnica, pois torna incontroversa a existência de trabalho em condições perigosas.

7. CIPA — Comissão Interna de Prevenção de Acidentes e Assédio

Será obrigatória a constituição de CIPA nos estabelecimentos e obras que admitam trabalhadores celetistas, de acordo com o dimensionamento do Quadro I da Norma Regulamentadora n. 5 do Ministério do Trabalho. Tal dimensionamento leva em conta o grau do risco da atividade desenvolvida pela organização, considerado o Anexo I da NR-4, e o quantitativo de empregados. Assim, exemplificativamente, uma indústria de fabricação de calçados, que, segundo o Anexo I da NR-4, tem grau de risco 3, deverá ter CIPA em seu estabelecimento a partir de vinte empregados, sendo um efetivo e um suplente. Quanto maior a quantidade de empregados e o grau de risco, maior também a quantidade de cipeiros.

A composição da CIPA é paritária, com igual número de representantes dos empregadores e dos empregados, sendo o presidente designado pelo empregador, e o vice, pelos empregados.

Estabelecimentos cujas atividades desenvolvidas apresentam grau mínimo de risco estão isentos de CIPA até oitenta empregados, a exemplo de atividades típicas de escritório. Já os de grau máximo de risco, até dezenove empregados, também estão isentos; porém, nos estabelecimentos que não se enquadrem no quadro I, o empregador é obrigado a designar um responsável com a missão de fazer cumprir os objetivos da NR-5, dentre os quais elaborar Mapa de Risco e acompanhar a implementação de medidas de prevenção de doenças e acidentes de trabalho.

Os representantes dos empregados serão eleitos em escrutínio secreto; os do empregador, em igual número, por este indicados, um dos quais será o presidente, ficando a vice-presidência com um dos eleitos, e o secretário, escolhido de comum acordo. Todos terão suplentes.

O mandato dos membros da CIPA é de um ano, permitida uma reeleição. O representante dos trabalhadores na CIPA não pode ser despedido arbitrariamente ou sem justa causa, desde o registro da candidatura até um ano após o final do mandato. De acordo com as Súmulas ns. 339, I, do TST e 676 do STF, o suplente também goza de estabilidade. Contudo, a estabilidade do cipeiro não subsiste quando da extinção do estabelecimento, na forma do inciso II da Súmula n. 339 do TST.

São atribuições da CIPA:

a) acompanhar o processo de identificação de perigos e avaliação de riscos bem como a adoção de medidas de prevenção implementadas pela organização;

b) registrar a percepção dos riscos dos trabalhadores, em conformidade com o subitem 1.5.3.3 da NR-01, por meio do mapa de risco ou outra técnica ou ferramenta apropriada à sua escolha, sem ordem de preferência, com assessoria do Serviço Especializado em Segurança e em Medicina do Trabalho — SESMT, onde houver;

c) verificar os ambientes e as condições de trabalho visando identificar situações que possam trazer riscos para a segurança e saúde dos trabalhadores;

d) elaborar e acompanhar plano de trabalho que possibilite a ação preventiva em segurança e saúde no trabalho;

e) participar no desenvolvimento e implementação de programas relacionados à segurança e saúde no trabalho;

f) acompanhar a análise dos acidentes e doenças relacionadas ao trabalho, nos termos da NR-1 e propor, quando for o caso, medidas para a solução dos problemas identificados;

g) requisitar à organização as informações sobre questões relacionadas à segurança e saúde dos trabalhadores, incluindo as Comunicações de Acidente de Trabalho — CAT emitidas pela organização, resguardados o sigilo médico e as informações pessoais;

h) propor ao SESMT, quando houver, ou à organização, a análise das condições ou situações de trabalho nas quais considere haver risco grave e iminente à segurança e saúde dos trabalhadores e, se for o caso, a interrupção das atividades até a adoção das medidas corretivas e de controle;

i) promover, anualmente, em conjunto com o SESMT, onde houver, a Semana Interna de Prevenção de Acidentes do Trabalho — SIPAT, conforme programação definida pela CIPA; e

j) incluir temas referentes à prevenção e ao combate ao assédio sexual e a outras formas de violência no trabalho nas suas atividades e práticas.

Cumpre ao empregador oferecer aos membros da CIPA os meios necessários ao desempenho das suas funções.

Constituída a CIPA, a empresa deverá requerer seu registro ao Ministério do Trabalho, bem como comunicar a relação dos seus membros.

8. Competência da Justiça do Trabalho para as ações alusivas a saúde e segurança do trabalho

A Súmula n. 763 do STF dispõe: "Compete à Justiça do Trabalho julgar as ações que tenham como causa de pedir o descumprimento de normas trabalhistas relativas à segurança, higiene e saúde dos trabalhadores".

A Súmula vinculante 22, enuncia: "A Justiça do Trabalho é competente para processar e julgar as ações de indenização por danos morais e patrimoniais decorrentes de acidente de trabalho propostas por empregado contra empregador, inclusive aquelas que ainda não possuíam sentença de mérito em primeiro grau quando da promulgação da Emenda Constitucional n. 45/04".

Esta é a ação civil decorrente de acidente de trabalho ou doença profissional causados por culpa ou dolo do empregador — arts. 7º, XXVIII e 114, VI, CF (com a redação da EC n. 45/04). Não se confunde com a ação acidentária contra o órgão segurador, que é da competência da Justiça Estadual.

9. Trabalho noturno

Considera-se noturno o trabalho executado entre as 22 horas de um dia e as 5 do dia seguinte. Essa é a regra contida na CLT, art. 73, § 2º. Em relação ao trabalhador rural, a regra é outra: para a atividade na lavoura, noturno é o trabalho executado entre as 21 horas de um dia e as 5 do outro; em relação à pecuária, noturno é o realizado entre as 20 horas de um dia e as 4 do outro — art. 7º da Lei n. 5.889/73.

A hora noturna, pelo regime da CLT, tem um acréscimo remuneratório, pelo menos, de 20% sobre a hora normal. Em relação ao trabalhador rural, a hora noturna será acrescida de 25% sobre a hora normal.

A hora noturna urbana (CLT) é de 52 minutos e 30 segundos, isto é, para quem trabalha no horário noturno, a jornada é de 7 horas de 60 minutos cada. A hora noturna do rurícola é de 60 minutos.

É proibido trabalho noturno ao menor de 18 anos (arts. 7º, XXXIII, da CF, 404 da CLT e 8º da Lei n. 5.889/73).

Às prorrogações do trabalho noturno aplicam-se as regras de cálculo supra. Isso significa que, se a hora extra diurna é 50% mais cara que a hora normal diurna, a hora extra noturna é 20% mais cara que a hora extra diurna. Assim, se a hora normal diurna é de R$ 10,00, a extra diurna será no mínimo de R$ 15,00 a noturna normal, R$ 12,00, e a noturna extra, R$ 18,00. Isso se extrai do disposto no art. 73, § 5º, da CLT e OJ 97 da SDI-I.

Da mesma forma, o adicional de insalubridade e o de periculosidade constituem a base de cálculo do adicional noturno: se o salário-hora custa R$ 10,00; o do trabalho perigoso custa R$ 13,00; a hora noturna perigosa vale R$ 15,60 e a hora extra noturna perigosa, R$ 23,40. Ver Súmula n. 139 do TST e OJ 259 da SDI-I.

Sobre a prorrogação verificada após o horário noturno, assim dispõe a Súmula n. 60, II, do TST: "Cumprida integralmente a jornada no período noturno e prorrogada esta, devido é também o adicional quanto às horas prorrogadas. Exegese do art. 73, § 5º, da CLT."

E sobre o regime de 12 x 36 horas, assim enuncia a OJ n. 388: "O empregado submetido à jornada de 12 horas de trabalho por 36 de descanso, que compreenda a totalidade do período noturno, tem direito ao adicional noturno, relativo às horas trabalhadas após as 5 horas da manhã". Porém, a Lei n. 13.467/17 acresceu à CLT o art. 59-A, cujo § 1º enuncia: "A remuneração mensal pactuada pelo horário previsto no *caput* abrange os pagamentos devidos pelo descanso semanal remunerado e pelo descanso em feriados e serão considerados compensados os feriados e as prorrogações de trabalho noturno, quando houver, de que tratam o art. 70 e o § 5º do art. 73".

10. Proibições ao trabalho noturno e insalubre e/ou perigoso

O art. 7º, XXXIII, da CF proíbe ao menor de 18 anos o trabalho noturno, perigoso ou insalubre. Veja-se que esse comando legal é imperativo, não abrindo exceções para as pessoas que adquirem emancipação extraordinária. O art. 404 da CLT proíbe o trabalho noturno ao menor de 18 anos. Noturno no setor urbano é o trabalho realizado entre as 22h de um dia e as 5h do dia seguinte; e no setor rural, das 20h às 4h do dia seguinte na pecuária e das 21 às 5 na lavoura. E o art. 405 veda o trabalho do menor de 18 anos nos locais insalubres ou perigosos, assim entendidos aqueles assim classificados pelos órgãos competentes do Trabalho como tais. Acrescente-se ainda o disposto no art. 67 do Estatuto da Criança e do Adolescente, o qual lhes veda também o trabalho penoso, o prejudicial à sua formação e desenvolvimento físico, psíquico, moral e social, bem como o realizado em locais e horários que não lhes permitam a frequência à escola.

Capítulo XXXI

Súmulas, Precedentes Normativos e Orientações Jurisprudenciais do TST

1. A Súmula da jurisprudência do TST

Súmula é a síntese do entendimento predominante nas Cortes de Justiça, nacionais ou regionais, visando a uniformizar a jurisprudência. É pronunciada através de enunciados numerados. Aplicáveis ao Trabalho temos as Súmulas do STF, do TST e do STJ, além das Súmulas dos Tribunais Regionais do Trabalho.

As Súmulas do TST são atribuições conferidas pelo seu próprio Regimento, a exemplo do que se fez no STF, e visam a uniformizar a jurisprudência sobre teses repetidas vezes já decididas.

O dever legal dos Tribunais de uniformizarem sua jurisprudência emana dos arts. 926 do CPC e 986, § 3º, da CLT, e nos Regimentos Internos (Lei n. 7.701, art. 14).

A jurisprudência, no Direito do Trabalho, constitui fonte formal secundária de Direito, conforme o art. 8º da CLT. De 2003 para cá o Tribunal Superior do Trabalho (TST) desenvolve intenso trabalho de atualização de seus precedentes jurisprudenciais.

A jurisprudência do TST é consolidada nas Súmulas, nos Precedentes Normativos e nas Orientações Jurisprudenciais (OJ), das Subseções de Dissídios Individuais I e II (SBDI-I e SBDI-II), da Subseção de Dissídios Coletivos — SDC e do Tribunal Pleno. Com a edição da Lei n. 13.015/2014, que imprimiu imensa alteração no art. 896 da CLT, surge no cenário processual a "*tese predominante*", resultante de julgamento de demandas repetitivas, que são, de certa forma, vinculantes. Destarte, isto vem confirmar a teoria do movimento pendular da evolução humana, porque, em outra versão, se ressuscitam os prejulgados do TST.

Em tese, a súmula não obriga, pois não é lei. Entretanto, exerce enorme influência nos julgamentos. E chega a possuir caráter normativo, como na hipótese do recurso de revista, que não será admitido se a decisão recorrida estiver em consonância com a Súmula do TST; assim também, não cabem embargos das decisões das Turmas se estas estiverem de acordo com Súmula ou jurisprudência uniforme do TST — arts. 894, II e 896, *a*, da CLT.

Da mesma forma, a IN n. 17 disciplina a aplicação dos arts. 120, 481 e 557 do CPC ao Processo do Trabalho (correspondentes aos arts. 955, 949, par. único e 932, respectivamente, do CPC/2015), conferindo ao relator competência para decidir monocraticamente, de plano, conflito de competência quando houver jurisprudência dominante no Tribunal, e outras matérias, com arrimo em súmula ou em jurisprudência dominante do respectivo Tribunal, do STF ou de Tribunal Superior. Tem que ser reformada para incluir as decisões predominantes proferidas em demandas repetitivas.

Em 2012 foi significativa a reforma, como a edição e a alteração das Súmulas ns. 431, que muda o divisor-base de cálculo do valor da hora, de 220 para 200 para jornada de 40 horas semanais; 378, que confere estabilidade ao acidentado em contrato por tempo certo; a 224 que confere a estabilidade à gestante em contrato por tempo certo; a 443, que considera discriminatória a dispensa de pessoa portadora de doença estigmatizante; a 444, que valida a escala de trabalho de 12 x 36; a 227 reconheceu ultratividade das cláusulas de negociação coletiva do trabalho; a OJ n. 5 da SBDI-2, que passa a admitir, com restrições, dissídio coletivo contra pessoa jurídica de direito público; e a 130, que corrige uma falha quanto à competência territorial para ajuizamento de ação civil pública.

Na revisão de 2014, destaque-se a Súmula n. 448, que enquadra o trabalho na limpeza e higienização de banheiros de locais de grande frequência de público como insalubre em grau máximo.

A tendência é de imprimir efeito vinculante às súmulas dos tribunais superiores. Neste sentido, o art. 103-A da CF, com a redação dada pela EC n. 45/2004, institui a Súmula Vinculante do STF, regulamentado pela Lei n. 11.417/06. Esse efeito vinculará todos os órgãos do Judiciário e da Administração Pública. Seguindo essa trilha, o art. 332 do CPC dispõe:

> Art. 332. Nas causas que dispensem a fase instrutória, o juiz, independentemente da citação do réu, julgará liminarmente improcedente o pedido que contrariar:
>
> I – enunciado de súmula do Supremo Tribunal Federal ou do Superior Tribunal de Justiça;
>
> II – acórdão proferido pelo Supremo Tribunal Federal ou pelo Superior Tribunal de Justiça em julgamento de recursos repetitivos;
>
> III – entendimento firmado em incidente de resolução de demandas repetitivas ou de assunção de competência;
>
> IV – enunciado de súmula de tribunal de justiça sobre direito local.

Esse dispositivo é relativamente compatível com o processo trabalhista, feitas as devidas adaptações, como, por exemplo, onde consta STJ e TJ, leia-se TST e TRT.

A Lei n. 13.467/2017 acresceu dois parágrafos ao art. 702 da CLT para limitar a emissão de súmulas pelos tribunais do trabalho, mas foram julgados inconstitucionais pelo STF.

2. Orientações Jurisprudenciais (OJ) e Precedentes Normativos (PN)

As OJs representam a jurisprudência iterativa do TST, através do Pleno e de suas Seções, unificando as decisões das Turmas. São duas Seções de Dissídios Individuais (SDI-I e SDI-II) e uma Seção de Dissídios Coletivos (SDC).

Há quatro blocos de Orientações Jurisprudenciais do TST: um oriundo do Pleno, outro da Subseção de Dissídios Individuais I (SBDI-I), outro da Subseção de Dissídios Individuais II (SBDI-II) e outro da Seção de Dissídios Coletivos (SDC). Há ainda os Precedentes Normativos, oriundos da SDC.

A principal atribuição da SDI-I é uniformizar as decisões das Turmas em julgamento de Recurso de Revista, e a da SDI-II consiste em uniformizar as decisões das Turmas em julgamento de Recurso Ordinário de matéria de competência originária dos TRTs (principalmente Mandado de Segurança, Ação Rescisória, Ação Cautelar, *Habeas Corpus*). Tanto as Súmulas como as Orientações Jurisprudenciais norteiam a jurisprudência das instâncias ordinárias.

As OJs possuem força vinculante dos órgãos julgadores do próprio TST.

Os Precedentes Normativos (PN) são enunciados emitidos pela SDC que orientam sobre a sua jurisprudência consolidada. São demais utilizadas pelos sindicatos em suas negociações coletivas e pelos Tribunais Regionais na fundamentação de suas sentenças normativas.

Por fim, registre-se o surgimento da figura da tese predominante, emergida do julgamento das demandas repetitivas.

Capítulo XXXIII

Direito Coletivo do Trabalho

1. Definição, denominação, conteúdo e função

Direito Coletivo do Trabalho — é uma subdivisão do Direito do Trabalho, formado pelo conjunto de regras e princípios que disciplinam as associações de trabalhadores e de empregadores, as organizações sindicais, os conflitos coletivos de trabalho, os meios de solução dos conflitos coletivos do trabalho, destacando-se o contrato coletivo do trabalho, a convenção coletiva do trabalho e o acordo coletivo do trabalho. Por outra vertente, e mais estreita, também se denomina direito coletivo ao conjunto das normas oriundas das negociações coletivas e dos dissídios coletivos do trabalho.

Denomina-se coletivo porque seus sujeitos não são as pessoas físicas, mas os grupos, representados pelas entidades sindicais. Os grupos se constituem de empresas, ou de trabalhadores, unidos por laços instintivos de solidariedade, tendo em vista os interesses comuns e a identidade de condições de vida.

Integram o **conteúdo** do DCT, dentre outras matérias: a) o regramento sobre a instituição, funcionamento, prerrogativas e deveres das entidades sindicais; b) a liberdade sindical; c) os conflitos coletivos de trabalho; d) os meios de solução dos conflitos coletivos de trabalho; e) a representação dos trabalhadores na empresa e outros órgãos; f) a greve e o locaute; g) a negociação coletiva de trabalho; h) a mediação e a arbitragem coletiva do trabalho; i) o dissídio coletivo; j) as ações coletivas de amparo ao meio ambiente de trabalho, à saúde e segurança do trabalho e aos direitos trabalhistas, ajuizadas pelo Ministério Público do Trabalho e pelas associações sindicais.

A **função do DCT** é encaminhar e solucionar os problemas, os conflitos que transbordam dos limites individuais, atingindo toda uma categoria, profissão ou ofício, de todo um setor econômico, ou de grupo de empresas, ou de uma empresa, ou do estabelecimento. Para tanto, o DCT emprega os interlocutores naturais, que são as entidades sindicais.

Assim, suas funções consistem em colaborar com o Poder Político no equacionamento dos direitos e na composição dos conflitos de interesse coletivos do trabalho, mediante a produção de normas trabalhistas de natureza coletiva, de produção profissional ou mista, para cumprimento obrigatório por todos os integrantes dos grupos representados.

O direito coletivo do trabalho exerce no cenário político, econômico e social muito mais influência do que imaginam os constitucionalistas e cientistas políticos, que discernem sobre organização política, democracia, poder, sem referência a este segmento social, como se a sociedade fosse algo abstrato e começasse das nuvens para cima, quando, na realidade é aqui o foco das tensões políticas, econômicas e sociais, o embate entre o capital e o trabalho. É nessa seara que acontece a evolução e a revolução. Nenhum governo consegue neutralidade com o sistema sindical, porque ou é dele consequente ou a ele vai enfrentar. Todas as ditaduras intervieram na liberdade sindical e não há democracia onde não houver liberdade sindical, porque o verdadeiro embate social por igualdade e por distribuição da riqueza se dá no âmbito do DCT. Quase todos os partidos políticos são filhotes do sistema sindical, operário ou patronal.

A representação congressual se rivaliza basicamente entre os representantes laborais e empresariais. As composições políticas passam pelas grandes representações sindicais. Os movimentos coletivos do trabalho encastelam e destituem governos. Foi a greve do ABC paulista de 1978 que abriu caminho para o fim da ditadura militar instalada em 1964. Na esfera econômica, o sindicalismo dita o rumo da economia e das conquistas econômicas dos trabalhadores. Os avanços sociais também têm por protagonistas os atores coletivos do trabalho. Tudo em trabalho, disse Evaristo de Morais Filho, é coletivo, porque a menor questão deságua num contingente de interessados. O DCT emprega mais advogados do que todo o setor público, disse um líder de Central Sindical, porque, além dos advogados que as entidades sindicais precisam para orientar-lhes as negociações coletivas e os conflitos coletivos, os sindicatos prestam a maior Assistência Judiciária do País, cf. art. 14 da Lei n. 5.584/70. São mais de 15.000 associações sindicais já registradas no Brasil.

2. O problema das fontes normativas e dos princípios jurídicos

As normas oriundas das negociações coletivas integram as fontes contratuais do Direito do Trabalho, cf. art. 8º da CLT, cuja força normativa advém do art. 7º, XXVI, CF. E por força do *princípio da substituição automática das cláusulas contratuais*, aderem a todos os contratos individuais de trabalho, salvo onde estes forem mais favoráveis ao trabalhador.

Trata-se de uma particularidade do Direito do Trabalho, o de as categorias profissional e econômica poderem estabelecer normas gerais no âmbito de suas bases territoriais. Contudo, não podem revogar norma estatal imperativa e devem obediência aos princípios de Direito Individual e Coletivo do Trabalho. A Lei n. 13.467/2017 acresceu à CLT, entre muitos, os arts. 611-A e o 611-B, para estabelecer no primeiro um rol de direitos que podem ser objeto de negociação coletiva, com prevalência sobre o legislado, e no segundo o rol dos direitos que não podem ser transigidos coletivamente.

3. Organização sindical

As organizações sindicais constituem os agentes naturais do Direito Coletivo do Trabalho e os interlocutores principais na solução dos conflitos coletivos do trabalho. Por isso, ocupam largo espaço na preocupação do legislador em todos os povos civilizados. Vejamos.

3.1. Conceito e natureza jurídica

> "Sindicato. Geralmente (...) designa toda instituição, ou associação, em regra de caráter profissional, que tem por objetivo a defesa dos interesses comuns de

uma classe, ou de um grupo de pessoas, ligadas entre si pelos mesmos interesses." (De Plácido e Silva)

"Sindicato é a associação profissional reconhecida pelo Estado como representante legal da categoria." (Cesarino Jr.)

"Sindicato é uma organização social constituída para, segundo um princípio de autonomia privada coletiva, defender os interesses trabalhistas e econômicos nas relações coletivas entre os grupos sociais." (A. M. Nascimento)

Assim, no sistema brasileiro, definimos sindicato como uma associação profissional, de natureza jurídica de direito privado, registrada no Ministério do Trabalho, representante de categorias profissionais, econômicas ou autônomas, cujo objetivo será a defesa dos direitos e interesses comuns da sua classe.

Natureza jurídica — os posicionamentos doutrinários variam, de acordo com a situação do sindicato no sistema político-econômico, valendo destacar três posições: a) é um ente de direito privado; b) é um ente de direito público, como um apêndice do Estado (exemplo da Itália fascista, na Europa do Leste do tempo da Cortina de Ferro); e c) ente autárquico de Direito Social, como parece a Cesarino Jr. Porém, é inquestionável que a Constituição/88, no art. 8º, *consagrou-lhe, no sistema brasileiro, a natureza de direito privado*. Seja de que categoria for, sua natureza é de direito privado.

4. Sistemas sindicais: modalidades e critérios de estruturação sindical

A organização sindical ou é vertical ou horizontal. Na primeira predomina a associação por empresas. A segunda refere-se à organização por profissão. A vertical predomina nos EEUU; a horizontal, na França.

Em linhas gerais, os sindicatos organizam-se sobre uma dessas três bases: por profissão, por categoria profissional ou por empresas. Podem ainda organizar-se por ofício e até por estabelecimento. Parodiando Aristóteles, todos os sistemas são bons, dependendo do meio onde são empregados.

O sistema por profissão reúne mais solidariedade em face do legítimo interesse comum dos integrantes da mesma profissão. O sistema por categorias (sindicato dos empregados na construção civil, p. ex.) tem o poder de somar mais força, de arregimentar movimento maior. O sistema por empresa traz a vantagem de permitir negociações realistas, nos limites suportáveis pela empresa. Todos têm também suas desvantagens.

Sob outro prisma, há o sistema de sindicato único e o da pluralidade sindical. O primeiro significa que cada categoria ou profissão só pode ter um único sindicato em determinada base territorial, a exemplo do Brasil; o segundo sistema permite a livre constituição de sindicato na mesma base territorial.

5. Organização sindical brasileira

No Brasil, o sindicato é organizado por categorias profissional (o dos empregados e autônomos) e econômica (o dos patrões), como regra e por categorias profissionais diferenciadas como exceção. Assim, temos, p. ex., o Sindicato dos Eletricitários do Ceará, congregando todos os empregados nas empresas de energia elétrica situadas no Estado do Ceará, de serventes a engenheiros.

O Brasil adota o sistema do sindicato único de cada categoria por base territorial (unicidade sindical), a qual não será inferior à área de um Município. No Brasil, a associação sindical é livre, isto é, o trabalhador e o empregador são livres para associarem-se ou não, não sofrendo restrições por isso. Contudo, o art. 544 da CLT relaciona privilégios aos associados, em caso de concorrência.

5.1. Registro sindical

A pessoa jurídica nasce com o registro dos seus atos constitutivos no Cartório competente. E a personalidade sindical nasce com o registro da entidade perante o Ministério do Trabalho (cf. Súmula n. 677 do STF), o qual não exerce juízo de valor, apenas verifica as formalidades legais e, satisfeitas, pratica o ato vinculado da emissão do registro, cujo procedimento se faz na forma da Portaria MTE n. 326/2013, com alterações posteriores, mediante a qual o Ministério do Trabalho vela pela unicidade sindical.

5.2. Categorias

Os arts. 511 e 570 da CLT fornecem o balizamento do que vem a ser categoria. **Categoria econômica** diz respeito aos empregadores; a **categoria profissional** refere-se aos trabalhadores. Assim, em regra, a cada categoria econômica corresponde uma categoria profissional. Ex.: sindicato do comércio de Fortaleza x sindicato dos trabalhadores no comércio de Fortaleza.

A categoria corresponde a um grupo social de formação espontânea, uma unidade sociológica resultante: a) a **econômica** — da solidariedade de interesses comuns das empresas que empreendem atividades idênticas, similares ou conexas; b) a **profissional** — da similitude das condições de vida oriundas do trabalho em comum, executado pelos empregados das empresas, que realizam atividades idênticas, similares ou conexas.

Quando os empresários ou os trabalhadores não estiverem em condições de sindicalizar-se pelo critério de especificidade de profissão, poderão fazê-lo pelo critério de categorias similares ou conexas, entendendo-se como tais as que se acham compreendidas nos limites de cada grupo constante do quadro de atividades e profissões, cf. art. 577 da CLT, já bastante combalido.

5.3. Atividade preponderante

Quando a empresa dedicar-se a mais de uma atividade econômica que correspondam a categorias distintas, tanto ela quanto os seus empregados deverão ser representados pelos sindicatos de empregadores ou de trabalhadores da atividade preponderante. Segundo o art. 581, § 2º, da CLT:

> Entende-se por atividade preponderante a que caracterizar a unidade do produto, operação ou objetivo final, para cuja obtenção todas as demais atividades convirjam, exclusivamente, em regime de conexão funcional.

Quando, porém, a atividade desenvolvida pelo estabelecimento da empresa puder ser destacada, sem prejuízo da sua unidade econômica, tal atividade será considerada independente para fins de sindicalização, patronal e operária.

5.4. Divisão da categoria

A CF/88 manteve o monopólio da associação sindical registrada no Ministério do Trabalho sobre a categoria que representa. Entretanto, os integrantes da categoria podem constituir uma associação correspondente e, tornando-se esta mais representativa do que aquela, poderá solicitar o cancelamento do registro da anterior e requerer o seu registro.

5.5. Sindicatos rurais

O conceito de categoria *supra* não alcança a situação rural. Com efeito, o § 3º do Decreto n. 1.166/71 permite a formação de sindicatos de atividades econômicas ou profissionais ecléticas, não limitando a representação sindical a categorias idênticas, similares ou conexas.

Por isso, é comum haver numa mesma área territorial só um sindicato de trabalhadores rurais. Essa norma alarga, para efeito de enquadramento e representação sindical, o conceito de trabalhador, abrigando o proprietário ou não que trabalhe individualmente ou em regime de economia familiar. Assim, o sindicato dos trabalhadores rurais pode albergar, além dos empregados rurais, os parceiros agrícolas, os arrendatários rurais e os proprietários que empreendam atividade rural como trabalhadores autônomos ou em regime de economia familiar.

5.6. Membros da categoria e associados do sindicato

Todos os empresários e trabalhadores que formam um grupo social em que haja a solidariedade de interesses comuns, ou, respectivamente, tenham similitude de condições de vida oriunda do trabalho em comum integram as categorias econômica, ou profissional, independente de ato voluntário de adesão. Assim, p. ex., todos os empregadores do ramo comercial integram a categoria econômica representada pelo sindicato que os congrega (o dos comerciantes) e todos os empregados desse setor integram a categoria profissional do sindicato que os representa (o dos comerciários).

Associada do sindicato é a pessoa ou empresa que se associa à entidade sindical que representa sua categoria. O grupo dos associados é que forma a associação sindical. Os associados contribuem com uma mensalidade estipulada em assembleia geral e compõem o *quorum* de deliberação sobre todos os assuntos de interesse da categoria. Só os associados podem exercer os cargos de direção e representação sindical. Em geral, só a eles são franqueados os serviços assistenciais oferecidos pelo sindicato.

Como o modelo sindical brasileiro é por categoria, com regra, as negociações coletivas efetuadas entre o sindicato representante da categoria econômica e o da profissional obrigam a todos os integrantes dessas categorias na base territorial do sindicato, ainda que a empresa e o trabalhador não sejam associados dos seus respectivos sindicatos.

Os não associados se beneficiam das conquistas obtidas por meio da entidade sindical. Mas também devem contribuir com as finanças da entidade, através da contribuição estipulada por assembleia geral da categoria para financiar as negociações coletivas e os dissídios, assegurado o direito de oposição. Todavia, quem se opõe também deveria não aceitar ao ganho que a luta sindical conseguiu.

5.7. Concentração e dissociação de categorias

Ocorre a concentração de categorias quando o sindicato representa categorias similares ou conexas. Segundo o art. 570 da CLT, essa situação não constitui a regra. O art. 571 prescreve que qualquer das atividades concentradas poderá dissociar-se para formar um sindicato específico, de atividades idênticas, desde que "ofereça possibilidade de vida associativa regular e de ação sindical eficiente".

Por outro lado, a dissociação, ou desmembramento, verifica-se em virtude da separação de categorias similares ou conexas que estavam alojadas no sindicato de outra categoria mais forte. A evolução socioeconômica dessas categorias conduz à auto-organização. A dissociação de categorias prescinde de autorização do Ministério do Trabalho e Emprego, bastando a deliberação dos interessados em assembleia geral, ante a verificação da comunhão de interesses e similitude de condições de vida, bem como demonstre potencial de representar e sobreviver.

5.8. Categoria profissional diferenciada

Sob esse título, a lei permite, em caráter excepcional, a associação por profissão de algumas profissões, com características próprias, identidade de interesses, decorrente da similitude de trabalho que esses trabalhadores exercem, a exemplo dos sindicatos de profissionais liberais (Lei n. 7.316/85), dos motoristas, dos cabineiros, dos garçons, dos professores, dos publicitários etc.

Essa modalidade decorre do exercício de ofícios diferenciados por estatutos ou regulamentos especiais, ou que irradiam condições de vida peculiares. A categoria diferenciada independe da correspondente categoria econômica. Esses sindicatos têm o direito de efetuar negociação coletiva de trabalho. A consequência é que, se a empresa emprega pessoa integrante de categoria diferenciada, para exercer a sua profissão (professor, p. ex.), será levada a cumprir duas convenções coletivas – uma em relação à sua atividade preponderante e outra relativa à categoria diferenciada. O dirigente de entidade de categoria profissional diferenciada só goza de estabilidade em empresa cuja atividade se relacione à categoria representada — Súmula n. 369 do TST. Atualmente, existem no Ministério do Trabalho registradas mais de 400 entidades de categorias profissionais diferenciadas.

5.9. Associações sindicais de nível superior

Assim se denominam as federações, as confederações e as centrais sindicais.

Federações — são compostas de, no mínimo, cinco sindicatos representativos da maioria absoluta de um grupo de atividades ou profissões idênticas, similares ou conexas.

O art. 533 e seus parágrafos, da CLT, prescreve que as federações são constituídas por Estado, podendo, entretanto, mediante autorização do Ministro do Trabalho, ser interestaduais ou nacionais. Ainda pela CLT, podia-se constituir mais de uma federação representativa de categorias profissional ou econômica semelhantes na mesma base territorial. Mas a Constituição de 1988 derrogou o art. 533 celetário.

Daí concluir-se que: a) a fixação da base territorial da federação prescinde da autorização do Ministro do Trabalho, cabendo aos federados defini-la; b) é vedada a criação de mais de uma federação congregando sindicatos de categorias econômicas ou profissionais similares ou conexas na mesma base territorial. A federação assume as atribuições sindicais em relação às categorias que não são representadas por sindicatos.

Confederações — são compostas de, no mínimo, três federações representativas de categorias idênticas, similares ou conexas e terão sede na Capital da República. Obedecem à regra geral preceituada no art. 8º, II, da Constituição. As denominações das confederações já estão determinadas pelo art. 535, §§ 1º a 3º, da CLT. Assim, por exemplo, a Confederação Nacional da Indústria representa a categoria econômica e a Confederação Nacional dos Trabalhadores na Indústria representa a categoria profissional antípoda. As confederações gozam da prerrogativa de serem legitimadas para ajuizar ação de controle direto de constitucionalidade de lei ou ato normativo federal ou estadual, conforme art. 103, IX, CF, obedecido o interesse temático.

Centrais Sindicais — Conquanto existam no Brasil desde os anos 1980, só mediante a Lei n. 11.648/2008 ganharam a condição de entidade sindical. Contudo, só é permitida central sindical de trabalhadores.

Trata-se de uma associação de pessoas jurídicas, de âmbito nacional, de natureza jurídica de direito privado, composta de no mínimo cem sindicatos de trabalhadores, com a função de representação geral dos trabalhadores, com as seguintes atribuições e prerrogativas:

I – coordenar a representação dos trabalhadores, por meio das organizações sindicais a ela filiadas;

II – participar de negociações em fóruns, colegiados de órgãos públicos e demais espaços de diálogo social que possuam composição tripartite (trabalhadores, empregadores e governo), nos quais estejam em discussão assuntos de interesse geral dos trabalhadores.

A indicação de membros pelas Centrais para efeito do item II *supra* será em número proporcional ao índice de representatividade previsto no item IV dos requisitos abaixo. Destarte, o critério de proporcionalidade e o acordo entre centrais não poderá prejudicar outras centrais que atenderem ao requisito citado.

Requisitos — para o exercício das atribuições e prerrogativas supra, a central deveria cumprir os seguintes requisitos, aferíveis pelo Ministério do Trabalho e Emprego:

I – filiação de, no mínimo, cem sindicatos distribuídos nas cinco regiões do País;

II – filiação em pelo menos três regiões do País de vinte sindicatos em cada uma;

III – filiação de sindicatos em, no mínimo, cinco setores de atividade econômica;

IV – filiação de sindicatos que representem, no mínimo, 7% do total de empregados sindicalizados em âmbito nacional. Este índice será de 5% no período de 24 meses a partir da publicação da lei, ou seja, até 31.3.2010.

O sindicato não é obrigado a filiar-se a qualquer Central. Mas, filiando-se, indicará ao Ministério do Trabalho a central à qual é filiado, para efeito de rateio da contribuição sindical.

As centrais concentram imenso poder de barganha perante os grupos econômicos e o Governo. Graças a elas, é possível organizar-se greve geral, modificar projetos de lei e influenciar grandes decisões eleitorais. No Brasil, seus membros já integram o Conselho Curador do FGTS, órgãos colegiados da Previdência Social, o CODEFAT, dentre outros.

Diferem das confederações porque estas congregam federações e não sindicatos; as confederações congregam categorias idênticas, similares ou conexas; as centrais congregam sindicatos de trabalhadores de todas as categorias; as confederações possuem as prerrogativas sindicais que a CLT lhes outorga, bem como são legitimadas para ajuizar ações de controle direto de constitucionalidade.

6. Atribuições e prerrogativas das entidades sindicais

Atribuições ou encargos dos sindicatos — a) colaborar com os poderes públicos no desenvolvimento da solidariedade social; b) manter serviços de assistência judiciária para os associados; c) promover a conciliação nos dissídios de trabalho, inclusive instituindo as Comissões de Conciliação Prévia, autorizadas pelo art. 625-A da CLT; d) sempre que possível, manter convênio com entidade de assistência social, ou por conta própria, com finalidade de promover a cooperação operacional na empresa e a integração profissional na classe.

Os sindicatos de empregados, além das atribuições *supra*, terão o dever de: a) promover a fundação de cooperativas de consumo e de crédito; b) fundar e manter escolas de alfabetização e pré-vocacionais; e c) prestar assistência judiciária ao trabalhador da categoria que representa, que perceba salário mensal não superior a cinco salários mínimos ou cuja situação econômica não lhe permita demandar sem prejuízo do sustento próprio ou da família, cfr. Lei n. 10.288/01, que disciplinou tudo que consta do art. 14 da Lei n. 5.584/70 e muito mais.

As atribuições acima são determinadas pela CLT, de origem autoritária, em que o sindicato, antes de representar os legítimos interesses dos trabalhadores, era controlado pelo Estado e pelo poder dominante.

A CF/88 consagra os princípios da liberdade e da autonomia sindicais. Em razão disso, entendemos que as atribuições descritas na CLT devem ser vistas apenas como orientações e não como condição de existência do sindicato. É, contudo, obrigatória a sua participação nas negociações coletivas (art. 8º, VI, da CF). Entendemos que cabe ao sindicato deliberar nos seus estatutos sobre as suas atribuições, dentre as quais a defesa combativa pelos meios legais dos interesses da categoria representada. As funções meramente assistenciais figurarão como atribuição subsidiária e condicionada à disponibilidade financeira. Não obstante, será indispensável o serviço de assistência jurídica aos membros da categoria, porque é perante o Judiciário que os interesses coletivos e individuais serão defendidos. Por último, a alteração que a Lei n. 13.467/17 procedeu nos arts. 578 e 579 da CLT, tornando a contribuição sindical obrigatória em facultativa, desobriga as associações sindicais das imposições estatais supra relatadas.

Prerrogativas dos sindicatos — os sindicatos têm as prerrogativas abaixo, dentre outras:

a) representar, perante as autoridades administrativas e judiciárias, os interesses gerais da classe representada ou os interesses individuais dos associados relativos à atividade ou profissão exercida, inclusive propor dissídio coletivo;

b) celebrar convenção coletiva de trabalho e acordo coletivo de trabalho;

c) eleger ou designar os representantes da respectiva classe;

d) colaborar com o Estado, como órgão técnico e consultivo no estudo e solução dos problemas relacionados com a respectiva classe;

e) impor contribuições a todos os integrantes das classes representadas;

f) gerir a contribuição sindical;

g) constituir Comissão de Conciliação Prévia intersindical e participar da escolha de membros na CCP no âmbito das empresas;

h) homologar os pedidos de demissão dos empregados estáveis;

i) homologar as quitações anuais dos contratos de trabalho vigentes.

Além das prerrogativas *supra*, os sindicatos de empregados têm direito de fundar e manter agências de colocação e comandar e representar a respectiva categoria profissional no exercício do direito de greve, cf. arts. 9º da CF e 4º da Lei n. 7.783/89.

A Constituição trata da matéria no Capítulo DOS DIREITOS SOCIAIS; a CLT, nos arts. 513, 514, 589 e 625; o mais consta de legislação esparsa.

6.1. *Custeio do sistema sindical* (*arts. 578 a 593 da CLT*)

A Constituição assegura ao sistema sindical as seguintes fontes de custeio: a) **contribuição sindical**, para as categorias profissional e econômica; b) **contribuição confederativa**, fixada por assembleia geral da categoria profissional, para custeio das federações representativas dos respectivos sindicatos; c) **contribuição social**, também fixada em assembleia geral da categoria profissional, para fazer face às ações assistenciais do sindicato; d) **contribuição associativa**, que é a mensalidade dos associados.

A contribuição sindical é arrecadada uma vez por ano de todos os trabalhadores empregados, avulsos e autônomos, e dos empregadores. Dos empregados e dos avulsos é descontado o valor de um dia de salário por ano, no mês de março ou no mês da admissão, recolhido em abril; os autônomos e liberais recolherão no mês de fevereiro o equivalente a 30% do salário mínimo por ano; o dos empregadores é calculado com base no capital social da firma ou empresa. O valor dessas contribuições é significativo. Para as empresas, o menor valor em 2012 foi de R$ 75,66 e o maior R$ 36.733,76, para empresas na classe de capital a partir de R$ 104.088.954,01. O trabalhador que tem mais de um emprego contribui em relação a cada um.

A Lei n. 13.467/17 alterou os arts. 578, 579, 582, 583, 587 e 602 da CLT para converter a contribuição obrigatória, antigo imposto sindical, em facultativa. Assim, o recolhimento somente será efetuado daqueles, trabalhadores e empregadores, que autorizarem prévia e expressamente. Questiona-se a constitucionalidade dessas alterações, pois o inciso IV do art. 8º da CF o prevê, e a doutrina uníssona e o STF lhe reconheceram natureza jurídica de tributo. Essa contribuição, conquanto esteja disciplinada por lei ordinária (CLT), foi instituída na década de 1930, recepcionada pelas Constituições outorgadas e pelas promulgadas. Portanto, já integra o bloco de constitucionalidade do Brasil. Assim, a matéria teria que passar por uma Emenda Constitucional em um primeiro momento e por uma Lei Complementar em outro.

No entanto, nos autos das ADI n. 5.794/2018 e ADC n. 45, o STF, por maioria, declarou a constitucionalidade das alterações sob comento.

Por outro lado, a autorização prévia e expressa poderia ser tomada em assembleia geral da categoria, devidamente convocada e publicada com bem antecedência, porque, em se tratando de direito coletivo, cravado no Título DA ORGANIZAÇÃO SINDICAL, as deliberações são tomadas coletivamente, na forma estatutária das associações sindicais. Até porque não faz sentido tratar de matéria coletiva na forma do direito individual. Neste sentido a Nota Técnica do Ministério Público do Trabalho n. 02/2018, segundo a qual a Assembleia Geral da categoria pode estipular valor razoável da contribuição dos associados e não associados, assegurado a estes o direito de oposição, também em assembleia ou nos moldes por esta estipulados, a ser exercido em prazo razoável. Ao que indica, haverá um recuo do modelo de organização das categorias em sindicato e retornará a opção pelas associações, sobre as quais não haverá interesse da interferência governamental.

É ainda estranho que continuam formalmente vigentes os arts. 588 a 591 da CLT, segundo os quais, o produto da arrecadação desse tributo é carreado ao Ministério do Trabalho, que o distribuirá da seguinte forma: I – a contribuição sindical arrecadada do setor patronal: a) 5% para a confederação correspondente; b) 15% para a federação; c) 60% para o sindicato respectivo; e d) 20% para a Conta Especial Salário e Emprego; II – a arrecadada do setor profissional: a) 60% para os sindicatos; b) 15% para as federações; c) 5% para as confederações; d) 10% para as centrais sindicais; e e) 10% para a conta salário e emprego. Isso segundo as regras da CLT. No entanto, como explicar que uma contribuição facultativa caia na Receita Federal e passe à gestão estatal? Decerto, terá ocorrido uma revogação ontológica desses preceitos. Por isso, a tendência é que as contribuições autorizadas sejam repassadas diretamente para as entidades sindicais beneficiárias, sem a intermediação do governo.

Ainda segundo a CLT, regra que certamente cairá em desuso, não havendo confederação da categoria, o percentual cabível a esta vai para a federação representativa; não sendo indicada central sindical a que o sindicato se filia, a contribuição a esta cabível vai para a Conta Especial Salário e Emprego; na falta de sindicato das categorias de trabalhadores e de patrões, o percentual de 60% vai para a federação respectiva, e, na falta desta, para a confederação; não havendo sindicato nem entidade sindical de grau superior ou central sindical, a contribuição será creditada integralmente à Conta Especial Salário e Emprego.

As outras contribuições mencionadas também são instituídas por assembleia geral da categoria. A jurisprudência consolidada no âmbito do STF e do TST restringia a obrigatoriedade de contribuir apenas aos associados da entidade sindical. Neste sentido é a Súmula Vinculante n. 40 do STF (antiga Súmula n. 666), a OJ n. 17 da SDC do TST, o PN n. 119. Porém, o STF, numa mudança de decisão, pronunciou que a contribuição se estende também aos não associados, assegurado o direito de oposição. (em embargos de declaração, altera a decisão de 2017 no Agravo no Recurso Extraordinário (ARE) 1.018.459, com repercussão geral reconhecida — Tema n. 935).

Substituição processual — assegurada pelos arts. 8º, III, da CF/88 (legitimidade para defender) e 513, *a*, da CLT (prerrogativa para representar). Tratam ainda da substituição: arts. 195 e 872 da CLT, Lei n. 7.783/89 (de Greve), Lei n. 8.036/90 (do FGTS) e em caráter genérico a Lei n. 8.073/90, no seu art. 3º. No dia 12.6.2006 o STF decidiu que o Sindicato pode defender todos e quaisquer direitos subjetivos individuais e coletivos dos integrantes da categoria, tanto na fase de conhecimento como na liquidação e execução forçada das sentenças (RE n. 210029, *in notícias do STF*). Por fim, o TST cancelou a Súmula n. 310, que punha restrições à substituição processual pelo sindicato.

6.2. Garantias do exercício do mandato de representação sindical:

a) o empregado eleito para o cargo de administração sindical ou representação profissional, inclusive junto a órgão de deliberação coletiva, não poderá ser impedido pelo empregador do exercício de suas funções para que foi eleito;

b) não poderá ser transferido para lugar ou mister que dificulte ou torne impossível o desempenho das suas atribuições sindicais. Entretanto, perderá o mandato se pedir a transferência;

c) não pode ser dispensado desde o momento do registro da candidatura para cargo de direção ou representação sindical até um ano após a expiração do mandato;

d) na qualidade de representante de entidade sindical, tem o direito de ausentar-se do serviço sem prejuízo da remuneração, pelo tempo que se fizer necessário, para participar de reunião oficial de organismo internacional do qual o Brasil seja membro — art. 473, IX, acrescido pela Lei n. 11.304/06.

O empregado tem direito a licença não remunerada para exercer suas funções de direção sindical. A liberação remunerada é ato de liberalidade do empregador.

7. Representação dos trabalhadores na empresa

Embora não se confunda com a representação sindical, entende-se que a representação dos trabalhadores é assunto a ser tratado pelo Direito Coletivo do Trabalho. Sua previsão encontra-se no art. 11 da CF/88 e no Decreto n. 131/1991, através do qual o Brasil promulgou a Convenção n. 135 da OIT. Não obstante, não se confundem com membros de diretoria de sindicatos. Os representantes dos trabalhadores têm garantias concedidas pela Convenção Internacional, tais como (art. 1º) proteção eficiente contra quaisquer medidas que poderiam vir a prejudicá-los, bem como (art. 2º, I) facilidades (...), de modo a possibilitar-se o cumprimento rápido e eficiente de suas funções. Além disso, cabe observar que a Convenção preceitua que a existência dos representantes eleitos não deve implicar em enfraquecimento do sindicato, acrescentando que medidas devem ser tomadas para que esses entes cooperem entre si.

A Lei n. 13.467/17 acrescentou à CLT os arts. 510-A a 510-D, instituindo a Comissão dos Representantes dos Empregados na Empresa. Essa figura é distinta da prevista no art. 11 da CF, é outra coisa, assim composta: a) de três membros nas empresas com mais de 200 empregados e até 3.000; b) de cinco membros nas empresas com mais de 3.000 até 5.000 empregados; c) de sete membros nas empresas com mais de 5.000 empregados. No caso de a empresa possuir empregados em vários Estados, organizará a Comissão por Estado, na mesma proporção já enumerada. As atribuições constam do art. 510-B, que não se confundem nem podem invadir a esfera privativa das entidades sindicais. A Comissão não tem poder de assinar negociação coletiva do trabalho. Nem acordo coletivo nem convenção coletiva. Não pode substituir o sindicato. Em tudo que a Constituição Federal exigir negociação coletiva, não poderá haver negociação individual, nem por intermédio da comissão de representantes.

Consta do art. 4º da Convenção Internacional n. 138 que as suas funções "não se estendam a atividades que sejam reconhecidas, nos países interessados, como dependendo das prerrogativas exclusivas dos sindicatos". E o art. 5º dessa Convenção dispõe:

> Art. 5º Quando uma empresa contar ao mesmo tempo com representantes sindicais e representantes eleitos, medidas adequadas deverão ser tomadas, cada vez que for necessário, para garantir que a presença de representantes eleitos não venha a ser utilizada para o enfraquecimento da situação dos sindicatos interessados ou de seus representantes e para incentivar a cooperação, relativa a todas as questões pertinentes, entre os representantes eleitos, por uma Parte, e os sindicatos interessados e seus representantes, por outra Parte.

Portanto, a função da Comissão é de colaboração, mediação de conflitos internos, prevenção e comunicação.

Os membros da Comissão serão eleitos por seus pares para um mandato de um ano, ficando o membro inelegível pelos dois períodos subsequente e serão protegidos contra despedida arbitrária ou sem justa causa, na mesma forma dos membros da CIPA, desde o registro da candidatura até um ano após o término do mandato. Não podem se candidatar os empregados contratados por tempo determinado, os de aviso prévio e os de contrato suspenso.

8. Sindicalização no setor público

A instituição sindical no Brasil tem pouco mais de cem anos. As duas primeiras leis datam de 1903 e 1907, que instituíram, respectivamente, os sindicatos rurais e urbanos. Todavia, tais entidades adotaram ideologias anarquista e comunista e não prosperaram, e na década de 1930 praticamente haviam se esvaziado, com a expulsão dos estrangeiros que as alimentavam.

Somente mediante o Decreto n. 19.770/1931, Getúlio Vargas institui o sindicalismo brasileiro, que veio para ficar.

Toda a legislação trabalhista produzida na década de 1930 foi consolidada na CLT, Decreto-lei n. 5.452/1943, cujo art. 7º exclui de sua incidência o setor público, o rural e o doméstico. O setor rural e o doméstico avançaram mediante leis específicas. Porém, no setor público somente a partir da CF/88, art. 37, VI, "é garantido ao servidor público civil o direito à livre associação sindical". Portanto, mais de um século após a permissão de sindicatos no setor privado. Da mesma forma, o direito de greve ao servidor civil só foi assegurado pela CF/88, inciso VII do art. 37, mesmo assim, condicionado a lei especial, que nunca foi editada, tendo o STF que interceder em 2008, nos autos do Mandado de Injunção n. 712-8 PA, para garantir o gozo desse direito nos termos da lei geral de greve, onde não for incompatível.

As entidades sindicais, mesmo as dos servidores públicos estatutários, são de natureza privada, em consequência, todas as dissidências internas judicializadas são da competência da Justiça do Trabalho, cf. art. 114, III, CF.

As regras da unicidade sindical, registro sindical, enquadramento sindical, desmembramento de categoria etc. regem-se pela CLT, recepcionadas pelo art. 8º da CF/88. Daí decorre que se aplicam as regras do recolhimento da contribuição sindical, como consectário do art. 8º, IV, CF, que não excepciona o sindicalismo público. Com efeito, o regime sindical no Brasil é um só, tanto para o setor público como para o setor privado. Não há outro.

No entanto, neste ponto, a doutrina e a jurisprudência vacilaram, ao argumento de que a regra da contribuição prevista na CLT é incompatível com o poder público. Crasso engano. Destarte, tudo é problema de história. O servidor público foi proibido de se sindicalizar até 4.10.1988. A CLT o excluía de seu manto. Mas a partir de 1988 ele ganhou os direitos de sindicalização e de greve. E como não foram editadas leis específicas, regem-se pelo direito comum à espécie. A propósito, ao Promulgar a Convenção Internacional n. 151 da OIT, da negociação coletiva no setor público, o Decreto preceitua que se entenda por entidade sindical dos servidores públicos aquelas prenunciadas no art. 8º da Constituição. Ou seja, um único modelo, que é o regulamentado pela CLT.

Fontes legais — tratam da matéria os arts. 37, VI (sindicalização) e VII (greve), a Convenção Internacional do Trabalho n. 151, a Recomendação Internacional do Trabalho n. 159 e o Decreto n. 7.944/13, que as promulgou.

Capítulo XXXIV

Liberdade Sindical

1. Convenção n. 87 da OIT

A liberdade sindical é princípio de importância ímpar, visto que sua garantia assegura o desenvolvimento de um sistema sindical socialmente útil, capaz de equilibrar a balança da relação entre Capital e Trabalho. Seu estudo deve ser especialmente aprofundado com relação ao sistema proposto pela Organização Internacional do Trabalho, já que o sistema atualmente adotado pelo Brasil sofre duras críticas e, em determinado momento, deverá ser modificado para que se aproxime daquele.

Dos princípios albergados na Convenção n. 87 da OIT e no Pacto Internacional dos Direitos Econômicos, Sociais e Culturais da ONU (New York, 1966), emergem as três faces da liberdade sindical:

a) liberdade sindical coletiva — pela qual empresários e trabalhadores têm o direito de constituir sindicatos que os representem. É um direito ou uma liberdade coletiva que se impõe perante o Estado e a sociedade;

b) liberdade sindical individual — pela qual cada trabalhador ou empresário tem o direito de filiar-se ao sindicato de sua categoria e de desfiliar-se. Este é um direito ou uma liberdade do individual que se impõe perante a associação sindical;

c) autonomia sindical — correspondente à liberdade de organização interna e de funcionamento da associação sindical, bem como a faculdade de constituir federações, confederações e centrais.

Conclui-se que ainda não adotamos a autonomia sindical preconizada na citada Convenção, pois o art. 8º da Constituição manteve o sindicato único por base territorial.

"Enquanto mantivermos por lei — e por norma da Constituição — a contribuição sindical compulsória e o sindicato único, não poderemos nunca em sã consciência, ratificar a Convenção n. 87, de 1948, que se choca com a sistemática da nova ordem pública interna" — diz Evaristo de Moraes Filho[(60)].

Entretanto, a liberdade sindical brasileira pode ser vista como muito ampla, pois permite desdobramentos mil, tanto que já são quase 16 mil sindicatos com registro ativo no Ministério do Trabalho. Além disso, a Lei n. 13.467/2017 já eliminou a contribuição sindical obrigatória.

---

(60) Organização sindical perante o estado. *Revista LTr*, nov. 1988.

A liberdade sindical constitui a pilastra principal da democracia, que é um direito humano de 4ª ou 5ª geração, o qual assegura o aprimoramento da dignidade humana, o crescimento espiritual e material da pessoa humana. Como uma sociedade progressista se faz através do trabalho, e a associação sindical constitui o principal ator do direito coletivo, a liberdade sindical é pressuposto da democracia. Destarte, tanto não há democracia sem sindicalismo livre como não há liberdade sindical em regimes ditatoriais. Tais regimes políticos não toleram imprensa e sindicato livres.

2. Autonomia sindical brasileira

Autonomia sindical é o poder de autodeterminação dessas entidades, com a menor ingerência possível do Estado. No Brasil, o sindicato livre foi instituído pela Constituição de 1934; a de 1937 eliminou a autonomia; a de 1946 silenciou sobre esse aspecto; a de 1967/1969 mantém o sistema de 1946; a CF/88 dispõe que é livre a associação profissional ou sindical, observado o seguinte:

a) a lei não poderá exigir autorização do Estado para a fundação de sindicato, ressalvado o registro no órgão competente, vedadas ao Poder Público a interferência e a intervenção na organização sindical;

b) sindicato único por base territorial, esta definida pelas categorias, mas nunca inferior à área de um Município;

c) cabe ao sindicato a defesa dos direitos e interesses coletivos ou individuais da categoria, inclusive em questões judiciais ou administrativas;

d) a assembleia geral fixará a contribuição da categoria que, se profissional, será descontada em folha, para custeio do sistema confederativo de sua representação sindical, independente da contribuição prevista em lei;

e) ninguém será obrigado a filiar-se ou manter-se filiado a sindicato;

f) é obrigatória a participação dos sindicatos nas negociações coletivas de trabalho;

g) o aposentado tem direito a votar e ser votado nas organizações sindicais;

h) estabilidade ao dirigente sindical (e ao suplente), a partir do registro da candidatura e, se eleito, até um ano após o término do mandato;

i) extensão dessas disposições aos sindicatos rurais e de colônias de pescadores, observadas as condições que a lei estabelecer.

O servidor público civil só conquistou o direito de sindicalização com a Constituição de 1988. Mas o militar ainda não. Por isso, o sindicalismo público se rege pelas regras da CLT, enquanto outro direito não se alevantar da lei, das práticas e da jurisprudência.

Cumpre registrar que, apesar de tanta liberdade prenunciada no art. 8º da CF/88, um obstáculo à plena liberdade se interpôs: manutenção da unicidade sindical. Em debates acalorados, os arautos da unicidade sindical sustentam que isso é necessário para que a categoria se mantenha coesa, pois a divisão enfraquece e perde o poder de luta. A contribuição sindical compulsória também constituía outro entrave ao princípio da liberdade sindical. Mas a Lei n. 13.467/2017 a converteu em contribuição sindical facultativa.

Destarte, não vejo gravame nesse modelo. O que acho preocupante é a jurisprudência reducionista do Tribunal Superior do Trabalho, contrariando todos os princípios de interpretação do direito social, que pugna pelo avanço. Assim é que, louvado em um julgamento isolado do STF no RE n. 193.345-3, ainda no início da década de 1990, sumulou que o art. 522 da CLT, o qual fixa o número de diretores do sindicato entre três e sete membros, foi recepcionado pelo art. 8º da CF (Súmula n. 369). Pior ainda: seccionou o dito art. 522 em duas partes, sonegando estabilidade aos membros do Conselho Fiscal (OJ n. 365); firmou também que delegado sindical não goza de estabilidade (OJ n. 369). Ou seja, postura digna de representação à OIT.

Na verdade, a liberdade sindical deve ser do tamanho da liberdade do homem. Já é tempo de acabar com o faz de conta. Já é tempo de eliminar a unicidade e concentrar na cúpula a representação negocial, nas centrais, por exemplo, como ocorre nas grandes democracias, pois no nível apenas do sindicato não funciona. É tempo de confiar o registro sindical a um Conselho Sindical organizado pelos próprios trabalhadores e empresários; liberar o prazo da negociação coletiva, hoje enclausurada em dois anos; pôr fim, à intervenção que a Justiça exerce mediante abusivos interditos possessórios, proibição de extensão das contribuições instituídas por assembleia geral aos não associados, de impor aos sindicatos o modelo de sua diretoria etc. Já é tempo de denunciar as condutas antissindicais, venham de onde vier.

3. Liberdade de filiação

A sindicalização compulsória, a sindicalização livre e o direito de sindicalização mexem com o que denomina Bernard Dubois **liberdade positiva e liberdade negativa**. A primeira consiste no direito de ser livremente membro de um sindicato; a segunda é o direito de abster-se de filiação.

A sindicalização livre significa o direito de todo trabalhador associar-se ao sindicato e dele retirar-se quando lhe aprouver. A sindicalização compulsória, ao contrário, oferece meios coercitivos contra o não sindicalizado e o que se retira. Em outros países, que não no Brasil, admitem-se nas convenções coletivas cláusulas segundo as quais o empregador não admitirá trabalhador não sindicalizado (*closed shop*) e é obrigado a despedir empregado que deixe o sindicato (*union shop*).

No Brasil, a sindicalização é livre, isto é, preenchidos os requisitos da capacidade e da profissionalidade, o trabalhador é livre tanto para associar-se como para desligar-se do sindicato. Entretanto, o art. 544 relaciona nove privilégios aos sindicalizados, como, p. ex., preferência na admissão à empresa que explore serviços públicos ou mantenha contrato com os poderes públicos. E o art. 546 preferencia a empresa sindicalizada nas concorrências públicas em caso de empate com empresa não sindicalizada. Portanto, o nosso sistema é de liberdade, com incentivo à sindicalização.

A Constituição de 1967, com a Emenda n. 1/69, vedava ao servidor público o direito de sindicalização. A atual permite somente aos **civis**: art. 37, VI.

4. Atividades sindicais e condutas antissindicais

As atividades sindicais consistem no exercício de todas as atribuições e prerrogativas conferidas por lei, bem como cumprir as deliberações tomadas em assembleia geral e as emanadas dos seus estatutos, cf. exposto neste Capítulo. Antissindicais são as condutas que atentam contra as atividades sindicais.

4.1. Espécies de condutas antissindicais e consequências

O embaraço ao exercício da atividade sindical poderá partir: a) **do Estado** — atos tendentes a inibir ou impedir que os sindicatos desenvolvam suas atividades; b) **dos empregadores** — que constituam empecilhos aos trabalhadores para o exercício de seus direitos sindicais; e c) **dos próprios sindicatos** — mediante a instituição de privilégios ou limitações pelo fato de o trabalhador ser ou não ser sindicalizado. Por outro ângulo, tipifica conduta antissindical o abuso do dirigente sindical no exercício das funções de direção, extrapolando os poderes estatutários e as prerrogativas legais.

No nosso sistema jurídico, o sindicato e seus representantes são amplamente protegidos contra a prática de atos de repressão e antissindicais, tendo em vista que ferem diretamente o princípio da liberdade associativa e da liberdade sindical, na sua dimensão positivada na Constituição.

O jurista uruguaio Oscar Ermida Uriarte (*A proteção contra os atos antissindicais*. Trad. Irany Ferrari. São Paulo: LTr, 1989) analisa as práticas antissindicais, apontando a liberdade sindical de organização e de atividade como premissa básica de tais práticas. Assim conceitua **ato antissindical:**

> Toda atitude ou conduta que prejudica a causa da atividade sindical ou que limita a mesma além do que surge do jogo normal das relações coletivas. Em outras palavras, os atos ou práticas antissindicais podem ser definidos como aqueles que prejudicam indevidamente a um titular de direitos sindicais no exercício da atividade sindical ou por causa desta ou aqueles mediante os quais se lhes negue, injustificadamente, as facilidades ou prerrogativas necessárias para o normal desenvolvimento da ação coletiva.

Segundo Uriarte, os atos antissindicais podem resultar: a) da própria legislação; b) de atos do Estado (geralmente, eles emanam do Poder Executivo); c) de situações políticas geradas, que, por vezes, acabam por envolver toda uma categoria de empregadores e/ou trabalhadores, afetando os sindicatos; d) de práticas desleais por parte do empregador, previstas ou não no contrato de trabalho; e e) de atos de ingerência ou de discriminação do empregado praticados pelo empregador. Assim, todos esses atos são considerados antissindicais, desde que impeçam ou limitem a liberdade sindical, seja direta ou indiretamente.

Têm-se, por exemplo, as práticas *yellow dog contracts*, as *company unions* e a *mise à l'index*.

Pelos *yellow dog contracts* (expressão de origem inglesa que significa "contratos de cães amarelos"), o trabalhador firma com seu empregador o compromisso de não filiação ao sindicato de sua categoria como critério de admissão e manutenção no emprego.

Questiona-se a atitude do trabalhador que subscreve esta cláusula de não filiação ao sindicato. Contudo, a experiência histórica de outros países, inclusive aqui no Brasil, tem revelado que é comum, nas empresas, práticas meramente informais, mediante a pressão surda no ambiente de trabalho, com o fim de inviabilizar a filiação de empregados ao respectivo sindicato.

No caso das *company unions* ("sindicatos de empresa", que no Brasil são chamados de "sindicatos amarelos"), o próprio empregador estimula e controla, seja direta ou indiretamente, a organização e as ações do respectivo sindicato obreiro.

No caso da *mise à l'index* (expressão originária da França que significa "colocar no *index*" — no Brasil é uma espécie de "lista negra"), as empresas divulgariam entre si os nomes dos trabalhadores com significativa atuação sindical, objetivando praticamente excluí-los do mercado de trabalho.

Segundo Gomes e Gottschalk, a prática *mise à l'index*, na França, também se tornou conhecida como instrumento utilizado pelo próprio sindicalismo para desgaste ou pressão sobre trabalhadores não filiados (como uma espécie de lista negra dos não filiados): "o sindicato apela para os associados a fim de que não mantenham relações sociais, camaradagem, confraternização, com o empregado indigitado... visando constranger o não sindicalizado à sindicalização..." (*Curso de direito do trabalho*, p. 481-482).

Há, ainda, os atos de empregadores, de empresários e, às vezes, até mesmo de autoridade pública, repressores do direito de greve.

4.2. Mecanismos de proteção da liberdade sindical e contra as práticas antissindicais

Ainda Uriarte sugere que, ante a existência de prática de atos antissindicais, busque-se a necessária "solução reparatória perfeita", que se "resolve com a declaração de nulidade do ato antissindical e o restabelecimento da situação alterada. Ao revés, a reparação patrimonial é insuficiente quando o que está em jogo é — como neste caso — o exercício concreto de uma liberdade fundamental, embora possa ser útil como complemento da anulação do ato antissindical" (*op. cit.*, p. 60-61).

A comprovação de práticas antissindicais, pela grave afronta ao *princípio constitucional da liberdade associativa e sindical*, insculpido no art. 8º, *caput*, e inc. I, da CF, poderá ensejar como consequência: a) ação para cessação da prática danosa; b) restituição ao *status quo ante*; c) ações penais cabíveis (do Código Penal, arts. 146 — constrangimento ilegal; 197 — crime contra a organização do trabalho; 199 — atenta contra a liberdade de associação; 200 — paralisação seguida de violência; 201 — paralisação de obra pública de interesse coletivo; 202 – invasão de estabelecimento e sabotagem; 203 — frustrar direito assegurado por lei trabalhista); d) a concessão ao trabalhador e/ou à organização sindical afetados de **indenização pelos danos materiais e morais e prejuízos causados pelo ato antissindical,** inclusive ação indenizatória de danos morais coletivos.

Capítulo XXXV

Os Conflitos Coletivos de Trabalho e Mecanismos para sua Solução — A Greve e o Locaute

Definição e espécies de conflitos. Assim se denominam as dissidências ocorridas no âmbito das categorias econômica e profissional, causando enormes transtornos sociais, econômicos e políticos. Há conflitos de certas categorias de âmbito nacional e em setores estratégicos, que abalam as bases do próprio Governo. Como a economia constitui a base de toda a sociedade, a qual não funciona sem o trabalho, a matéria se agiganta para atingir os interesses políticos e sociais, cujas preocupações transbordam das categorias dissidentes para os Poderes Públicos, nas esferas administrativa e judicial.

Dentre os conflitos coletivos, destacam-se: a) **boicote** — obstrução ao negócio da empresa, falta de cooperação, o que é ilícito; b) **sabotagem** — destruição ou inutilização de máquinas ou de mercadorias pelos trabalhadores, como protesto violento contra o empregador, conduta reprimida por lei; c) **ocupação do estabelecimento** — situação em que os trabalhadores ocupam o estabelecimento e se recusam a se retirar, ali permanecendo sem trabalhar, ferindo dois postulados básicos: o direito de propriedade e a liberdade de trabalho dos outros, o que tem ensejado a desocupação por ordem judicial; d) **piquetes** — forma de pressão para os trabalhadores aderirem à greve, conduta legal quando não violento; e) **braços cruzados** — situação em que os trabalhadores comparecem ao trabalho, mas cruzam os braços, em vez de trabalhar, o que caracteriza uma espécie de greve; f) **operação padrão ou tartaruga** — trabalho lento e meticuloso, com excesso de zelo, para emperrar o serviço, representando também uma espécie de greve; g) **greve**, o instrumento mais usado, direito dos trabalhadores garantido na Constituição e na lei, porque representa um instrumento de autodefesa da categoria; h) **locaute**, que é o fechamento das empresas em protesto contra algo, é a greve dos empregadores. O art. 722 da CLT o proíbe sem prévia autorização judicial.

Destacam-se ainda entre as formas de conflito as emergentes das novas investidas do Direito, na defesa do meio ambiente, dos direitos fundamentais etc. Os conflitos coletivos serão resolvidos mediante autocomposição ou heterocomposição.

A **autocomposição** constitui o instrumento mais legítimo, porque são as próprias categorias dissidentes que estipulam as regras de natureza coletiva para o fim do conflito; representa-se por meio de um desses três instrumentos: contrato coletivo do trabalho; convenção coletiva do trabalho; acordo coletivo do trabalho, dos quais trataremos adiante.

A heterocomposição significa a interferência de agentes externos às categorias, podendo ser **extrajudicial** ou **judicial**. Na primeira incluem-se a mediação e a arbitragem; a segunda são os dissídios coletivos: de natureza econômica, de natureza jurídica e de greve.

2. A greve no Direito brasileiro. Conceito, natureza jurídica e fundamento

O direito de greve, previsto no art. 9º da Constituição, está regulamentado pela Lei n. 7.783/89, a qual, modificando o conceito anterior, previsto na Lei n. 4.330/64, preceitua que a greve é *a suspensão coletiva, temporária e pacífica, total ou parcial, de prestação pessoal de serviços a empregador.*

Sobre a importância da greve como instrumento de luta dos trabalhadores, diz Evaristo de Moraes Filho: "Como liberdade e direito fundamental dos que, na vida econômica, dispõem somente da sua própria capacidade laborativa, proporciona-lhes a greve um instrumento de relativa igualização na celebração e no efetivo exercício do contrato de trabalho" (*O direito de greve e a constituição*. Rio de Janeiro: Edições Trabalhistas, 1987. p. 22-23).

Natureza jurídica — no sistema brasileiro, a greve aparece como um **direito**, uma **liberdade**. É assim que o *caput* do art. 9º e o inciso VII do art. 37 da Constituição a qualificam.

Fundamento — funda-se no princípio da liberdade individual e coletiva de trabalho.

A greve é o único instrumento de força de quem não tem força econômica, por meio do qual ocorre um certo nivelamento de potências, para forçar a uma negociação coletiva equitativa. Até porque nada vem sem luta. Quem tem algo não quer dar, ainda que auferido com o suor alheio. Da mesma forma o empresário não cede voluntariamente. Só o embate gera conquistas.

A greve é um fato social histórico de larga repercussão. Sempre foi mal visto pela sociedade conservadora e tratado como caso de polícia pelos governos. Já foi reprimido de todas as maneiras, até com a forca. Mas como se trata de um fato inevitável, integrante do jogo democrático, só restou discipliná-lo por lei. A primeira abstenção dos trabalhadores ao trabalho de que se tem notícia, com feição de greve foi o protesto dos plebeus, que, só tendo obrigações perante os patrícios, que só tinham direito, se retiraram de Roma. Negociaram o retorno mediante uma lei escrita que lhes assegurasse direitos, resultando na Lei das Doze Tábuas, de 460 a.C. Os patrícios não gostaram do constrangimento, mas aquele fato produziu um largo avanço na civilização humana.

Destarte, a greve é um misto de direito com subversão e sublevação, ou um direito de sublevação coletiva, como instrumento de conquista dos trabalhadores. Francisco Gérson Marques Lima fala da greve como um direito antipático, mal compreendido e mal noticiado, pois a imprensa está sempre do seu próprio lado, o patronal, levando à opinião pública ideia de desordem e banditismo:

a greve é um meio de autodefesa de um grupo social específico (os trabalhadores), além de funcionar como instrumento de pressão voltado a reivindicações coletivas. O direito sabe que ela vem recheada de várias possibilidades de condutas e que, no seu âmago, há a chama da força coletiva, da reação revolucionária, da animosidade e do desprendimento, algo semelhante ao que se dá, no âmbito individual, com a legítima defesa e o exercício direto das próprias razões, admitidos tanto pela legislação penal como pelo Direito Civil (*Greve:* um direito antipático, p. 25).

2. Procedimento da greve

Há uma fase **preparatória** e uma de **desenvolvimento**. A preparatória tem diversos atos: a) primeiro a tentativa de negociação; b) deliberação pela assembleia sindical, na forma de seu estatuto; ou, na falta de sindicato, os trabalhadores se reunirão em assembleia e constituirão uma comissão de greve, que os representará, inclusive perante a Justiça do Trabalho; c) aviso-prévio — notificação aos empregadores da decisão pela greve com antecedência mínima de 48 horas e, nos serviços essenciais, de 72 horas. É proibida a greve-surpresa.

3. Garantias dos grevistas, dos não grevistas e dos cidadãos

É permitido o piquete pacífico, e não o violento; é vedada a despedida durante a greve e a contratação de outros empregados para substituir os grevistas; é permitida a arrecadação de fundos e a livre divulgação do movimento; é vedado à empresa a adoção de meios de constrangimento para o trabalhador retornar ao trabalho ou capazes de frustrar a divulgação do movimento (cf. art. 6º da Lei n. 7.783/89).

O exercício da greve, no entanto, preservará os direitos e garantias fundamentais do trabalhador que não aderiu à greve e do cidadão. Assim, o não grevista tem o direito fundamental de acesso ao trabalho, fundado na sua liberdade de trabalho. Os equipamentos devem ser mantidos, mediante rodízio de trabalhadores, conforme negociação com os patrões, pois há tipos de equipamentos que não podem parar ou deixar de receber manutenção. E os serviços indispensáveis à comunidade devem ser mantidos.

4. Serviços essenciais

Os serviços essenciais devem ser mantidos durante a greve.

Consideram-se serviços essenciais: a) tratamento e abastecimento de água, produção e distribuição de energia elétrica, gás e combustíveis; b) assistência médica e hospitalar; c) distribuição e comercialização de medicamentos e alimentos; d) funerários; e) transporte coletivo; f) captação e tratamento de esgoto e lixo; g) telecomunicações; h) guarda, uso e controle de substâncias radiativas, equipamentos e materiais nucleares; i) processamento de dados ligado a serviços essenciais; j) controle de tráfego aéreo; l) compensação bancária.

Há quem defenda que essa relação é apenas exemplificativa; outra corrente entende que é taxativa. Dessas posições, extrai-se que o espírito da lei revela-se no sentido de que, apesar da greve, os trabalhadores são obrigados a manter a prestação dos serviços indispensáveis ao atendimento das necessidades inadiáveis da comunidade, assim consideradas **as que, se não atendidas, coloquem em perigo iminente a sobrevivência, a saúde ou a segurança da população** (art. 11 da Lei n. 7.783/89).

Logo, verificado que a situação se enquadra na fórmula que sublinhamos, deve ser determinada a manutenção dos serviços básicos, ainda que não constantes da lista dos serviços essenciais. Até porque a dinâmica econômica e social produz novas essencialidades — informática em geral, por exemplo, é o coração de todas as atividades —, e secundariza outras atividades. Quem ouviu falar mais de greve dos telefônicos, ou da compensação bancária? Nas decisões cautelares, os julgadores determinam um percentual mínimo de trabalhadores para manter os serviços essenciais ou inadiáveis. Em geral, se fixa em 30%, ou mais, conforme a necessidade do serviço.

5. Legalidade e ilegalidade da greve

A CF/88 acabou com a ilegalidade material da greve, ao preceituar que compete aos trabalhadores decidir sobre a oportunidade de exercê-la e os interesses que devam por meio dela defender. Entretanto, é **ilegítimo** o movimento violento. No entanto, o que se entende por violento? Com efeito, é sabido que o empregador usará todo o seu potencial coercitivo para esvaziar a greve, enquanto o comando de greve utilizará sua contra-força para torná-la efetiva. Desse choque de ações e interesses contrários é natural que ocorram violência lado a lado. Greve sem violência é romantismo, o que não existe nem parecido no embate capital x trabalho. O que se deve medir é o grau de violência tolerável.

Contudo, subsiste a **ilegalidade formal**, verificada quando preteridas as regras legais e estatutárias, do prazo mínimo de comunicação da greve, do quorum mínimo de deliberação e da manutenção dos serviços essenciais.

Por outro lado, pode a greve ser declarada **abusiva**, assim considerada, cf. o art. 14 da Lei n. 7.783/89, quando não observadas as normas legais e quando for mantida a paralisação após celebração de acordo coletivo de trabalho, convenção coletiva ou decisão da Justiça do Trabalho. A OJ n. 38 da SDC do TST considera abusiva a greve nos serviços essenciais quando não é assegurado o atendimento básico das necessidades inadiáveis dos usuários. Quando os Tribunais julgam abusiva a greve, determinam a imediata cessação do movimento, impondo multa diária ao sindicato pelo descumprimento da decisão.

O dissídio de greve poderá ser suscitado pelas associações sindicais representantes dos trabalhadores, dos empregadores ou Ministério Público do Trabalho, este, só em relação aos serviços essenciais quando estiver havendo perigo de lesão do interesse público; ou, havendo lesão a interesse público, ainda que não se trate de atividade essencial. A declaração de ilegalidade, ilegitimidade ou abusividade da greve constitui em falta os empregados que não retornarem ao serviço, autorizando as ações disciplinares do empregador, até mesmo despedida por justa causa. Mas o simples fato de o trabalhador aderir a greve, ainda que venha a ser declarada ilegal ou abusiva, não constitui fato punível.

6. Efeitos da greve

Vários são os efeitos da greve: a) suspensão da prestação do serviço pelos trabalhadores; b) suspensão dos contratos de trabalho e do pagamento dos salários; c) danos patrimoniais a serem reparados; d) consequências penais decorrentes de reação das empresas ou de excessos dos grevistas. A jurisprudência não considera falta grave a adesão a greve, ainda que esta venha a ser declarada ilegal, ilegítima ou abusiva.

As consequências obrigacionais da greve serão objeto das negociações para cessação do movimento. Entretanto, se o dissídio for resolvido pelo Judiciário, a sentença deliberará sobre a legitimidade ou não do movimento paredista. Se considerá-lo legítimo, mandará pagar os dias parados; do contrário, manterá os descontos dos dias parados.

> **Greve no serviço público** — o art. 37, VII, da CF assegura aos servidores públicos civis o direito de greve, a ser exercido nos termos da **lei especial**. Antes da Reforma Administrativa, efetivada pela EC n. 19/98, constava apenas "nos termos da lei". Logo, a greve dos trabalhadores na Administração Pública direta, autárquica e fundacional não podia ser exercida segundo a lei geral de greve.

Como a *lei especial* nunca foi editada, a Justiça vinha decretando a ilegalidade das greves dos servidores públicos federais, estaduais e municipais, que integram a Administração Pública direta, autárquica e fundacional.

Isto equivalia a cercear o gozo de um direito assegurado na Constituição. Por isso, o STF, nos autos do Mandado de Injunção 712-8 Pará, declarou a mora do Poder Legislativo e concedeu a Injunção, para assegurar ao servidor público o gozo do direito de greve, a ser exercido nos termos da lei geral de greve (Lei n. 7.783/89), no que não for incompatível, até que o Congresso Nacional regulamente o inciso VII do art. 37, CF.

Cumpre registrar que a democracia brasileira é muito recente. Dos 520 anos desde o descobrimento, 400 foram de escravidão, 40 de servidão (de 1888 a 1930), 35 de ditadura (1930/1945 e 1964/1985). Nos 18 anos da democracia de 1946 a 1964, baniram o Partido Comunista, cassaram e perseguiram seus integrantes; ocorreram inúmeras intervenções nos sindicatos; levaram a suicídio um Presidente da República, outro à renúncia e depuseram outro. Juscelino tomou posse em 1955 com os tanques de guerra na rua. Só de 1988 para cá se ensaia o exercício democrático, se inicia uma era realmente republicana. É muito pouco tempo para contrapor a cinco séculos de privilégios monárquicos da elite brasileira. Só em 1988 foi conquistado o direito de sindicalização do servidor público civil. Esse direito ainda está engatinhando. Por isso, a greve causa justificável espanto.

A greve no serviço público é diferente da greve no setor privado. Por isso deve sofrer limitações de várias ordens: a) os serviços públicos de saúde e de segurança são inadiáveis; b) a nem todos os servidores deve ser dado o direito de greve, pois há os postos de mando, de comando, de polícia etc.; c) a margem de negociação é estreita, pois os gestores estão atados à Lei Orçamentária e à Lei de Responsabilidade Fiscal etc. De outro lado, causa muitos transtornos. Ao contrário da greve no setor privado, em que o prejudicado é o capitalista; no setor público o prejudicado é o destinatário do serviço, o contribuinte. São alguns dos aspectos a serem enfrentados pelos órgãos judiciais enquanto não for editada a Lei Especial de Greve.

No Supremo Tribunal Federal instala-se a tendência de não admitir greve de policiais, mesmo civis, e de médicos, por ser a segurança e a saúde serviços inadiáveis.

Competência — o inciso II do art. 114 da CF atribui à Justiça do Trabalho competência para processar e julgar todos os dissídios decorrentes do exercício do direito de greve. Destarte, a matéria coletiva é privativa dos Tribunais e as questões individuais, das Varas. A Súmula Vinculante 23 do STF consolidou a competência trabalhista para processar e julgar os interditos proibitórios de greve.

Compete ao Tribunal Regional do Trabalho processar e julgar o dissídio de greve. Mas quando o movimento ultrapassar do limite da jurisdição do TRT, desloca-se a competência para o Tribunal Superior do Trabalho.

Mas se a greve se der entre os servidores estatutários, a competência foi deslocada para os Tribunais da Justiça Comum, por força de ADI, em que o STF declarou inconstitucionalidade sem redução de texto do inciso I do art. 114 da CF. Greve de servidores estatutários, estaduais e municipais, compete aos Tribunais de Justiça; greve de servidores federais estatutários, os Tribunais Regionais Federais com jurisdição na região onde se der a greve; quando a greve extrapola dos limites da jurisdição do TRF, a competência será do Superior Tribunal de Justiça.

7. Locaute

É a greve de empregadores. A paralisação das empresas, para frustrar negociação coletiva ou dificultar o atendimento de reivindicação dos trabalhadores. É procedimento vedado pelos arts. 17 da Lei n. 7.783/89 e 722 da CLT, razão pela qual são devidos os salários durante esse movimento, além da imposição ao empregador (ou diretores da empresa) de multa, perda do cargo de representação profissional, suspensão da elegibilidade para cargo de representação profissional.

Capítulo XXXVI

Negociação Coletiva do Trabalho

1. Definição e função da negociação coletiva de trabalho

Definição — negociação coletiva de trabalho é o termo genérico a significar o ajuste feito entre as entidades sindicais e as entidades patronais ou empresas individuais ou agrupadas, tendo em vista estabelecer condições de trabalho para todos os trabalhadores compreendidos na base territorial das entidades negociantes, vinculando todos os trabalhadores e empregadores na referida base.

As cláusulas estabelecidas nos instrumentos de negociação integram as fontes formais primárias do direito do trabalho; constituem normas abstratas de caráter geral, com força de lei, ingressando em todos os contratos individuais de trabalho, mesmo sem a interferência dos empregados, por força do **princípio da substituição automática das cláusulas contratuais**, salvo se as condições dos contratos individuais forem mais favoráveis.

Esse direito ganhou nova dimensão com a Lei n. 13.467/17, da reforma trabalhista, que acrescentou à CLT os arts. 611-A e o 611-B. O primeiro relacionando a matéria sobre a qual pode haver negociação coletiva do trabalho com prevalência sobre a lei; e o segundo relacionando o que não pode ser objeto dessa negociação. Interessante notar que o legislador reformista primeiro enfraquece os sindicatos, retirando-lhes a contribuição sindical compulsória, depois libera a livre negociação. Logicamente, com sindicatos fragilizados, as negociações tendem a não avançar nas conquistas, ao contrário, tenderão a recuar.

> **Fundamento legal** — arts. 7º, XXVI e 114, § 1º, da CF; 513, *a*, e 611 a 625, da CLT; Convenção Internacional do Trabalho (CIT) n. 98, aprovada pelo Decreto Legislativo n. 33.688/1953 e promulgada pelo Decreto n. 33.196/1953, que trata dos princípios da organização sindical e da negociação coletiva; CIT n. 154, aprovada pelo Decreto Legislativo 22, de 22/05/1992, promulgada pelo Decreto n. 1.156/11994, sobre o incentivo à negociação coletiva.

> **Função** — a negociação coletiva de trabalho cumpre funções jurídicas, política, econômica e social.

As **funções jurídicas** compreendem três dimensões: a) **normativa** — a significar as cláusulas de conteúdo normativo abstrato, que vinculam toda a categoria de empregados e empregadores na base territorial dos convenentes. Estas cláusulas estabelecem condições de trabalho, patamares salariais e benefícios sociais, que passam a integrar todos os contratos individuais de trabalho dos representados durante a vigência da Convenção ou Acordo Coletivo; b) **obrigacional** — assim compreendidas as cláusulas que estabelecem obrigações mútuas entre as entidades convenentes, sem reflexo nas relações individuais de trabalho, como as multas previstas pelo descumprimento de quaisquer cláusulas; c) **compositiva** — por meio da função compositiva os interessados resolvem as divergências que surgirem sobre algum ponto da negociação, sem interferência de agentes externos.

A **função política** — o conflito coletivo do trabalho causa enormes transtornos sociais e econômicos, consequentemente, abala as estruturas do Poder Político. Logo, a função política da negociação coletiva revela-se no momento em que a sociedade se apoia nos seus legítimos interlocutores para a solução dos conflitos coletivos, para manter ou restabelecer a harmonia social. Por outro lado, representa instrumento poderoso de desenvolvimento político de empresários e trabalhadores.

A **função econômica** subjaz na atuação da negociação coletiva como instrumento de distribuição de riqueza numa economia em que se verifica prosperidade. Por meio da negociação coletiva, os próprios atores da atividade econômica fazem sua regulação. Diríamos que se trata de um instrumento civilizador das relações de trabalho entre trabalhadores e empresários.

Já a **função social** revela-se na garantia de participação dos trabalhadores no processo de decisão empresarial, em proveito da normalidade das relações coletivas e de harmonia no ambiente de trabalho. A negociação coletiva constitui importante instrumento de conquistas sociais para os trabalhadores, representadas na melhoria do IDH da população.

2. Níveis da negociação

As organizações sindicais são: sindicato > federação > confederação. Segundo a Recomendação Internacional do Trabalho n. 163 da OIT, a negociação deve dar-se nos três níveis. Porém, no Brasil, o monopólio da negociação é entregue ao sindicato, atuando as outras entidades subsidiariamente, ou seja, se a categoria não estiver organizada em sindicato, compete à federação, e, na falta desta, à confederação.

O papel das centrais sindicais ainda encontra-se em elaboração legislativa, contudo é natural que participem das negociações de âmbito nacional, o que de fato já fazem, na pactuação dos contratos coletivos do trabalho, bem como no assessoramento dos sindicatos nas convenções e nos acordos coletivos do trabalho.

As federações, as confederações e as centrais sindicais só podem negociar entre si para criar normas coletivas de trabalho se houver prévia autorização dos sindicatos associados em cujas bases pretendem atuar. E os sindicatos necessitam da autorização em assembleia geral para outorgar tais poderes aos entes de grau superior.

3. Instrumentos de negociação

A negociação coletiva de trabalho compreende basicamente três instrumentos: contrato coletivo de trabalho, convenção coletiva de trabalho e acordo coletivo de trabalho.

3.1. Contrato coletivo de trabalho

Cesarino Jr. emprega o termo genérico "contrato coletivo de trabalho" para designar a convenção e o acordo coletivo de trabalho, além do acordo judicial em dissídio coletivo de trabalho.

Porém, a partir de 1990, a legislação passou a dar-lhe conotação de maior amplitude: a Lei n. 8.542/92 dispõe que as normas e condições de trabalho serão fixadas através de contrato coletivo, dentre outros meios; a Lei n. 12.815/13, dos portuários, repetindo regra da lei anterior, Lei n. 8.630/93, prevê o contrato coletivo dos portuários; já se verificam algumas experiências como o acordo nacional dos bancários, conduzido pelas entidades sindicais de grau superior.

Assim, podemos defini-lo, em sentido estrito, como *o instrumento normativo negociado entre as entidades sindicais de nível superior para viger sobre a base territorial que estabelecer e vinculando as empresas ou categorias econômicas e as categorias profissionais que especificar.*

Essa espécie contratual reúne conteúdo bem mais amplo que as simples matérias trabalhistas, podendo abrigar regras próprias do direito comum, como relações de produção, maior abrangência territorial e maior número de categorias profissionais e econômicas. E seus sujeitos são as associações sindicais de grau superior. Como se vê, o contrato coletivo define-se pelos sujeitos pactuantes, seu conteúdo e sua extensão.

As normas do contrato coletivo não substituem as outras normas trabalhistas, mas somam-se a estas. Quanto à hierarquia, continua o critério da norma mais favorável ao trabalhador. Porém, nos casos em que a Constituição autoriza, e diante de deliberação das categorias, é possível remover direitos, constituindo essa uma das exceções ao direito adquirido.

3.2. Convenção coletiva de trabalho

> "É o acordo de caráter normativo, pelo qual dois ou mais sindicatos representativos de categorias econômicas e profissionais estipulam condições de trabalho aplicáveis, no âmbito das respectivas representações, às relações individuais de trabalho." (art. 611 da CLT)

3.3. Acordo coletivo de trabalho

É o pacto de caráter normativo celebrado entre sindicato da categoria profissional e uma ou mais empresas da correspondente categoria econômica.

Distingue-se o Acordo da Convenção pelo fato de esta ser celebrada entre os sindicatos representantes das categorias antagônicas — sindicato profissional X sindicato representante da categoria econômica; já o Acordo dá-se entre o sindicato representante da categoria profissional e uma ou mais empresas — sindicato profissional X empresa(s).

3.4. Prevalência do negociado sobre o legislado

A Lei n. 13.467/17 instituiu no art. 611-A o negociado prevalecendo sobre o legislado nas seguintes matérias:

Art. 611-A. A convenção coletiva e o acordo coletivo de trabalho têm prevalência sobre a lei quando, entre outros, dispuserem sobre:

I – pacto quanto à jornada de trabalho, observados os limites constitucionais;

II – banco de horas anual;

III – intervalo intrajornada, respeitado o limite mínimo de trinta minutos para jornadas superiores a seis horas;

IV – adesão ao Programa Seguro-Emprego (PSE), de que trata a Lei n. 13.189, de 19 de novembro de 2015;

V – plano de cargos, salários e funções compatíveis com a condição pessoal do empregado, bem como identificação dos cargos que se enquadram como funções de confiança;

VI – regulamento empresarial;

VII – representante dos trabalhadores no local de trabalho;

VIII – teletrabalho, regime de sobreaviso, e trabalho intermitente;

IX – remuneração por produtividade, incluídas as gorjetas percebidas pelo empregado, e remuneração por desempenho individual;

X – modalidade de registro de jornada de trabalho;

XI – troca do dia de feriado;

XII – enquadramento do grau de insalubridade;

XIII – prorrogação de jornada em ambientes insalubres, sem licença prévia das autoridades competentes do Ministério do Trabalho;

XIV – prêmios de incentivo em bens ou serviços, eventualmente concedidos em programas de incentivo;

XV – participação nos lucros ou resultados da empresa.

§ 1º No exame da convenção coletiva ou do acordo coletivo de trabalho, a Justiça do Trabalho observará o disposto no § 3º do art. 8º desta Consolidação.

§ 2º A inexistência de expressa indicação de contrapartidas recíprocas em convenção coletiva ou acordo coletivo de trabalho não ensejará sua nulidade por não caracterizar um vício do negócio jurídico.

§ 3º Se for pactuada cláusula que reduza o salário ou a jornada, a convenção coletiva ou o acordo coletivo de trabalho deverão prever a proteção dos empregados contra dispensa imotivada durante o prazo de vigência do instrumento coletivo.

§ 4º Na hipótese de procedência de ação anulatória de cláusula de convenção coletiva ou de acordo coletivo de trabalho, quando houver a cláusula compensatória, esta deverá ser igualmente anulada, sem repetição do indébito.

§ 5º Os sindicatos subscritores de convenção coletiva ou de acordo coletivo de trabalho deverão participar, como litisconsortes necessários, em ação individual ou coletiva, que tenha como objeto a anulação de cláusulas desses instrumentos.

Para o negociado prevalecer sobre o legislado é necessária a atuação incondicional do sindicato profissional, por força do art. 8º, VI, da Constituição. Por outro lado, em face dos princípios protetores e da progressão social, as negociações coletivas são instrumentos de progresso e não de retrocesso social. Assim, a eventual redução de direito assegurado por lei só será lícita mediante contrapartida equivalente ou mais vantajosa para os trabalhadores.

Por sua vez, a lista de direitos elencados no art. 611-A, que podem ser negociados apesar da lei, é *numerus clausus*, para o seu tempo, porém aberta à dinâmica trabalhista para o futuro.

Apesar de o § 1º ditar que a Justiça, em caso de judicialização das questões negociadas, se limitará a examinar os elementos externos (sujeito capaz, objeto lícito e forma legal) do instrumento, cf. comentamos no Cap. IV, o legislador não pode tudo, pois a Constituição põe-lhe limites. Com efeito, o modo de julgar e de contextualizar o direito no sistema legal compete ao Poder Judiciário, pelas mãos dos juízes, que nada mais fazem do que dar resposta aos pleitos dos demandantes. Isso que consta do citado parágrafo não deve sequer ser lido, tamanha é sua inconstitucionalidade.

Aliás, todos os itens devem ser interpretados, um a um, caso a caso, no contexto das demandas, mas jamais pela sua simples textualidade.

No art. 611-B relaciona o que não pode ser objeto de negociação coletiva. Essa lista, sim, é meramente exemplificativa. É mais uma cortina de fumaça, mera retórica, porque são direitos irrenunciáveis, cravados na Constituição. Nem precisaria do art. 611-B.

Por fim, consta do parágrafo único do art. 444 que o empregado portador de diploma de nível superior e que perceba salário mensal igual ou superior a duas vezes o limite máximo dos benefícios do Regime Geral de Previdência Social pode fazer negociação individual com a mesma eficácia da negociação coletiva em todas as matérias de que trata o art. 611-A. Todavia, isso tem limites, visto que a matéria privativa de negociação coletiva não pode ser negociada individualmente, dada a exigência do art. 8º, IV, da presença obrigatória do sindicato. Por sua vez, o sindicato representa a todos os membros da categoria, e as conquistas coletivas alcançam a todos, independentemente do *status* funcional e econômico do trabalhador.

4. Natureza jurídica do pacto coletivo

Várias teorias, divididas em três correntes, tentam explicar a natureza do negócio coletivo: **contratualista, normativista** e **mista**.

Entre os contratualistas, há os que o consideram um contrato pertencente ao direito comum das obrigações; outros defendem a *teoria do mandato conferido ao sindicato*; Galiza sustenta a *teoria da gestão de negócios*, que o sindicato exerce no interesse dos seus membros; Raynoud defende a *teoria da estipulação em favor de terceiros*; Machado Nast diz que o sindicato se identifica com os operários que o constituem e os considera parte no contrato, daí a *teoria da personalidade moral fictícia*; vem ainda a *teoria da solidariedade necessária*, que dá como fundamento do contrato coletivo o princípio da solidariedade.

A teoria da instituição corporativa (normativista) diz que a eficácia do contrato coletivo, além dos contraentes, explica-se pelo caráter institucional do sindicato. Após a CF/88, não faz mais sentido.

Vale destacar, entre as teorias mistas, o nome de Rafael Caldera e Romano, que considera o contrato coletivo um contrato híbrido, "com corpo de contrato e alma de lei".

Cesarino Jr. filia-se à corrente contratualista, especialmente à *teoria da representação*. A. M. Nascimento entende que o Direito brasileiro filia-se à *teoria normativista* ou regulamentar.

Com efeito, não vemos como, no nosso sistema vigente, dissociar a natureza do convênio coletivo de trabalho das *teorias da natureza mista*: possui natureza normativa, de origem *contratual* quanto ao *modus faciendi* e efeito de lei quanto ao *modus operandi*.

5. Conteúdo e efeitos das cláusulas negociais e das normativas

Denominam-se *negociais* as cláusulas que emergem da negociação coletiva tendo em vista constituir obrigações para as entidades convenentes. Na verdade, as cláusulas negociais são também normativas, porque vinculam da mesma forma. Porém assim se denominam pelo fato de tratarem de matéria que não convém aos tribunais imporem aos empregadores em sede de sentença normativa.

Normativas são as cláusulas oriundas tanto da negociação coletiva como de sentença proferida em dissídio coletivo, para aplicação a todos os trabalhadores e empresas integrantes das categorias convenentes ou em dissídio, na base territorial especificada.

As cláusulas oriundas da negociação são de livre estipulação, respeitadas as normas legais inderrogáveis; já a sentença normativa respeitará as normas mínimas de proteção do trabalho e as disposições convencionadas anteriormente. Portanto, as cláusulas negociais são de duas espécies: de conteúdo normativo e de conteúdo obrigacional, cf. exposto no item 1, *retro*.

O conteúdo está regulado pelo art. 613 da CLT:

> As Convenções e os Acordos deverão conter obrigatoriamente:
>
> I – designação dos Sindicatos convenentes ou dos sindicatos e empresas acordantes; II – prazo de vigência; III – categorias ou classes de trabalhadores abrangidas pelos respectivos dispositivos; IV – condições ajustadas para reger as relações individuais de trabalho durante sua vigência; V – normas para a conciliação das divergências surgidas entre os convenentes por motivo da aplicação dos seus dispositivos; VI – disposições sobre o processo de sua prorrogação e de revisão total ou parcial de seus dispositivos; VII – direitos e deveres dos empregados e das empresas; VIII – penalidades para os Sindicatos convenentes, os empregados e as empresas em caso de violação de seus dispositivos.

Além do conteúdo legal, podem ser convencionadas: sobre contrato temporário da Lei n. 9.601/98; sobre participação do trabalhador na gestão e no lucro das empresas; sobre formas de composição dos conflitos individuais de trabalho; sobre estabilidades provisórias, como a da gestante, até 6 meses após a licença-gestante; tem-se notícia até de estabilidade provisória para o homem enquanto a esposa estiver gestante.

Limites da negociação — será nula a cláusula que contrarie a política econômico--financeira ou salarial do Governo, segundo os arts. 623 e 624 consolidados. Da mesma forma, não podem suprimir ou reduzir direitos históricos, como o salário mínimo, férias, FGTS, 13º salário, proteção da jornada, higiene e segurança do trabalho.

A Lei n. 13.467/2017 instituiu no art. 611-A da CLT a prevalência do negociado sobre o legislado nas matérias que elenca, cf. exposto acima. E o art. 611-B relaciona 30 itens que não podem ser objetos de negociação com prevalência sobre a lei, ou seja, que podem ser objetos de negociação, desde que não haja supressão nem redução e sem a prevalência sobre a lei.

6. Extensão e hierarquia

Os efeitos da **Convenção** são *erga omnes*, alcançam os contratos individuais já vigentes e os futuros, no âmbito da representação dos sindicatos acordantes, quer os trabalhadores e as empresas sejam associados ou não. As normas do **Acordo** prevalecem sobre as da Convenção e as desta suplantam o contrato individual — arts. 619 e 620 da CLT. Contudo, nem a convenção nem o acordo coletivos podem reduzir direitos já em gozo nem impedir acordos individuais mais favoráveis.

Já o Acordo Coletivo tem efeito imediato em relação à(s) empresa(s) envolvida(s) e aos empregados desta(s), tanto os já admitidos como os admitidos depois. Em regra, porém, prevalecerão as condições dos contratos individuais mais favoráveis.

A Lei n. 13.467/17 alterou a redação do art. 620 para dizer que as normas dos acordos coletivos prevalecem sobre as da convenção coletiva. A redação anterior preservava a norma mais favorável ao obreiro.

Essa alteração na lei é prejudicial aos trabalhadores, visto que qualquer empresa pode se rebelar contra as normas da convenção para viabilizar um acordo coletivo menos oneroso para si. Por isso, deve-se ficar atento para que acordos coletivos sem razão objetiva de existir venham substituir convenção coletiva. Verificada a má-fé, aplicar-se-á a regra mais favorável ao empregado, por imperativo dos arts. 113 e 114 do Código Civil.

Contudo, como exceção à regra da não atuação *in pejus* do ajuste coletivo, é possível a redução de direitos, salários e regalias onde a Constituição franqueia e as categorias autorizarem mediante assembleia geral.

7. Forma e duração

Forma — As Convenções e os Acordos serão celebrados por escrito, sem emendas nem rasuras, em tantas vias quantos forem os sindicatos convenentes ou as empresas acordantes, além de uma destinada a registro e depósito no órgão competente do Ministério do Trabalho, no prazo de oito dias, na forma da IN n. 11/2009-MTE. Cópias visíveis serão afixadas nas sedes dos sindicatos e das empresas. Tudo isso não faz mais sentido, ante os meios eletrônicos. Os sindicatos devem estar autorizados por

Assembleia Geral convocada para esse fim — art. 612.

Segundo os §§ 1º e 3º do art. 614, o pacto coletivo entrará em vigor três dias após a entrega de uma via no órgão competente do Ministério do Trabalho e Emprego. As condições estabelecidas em Convenção e Acordo substituem, automaticamente, as cláusulas dos contratos individuais, no âmbito das respectivas representações. São abrangidos pelos efeitos da Convenção Coletiva não só os associados dos sindicatos convenentes, mas todos os trabalhadores compreendidos na categoria profissional representada, no limite territorial do sindicato, assim como todos os estabelecimentos empresariais integrantes da categoria econômica representada pelo sindicato patronal convenente, bem como as que atuam na base territorial onde vige a norma coletiva. Já o Acordo Coletivo abrange só os empregados da(s) empresa(s) acordante(s) e esta(s).

Duração — não poderá ser superior a dois anos, podendo, entretanto, ser prorrogada. Pode também ser revisada, denunciada ou revogada obedecendo aos mesmos formais acima descritos.

8. Incorporação das cláusulas nos contratos de emprego

Discute-se se os benefícios decorrentes de negociação coletiva incorporam-se aos contratos de trabalho, considerando que o pacto coletivo é firmado com prazo determinado de vigência.

O § 2º do art. 114 da Constituição preceitua que, em dissídio coletivo, a Justiça do Trabalho poderá "*decidir o conflito, respeitadas as disposições mínimas legais de proteção ao trabalho, bem como as convencionadas anteriormente*" (com a redação da EC n. 45/04), deixando transparecer que as normas oriundas da negociação coletiva incorporam-se aos contratos individuais de trabalho.

A Súmula n. 277 do TST confere ultratividade às cláusulas negociais:

> As cláusulas normativas dos acordos coletivos ou convenções coletivas integram os contratos individuais de trabalho e somente poderão ser modificadas ou suprimidas mediante nova negociação coletiva de trabalho.

O STF concedeu liminar para suspender a ultratividade supra, nos autos da ADPF — Arguição de Descumprimento de Preceito Fundamental 323, ajuizada pela Confederação Nacional dos Estabelecimentos de Ensino (Confenen), que desautorizou a Súmula n. 227 do TST. A respeitável decisão da Colenda Suprema Corte, *data venia*, reinstala a intranquilidade, a insegurança e, pior, estimula o conflito entre as categorias fortes e o total agachamento das categorias frágeis. Cabe a pergunta: a quem atendeu essa decisão tão infeliz?

O art. 1º, § 1º, da Lei n. 8.542/92 preceitua que as cláusulas de negociação coletiva do trabalho integram os contratos individuais dos trabalhadores. Esse dispositivo foi revogado pela Lei n. 10.192, de 14.12.2001. A jurisprudência do TST enunciava que as cláusulas negociais firmadas na vigência da Lei n. 8.542, ou seja, de 24.12.92 a 16.2.01, se incorporaram aos contratos individuais. Assim, ante a suspensão liminar da ultratividade das cláusulas negociais, repristina-se a jurisprudência anterior.

Destarte, é justo e racional, atendendo à funcionalidade do Poder estatal, que se incorporem as cláusulas repetidas nos instrumentos de negociação coletiva; assim como é razoável não se incorporarem as cláusulas que, por sua natureza, constituem inovação e as que em cada ano se modificam. Esse critério faz justiça ao empregado e ao empregador.

9. Negociação coletiva com o poder público

Somente a partir da CF/88, o servidor público civil ganhou o direito de sindicalização e de greve, cf. art. 37, VI e VII, este condicionado a lei especial. Somente a partir de 2008 foi declarado pelo STF, nos autos do Mandado de Injunção n. 712-8-Pará, o direito de exercício da greve na forma da lei geral de greve, onde não for incompatível, até que o Congresso faça a Lei.

A OJ n. 5 da SDC do TST vedava a possibilidade de instauração de dissídio coletivo com entes da administração direta, autárquica e fundacional. Decerto, não se instalará dissídio coletivo nesses casos perante a Justiça do Trabalho por ser esta materialmente incompetente, em virtude da obrigatoriedade de esses entes adotarem o regime jurídico único do servidor público, de natureza administrativa.

Num passo gigantesco, o Brasil ratifica a Convenção Internacional do Trabalho n. 151, a qual rege a negociação coletiva no setor público. Em consequência, em 27.9.2012, o TST modificou a citada OJ n. 5, para permitir a negociação coletiva no setor público, mas somente quanto aos aspectos sociais.

Já em 2013, a Presidente Dilma promulgou a citada Convenção n. 151, através do Decreto n. 7.944/2013, estabelecendo os critérios e limites de sua aplicação. Em razão disso, logicamente, a OJ n. 5 já está desatualizada, vez que a negociação não se restringe a cláusulas sociais.

Com isso, somente a partir de março de 2013, mais de 80 anos depois da negociação coletiva institucionalizada no setor privado, o Poder Público se nivela ao setor privado neste aspecto, logicamente, com as peculiaridades que a legislação distingue.

Fontes legais — tratam da matéria os arts. 37, VI (sindicalização) e VII (greve), a Convenção Internacional do Trabalho 151, a Recomendação Internacional do Trabalho n. 159 e o Decreto n. 7.944/13, que as promulgou. Este Dec. remete ainda ao art. 8º da Constituição. Na jurisprudência, a OJ n. 5 da SDC do TST.

Prevê o art. 2º da Recomendação Internacional n. 159, anexa à CIT n. 151:

> 1) Em caso de negociação das condições de trabalho de conformidade com a Parte IV da Convenção sobre as Relações de Trabalho na Administração Pública, 1978, os indivíduos ou órgãos competentes para negociar em nome da autoridade pública, e os procedimentos para pôr em prática as condições de trabalho estabelecidas, deveriam ser previstos pela legislação nacional ou por outros meios apropriados.

PARTE IV — PROCEDIMENTOS PARA FIXAÇÃO DAS CONDIÇÕES DE TRABALHO

Art. 7º Devem ser tomadas, quando necessário, medidas adequadas às condições nacionais para encorajar e promover o desenvolvimento e utilização plenos de mecanismos que permitam a negociação das condições de trabalho entre as autoridades públicas interessadas e as organizações de trabalhadores da Administração Pública ou de qualquer outro meio que permita aos representantes dos trabalhadores da Administração Pública participarem na fixação das referidas condições.

PARTE V — SOLUÇÃO DE CONFLITOS

Art. 8º A solução de conflitos surgidos em razão da fixação das condições de trabalho será buscada de maneira adequada às condições nacionais, por meio da negociação entre as partes interessadas ou por mecanismos que deem garantias de independência e imparcialidade, tais como a mediação, a conciliação ou a arbitragem, instituídos de modo que inspirem confiança às partes interessadas.

PARTE VI — DIREITOS CIVIS E POLÍTICOS

Art. 9º Os trabalhadores da Administração Pública devem usufruir, como os outros trabalhadores, dos direitos civis e políticos que são essenciais ao exercício normal da liberdade sindical, com a única reserva das obrigações referentes ao seu estatuto e à natureza das funções que exercem.

O Decreto promulgador é sucinto. Define como trabalhador público o regido pela CLT e o estatutário, e órgão de representação profissional a entidade constituída na forma do art. 8º da Constituição. Diz que promulga a Convenção n. 151 e a Recomendação n. 159, pondo a seguinte condicionante à negociação:

> Art. 2º São **sujeitos à aprovação do Congresso Nacional** atos que possam resultar em revisão das referidas Convenção e Recomendação e ajustes complementares **que acarretem encargos ou compromissos gravosos ao patrimônio nacional**, nos termos do inciso I do *caput* do art. 49 da Constituição.

Os entes públicos desenvolverão políticas de estímulo à composição dos conflitos trabalhistas, seja a mediação, a arbitragem ou outro instrumento que cumpra essa finalidade.

Vê-se que a negociação não tem limite de matérias nem de valor. No entanto, quando o encargo da negociação for pesado para o ente público, o termo deve ser apreciado pelas Casas Legislativas dos entes legislativos.

Logicamente, se a proposta de conciliação estiver condicionada à ratificação pelas Casas Legislativas, só se consumará com a devida ratificação. Não concordando o Legislativo, decerto novo processo negocial se iniciará.

Trata-se de uma medida que já veio tarde. Por que esse medo do trabalhador público? Destarte, soa incoerente que, num regime democrático, o cidadão trabalhador público, seja tratado diferentemente do trabalhador do setor privado, discriminado, cobrado, acusado, invejado, criticado, perseguido a cada ciclo político. Não é justo que este cidadão tenha que andar curvado perante os mandatários do governo sem poder servir bem aos seus verdadeiros patrões, que é a população.

Com efeito, o Estado brasileiro, conquanto seja pródigo em sobrecarregar os cidadãos de obrigações e encargos, é o pior exemplo de patrão: é discriminador, perseguidor, déspota, intransigente e mau pagador. Basta ver a montanha de precatórios atrasados.

O Estado põe a cangalha no povo brasileiro, principalmente da classe média, que vem suportando o peso da farra da renúncia fiscal para os grandes e da farra social até para os que não precisam de verdade. No entanto, o Governo descumpre a lei, cria regalias processuais para ele próprio, não paga os credores e ainda impõe toda a série de obrigações aos servidores.

Capítulo XXXVII

Mediação e Arbitragem no Direito do Trabalho

1. Mediação e arbitragem

Para os dissídios individuais, a lei oferece a **Comissão de Conciliação Prévia** como instrumento extrajudicial de solução do conflito; para o dissídio coletivo, oferece a **mediação** e a **arbitragem**.

Uma das condições da ação de dissídio coletivo é o esgotamento das negociações na esfera administrativa. O art. 114 da CF/88, § 1º, dispõe: "Frustrada a negociação coletiva, as partes poderão eleger árbitros". E o § 2º preceitua: "Recusando-se qualquer das partes à negociação ou à arbitragem, é facultado às mesmas, de comum acordo, ajuizar dissídio coletivo de natureza econômica...".

A mediação nas negociações coletivas é atualmente regulada pelo Decreto n. 10.854/2021 e pela Portaria MTP n. 671, de 8 de novembro de 2021. De acordo com o art. 34 do Decreto, os trabalhadores, por intermédio de entidades sindicais, e os empregadores, por si ou por intermédio de entidades sindicais, poderão solicitar ao setor competente do Ministério do Trabalho e Emprego a realização de mediação, com vistas à composição de conflito coletivo. A solicitação dá-se por meio eletrônico e deverá ser analisada no prazo máximo de trinta dias, a contar do recebimento.

A designação de mediador será sem ônus para as partes e recairá sobre servidor público em exercício no Ministério do Trabalho e Emprego, inclusive integrantes da carreira de Auditor-Fiscal do Trabalho.

Com isso, não mais se admite a designação de mediador que não seja dos quadros do MTE, como preconizavam os regulamentos anteriores.

Não alcançando sucesso a negociação, será lavrada ata e encerrado o processo administrativo de mediação.

Sobre a mediação, o MTE destina os Enunciados da Secretaria de Relações de Trabalho (SRT) ns. 28, 35 e 37.

O 28 exige que, para mediação do MTE, o sindicato comprove, por meio do registro sindical e da regularidade e atualização da diretoria no Cadastro Nacional de Entidades Sindicais, sua capacidade de negociar em nome da categoria que representa; o 35 diz que a mediação de conflitos coletivos de trabalho pelo MTE abrange controvérsias envolvendo a celebração de convenção ou de acordo coletivo, descumprimento desses instrumentos normativos e conflitos intersindicais relativos à representação legal das categorias; o 37 enuncia que, na mediação decorrente de descumprimento de norma legal ou convencional, os direitos indisponíveis não poderão ser objeto de transação.

A mediação em conflitos de representação sindical deve seguir rito próprio instituído pela Portaria MTE n. 3.472, de 4 de outubro de 2023.

A mediação passa a ser uma tendência, prevista pelo CPC de 2015 como fase obrigatória no processo cível e foi objeto de ampla regulamentação pela Lei n. 13.140/2015, que prevê a mediação judicial e a extrajudicial. Prevê ainda essa alternativa envolvendo o Poder Público. Eis os três primeiros artigos:

> Art. 1º Esta Lei dispõe sobre a mediação como meio de solução de controvérsias entre particulares e sobre a autocomposição de conflitos no âmbito da administração pública.
>
> Parágrafo único. Considera-se mediação a atividade técnica exercida por terceiro imparcial sem poder decisório, que, escolhido ou aceito pelas partes, as auxilia e estimula a identificar ou desenvolver soluções consensuais para a controvérsia.
>
> Art. 2º A mediação será orientada pelos seguintes princípios:
>
> I – imparcialidade do mediador;
>
> II – isonomia entre as partes;
>
> III – oralidade;
>
> IV – informalidade;
>
> V – autonomia da vontade das partes;
>
> VI – busca do consenso;
>
> VII – confidencialidade;
>
> VIII – boa-fé.
>
> § 1º Na hipótese de existir previsão contratual de cláusula de mediação, as partes deverão comparecer à primeira reunião de mediação.
>
> § 2º Ninguém será obrigado a permanecer em procedimento de mediação.
>
> Art. 3º Pode ser objeto de mediação o conflito que verse sobre direitos disponíveis ou sobre direitos indisponíveis que admitam transação.
>
> § 1º A mediação pode versar sobre todo o conflito ou parte dele.
>
> § 2º O consenso das partes envolvendo direitos indisponíveis, mas transigíveis, deve ser homologado em juízo, exigida a oitiva do Ministério Público.

Conquanto o parágrafo do art. 42 dessa lei disponha que ela não se aplica às relações de trabalho, Entende Rêmolo Letteriello "que não há impedição para que os acordos resultantes de mediações realizadas por organismos privados para dirimir conflitos trabalhistas sejam homologados pela Justiça do Trabalho". Continua o citado Autor(61):

> Tal assertiva se fundamenta em que o art. 769 da CLT, prescreve que "*nos casos omissos, o direito processual comum será fonte subsidiária do direito processual do trabalho, exceto naquilo em que for incompatível com as normas deste Título*".Ora, se considerarmos que a alusão ao "*direito processual comum*" recebeu sempre a compreensão de que não se refere unicamente às disposições do Código de Processo Civil e sim a qualquer norma de direito processual, temos que se mostra possível a utilização subsidiária do art. 57 da Lei n. 9.099/95 que estatui que "*o acordo extrajudicial, de qualquer natureza ou valor, poderá ser homologado, no juízo competente, independentemente de termo, valendo a sentença como título executivo judicial*".

Dispõe o art. 36 do Decreto n. 10.854/2021 que, na hipótese de haver consenso entre as partes, o mediador deverá lavrar a ata de mediação, que tem natureza de título executivo extrajudicial, nos termos do inciso II, *in fine*, do *caput* do art. 784 do CPC.

> **Arbitragem** — consiste numa espécie heterônoma de composição de conflitos, ocorrendo sempre que duas ou mais pessoas submetam suas disputas ao arbítrio de terceiro, não integrante dos quadros do Judiciário.

A arbitragem já foi incorporada ao Direito brasileiro, por meio da Lei n. 9.307/96, alterada pela do pela Lei n. 13.129, de 2015), constituindo uma faculdade das partes. No Direito Coletivo, também figura como faculdade, cf. § 1º do art. 114 da Constituição.

Os procedimentos da arbitragem e a figura do mediador em dissídio coletivo constam do art. 11 da Lei n. 10.192/01. A solução por meio da arbitragem possui natureza privada e rege-se pela legislação específica e pela convenção de arbitragem. A Lei Complementar n. 75/1993, todavia, em seu art. 83, XI, inclui entre as atribuições do Ministério Público do Trabalho a função arbitral.

Essa via de solução do conflito é decisória e não sugestiva, como na mediação. "O laudo que vier a ser proferido pelo árbitro é de cumprimento forçoso pelas partes ao elegerem esta via, cuja eficácia não pode prescindir dessa consequência lógica e natural. Acrescente-se a isto o fato de que o laudo arbitral é um instrumento normativo, já que editado em substituição ao acordo, à convenção coletiva ou à sentença normativa em dissídio coletivo, que têm este atributo", diz A. Süssekind(65).

Já a Lei n. 10.101/00, que dispõe sobre a participação dos trabalhadores nos lucros ou resultados da empresa, preceitua que os impasses sejam resolvidos por mediação ou por arbitragem de ofertas finais. Por ofertas finais entenda-se aquela em que o árbitro deve restringir-se a optar pela proposta apresentada, em caráter definitivo, por uma das partes.

O § 2º do art. 75 da LC 123/06 estatui que as micro e pequenas empresas sejam estimuladas a utilizar a mediação, arbitragem e conciliação prévia de seus litígios.

(61) Disponível em: http://www.rlmediar.com.br/mediacao-nos-conflitos-trabalhistas/.

Nessa especialidade, ainda é possível a arbitragem nos conflitos trabalhistas decorrentes de greve, conforme dispõem os arts. 3º e 7º da Lei n. 7.783/1989 (Lei da Greve):

> Art. 3º **Frustrada a negociação ou verificada a impossibilidade de recursos via arbitral**, é facultada a cessação coletiva do trabalho.
>
> (...)
>
> Art. 7º Observadas as condições prévias previstas nesta Lei, a participação em greve suspende o contrato de trabalho, devendo as relações obrigacionais, durante o período, ser regidas pelo acordo, convenção, **laudo arbitral** ou decisão da Justiça do Trabalho. (Grifos nossos)

Além disso, a prática também foi contemplada no art. 4º da Lei n. 10.101/2000 (Lei de Participação nos Lucros e Resultados das Empresas):

> Art. 4º Caso a negociação visando à participação nos lucros e resultados da empresa resulte em impasse, as partes poderá utilizar-se dos seguintes mecanismos de solução do litígio:
>
> I – mediação;
>
> II – arbitragem de ofertas finais, utilizando-se, no que couber, os termos da Lei n. 9.307, de 23 de setembro de 1996. *(Redação dada pela Lei n. 12.832/2013)*
>
> **§ 1º Considera-se arbitragem de ofertas finais aquela em que o árbitro deve restringir-se a optar pela proposta apresentada, em caráter definitivo, por uma das partes.**
>
> **§ 2º O mediador ou árbitro será escolhido de comum acordo entre as partes.**
>
> **§ 3º Firmado o compromisso arbitral, não será admitida a desistência unilateral de qualquer das partes.**
>
> **§ 4º O laudo arbitral terá força normativa, independentemente de homologação judicial.**

Por seu turno, a Lei n. 11.442/2007 (Lei do Transporte Rodoviário de Cargas), trouxe a seguinte inovação: "**Art. 19. É facultado aos contratantes dirimir seus conflitos recorrendo à arbitragem**".

A Lei Complementar n. 75/1993 (Estatuto do Ministério Público), também apresenta a arbitragem como um dos meios de solução de conflitos de atribuição do *Parquet* Laboral:

> Art. 83. Compete ao Ministério Público do Trabalho o exercício das seguintes atribuições junto aos órgãos da Justiça do Trabalho:
>
> (...)
>
> XI – atuar como árbitro, se assim for solicitado pelas partes, nos dissídios de competência da Justiça do Trabalho. (Grifos nossos)

Ademais, ressalte-se que o Estatuto da Defensoria Pública da União (Lei Complementar n. 80/1994) inseriu como uma das funções institucionais do órgão o instituto em comento:

> Art. 4º São funções institucionais da Defensoria Pública, dentre outras:

(...)

II – promover, prioritariamente, a solução extrajudicial dos litígios, visando a composição entre as pessoas em conflito de interesses, por meio da mediação, conciliação, arbitragem e demais técnicas de composição e administração de conflitos. *(Redação dada pela Lei Complementar n. 132/2009)*

Arbitragem em contrato individual — o art. 507-A, acrescido também pela Lei n. 13.467/17, instituiu para o trabalhador hipersuficiente, no caso, apenas com salário superior a duas vezes o teto da previdência social, a possibilidade de previsão no contrato de cláusula compromissória de arbitragem, desde que por iniciativa do empregado ou mediante a sua concordância expressa, nos termos previstos na Lei n. 9.307/1996.

A arbitragem pressupõe relação de igualdade das partes, o que a faz incompatível com a relação de emprego. No entanto, o legislador entendeu que o trabalhador desse porte salarial, de mais R$ 15.000,00 por mês, prescinde da assistência do Estado e do Sindicato, o que é um engano. A lei diz que a opção pela arbitragem seja do empregado. Acontece que as garantias constitucionais trabalhistas são para todos os empregados de todos os padrões salariais. E a representação sindical é compulsória, ninguém fica ao relento desse véu. Logo, se ficar provado que foi contrato de adesão ou que houve vício de consentimento, será inválida a opção.

Outrossim, a vontade há de ser isenta de vício de consentimento, como erro, ignorância, dolo, fraude etc., conforme arts. 138 e segs. do Código Civil. Na dúvida, há que se aplicar a regra *in dubio pro operario*. Ficar de olho também no **princípio da irrenunciabilidade**, que tem por fundamento o vício presumido de consentimento, com assento no art. 9º da CLT. Por fim, o caput do art. 468 não foi revogado, devendo prevalecer contra as negociações leoninas para o empregado.

Capítulo XXXVIII

Dissídios Coletivos

1. Poder normativo da Justiça do Trabalho

O poder normativo emana do § 2º do art. 114 da CF, que atribui à Justiça do Trabalho o poder de, nos autos de dissídio coletivo de trabalho e dentro dos limites das proposições formuladas, decidir o conflito coletivo de natureza econômica suscitado de comum acordo pelas partes, respeitando as normas legais mínimas de proteção do trabalho, bem como as convencionadas anteriormente.

A EC n. 45/2004 deu nova redação ao § 2º do art. 114, mitigando o poder normativo da Justiça do Trabalho, ao condicionar o ajuizamento do dissídio coletivo de natureza econômica ao comum acordo das partes que não negociaram nem aceitaram a mediação nem a arbitragem. Esse *comum acordo* ainda não está bem definido. A 1ª corrente entende que, na dicção literal, ambas as partes contrapostas devem subscrever a peça de instauração do dissídio; a 2ª corrente entende que o *comum acordo* pode ser presumido, como quando uma parte ajuíza o dissídio e a outra atende ao chamado judicial e não se opõe; a 3ª versão entende que quando uma parte se recusa à negociação, à arbitragem e à mediação, implica a concordância implícita com a última via – a judicial. Esta versão é a que mais se coaduna com o espírito da lei, porque se harmoniza com os arts. 8º, III, e 5º, XXXV, CF. Porém, vem-se consolidando na jurisprudência do TST a 2ª corrente.

Outra porta de entrada do dissídio coletivo de natureza econômica é o dissídio de greve, previsto no inciso II do art. 114 e no § 3º, visto que, ao decidir a matéria da greve, a Corte terminará por enfrentar o conteúdo de fundo do pleito dos grevistas.

O dissídio coletivo de natureza jurídica não se subordina ao § 2º do art. 114, portanto prescinde do comum acordo para ser suscitado. E, estando previsto na lei, dependura-se no inciso IX do art. 114 da CF.

A decisão judicial denomina-se sentença normativa ou sentença coletiva de trabalho. Essa sentença pode ser meramente homologatória, quando as partes se conciliam perante o Presidente do Tribunal.

Antes da decisão, estabelece-se o juízo de conciliação perante o Presidente do Tribunal; caso não obtida a conciliação, instala-se o juízo mediador do Presidente; por fim, insucedido este, dá-se início ao juízo contencioso.

Limite do poder normativo — delimitam a faixa de atuação do poder normativo: a) a norma estatal de natureza imperativa de proteção mínima do trabalho, que não pode ser suplantada; b) as cláusulas negociadas, que não podem ser afastadas; c) as matérias típicas de negociação, que não podem ser objeto de sentença normativa; d) por fim, o STF já firmou que o poder normativo atua nos estritos limites da autorização legal e na suplementação legislativa.

Por fim, cumpre registrar que somente o Supremo Tribunal Federal possui poder normativo geral e apenas os Tribunais do Trabalho possuem poder normativo trabalhista. Quando os Tribunais da Justiça Comum julgam dissídio de greve de funcionários públicos não podem passar dos limites da legalidade ou abusividade da greve. Nenhum conteúdo normativo podem emitir. Aliás, tal competência decorre de um "arranjo interpretativo", em que o STF, mediante declaração de inconstitucionalidade do inciso I do art. 114, sem redução de texto, excluiu da Justiça do Trabalho a competência para processar e julgar questões de servidores estatutários. Destarte, o poder normativo não consta de nenhum outro dispositivo constitucional que não o art. 114 da CF.

Outrossim, com arrimo no princípio da linearidade das formas, toda matéria de competência deslocada dos colegiados trabalhistas para a Justiça Comum o serão para os equivalentes colegiados: de TRT para TJ (funcionários estaduais e municipais) ou TRF (funcionários federais), do TST para o STJ; mas nunca dos colegiados trabalhistas para juízos singulares comuns. Logo, juiz singular não tem competência para julgar dissídio coletivo de greve.

Capítulo XXXIX

Procedimentos nos Dissídios Coletivos do Trabalho

1. Dissídio coletivo

Dissídio coletivo (DC) é a fase processual dos conflitos coletivos de trabalho, tendo por fim a estipulação pelo Tribunal do Trabalho (nos limites permitidos por lei) de salário e condições de trabalho para toda a categoria profissional ou todos os empregados da empresa suscitada, no âmbito da base territorial do sindicato suscitante.

Espécies — Há quatro espécies de DC: a) com decretação de greve; b) sem greve; c) de natureza econômica; e d) de natureza jurídica. Tratam da matéria as seguintes normas: arts. 114, §§ 2º e 3º, da CF, 856 a 875, da CLT; 8º da Lei n. 7.783/89; §§ 9º a 15 da Lei n. 10.192/01; Súmulas, Precedentes Normativos e OJs da SDC do TST.

Os dissídios regionais são da alçada dos TRTs; os que ultrapassam o limite da jurisdição de Tribunal Regional do Trabalho competem ao TST. Consta da Súmula n. 679 do STF que contra pessoa jurídica de direito público, não se instaura dissídio coletivo; o mesmo enunciado constava da OJ n. 5 da SDC do TST. Porém, após a ratificação da Convenção Internacional n. 151, o TST alterou a OJ n. 5, para admitir o dissídio coletivo contra pessoa jurídica de direito público em relação a cláusulas não econômicas. No entanto o Decreto n. 7.944/2013, que promulgou a referida CIT abre espaço para o dissídio de natureza econômica envolvendo entidade pública.

A EC n. 45/2004 mitigou o poder normativo da Justiça do Trabalho em três sentidos: a) só faz referência aos dissídios de greve e aos de natureza econômica; b) os de natureza econômica só podem ser suscitados mediante comum acordo das partes dissidentes, após recusarem a negociação, a arbitragem e a mediação; c) a sentença normativa respeitará as normas mínimas de proteção do trabalho e as convencionadas anteriormente.

O condicionamento do ajuizamento do dissídio ao "comum acordo" fere o princípio da inafastabilidade da jurisdição e não se harmoniza com a paz social, tendo em vista que uma das partes ficará sempre subjugada aos caprichos da outra.

Condição da ação — O exaurimento das negociações, a recusa da mediação e da arbitragem e o comum acordo. O comum acordo pode ser *expresso*, *tácito* ou *presumido*. O expresso constará da petição de ingresso; o tácito se materializa quando uma parte suscita o dissídio e a outra atende ao chamado judicial e não alega a falta de sua anuência;

e o presumido decorre da resistência de uma das partes à negociação, à arbitragem e à mediação. Com efeito, se eu evito ou rejeito as vias extrajudiciais de solução do conflito, implica a concordância com a última via, que é a judicial. Afigura-se esta uma solução pragmática para o vazio que a interpretação textual deixa, visto que quem não negocia muito menos porá sua cabeça a prêmio. Mas a corrente majoritária no TST só reconhece o comum acordo expresso e o tácito, à falta do qual vem extinguindo o processo de DC sem resolução do mérito. Registro que, passados 20 anos da EC n. 45/04, nunca vi um "comum acordo" expresso.

2. Instauração de instância

Assim se denomina o ato de ajuizar a ação de dissídio coletivo. Far-se-á mediante representação escrita ao Presidente do Tribunal. Na falta de sindicato, a representação cabe à federação, e na falta desta, à confederação (art. 857, parágrafo único). O poder que o art. 856 da CLT confere ao Presidente do Tribunal foi derrogado. O Ministério Público do Trabalho só tem legitimidade para ajuizar o dissídio em caso de greve em atividade essencial e quando esteja pondo em perigo o interesse público, ou na defesa das atividades inadiáveis para a população (arts. 114, § 3º, CF, e 8º da Lei n. 7.783/89).

A autorização ao sindicato para instauração da instância é conferida por assembleia geral, da qual participem os associados, em primeira convocação, por maioria de 2/3 dos associados, ou, em segunda convocação, por 2/3 dos presentes.

A representação será apresentada em tantas vias quantos forem os suscitados e deverá conter: designação e qualificação dos suscitantes e dos suscitados e a natureza do estabelecimento ou do serviço; os motivos do dissídio e as bases da conciliação; comprovação de **exaurimento da via negocial**.

É facultada a assistência por advogado, que poderá assinar as petições e acompanhar todo o processo. É imprescindível a fundamentação de cada cláusula, sob pena de seu julgamento ser prejudicado. Com a implantação do Processo Judicial Eletrônico — PJe, os procedimentos de ajuizamento seguem à nova sistemática, disciplinada pela Res. CSJT n. 238/2014.

3. Conciliação e julgamento

Recebida a representação, o Presidente designará audiência dentro de 10 dias; havendo paralisação, a audiência será em prazo mais breve, após a ciência do dissídio. Comparecendo as partes, o presidente convida-as a se pronunciarem sobre as bases da conciliação: é **a fase conciliatória**. Não havendo acordo, o Presidente sugere o que lhe pareça capaz de resolver o litígio: é a **fase mediatória**. Havendo acordo, este será submetido à homologação do Tribunal na primeira sessão. Frustrado o acordo ou não comparecendo uma ou ambas as partes, o Presidente submeterá o processo a julgamento, depois de realizadas as diligências necessárias: contestação do suscitado, impugnações de documentos.

Quando o dissídio ocorrer fora da sede do Tribunal, o presidente pode delegar à autoridade local as atribuições conciliatórias. Havendo acordo, ou não, serão os autos enviados ao Tribunal para homologação ou julgamento — art. 866 da CLT.

Por fim, o julgamento, após o parecer do Ministério Público do Trabalho, cuja participação é essencial em todas as fases do processo. A decisão será publicada no Diário Eletrônico da Justiça do Trabalho e dela serão notificadas as partes, em registro postal, com franquia.

4. Efeitos da sentença normativa

A sentença normativa vigorará:

a) a partir do dia imediato ao termo final de vigência do acordo, convenção ou sentença, quando ajuizado o dissídio dentro do prazo de 60 dias para o termo da vigência desses instrumentos;

b) a partir da sua publicação, quando ajuizado o dissídio após o prazo de 60 dias anteriores ao termo de acordo ou sentença normativa anterior (art. 616, § 3º, c/c o art. 867, parágrafo único, *a*);

c) a partir do ajuizamento, quando nesta data inexistir acordo, convenção ou sentença normativa.

Quando a negociação esbarra num impasse que poderá consumir o prazo de ajuizamento (dentro de 60 dias para o termo final do instrumento anterior), tem sido utilizado com sucesso o *protesto judicial* (art. 726, § 2º, CPC) para preservar a data-base.

Estas são as regras da CLT para o DC de natureza econômica. Mas como, agora, esse dissídio só pode ser ajuizado em comum acordo, é lógico que esses itens farão parte do pacto de ajuizamento.

5. Extensão e revisão das decisões — Arts. 868/871 da CLT

A regra da extensão das decisões prevista no art. 868 da CLT, que autoriza o tribunal a estender, de ofício, as condições de trabalho aos demais empregados da empresa, está revogada pelo § 2º do art. 114 da CF, dado que, tanto o ajuizamento do dissídio como a extensão e a revisão da sentença normativa dependem de comum acordo dos litigantes. Portanto, continua possível a extensão da sentença, porém mediante requerimento em comum das categorias litigantes, e não mais de ofício, nem a requerimento do Ministério Público, nem de outros sindicatos.

A **revisão** cabe das decisões que fixarem condições de trabalho, após decorrido mais de um ano de sua vigência, quando se tiverem modificado as circunstâncias que as ditaram, de modo que as torne injustas ou inaplicáveis. Também, pelas razões *supra*, só poderá ser promovida por *comum acordo* das associações sindicais ou de empregadores interessados.

6. Ação de cumprimento

Ação de cumprimento é a reclamação que os empregados, individualmente, em reclamação plúrima, ou por seus sindicatos, propõem perante a Vara do Trabalho contra o empregador, objetivando o cumprimento da sentença normativa, acordo ou convenção coletiva do trabalho (Lei n. 8.984/95). É uma ação de conhecimento.

O sindicato tem a prerrogativa de propor a ação de cumprimento sem outorga de poderes de seus associados, agindo como substituto processual, cf. art. 872 da CLT. A Súmula n. 359 excluía a federação dessa legitimidade, mas foi cancelada.

A petição inicial será instruída com a certidão de julgamento do dissídio coletivo, ainda que pendente de recurso, ou do instrumento de negociação coletiva. Segue-se o procedimento do dissídio individual, sendo vedado, porém, questionar sobre a matéria de fato e de direito já decidida na sentença normativa.

> **Prescrição** — o prazo para ação de cumprimento é de cinco anos na vigência do contrato, a contar do trânsito em julgado da sentença normativa e de dois anos a partir da rescisão contratual (Súmula n. 350 do TST). Escoados esses prazos, caracteriza-se a prescrição. Contudo, se a configuração do trânsito em julgado da ação coletiva se der após o decurso de dois anos da rescisão contratual, é razoável que se interprete que o curso da ação coletiva funciona como causa impeditiva da prescrição, devolvendo-se ao trabalhador os dois anos para reclamar, a contar do trânsito em julgado do dissídio coletivo.

Caso a ação de cumprimento transite em julgado antes da ação coletiva, sobrevindo a desconstituição ou reforma da sentença normativa, extingue-se a execução, cf. OJ n. 277 da SDI-I. Segundo a Súmula n. 397, não é cabível ação rescisória da sentença de cumprimento, mas sim Mandado de Segurança para extinguir a execução. Admite que também é cabível *exceção de pré-executividade ou de executividade.*

Capítulo XL

Direito Internacional do Trabalho

1. A OIT — Composição e atribuições

A Organização Internacional do Trabalho foi criada pelo Tratado de Versalhes em 1919, sediada em Genebra, à qual podem filiar-se todos os países-membros da Organização das Nações Unidas — ONU. Constitui um dos instrumentos internacionais de promoção da justiça social, condição básica para a manutenção da paz internacional.

Compõe-se dos seguintes órgãos: a) Conferência Geral — constituída de representantes dos países-membros, realizando sessões pelo menos uma vez por ano, às quais comparecem as delegações dos países, compostas de representantes do Governo, dos trabalhadores e dos empregadores; b) Conselho de Administração — órgão colegiado de administração da OIT, composto de representantes do Governo, dos empregados e dos empregadores representantes dos países de maior importância industrial; c) Repartição Internacional do Trabalho, sob a direção do Conselho de Administração, tendo um Diretor-Geral.

2. Convenção Internacional do Trabalho (CIT) — Vigência e aplicação

A CIT é um acordo internacional votado pela Conferência da OIT. Uma vez aprovada, a OIT cientifica aos Estados-membros para fins de ratificação. A ratificação consiste na aprovação pelo Governo de um país para fins de integração da Convenção (ou do Tratado) na sua ordem jurídica. Segundo o art. 49, I, da CF, compete ao Congresso Nacional aprovar ou não os tratados internacionais, mediante Decreto Legislativo.

As normas das Convenções da OIT sobre a proteção do trabalho devem ser enquadradas na categoria dos direitos humanos. Por isso, no sistema brasileiro, a CIT ratificada por 3/5 dos votos da Câmara dos Deputados e do Senado Federal possui hierarquia de Emenda Constitucional, cf. o § 3º do art. 5º, da CF, incluído pela EC n. 45/04, e sua interpretação obedece aos cânones da interpretação constitucional. Entretanto, se a ratificação se der por um *quorum* inferior a 3/5 dos votos de cada uma das Casas do Congresso Nacional, a CIT iguala-se a Lei Federal, e sua interpretação e aplicação obedecem aos cânones próprios da legislação ordinária.

3. Recomendação e Declaração Internacional do Trabalho

Recomendação Internacional do Trabalho — Também aprovada pela Conferência da OIT. Dá-se quando o assunto tratado na Conferência, ou um de seus aspectos, não permitir a adoção imediata de uma convenção. Logo, é um instrumento de orientação, de natureza programática, para o futuro.

Declarações internacionais — são instrumentos de natureza programática, estipulando princípios e regras de natureza programática para, como um foco luminoso, orientar e inspirar a legislação interna dos diversos países. A mais expressiva é a Declaração Universal dos Direitos do Homem, da ONU, de 1948, proclamando o direito a condições justas e favoráveis de trabalho, remuneração satisfatória, direito de organização sindical, limitação da jornada diária de trabalho, direito de férias e de seguridade social.

As normas das Convenções Internacionais do Trabalho ratificadas pelo Brasil possuem natureza de direito fundamental (art. 5º, §§ 1º e 2º da CF) e de supralegalidade, estando acima da lei e abaixo da Constituição. E quando ratificadas por 3/5 dos votos da Câmara e do Senado em duas votações cada, têm natureza de Emenda Constitucional, cf. art. 5º, § 3º da CF. Significa dizer que os juízes, ao aplicar a lei trabalhista, primeiro fazem o controle (difuso) de constitucionalidade; em segundo lugar, devem fazer o *controle de convencionalidade*. Assim, serão afastadas as disposições da lei que contrariem as normas da Constituição e/ou as normas das Convenções, que, ao fim e ao cabo, se integram à Constituição, por expressa vontade do § 2º do art. 5º da CF.

4. Aplicação de lei trabalhista estrangeira: os princípios da *lex loci executionis* e de *locus regit actum*

As partes de um mesmo país podem estabelecer regras contratuais para viger no exterior (*locus regit actum*), onde o contrato será executado, respeitadas as regras básicas de proteção do local da execução. Por sua vez, a lei brasileira protege o técnico estrangeiro e o Decreto-lei n. 691/69 garante alguns direitos básicos, disciplinando a transferência de brasileiro para outro país. Já o art. 651, § 2º, da CLT permite que dissídios ocorridos em agências ou filiais (logicamente de empresa brasileira) no estrangeiro sejam resolvidas no Brasil, desde que não haja convenção internacional em contrário.

Arnaldo Süssekind entende que, para as três fases contratuais — constituição, execução e cessação —, as regras são diferentes. A lei territorial ou *lex loci executionis* prevalece nas duas últimas fases – execução e cessação do contrato; a primeira fase rege-se pela lei do local da contratação.

A Lei n. 7.064/82, com art. 1º alterado pela Lei n. 11.962/09, dispõe sobre a situação do trabalhador contratado ou transferido para prestar serviço no exterior, estipulando os direitos dos trabalhadores e as obrigações das empresas. Há duas situações: a) do transferido para o exterior; e b) do contratado por empresa estrangeira para prestar serviço no exterior. Transferido é o que fora contratado para trabalhar no Brasil e depois transferido para o exterior; ou o empregado cedido a empresa sediada no exterior para trabalhar a serviço desta no exterior; empregado contratado por empresa sediada no Brasil para prestar serviço a esta no exterior. Contratado é o trabalhador admitido por empresa estrangeira para trabalhar no exterior.

O art. 3º dessa Lei dispõe que a empresa responsável pelo contrato de trabalho do empregado transferido assegurar-lhe-á, independentemente da observância da legislação do local da execução dos serviços:

> II – aplicação da legislação brasileira de proteção ao trabalho, naquilo que não for incompatível com o disposto nesta Lei, quando mais favoráveis do que a legislação territorial, no conjunto de normas e em relação a cada matéria.
>
> Aqui, o legislador optou pela lei brasileira, salvo se a estrangeira for mais favorável. Outrossim, adotou a teoria do *conglobamento* e não da *acumulação*, ao referir-se ao conjunto de normas sobre cada matéria. No entanto, prevalecerá sempre a legislação brasileira do FGTS, da Previdência Social e do PIS/PASEP.

Em relação ao trabalhador brasileiro contratado por empresa estrangeira para ir trabalhar no exterior, dispõe o art. 14 da Lei n. 7.064/82:

> Sem prejuízo da aplicação das leis do país da prestação dos serviços, no que respeita a direitos, vantagens e garantias trabalhistas e previdenciárias, a empresa estrangeira assegurará ao trabalhador os direitos a ele conferidos neste Capítulo.

Das quase duzentas Convenções Internacionais da OIT o Brasil ratificou a metade delas, das quais vale realçar as que fixam os cinco princípios internacionais do trabalho. A OIT, a partir das Convenções Internacionais do Trabalho ns. 98, 100, 105, 111 e 138, sintetizou como princípios internacionais de Direito do Trabalho a *liberdade sindical* e livre negociação, a *eliminação do trabalho forçado*, a *eliminação do trabalho infantil* e o *fim da discriminação*. A n. 138/73 — trata da idade mínima para o trabalho; a n. 182 — trata da proibição das piores formas de trabalho infantil. O Senado Federal publicou em 05.12.2017 o Decreto Legislativo n. 172/2017, aprovando o texto da Convenção n. 189 sobre o Trabalho Decente para as Trabalhadoras e os Trabalhadores Domésticos e da Recomendação n. 201 sobre o mesmo tema, da Organização Internacional do Trabalho (OIT). A Convenção n. 151, que trata da negociação coletiva no setor público, foi ratificada pelo Congresso Nacional, e promulgada pelo Poder Executivo em 2013.

E vale lamentar pela não ratificação da Convenção n. 158, que regulamenta as despedidas coletivas e exige a motivação para despedir empregado. Foi ratificada em 1994 e denunciada em 1997. Novamente submetida ao Congresso, foi rejeitada. Também não foi ratificada a Convenção n. 87, da liberdade sindical, no entanto, seus princípios estão incorporados ao art. 8º da Constituição e legislação específica, com exceção da unicidade sindical.

5. Direito comunitário

Assim se denomina o Direito emergente das Comunidades Internacionais, a exemplo da União Europeia, do NAFTA, do Mercosul, para vigência no âmbito interno de cada país integrante do bloco. Cada um desses tratados inclui uma seção trabalhista, cujo objetivo é facilitar a livre circulação de trabalhadores entre os diversos países do bloco. A União Europeia é a mais expressiva, com Parlamento, leis próprias e moeda única — o Euro.

O Mercosul congrega o Brasil, a Argentina, o Uruguai e o Paraguai, e desenvolve gestão no sentido de agregar outras nações sul-americanas. Sua finalidade é promover a integração econômica desses países, removendo barreiras alfandegárias e programando a uniformização das leis trabalhistas desses países.

Já o Acordo Multilateral de Seguridade Social del Mercado Común del Sur (Mercosul/CMC/Dec. n. 19/97) estipula normas sobre relações de seguridade social entre os países-membros do Mercosul, no sentido da reciprocidade de tratamento previdenciário entre os signatários.

Principais Fontes de Consulta e Indicações de Leitura

ACQUAVIVA, Marcos Cláudio. *Dicionário jurídico brasileiro acquaviva*. São Paulo: Jurídica Brasileira, 1998.

ALSINA, Jorge Bustamante. *Derecho ambiental. Fundamentación y normativa*. Buenos Aires: Abeledo-Perrot, 1995.

BANDEIRA DE MELLO, Celso Antônio. *Elementos de direito administrativo*. São Paulo: RT, 1986.

BARBAGELATA, Héctor-Hugo. Os princípios de direito do trabalho de segunda geração. *Cadernos da AMATRA IV*, ano III, n. 7, Porto Alegre: HS, p. 19-29, abr./jun. 2008.

BARROS, Alice Monteiro de. *A discriminação no contrato de trabalho*. São Paulo: LTr, 1998.

______. *Proteção à intimidade do empregado*. São Paulo: LTr, 1997.

BELTRAN, Ari Possidonio. *Dilemas do trabalho e do emprego na atualidade*. São Paulo: LTr, 2001.

BONAVIDES, Paulo. *Curso de direito constitucional*. 10. ed. São Paulo: Malheiros, 2002.

CAMINHA, Marco Aurélio Lustosa. *O estado, as relações de trabalho e o papel do Ministério Público do Trabalho*. Curitiba: Gênesis, 2003.

CARVALHO. Francisco Bibio Trindade. *Direito coletivo do trabalho*. São Paulo: Editora Mizuno, 2023.

CARVALHO, Regina Coelli Batista de Moura. *Idade e trabalho* — abordagem sociojurídica sobre a limitação de idade para o trabalho no Brasil. Porto Alegre: Sergio Antonio Fabris, 2004.

CATHARINO, José Martins. *Compêndio do direito do trabalho*. São Paulo: Saraiva, 1981.

CESARINO JR., A. F. *Direito social*. São Paulo: LTr, em conjunto com a Editora da USP, 1980.

______. Princípios fundamentais na consolidação das leis do trabalho. *Revista LTr de Legislação do Trabalho*, n. 47, p. 11, 1983.

CLAUS, Bem-Hur. Prescrição intercorrente. In: Notícias Jurídicas do Tribunal Regional do Trabalho da 3ª Região. Publicado em 13.10.2017. Disponível em: portal.trt3.jus.br/internet/imprensa/noticias-juridicas/juiz-ben-hur-claus-execucao-trabalhista-prescricao-intercorrente. S.d.

CRUZ, Carlos Wagner Araújo Neri da. *Ação Coletiva Passiva:* possibilidade de aplicação para tutela dos direitos metaindividuais. São Paulo: LTr, 2017.

CRUZ, Cláudia Ferreira. A boa-fé objetiva e seus deveres anexos. In: ALMEIRA, Renato Rua de, OLMES, Cristina Paranhos. *Direitos fundamentais aplicados ao direito do trabalho*. São Paulo: LTr, 2012.

COSTA, Orlando Teixeira da. *Rigidez e flexibilidade do direito do trabalho*. São Paulo: LTr, 1990.

CUELLAR, Marta Elisa Monsalve. Cargos de direção, confiança e gerência. In: ZAINAGHI, Domingos Sávio; FREDIANI, Yone (Coords.). *Novos rumos do direito do trabalho na América Latina.* São Paulo: LTr, 2002.

DALAZEN, João Orestes. A reforma do judiciário e os novos marcos da competência material da justiça do trabalho no Brasil. In: COUTINHO, Grijalbo Fernandes; FAVA, Marcos Neves (Coords.). *Nova competência da justiça do trabalho.* São Paulo: LTr, 2005.

DELGADO, Mauricio Godinho. *Princípios de direito individual e coletivo do trabalho*. São Paulo: LTr, 2001.

______. *Curso de direito do trabalho*. 16. ed. São Paulo: LTr, 2017.

DWORKIN, Ronald. *Il diritti presi sul serio*. Bologna: Il Mulino, 1982.

ESPÍNOLA, Eduardo; ESPÍNOLA FILHO, Eduardo. *Tratado de direito civil brasileiro*. Rio de Janeiro: Freitas Bastos, 1940. v. III e IV.

FARIAS, James Magno A. *Direitos sociais no Brasil.* São Luís: Azulejo, 2010.

FAVA, Marcos Neves. Transporte rodoviário de cargas por conta de terceiros — implicações trabalhistas da Lei n. 11.442, de 2007 — inconstitucionalidade. *Revista LTr,* abr. 2007.

FERRARI, Irany. Jornada de trabalho — alterações legais e contratuais. *Revista LTr de Legislação do Trabalho,* nov. 1988.

FERRAZ, Fernando Basto. *Terceirização* — e demais formas de flexibilização do trabalho. São Paulo: LTr, 2006.

FERRO, Thania Maria Bastos Lima. *Precarização do Trabalho e Estado Penal no Brasil:* para onde vamos? Porto Alegre-RS: Aspas Editora, 2023.

FLOREZ-VALDÉS, Joaquín Arce y. *Los principios generales del derecho e su formulación constitucional.* Madrid: Civitas, 1990.

FLORIANO, Valdir. *Dano moral e o direito do trabalho*. 4. ed. São Paulo: LTr, 2002.

FONSECA, Vicente José Malheiros da. A nova constituição e o *jus postulandi* na justiça do trabalho. *Revista LTr de Legislação do Trabalho,* nov. 1988.

FRANCO FILHO, Georgenor de Sousa. *Direito internacional do trabalho*. São Paulo: LTr, 1999.

FRANÇA, Rubens Limongi. *Elementos de hermenêutica e aplicação do direito*. São Paulo: Saraiva, 1984.

FREIRE, Laís. A flexibilização do direito do trabalho e os óbices à sua implementação. In: SOARES, Ronald (Coord.). *Estudos de direito do trabalho e direito processual do trabalho*: em homenagem a Aderbal Freire. São Paulo: LTr, 1999.

FURTADO, Emmanuel Teófilo. *Alteração do contrato de trabalho*. São Paulo: LTr, 1994.

______. *Preconceito no trabalho e discriminação por idade*. São Paulo: LTr, 2004.

GOMES, Orlando; GOTTSCHALK, Elson. *Curso de direito do trabalho*. Rio de Janeiro: Forense, 1980. v. I.

GRINBERG, Rossana. O direito do trabalho nos ordenamentos liberais e nos socializados. O direito do trabalho no Brasil. *Revista de Direito do Trabalho,* n. 33, Revista dos Tribunais, 1982.

GUERRA FILHO, Willis Santiago. Metodologia jurídica e interpretação constitucional. *Revista de Processo*, n. 62, p. 121 a 140, abr./jun. 1991.

JUCÁ NETO, Pedro. *Renovação do direito do trabalho* — abordagem alternativa à flexibilização. São Paulo: LTr, 2000.

KROTOSCHIN, Ernesto. *Curso de legislación del trabajo*. Buenos Aires: Depalma, 1950.

LAMARCA, Antonio. *Manual das justas causas*. São Paulo: Revista dos Tribunais, 1983.

LEITE, Jorge. *Observatório legislativo*. Coimbra: Coimbra, 2001.

LENZA, Pedro (Coord.). *Direito do trabalho esquematizado*. São Paulo: Saraiva, 2013.

LIMA, Francisco Gérson Marques de. *Greve:* um direito antipático. Fortaleza: Premius, 2014.

LIMA, Francisco Gérson Marques de. *Quitação Anual*. Fortaleza: Editora Premius, 2018.

LIMA, Francisco Gérson Marques de. *Igualdade de tratamento nas relações de trabalho*. São Paulo: Malheiros, 1997.

LIMA, Francisco Gérson Marques de (Org.), FARIAS, Clovis Renato Costa, FARIAS, Regina Sonia Costa, AZEVEDO, Thiago Pinheiro de. *Lei dos domésticos*. Fortaleza-Ce: Premius Editora, 2015.

LIMA, Francisco Gérson Marques de (Org.). *Carta de Liberdades Sindicais comentada*. Fortaleza: GRUPE e Ministério Público do Trabalho, 2016.

LIMA, Francisco Meton Marques de. *Interpretação e aplicação do direito do trabalho (à luz dos princípios jurídicos)*. Fortaleza: Imprensa Oficial do Ceará, 1988.

LIMA, Francisco Meton Marques de. *Os princípios de direito do trabalho na lei e na jurisprudência*. 2. ed. São Paulo: LTr, 1997.

LIMA, Francisco Meton Marques de. *Manual sintético de direito do trabalho*. 2. ed. São Paulo: LTr, 2005.

LIMA, Francisco Meton Marques de. *As mais novas implicações jurídicas da velha justa causa*. Cuiabá: Oásis, 2001.

LIMA, Francisco Meton Marques de. *O resgate dos valores na interpretação constitucional* — por uma hermenêutica reabilitadora do homem como «ser-moralmente-melhor». Fortaleza: ABC, 2001.

LIMA, Francisco Meton Marques de. *Manual de direito constitucional*. São Paulo: LTr, 2005.

LIMA, Francisco Meton Marques de; LIMA, Francisco Péricles Rodrigues Marques de. *Reforma trabalhista* — entenda ponto por ponto. São Paulo: LTr, 2017

LIMA, Francisco Meton Marques de; LIMA, Francisco Péricles Rodrigues Marques de. *Terceirização total* — entenda ponto por ponto. 2. ed. São Paulo: LTr, 2019.

LIMA, Francisco Meton Marques de; LIMA, Francisco Péricles Rodrigues Marques de. A Lei n. 13.467/2017 abalou, mas não implodiu os fundamentos do direito do trabalho. Reforma Trabalhista. In: FELICIANO, Guilherme Guimarães; TREVISO, Marco Aurélio Marsiglia; FONTES, Saulo Tarcísio Carvalho (Orgs.). *Reforma Trabalhista* — visão, compreensão e crítica. São Paulo: LTr, 2017. São Paulo: LTr, 2017.

LIMA, Francisco Meton Marques de; LIMA, Scarlett Maria Araújo Marques de. O Dia Seguinte: os direitos trabalhistas pós-coronavírus. In: *Revista da Escola Nacional de Magistratura*, vol. 5, p. 47, 2022.

LIMA, Scarlett Maria Araújo Marques de Lima. A Criminalização da Homofobia pela via Judicial: Uma Passagem pelas Teorias Positivista e Críticas. In: *Revista Arquivo Jurídico*, do PPGD da UFPI, v. 7, p. 91-109, 2020.

LIMA, Francisco Meton Marques de/ CAMINHA, Marco Aurélio Lustosa (Orgs.). *Os Fundamentos do Direito Coletivo pós Reforma Trabalhista*. Teresina-PI: EDUFPI, 2019.

LIMA, Francisco Meton Marques de; MELO. Adalgisa Costa. A Realização em Cascata da Constituição. In: *Revista Teoria Jurídica Contemporânea. Revista do PPGD da UFRJ*, v. 6, p 1-22, 2021.

LIMA, Francisco Meton Marques de; BRANDÃO, Zoraíma Meneses. Reforma Trabalhista e Saúde do Trabalhador: Impactos do Negociado sobre o Legislado no Meio Ambiente de Trabalho. In: *Revista Arquivo Jurídico*, v. 9, p. 129, 2023.

LIMA, Francisco Meton Marques de; TÔRRES, Pollyanna S. Costa; LIMA, Letícia Pereira. Organização Política como Reesistência à Precarização do trabalho durante a pandemia da Covid-19. In: *Revista de Direito Público*, v. 1, p. 123-146, 2021.

LIMA, Francisco Meton Marques de; FERREIRA, Larissa Reis. Licença-Maternidade para pessoa do gênero Masculino na Função de Mãe de Filhas Biológicas Havidas Mediante Barriga de Aluguel no Contexto da Repressão à Homofobia pela via Pretoriana. In: *Coleção Estudos ENAMAT* — inteseccionalidade, gênero e raça e a Justiça do Trabalho, v. 7, 2023.

LIMA, Francisco Meton Marques de; RODRIGUES, Francisco André Santos. Notas sobre o Direito Fundamental à Autodeterminação Informativa à Luz da Lei Geral de Proteção de dados no Âmbito do Processo do Trabalho. In: *Direito:* pesquisa fundadas em abordagens críticas 3. 1. ed. Ponta Grossa-PR. Atena Editora, 2023. v. 3, p. 40.

LOPES, Mônica Sette. *Convenção coletiva e sua força vinculante*. São Paulo: LTr, 1998.

MANNRICH, Nelson. *Dispensa coletiva*. São Paulo: LTr, 2000.

MARANHÃO, Délio. *Direito do trabalho*. Rio de Janeiro: FGV, 1982.

MARTINEZ, Luciano. *Curso de direito do trabalho*. 3. ed. São Paulo: Saraiva, 2012.

MARTINS FILHO, Ives Gandra; MANNRICH, Nelson; PRADO, Ney (Coords.). *Os pilares do direito do trabalho*. São Paulo: Lex, 2013.

MAZA, Miguel Ángel. *La irrenunciabilidad de los créditos laborales*. Buenos Aires: Rubinzal-Culzoni, 2010.

MENDONÇA, Gentil. *A Interpretação no direito do trabalho*. São Paulo: LTr, 1978.

MORAES FILHO, Evaristo de. Organização sindical perante o estado. *Revista LTr de Legislação do Trabalho,* nov. 1988.

______. *Direito do trabalho.* São Paulo: LTr, 1982.

______. *A justa causa na rescisão do contrato de trabalho.* Rio de Janeiro: Forense, 1968.

______. Organização sindical brasileira perante o estado. *Revista LTr,* nov. 1988.

MUKAI, Toshio. *Direito ambiental sistematizado.* 4. ed. Rio de Janeiro: Forense Universitária, 2004.

NASCIMENTO, Amauri Mascaro. *Curso de direito do trabalho.* São Paulo: Saraiva, 1981. v. I.

______. Princípios do direito do trabalho e direitos fundamentais do trabalhador. *Revista LTr de Direito do Trabalho*, p. 903/929, ago. 2003.

NEVES, Antônio Gomes das. *Curso de perícia contábil.* São Paulo: LTr, 2000.

______. *Cálculos trabalhistas.* 6. ed. São Paulo: LTr, 1999.

OLIVEIRA, Sebastião Geraldo de. *Proteção jurídica à saúde do trabalhador.* São Paulo: LTr, 1998.

ORGANISTA, José Henrique Carvalho. *O debate sobre a centralidade do trabalho.* São Paulo: Expressão Popular, 2006.

PADILHA, Norma Sueli. *Do meio ambiente do trabalho equilibrado.* São Paulo: LTr, 2002.

PAES, Arnaldo Boson. *Direito, Trabalho e Processo:* perspectivas inclusiva, igualitária, humanista e social. Belo Horizonte: RTM, 2020.

PARO, Walter Roberto. Trabalho forçado e a justiça do trabalho. *Revista do TRT 8ª Região*, v. 36, n. 70, p. 101/112, jan./jun. 2003.

PINTO, José Augusto Rodrigues; MARTINEZ, Luciano; MANNRICH, Nelson (Coords.). *Dicionário brasileiro de direito do trabalho.* Academia Nacional de Direito do Trabalho. São Paulo: LTr, 2013.

QUEIROZ JÚNIOR, Hermano. *Os direitos fundamentais dos trabalhadores na Constituição de 1988.* São Paulo: LTr, 2006.

REVORIO, Francisco Javier Díaz. *Valores superiores e interpretación constitucional.* Madrid: Centro de Estúdios Constitucionales, 1997.

RODRIGUEZ, Américo Plá. *Princípios de direito do trabalho.* Trad. Wagner D. Giglio. São Paulo: LTr, 1978.

ROMITA, Arion Sayão. *A subordinação no contrato de trabalho.* Rio de Janeiro: Forense, 1979.

______. A crise do critério da subordinação jurídica — necessidade de proteção a trabalhadores autônomos e parassubordinados. *Revista LTr de Legislação do Trabalho*, v. 68, n. 11, p. 1287-1298, nov. 2004.

______. *Direitos fundamentais do trabalho.* São Paulo: LTr, 2005.

RUDIGER, Dorothee Susanne. *Contrato coletivo de trabalho.* São Paulo: LTr, 1999.

RUPRECHT, Alfredo J. Princípios normativos do direito do trabalho. In: *Tendências do direito do trabalho contemporâneo.* São Paulo: LTr, 1980. v. I.

RUSSOMANO, Mozart Victor. *Comentários à CLT.* Rio de Janeiro: Forense, 1982.

SAMPAIO, Aluysio. *Dicionário de direito do trabalho.* São Paulo: LTr, 1982.

SANTOS, Enoque Ribeiro dos. *O dano moral na dispensa do empregado.* 3. ed. São Paulo: LTr, 2002.

SÉGUIN, Elida; FIGUEIREDO, Guilherme José Purvin de (Coords.). *Meio ambiente do trabalho.* Rio de Janeiro: GZ, 2010.

SILVA, De Plácido e. *Vocabulário jurídico.* Rio de Janeiro: Forense, 1984.

SILVA, Luís de Pinho Pedreira da. Princípios específicos do direito do trabalho. In: *Tendências do direito do trabalho contemporâneo.* São Paulo: LTr, 1980. v. I.

SILVEIRA, Alípio. *Hermenêutica no direito brasileiro.* São Paulo: Revista dos Tribunais, 1968. v. II.

SOARES, Evana. *Ação ambiental trabalhista.* Porto Alegre: Sergio Antonio Fabris, 2004.

SOARES, José Ronald Cavalcante (Coord.). *Estudos de direito do trabalho e direito processual do trabalho:* em homenagem a Aderbal Nunes Freire. São Paulo: LTr, 1999.

______. (Coord.). *O servidor público e a justiça do trabalho:* em homenagem ao ministro Ronaldo José Lopes Leal. São Paulo: LTr, 2005.

SOARES, Luzardo. Meio ambiente e trabalho escravo. In: SÉGUIN, Élida; FIGUEIREDO, Guilherme José Purvim (Coords.). *Meio ambiente de trabalho.* Rio de Janeiro: GZ Editora, 2010.

SÜSSEKIND, Arnaldo; VIANNA, Segadas; Maranhão, Délio; TEIXEIRA FILHO, João de Lima. *Instituições de direito do trabalho.* 15. ed. São Paulo: LTr, 1995.

______. Os princípios social-trabalhistas na constituição brasileira. *Revista do Tribunal Superior do Trabalho,* v. 69, n. 1, p. 40/46, jan./jun. 2003.

URIARTE, Oscar Ermida. *A proteção contra os atos antissindicais.* Trad. Irany Ferrari. São Paulo: LTr, 1989.

VECCHI, Giorgio Del. *Lições de filosofia do direito.* Coimbra: Armênio Amado, 1979.

VOGEL NETO, Gustavo Adolpho (Coord.). *Curso de direito do trabalho*: em homenagem ao prof. Arion Sayão Romita. Rio de Janeiro: Forense, 2000.

WHITEHEAD, Alfred North. *A função da razão.* 2. ed. Trad. Fernando Dídimo Vieira. Brasília: Universidade de Brasília, 1988. Original: *The Function of Reason.*

ZAINAGHI, Domingos Sávio; FREDIANI, Yone. *Novos rumos do direito do trabalho na América Latina.* São Paulo: LTr, 2003.

Índice Alfabético e Remissivo

(a numeração indica a página)

— A —

Abandono de emprego, 235
Abono, 206
— de férias, 201
Acidente de trabalho, 187, 260, 279
Acordo
— coletivo, 326
— de compensação e de prorrogação, 191
— japonês, 190
Adicional
— salarial, 206
— de horas extras, 190
— de insalubridade, 287
— de periculosidade, 289
— de transferência, 222
— noturno, 293
Ajuda de custo, 206
Alimentação, 207, 2011
Alteração do contrato de trabalho, 219
Analogia, 63
Aplicação da lei estrangeira, 347
Aposentadoria, 46, 230
Aprendiz, 120
Arbitragem, 223, 337
Assédio moral, 179
Assistência pelo sindicato e pela DRT, 262
Associações sindicais de nível superior, 324
Atividade
— antissindicais, 315
— ilícita tolerada, 174
— insalubre, 286
— perigosa, 288
Autonomia
— do direito do trabalho, 28
— sindical, 313
— negocial do hipersuficiente, 222
Auxílio-alimentação, 207
Aviso-prévio, 244

— B —

Bancário e função de confiança, 194
Banco de horas, 192
Boa-fé, 82

— C —

Caducidade, 228
Cálculo de indenização por danos morais, 184
Capacidade, 154
Caracteres do salário, 208
Características da relação de emprego, 94, 111
— da parassubordinação, 95
— do Direito do Trabalho, 27
Cargo de confiança, 194
Carteira de Trabalho e Previdência Social, registros, 177
Cartório não oficializado, 140
CAT — Comunicação de Acidente de Trabalho, 281
Categorias, 301
Centais sindicais, 304
Cessação do contrato de emprego, 228
CIPA, 291
Classificação
— das fontes, 61
— dos contratos, 152, 158
Comisão de representantes dos trabalhadores, 261
Comissões que integram o salário, 206
Comissão de Conciliação Prévia, 89, 261
Comissionista, 190
Composição do salário, 208
Conceito de Direito do Trabalho, 25
Conciliação nos dissídios coletivos, 343

Condição, 157
Condutas antissindicias, 345
Confederações, 304
Conflitos de normas, 65
— coletivos, 318
Consentimento, 156
Consórcio ou condomínio de empregadores, 137
Conteúdo do contrato de trabalho, 154
— das cláusulas negociais, 329
Contrato de emprego, 152
— a tempo parcial, 164
— de atleta, 161
— coletivo, 326
— de experiência, 161
— de safra, 160
— de técnico estrangeiro, 160
— de temporada, 159
— de trabalho p. t. determinado, 130, 143, 158.
— de trabalho p. t. indeterminado, 158
— de trabalho rural, 141
— de trabalho temporário, 97
— intermitente, 163
— por equipe, 162
— por obra certa, 160
Contrato de emprego e contratos afins, 166
Contratação mediante pessoa jurídica s. v. de emprego, 111
Conenção coletiva do trabalho, 326
Convenção Internacional do Trabalho, 312, 326
Cooperativa de trabalho, 104
Culpa recíproca, 222
Custeio do sistema sindical, 307
Custo do acidente de trabalho, 282

— D —

Dano moral e material, 169, 179, 282
Decadência, 269
Deficiente – 49
Demissão, ver despedida
Descanso
— antes e depois do parto, 207
— intra e interjornadas, 197
— semanal, 198
Desconto salarial, 212
Desconsideração da pessoa jurídica, 134
Despedida, 228
— do estável, 251, 259
— indireta, 237
— obstativa, 247
— sem justa causa, 241
Desregulamentação, 36
Desvio de função, 218
Deveres do empregado e do empregador, 176
Diárias, 207
Diferenças entre o contrato de trabalho e os contratos afins, 166
- entre justa causa e falta grave, 233
— entre renúncia e transação, 88
Direito constitucional do trabalho, 37
Direito
— adquirido, 71
— coletivo, 28, 47, 298
— comunitário, 348
— de greve, 47, 319
— Internacional do Trabalho, 28, 346
Direitos fundamentais do trabalho, 48
Direitos autorais e intelectuais do empregado, 178
— sociais, 38
— do trabalho, conceito, 25
Diretores de empresas, 116
Dirigentes
— da CIPA, 257
— sindical, 248
Discriminação, 51
Dissídio coletivo do trabalho, 340
Dissolução do contrato = terminação, 240
Distinção entre regras e princípios, 85
— entre contrato de emprego e os contratos afins, 166
Divisões do Direito do Trabalho, 28
— de categorias, 302
Doença profissional e do trabalho, 279, 281
Doméstico, 46, 123
Dolo, 156
Duração do trabalho, 188
— das férias, 201

— E —

Efeito das nulidades —172
— conexo do contrato, 177
— da sentença normativa, 349

— do contrato de emprego, 176
Eficácia das normas trabalhistas no tempo e no espaço, 69, 347
Elementos do contrato de trabalho, 154
Empregado, 111
Empregados sem direito a hora extra, 193
Empregado-sócio, 116, 168
Empregador, 1132
Empreitada, 166
Empresa e empresário, 132, 142
Equidade, 63
Equiparação salarial, 217
Erro, 156
Escravo, 53
Estabelecimento, 133
Estabilidade no emprego, 43, 247, 251, 256
Estágio, 100
Experiência, 161
Extensão e revisão dos instrumentos coletivos, 330, 344
Extinção do contrato de trabalho, 228
— da empresa = sucessão, 140

— F —

Factum principis, 231
Falta grave, 237
Federações, 304
Férias, 200
Flexibilização do Direito do Trabalho, 35
Fontes do Direito do Trabalho, 60, 299
Força maior, 210
Forma do contrato de trabalho, 152, 158
Formas de invalidação do contrato de emprego, 171
— de remuneração, 209
— de pagamento, 213
Função de confiança, 194
Funções do Direito do Trabalho, 29
Fundamentos do Direito do Trabalho, 25
Fundo de Garantia do Tempo de Serviço, 263

— G —

Garantias da greve – 320
— do dirigente sindical, 309
Gerente, 117
Gestante, 41, 256
Gorjeta, 205
Gratificação,205
Greve, 319,
— no serviço público, 322
Grupo econômico, 133

— H —

Habitação, ver salário *in natura*, 211
Hermenêutica, 67
Hierarquia das fontes, 64, 330
História do Direito do Trabalho, 31
Homologação de pedido de demissão, 242
Horas extras, 190
— *in itinere*, 193

— I —

Idoneidade do objeto, 155
Igualdade salarial, 216
Incorporação das cláusulas nos contratos, 331
Indenização, 184, 229, 240
Índígena, 119
Idoso, 123
In dubio pro operario, 78
Insalubridade, 286
Instauração da instância, 343
Integração das normas trabalhistas, 68
Interpretação do Direito do Trabalho, 67
Interrupção e suspensão do contrato, 224
Invenções do empregado, 177
Irredutibilidade salarial, 40, 213
Irrenunciabilidade, 87
Irretroatividade, 70

— J —

Jornada de trabalho, 188
Jornadas especiais, 193
Jurisprudência, 62, 296
Justa causa, 235
Jus variandi, 219

— L —

Liberdade sindical, 312
Licença à gestante e paternidade, 41, 43
Limites do poder disciplinar, 187
Locação de serviços, 166
Locaute, 323

— M —

Mãe social, 117
Maria da Penha, 130, 260

Maternidade, 41, 256
Mediação e arbitragem, 335
Medicina e Segurança do Trabalho, 275
Meio ambiente do trabalho, 275, 277
Membros da categoria e sócios do sindicato, 302
Microempresa e empresa de pequeno porte, 138
Modalidades do contrato de emprego, 158
— do salário, 209
Morfologia dos contratos, 153
Morte do empregado, 232
— do empregador, 140
Motivação das demissões, 233

— N —

Natureza do Direito do Trabalho, 29
— da relação de trabalho e de emprego, 93
— do pacto coletivo, 328
Negociação coletiva, 324
— com o poder público, 332
Nexo técnico epidemiológico - NTEP, 281
Níveis de negociação, 325
Norma mais favorável, 79
Normas no tempo e no espaço, 69, 347
Nulidade contratual, 171

— O —

Objeto possível e impossível, 155
Obrigações do empregado, 176
— decorrentes da cessação do emprego, 240
— do empregador, 176
OIT, Organização Internacional do Trabalho, 346
Organização sindical, 31, 299
Orientação jurisprudencial, 297
Outsourcing, 145

— P —

Paradigma, 217
Parassubordinação, 95/
Parceria, 144, 169
Participação no lucro da empresa, 46, 211
PDV — Plano de Demissão Voluntária, 239
Pedido de demissão, 242
Perda de uma chance, 169
Perdas e danos, 1169
Perempção de faltas, 187
Perícia, 290
Periculosidade, 288
Períodos aquisitivo e concessório de férias, 200
Período de experiência, 162
Pessoalidade, 94, 111
Piso salarial, 209
Poder normativo, 340
Poder diretivo e disciplinar, 186
Poderes do empregador, 186
Pré-contratação, 169
Prêmios, 207
Prerrogativas e deveres do sindicato, 306
Prescrição, 203, 268, 269, 345
Prevalência do negociado sobre o legislado, 326
Princípios de Direito do Trabalho, 72/88
Princípio da boa-fé, 82
— da autodeterminação coletiva, 77
— da continuidade da relação de emprego, 80
— da condição mais benéfica, 79
— da equidade, 76
— da igualdade salarial, 216
— da imodificabilidade contratual, 88
— da irredutibilidade salarial, 215
— da irrenunciabilidade, 87
— da irretroatividade das nulidades, 81
— da justa causa. 236
— da justiça social, 75
— da *lex loci executionis* e de *locus regit actum*, 69, 347
— da não discriminação, 51, 84, 260
— da proteção, 77
— da progressão social, 74
— da territorialidade, 70
— do efeito imediato da norma, 70
— norma mais favorável, 79
— primazia da realidade, 80
— da razoabilidade, 81
— da substituição automática das cláusulas, 77
Princípios, fundamentais do trabalho, 83
— da justa causa, 235
— do cooperativismo, 105
— *in dubio pro operario*, 78
— gerais do trabalho, 78
Procedimentos nos dissídios coletivos, 342
Profissionista, 111
Programa Nacional de Inclusão de Jovens, 115

Proibições de trabalho insalubre e perigoso, 47, 294
— de discriminação, 51, 84, 260
Promoção, 220
Prorrogação da jornada, 190
Proteção da liberdade sindical, 315
— contra a discriminação, 45, 260
— contra a violência doméstica, 130, 260
— da maternidade, 41, 256
— do emprego, Ver estabilidade, 48, 247
— do salário, 38, 247
— do menor, 44, 293
— do idoso, 123
— do trabalhador reflexa na família, 41
Provas— do contrato de trabalho, 153
Punição disciplinar, 186

— Q —

Quadro de carreira, 217
— de horário, 189

— R —

Readmissão, 261
Rebaixamento de função, 220
Recomendação internacional do trabalho, 346
Regime de revezamento, 196
Registro sindical, 301
— na CTPS, 177
— eletrônico de ponto, 176
Reintegração no emprego, 260
Relação, de emprego e de trabalho, 92
— de trabalho lato sensu, 92
— de trabalho x relação de consumo, 92
Remuneração, 204, 208
— das férias, 1201
Renúncia, 87
— à estabilidade, 242
— de direitos, 87
— e transação, 87
Repousos, intra e interjornada, 197
— semanal, 45, 198
Representação, comercial, 167
— dos trabalhadores, 309
Rescisão do contrato de trabalho, 129, 228, 240
Responsabilidade, 138, 182, 190, 282
Retenção de salário, 40, 214
Reversão, 220

— S —

Salário, 204, 209
— complessivo, 218
— e indenização, 211
— família, 44
— *in natura*, 211
— utilidade, 210
Segurança, Higiene e Saúde do Trabalho, 275
Seguro-desemprego, 39
Serviços essenciais, 320
Sindicalização no sertor pú'blico, 310
Sindicatos, 300
Sistema do trabalho, 30
Sócio-empregado, 1116, 168
Solidariedade de empresas, 133
Subordinação jurídica ou hierárquica, 112
Sucessão de empresas, 1125
Sujeitos da relação de emprego, o empregado, 111
— o empregador, 132
Súmulas e Orientações jurisprudenciais do TST, 295
Suspensão do contrato de trabalho, 2226
— disciplinar, 227
— para inquérito, 226
— para qualificação profissional, 227

— T —

Teletrabalho e *telemarketing*, 112
Tendências atuais do Direito do Trabalho, 35
Terceirização, 145
— no serviço público, 148
Terminação do contrato de emprego, 228, 240
Termo inicial e final, 157
Tipos de contrato a termo, 159
Trabalhador, autônomo, 97
— avulso e cooperado, 98
— doméstico, 123
— eventual, 97
— intelectual, artístico e cultural e alto empregado, 106
— Portuário, 99
— rural, 141
— temporário, 97
Trabalho, escravo, 53
— extraordinário, 190

— ilícito, 174
— insalubre, 286
— noturno, 293
— perigoso, 288
Transação, 87
Transferência, do empregado, 221
— de função, 220
TAC, Transportador Autônomo de Cargas, 109, 169
Turno ininterrupto de revezamento, 195
Tutela do direito à saúde, higiene e segurança do trabalho, 284
— do meio ambiente de trabalho, 278

— U —

Ultratividade das cláusulas negociais = incorporação, 331
Utilidades não salariais, 211

— V —

Valores éticos do trabalho, 30
Verificação da insalubridade e/ou periculosidade, 290
Vício presumido de consentimento, 87
Vícios de consentimento, 1157
Violência doméstica e familiar, 130
Vícios de consentimento, 146
Violência doméstica e familiar, 123

Obras dos Autores

Reforma trabalhista — entenda ponto por ponto (em coautoria com Francisco Péricles Rodrigues Marques de Lima. São Paulo: LTr, 2017.

Terceirização total — entenda ponto por ponto (em coautoria com Francisco Péricles Rodrigues Marques de Lima. 2. ed. São Paulo: LTr, 2019.

Obras do autor Francisco Meton Marques de Lima

Interpretação e Aplicação do Direito do Trabalho à Luz dos Princípios Jurídicos. Fortaleza: Imprensa Oficial do Ceará, 1988.

Princípios de Direito do Trabalho na Lei e na Jurisprudência. 4. ed. São Paulo: LTr, 2015.

O Livro dos Valores — avida dos valores e os valores de futuro. 2 ed. São Paulo: All Print Editora, 2017.

O Resgate dos Valores na Interpretação Constitucional. Fortaleza: ABC, 2001.

As Mais Novas Implicações Jurídicas da Velha Justa Causa. Cuiabá: Oásis, 2001.

Manual Sintético de Direito do Trabalho. 2. ed. São Paulo: LTr, 2008.

Manual de Processo do Trabalho. 2. ed. São Paulo: LTr, 2008.

Manual de Direito Constitucional. São Paulo: LTr, 2005.

Reforma do Poder Judiciário. (Coautoria com Francisco Gérson Marques de Lima). São Paulo: Malheiros, 2005.

Repensando a Doutrina Trabalhista. (Coautoria com Francisco Gérson Marques de Lima e Sandra Helena Lima Moreira). São Paulo: LTr, 2009.

Constitucionalismo, Direito e Democracia. (Coordenador com Robertônio Santos Pessoa). Rio de Janeiro: GZ, 2009.

Pensando Direito — fundamentos filosóficos do direito. (Coordenador com Sylvia Helena Miranda e Fides Angélica Omatti). Rio de Janeiro: GZ, 2011.

Pesando Direito II. (Organizado com Raul Lopes de Araújo Neto). Rio de Janeiro: GZ Editora, 2020.

Conquanto pareça debalde o embate, nunca será em vão o combate!